Zeitschrift für Lübeckische Geschichte
101/2022

Bibliographische Information der Deutschen Nationalbibliothek
Die Deutsche Nationalbibliothek verzeichnet diese Publikation in der Deutschen Nationalbibliothek; detaillierte Daten sind im Internet über http://dnb.d-nb.de abrufbar.

Printed in Germany

Druck: Schmidt-Römhild, Lübeck

ISSN: 0083-5609

ISBN: 978-3-7950-1507-7

Zeitschrift für Lübeckische Geschichte

herausgegeben
im Auftrag des
Vereins für Lübeckische Geschichte
und Altertumskunde

von
Jan Lokers

in Zusammenarbeit mit
Meike Kruse und Dominik Kuhn

Band 101
2022

Verlag Max Schmidt-Römhild, Lübeck

Das erste Heft der „Zeitschrift des Vereins für Lübeckische Geschichte und Altertumskunde“, abgekürzt ZVLGA, erschien 1855. Die Bände 1 (1860) bis 31 (1949) enthielten jeweils zwei, selten drei Hefte. Ab Bd. 32 (1951) wurde jeweils ein Jahresband herausgegeben. Seit Bd. 90 (2010) erscheint die Zeitschrift unter dem verkürzten Titel „Zeitschrift für Lübeckische Geschichte“, abgekürzt ZLG.

Der Verein für Lübeckische Geschichte und Altertumskunde hat 2017 alle Bände der Mitteilungen (MVLGA) und (bis auf wenige Ausnahmen bei den aktuellen Bänden) alle Ausgaben der Zeitschrift (ZVLGA/ZLG) online gestellt, auch dank maßgeblicher Förderung der Possehl-Stiftung. Eine Volltextrecherche ist möglich unter **www.vlga.de**.

Manuskriptzusendungen und Besprechungsstücke werden an die Redaktion, Mühlendamm 1-3, 23552 Lübeck, Tel. 0451 122 4152 (Archiv der Hansestadt Lübeck) oder E-Mail: archiv@luebeck.de erbeten. Exemplare im Zeitschriftentauschverkehr ebenfalls an die genannte Adresse.

Anmeldungen zur Mitgliedschaft im Verein für Lübeckische Geschichte und Altertumskunde, die zum freien Bezug der Zeitschrift berechtigt, nimmt die Geschäftsstelle des Vereins unter der zuvor genannten Adresse oder unter **www.vlga.de/de/mitglied-werden** entgegen. Der Jahresbeitrag beträgt 40 Euro, für Studenten und Schüler ermäßigt 25 Euro.

Girokonto:
IBAN: DE 89 2305 0101 0001 0127 49 BIC: NOLADE21SPL.

Für akribisches Korrekturlesen und redaktionelle Mitarbeit wird Frau Prof. Dr. Antjekathrin Graßmann und Herrn Prof. Dr. Gerhard Ahrens besonders gedankt.

Die Veröffentlichung dieses Bandes wurde durch namhafte finanzielle Beihilfen der Possehl-Stiftung, der Jürgen Wessel-Stiftung und der Reinhold-Jarchow-Stiftung ermöglicht. Ihnen allen sei vielmals gedankt. Der separat gedruckte Jahresbericht des Bereichs Archäologie und Denkmalpflege der Hansestadt Lübeck, Abt. Archäologie, ist für die Mitglieder des VLGA im Bezug der ZLG enthalten, wofür der Verein verbindlichst Dank sagt.

Jeder Autor ist für seinen Beitrag verantwortlich.

Auf Beschluss des Vorstands des VLGA wird in der Zeitschrift im Grundsatz das generische Maskulinum angewandt, das heißt die geschlechtsübergreifende und geschlechtsneutrale Verwendung der maskulinen Wortform als allgemeingültiger Oberbegriff.

E-Mail: archiv@luebeck.de
Internet: www.vlga.de

Inhaltsverzeichnis

Miszelle

Berichte

Besprechungen und Hinweise

Mitarbeiterverzeichnis

Bachmann, Dr. Sarah, Universität Hamburg, Fakultät für Rechtswissenschaft, Rothenbaumchaussee 33, 20148 Hamburg

Behm, Ann-Mailin, M.A.

Bengtsson, Herman, Ph. D., Upplandsmuseet, Drottninggatan 7, 75310 Uppsala

Bickelmann, Dr. Hartmut, Archivdirektor a. D., Gartenstraße 7, 23564 Lübeck

Dubisch, André, Dipl.-Prähist., Europäisches Hansemuseum, An der Untertrave 1, 23552 Lübeck

Freytag, Prof. Dr. Hartmut, Wakenitzstraße 46, 23564 Lübeck

Funk, Stefan, Dipl.-Bibl., Bibliothek der Hansestadt Lübeck, Hundestraße 5-17, 23552 Lübeck

Grabowski, Mieczysław, Bereich Archäologie und Denkmalpflege der Hansestadt Lübeck, Abt. Archäologie, Meesenring 8, 23566 Lübeck

Graßmann, Prof. Dr. Antjekathrin, Archivdirektorin a. D., Archiv der Hansestadt Lübeck, Mühlendamm 1-3, 23552 Lübeck

Häckermann, Ursula, Käthe-Kollwitz-Weg 28, 23558 Lübeck

Harlaß, Robert, M.A., Christian-Albrechts-Universität zu Kiel, Historisches Seminar, Olshausenstraße 80e, 24118 Kiel

Haye, Prof. Dr. Thomas, Universität Göttingen, Zentrum für Mittelalter- und Frühneuzeitforschung, Abt. für Lateinische Philologie des Mittelalters und der Neuzeit, Humboldtallee 19, 37073 Göttingen

Hesse, Wolfgang, Strandredder 4, 23570 Lübeck-Travemünde

Iwanov, Dr. Iwan, Johannes Gutenberg-Universität Mainz, Arbeitsbereich Osteuropäische Geschichte, Jakob-Welder-Weg 18, 55128 Mainz

Jahnke, Prof. Dr. Carsten, University of Copenhagen, Saxo Institute, Karen Blixens Plads 8, 2300 København S, Dänemark

Jörn, Dr. Nils, Archiv der Hansestadt Wismar, Gerberstr. 9a, 23966 Wismar

Kala, Dr. Tiina, Stadtarchiv Tallinn / Tallinna Linnaarhiiv, Tolli 6, 10133 Tallinn, Estland

Karrenbrock, Dr. Reinhard, Lingener Straße 11, 48155 Münster

Kruse, Dr. Meike, Archiv der Hansestadt Lübeck, Mühlendamm 1-3, 23552 Lübeck

Kümper, Prof. Dr. Hiram, Universität Mannheim, Geschichte des Spätmittelalters und der Frühen Neuzeit, 68131 Mannheim

Kuhn, Dr. Dominik, Archiv der Hansestadt Lübeck, Mühlendamm 1-3, 23552 Lübeck

Letz, Kerstin, Dipl.-Archivarin, Archiv der Hansestadt Lübeck, Mühlendamm 1-3, 23552 Lübeck

Lokers, Dr. Jan, Archiv der Hansestadt Lübeck, Mühlendamm 1-3, 23552 Lübeck

Mührenberg, Doris, M.A., Bereich Archäologie und Denkmalpflege der Hansestadt Lübeck, Abt. Archäologie, Meesenring 8, 23566 Lübeck

Paravicini-Ebel, Dr. Anke, Kronskamp 6, 24119 Kronshagen

Pelc, Dr. Ortwin, Halstenbeker Weg 65, 22523 Hamburg

Rathmer, Christian, M.A., Kulturstiftung Hansestadt Lübeck, die Lübecker Museen, Industriemuseum Geschichtswerkstatt Herrenwyk, Kokerstraße 1-3, 23569 Lübeck

Rieger, Dr. Dirk, Bereich Archäologie und Denkmalpflege der Hansestadt Lübeck, Abt. Archäologie, Meesenring 8, 23566 Lübeck

Rohmann, PD Dr. Gregor, Goethe-Universität Frankfurt, Norbert-Wollheim-Platz 1, 60629 Frankfurt am Main

Ruck, Prof. Dr. Michael, Moltkestr. 60, 24105 Kiel

Schulte, Dr. Rolf, Viljandiring 27, 22926 Ahrensburg

Seggern, Prof. Dr. Harm von, Christian-Albrechts-Universität zu Kiel, Historisches Seminar, Leibnizstraße 3, 24098 Kiel

Steiner, Dr. Benjamin, Glauburgstr. 58, 60318 Frankfurt am Main

Stensager, Anders Otte, Magister, Bredgade 67, 1260 Kopenhagen K, Dänemark

Sudhoff, Dr. Ingrid, Bereich Archäologie und Denkmalpflege der Hansestadt Lübeck, Abt. Archäologie, Meesenring 8, 23566 Lübeck

Tanck, Dr. Claudia, Ev.-Luth. Kirchenkreis Lübeck-Lauenburg, Archiv, Bäckerstraße 3-5, 23564 Lübeck

Vogeler, Dr. Hildegard, Wakenitzstraße 46, 23564 Lübeck

Weinke, Dr. Wilfried, w.weinke@t-online.de

Die St. Jürgen-Gruppe in der St. Nikolai-Kirche in Stockholm. Funktion, ursprüngliche Position und die Jagd nach einem Künstler

Herman Bengtsson

Ausgangspunkte

Nicht viele Kunstwerke in Schweden gelten als so wichtig, dass sie in den internationalen Handbüchern für Universitätsstudien enthalten sind. Eine bemerkenswerte Ausnahme von dieser Regel ist die St. Jürgen-Gruppe aus dem späten 15. Jahrhundert in der St. Nikolai-Kirche in Stockholm (Abb. 1).[1]

Dies ist zweifellos ein ungewöhnlich komplexes und großartiges Werk! Die Hauptgruppe mit St. Jürgen und dem Drachen ist mehr als 3,5 Meter hoch (Abb. 2). Dazu kommen die Prinzessin mit dem Lamm, eine Zitadelle, zwei Wappenschilde sowie mehrere geschnitzte Reliefs, die die Legende von St. Jürgen darstellen. Acht dieser Reliefs sind am Sockel unter dem Ritterheiligen angebracht, der während einer Restaurierung im frühen 20. Jahrhundert errichtet wurde, teilweise unter Verwendung von einigen mittelalterlichen geschnitzten Schranken mit ungewisser Funktion.[2] Leider gibt es keine genauen Beschreibungen der ursprünglichen Anordnung des Denkmals und einige Teile sind offensichtlich verloren gegangen. Die meisten der erhaltenen Teile sind in Eiche geschnitzt und sorgfältig bemalt und vergoldet, aber einige Details bestehen aus Pergament, Leder, Seil, Glas und sogar menschlichem Haar. Der Körper des majestätischen Drachen wurde teilweise aus echtem Elchgeweih gefertigt.[3]

Sämtliche dieser Details tragen dazu bei, einen Eindruck von extremem Realismus zu erzeugen, der ziemlich überwältigend ist. Dies wird auch durch Berichte verschiedener Besucher der St. Nikolai-Kirche im Laufe der Jahrhunderte bestätigt. Ein früher Augenzeuge war der österreichische Diplomat Erich Lassota von Steblau, der laut seinem Tagebuch 1593 einige Zeit in Stockholm verbrachte. Nach einer kurzen Beschreibung der Kirche fährt er fort: „darinnen furnemlich zu sehen S. Georgen Statua, so ganz Künstlisch in Holz außgehauen, wie Er zu Roß den Lindwurm umbbringt, ist ein schön herrliches werck".[4] Ein paar Jahrzehnte später behauptete König Gustav Adolf II. von Schweden († 1632), die Skulptur sei eines der wenigen wahren Meisterwerke der Kunst in seinem eigenen Königreich.[5] Diese Bewunderung zeigt sich auch in einigen

1 Vgl. Bengtsson (2013): 8-60. Richter (2013): 53-65. Richter (2014): 97-110. Richter (2015a): 75-80. Richter (2015b): 172-176. Weniger (2015): 81-89. Richter (2020/21). Richter (2021): 334-339.

2 SSA. KVb Kommittéers protokoll och handlingar (Protokolle und Dokumente), Vol. 2, 3 und 5. ATA. Storkyrkan 1920-1947 S 298. Dokumente zur Restaurierung 1914-32. Roosval (1932): 99-102.

3 Grundlegende Beschreibungen in Roosval (1919), Roosval (1924), Paatz (1939), Eimer (1985) und Svanberg (1993).

4 Schottin (1866): 174.

5 Bengtsson (2013): 11.

Abb. 1: Die St. Jürgen-Gruppe in der St. Nikolai-Kirche (Storkyrkan) in Stockholm. Blick vom nördlichen Teil des Chores. Die jetzige Errichtung des Denkmals erfolgte zwischen 1914 und 1932. Der Sockel unter dem Reiterbild enthält einige Schranken mit geschnitzten Reliefs, die möglicherweise als Wandteile in der mittelalterlichen Kapelle für die St. Jürgen-Gruppe dienten. Sowohl die Skulpturen als auch die Kapelle können Bernt Notkes Werkstatt zugeschrieben werden. Die Arbeiten wurden höchstwahrscheinlich zwischen 1488 und 1492/93 in Stockholm ausgeführt. Foto: Herman Bengtsson.

Abb. 2: Die Skulpturengruppe lässt sich durch eine erhaltene Inschrift auf das Jahr 1489 datieren, während die anderen Teile des Denkmals anscheinend erst in den frühen 1490er Jahren fertiggestellt wurden. Foto: Olle Norling.

spätmittelalterlichen schwedischen Chroniken, was ziemlich ungewöhnlich ist, da sie sonst überhaupt keine Kunstwerke erwähnen. Ein Franziskanermönch in Stockholm schrieb sogar ein kurzes Gedicht in Hexametern, um an die Entstehung des Denkmals zu erinnern.[6]

Ein weiteres aus schwedischer Sicht ungewöhnliches Merkmal ist die genaue Datierung der Skulptur des Heiligen Jürgen. Es ist bekannt, dass sie am Silvesterabend 1489 vom Kanoniker Antonius Mast aus Antwerpen geweiht wurde, der Stockholm besuchte, um für einen Kreuzzug gegen die Türken zu predigen. Dies ist durch eine Inschrift auf einem kleinen Stück Pergament belegt, das in der geschnitzten Skulptur des Heiligen Jürgen deponiert ist (Abb. 3).[7] Auch die Finanzierung des Denkmals ist relativ gut dokumentiert. Die Hauptspender waren der schwedische Reichsverweser Sten Sture der Ältere († 1503) und seine Frau Ingeborg († 1507), deren Wappen auf dem rekonstruierten Sockel

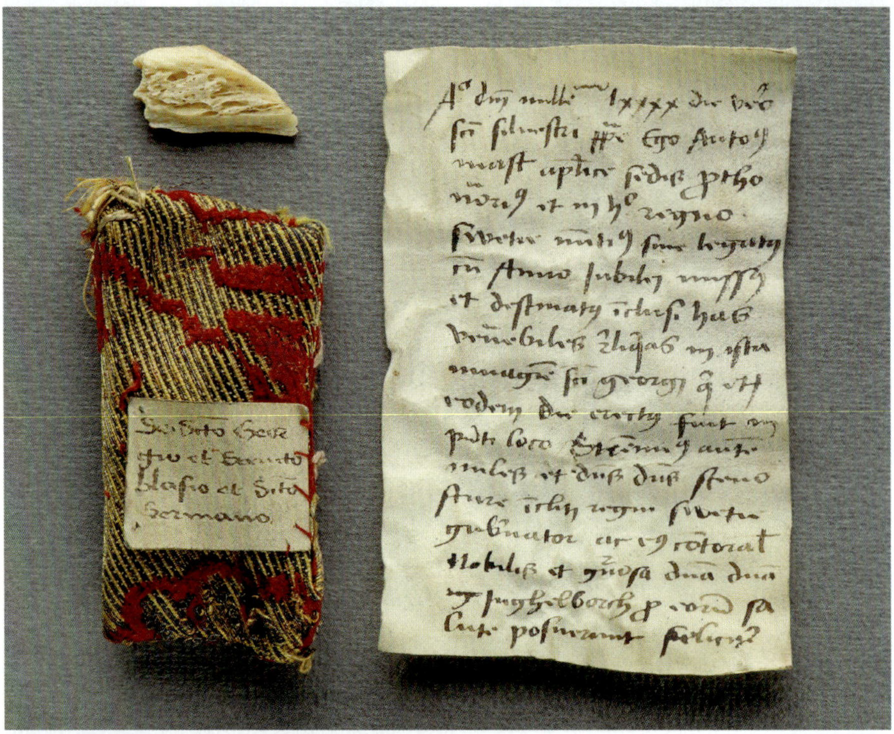

Abb. 3: Im Inneren der Skulptur des St. Jürgen befindet sich ein Stück Pergament, dessen Inschrift vermuten lässt, dass die Skulptur 1489 fertiggestellt wurde. Am selben Ort wird auch der auf dem Foto links gezeigte Stoffbeutel mit Reliquien aufbewahrt. Foto: Anders Qwarnström.

6 Scriptores rerum svecicarum: 68. Svenska medeltidens rimkrönikor 3: Verse 3398-3399. Gråbrödernas diarium: 4-25. Collijn (1919): 39-40.

7 Collijn (1919): 34-42.

sowie auf dem Pferd des Heiligen Jürgen und auf der Zitadelle erscheinen. Auf den Mauern der Zitadelle befinden sich zehn bemalte Miniaturwappen, die sich wahrscheinlich auf die Mitspender des Denkmals beziehen. Nur wenige davon können jedoch mit Sicherheit identifiziert werden.[8]

Nach einer Reihe von Dokumenten aus den Jahren 1492-93, die im Vatikanischen Archiv in Rom aufbewahrt werden, hatten Sten Sture, Ingeborg und die Mitspender mehr als 4 000 Silbermark für die Stiftung ausgegeben. Die Bestellung beinhaltete eine Kapelle mit einem Altar, mehrere Reliquien und die Skulpturengruppe. In einem der Briefe beanspruchte das Ehepaar auch das Recht, Patrone dieser Kapelle zu werden, was Papst Alexander VI. im November 1492 gewährte. Die Dokumente zeigen auch, dass das Denkmal in den frühen 1490er Jahren noch nicht vollständig fertiggestellt war. Das wiederum bedeutet, dass die übliche Datierung nicht stimmt. Wahrscheinlich wurde nur das Reiterbild 1489 fertiggestellt, während die anderen Teile etwas später hinzugefügt wurden.[9]

Die Bernt Notke-Kontroverse

Leider ist die St. Jürgen-Gruppe auch ein Symbol für die Mängel der Kunstgeschichte als wissenschaftliche Disziplin geworden. Während des gesamten 20. Jahrhunderts haben Kunsthistoriker behauptet, dies sei ein Werk des berühmten Lübecker Meisters Bernt Notke, der von den 1460er Jahren bis zu seinem Tod 1509 tätig war. In Bezug auf stilistische Ähnlichkeiten, die manchmal recht diffus sein können, haben sie Notke auch eine Vielzahl von Skulpturen, Gemälden, Grabsteinen, Holzschnitten und sogar Siegelstempeln zugeschrieben.[10] Das Ergebnis ist eine ziemlich chaotische Zusammenstellung von Objekten, die unmöglich von einer einzigen Werkstatt hergestellt worden sein können. Dies hat zu Verwirrung hinsichtlich Notkes Produktion geführt, die noch geklärt werden muss.[11] Es hat auch den Ruf der Stilkritik von Kunsthistorikern, die sich mit dem Mittelalter beschäftigten, geschädigt.

Viele dieser methodischen Inkonsistenzen wurden 1970 von Erik Moltke und 2009 von Peter Tångeberg eingehend untersucht.[12] Dort werden einige Beispiele für eher schwache Argumentationen schwedischer, dänischer und deutscher Wissenschaftler analysiert und kritisiert. Beide Autoren zögern auch, die St. Jürgen-Gruppe mit Notke in Verbindung zu bringen, zum Teil, weil er in den zeitgenössischen Quellen immer als Maler und nicht als Bildhauer bezeichnet wird, und zum Teil wegen der hohen Qualität der Arbeit in Stockholm. Moltke unternimmt keinen wirklichen Versuch, seine Herkunft zu bestimmen, aber Tångeberg be-

---

8 Svanberg (1993): 72, 196-198.

9 Karlsson (1901): 76. Carlsson (1915): 51-52. De Brun (1924): 44-46.

10 Die umfangreichsten Kataloge sind zweifellos diejenigen bei Paatz (1939): 307-382 und Eimer (1985): 173-188.

11 Vgl. Jürgensen (2013). Richter (2014). Richter (2015a). Richter (2015b). Richter (2020/21) und Richter (2021).

12 Moltke (1970). Tångeberg (2009). Siehe auch Tångeberg (2004): 209-224.

hauptet, dass die Gruppe in den Niederlanden hergestellt worden sein muss.[13] Nur ein flämischer Künstler wäre in der Lage gewesen, solch eine hervorragende Handwerkskunst vorzuweisen. Im Vergleich dazu sind Notkes dokumentierte Werke in der Kathedrale von Aarhus in Dänemark und in der Heilig-Geist-Kirche in Tallinn in Estland von viel schlechterer Qualität. Da die meisten monumentalen Skulpturen in den Niederlanden während der Reformation zerstört wurden, muss sich Tångeberg in seiner Analyse in vielen Fällen auf Gemälde und Drucke stützen. Er bezieht sich auch auf die Abhandlung „Sveopentaprotopolis" (1611) des schwedischen Antiquars Johannes Messenius, in der angegeben wird, dass die St. Jürgen-Gruppe von einem Künstler aus Antwerpen gemacht wurde.[14] Diese Quelle war den früheren Autoren natürlich gut bekannt, wurde jedoch im Allgemeinen als Fehlinterpretation aufgrund der Bedeutung der flämischen Kunst im Schweden des frühen 17. Jahrhunderts wahrgenommen.[15]

Nach dem erneuten Interesse an der St. Jürgen-Gruppe wurden in den letzten Jahren mehrere Studien zur Zuschreibung veröffentlicht.[16] Der vorliegende Beitrag konzentriert sich auf zwei der grundlegendsten und umstrittensten Aspekte: erstens die Funktion und die ursprüngliche Position des Denkmals und zweitens die Datierung und die Frage nach der Identität des Künstlers.

Frühe Rezeptionsgeschichte

Wie bereits erwähnt, wurde die St. Jürgen-Gruppe im Laufe der Jahrhunderte sehr bewundert, obwohl sie in der neoklassischen Zeit manchmal als geschmackloses Beispiel für die Kunst des Mittelalters angesehen wurde.[17]

Aus diesem Grund wurden die Hauptskulpturen in einen abgelegenen Teil der St. Nikolai-Kirche versetzt und hoch auf einen Balken platziert. 1866 wurden sie in das kurz zuvor erbaute schwedische Nationalmuseum in Stockholm gebracht, wodurch sie für den Zuschauer leichter zugänglich waren (Abb. 4). Das zunehmende Interesse an mittelalterlicher Kunst führte 1885 auch zur ersten wissenschaftlichen Veröffentlichung des Denkmals durch den Leiter der mittelalterlichen Sammlungen des Museums, Hans Hildebrand.[18] Der Autor kritisierte hier den bereits erwähnten Antiquar Johannes Messenius, der Material zum Denkmal gesammelt hatte und behauptete, es sei von einem Künstler aus Antwerpen angefertigt worden. Die Autorität von Messenius hatte zu der allgemeinen Überzeugung geführt, dass die Gruppe von Sten Sture in den Niederlanden in Auftrag gegeben wurde. In Bezug auf stilistische Hinweise war Hildebrand eher geneigt zu glauben, dass es sich um ein Werk eines deutschen Meisters handelte, der wahrscheinlich aus Lübeck stammte.

---

13 Moltke (1970): 205-213. Tångeberg (2009): 47-89, 117-119.

14 Messenius (1611): 143.

15 Roosval (1919): 14. Svanberg (1993): 105.

16 Svanberg (2013). Bengtsson (2013). Richter (2013). Richter (2014). Richter (2015a). Richter (2015b). Weniger (2015). Richter (2020/21). Richter (2021).

17 Bengtsson (2013): 12.

18 Hildebrand (1884-85): 1-77.

Um die Wende des 20. Jahrhunderts begann der junge schwedische Kunsthistoriker Johnny Roosval (1879-1965) seine lebenslange Arbeit mit der St. Jürgen-Gruppe. Roosval war ein Schüler von Professor Adolph Goldschmidt in Berlin, der ihm den Umgang mit den neuesten Methoden der Stilkritik deutscher Kunsthistoriker vermittelte. Im Jahr 1905 veröffentlichte er einen kurzen Artikel über die St. Jürgen-Gruppe, mit dem er verdeutlichen wollte, dass sie von Bernt Notke angefertigt wurde.[19] Notke war bis dahin ein eher unbekannter Name in der deutschen und skandinavischen Kunstgeschichte gewesen, aber von nun an wuchs sein Ruf schnell, ganz zu schweigen von dem ihm zugeschriebenen Werk. Die St. Jürgen-Gruppe wurde mit den Altaraufsätzen in der Heilig-Geist-Kirche in Tallinn und im Dom von Aarhus verglichen, die nachweislich aus seiner Werkstatt stammten. Eine weitere wichtige Parallele war die große Triumphkreuzanlage im Dom zu Lübeck, die allgemein als ein Werk von Notke angesehen wurde, obwohl dies erst in den 1970er Jahren tatsächlich bewiesen wurde.[20]

Abb. 4: St. Jürgen, der Drache und die Prinzessin im Nationalmuseum in Stockholm, um 1900. Foto: Johannes Jaeger. Kulturmiljöbild. Riksantikvarieämbetet, Stockholm.

Dies war überhaupt eine Zeit spektakulärer Entdeckungen! 1902 wurden einige der längst verloren geglaubten spätmittelalterlichen Stadtbücher von Stockholm gefunden und hier wurde Notke häufig erwähnt. Offensichtlich war er zu der Zeit, als die St. Jürgen-Gruppe errichtet wurde, ein regelmäßiger Besucher der schwedischen Hauptstadt gewesen. Darüber hinaus erschien sein Name in einem Brief aus dem frühen 16. Jahrhundert, der vom Lübecker Bildhauer Henryk Wylsynck an den Stockholmer Bürger Tyle Hempe geschrieben wurde, der in den 1490er Jahren als Kirchenwächter in St. Nikolai diente.[21] Hier behauptete Wylsynck nicht nur, er sei an der Herstellung der St. Jürgen-Gruppe

19 Roosval (1905): 166-178. Svanberg (2000): 360.

20 Roosval (1905): 171-177. Paatz (1939): 69-71. Oellerman (1979): 55-72. Richter (2019). Richter (2021): 334-339.

21 Paatz (1939): 302-303.

beteiligt gewesen, sondern erwähnte auch Notke, den er als einen eigenartigen Mann („en selsen mann") bezeichnete. Für Roosval und seine Anhänger enthielt diese Passage starke Beweise dafür, dass Notke der Meister des Denkmals in Stockholm war. Wylsynck hingegen sollte angeheuert worden sein, um die Reliefs herzustellen, die allgemein als etwas minderwertig angesehen wurden.[22]

Rekonstruktion, Funktion und ursprüngliche Position

Im August 1907 wurden die Hauptskulpturen vom Nationalmuseum in die St. Nikolai-Kirche zurückgebracht. Nach einigen Diskussionen wurden sie vorübergehend auf Holzsockeln im nördlichen Teil des Chores aufgestellt (Abb. 5).[23]

Abb. 5: Das Denkmal nach seiner Rückkehr in die St. Nikolai-Kirche, 1907. Die Bemalung des provisorischen Sockels stellt eine Nachahmung von Ziegeln dar. Kulturmiljöbild. Riksantikvarieämbetet, Stockholm.

Sechs Jahre später, 1913, wurde ein Restaurierungskomitee mit Johnny Roosval als treibende Kraft eingerichtet, um zu entscheiden, wie das Denkmal rekonstruiert werden sollte. Zwischen 1914 und 1920 wurden die Skulpturen

22 Roosval (1919): 15. Zwei der Reliefs wurden jedoch Henning von der Heide zugeschrieben.

23 ATA. Storkyrkan, ämbetsarkivet 4 F1. Topografiska dossierer.

und Reliefs von Allan Norblad sorgfältig konserviert, wobei so viel wie möglich von der ursprünglichen Polychromie und Vergoldung wiederhergestellt wurde (Abb. 6). Um diese Zeit wurden auch einige Farbfotos des Denkmals von John Hertzberg aufgenommen, die aber wahrscheinlich leider verloren gegangen sind.[24] Im Frühjahr 1919 fand im Nationalmuseum in Stockholm eine Ausstellung der damals fertiggestellten Skulpturen statt, die von den Zeitungen mit Begeisterung als „Symphonie der Farben" bezeichnet wurden.[25]

Abb. 6: Das Denkmal während der Konservierung von Allan Norblad, 1919. Kulturmiljöbild. Riksantikvarieämbetet, Stockholm.

Währenddessen war das Restaurierungskomitee mit den Planungen für die Renovierung des Denkmals beschäftigt. Aus dem Protokoll geht hervor, dass die Arbeiten nach Roosvals Wünschen ausgeführt wurden.[26] Alle abweichenden Meinungen wurden unterdrückt, einschließlich einiger interessanter Beobachtungen des Konservators Norblad, der auch als Architekt ausgebildet worden war. Nach dem plötzlichen Tod von Norblad im Januar 1921 wurde Roosval der unumstrittene Leiter des Projekts. Aufgrund einer Reihe weiterer Komplikationen konnten die Arbeiten erst 1932 abgeschlossen werden. Das Endergebnis

24 SSA. KVb Kommittéers protokoll och handlingar (Protokolle und Dokumente), Vol. 2, 3 und 5. Dokumente zur Restaurierung 1914-32. Nach der Reformation waren die Skulpturen und Reliefs mit mehreren Schichten Sekundärfarbe und Lack bedeckt.

25 ATA. Stockholm, Storkyrkan 5, Vol. 14. Fotografien.

26 SSA. KVb Kommittéers protokoll och handlingar (Protokolle und Dokumente), Vol. 2, 3 und 5. Dokumente zur Restaurierung 1914-32.

war in vielerlei Hinsicht ein Kompromiss, da die Behörden nicht alle Anfragen von Roosval akzeptierten.[27] Dazu gehörte ein Umbau des östlichen Teils der St. Nikolai-Kirche, um dem Denkmal eine angemessenere und ästhetisch vorzuziehende Umgebung zu geben, in der die Skulptur des Heiligen Jürgen hinter dem Hochaltar aufragen würde (Abb. 7).

Abb. 7: Zeichnung von Johnny Roosval aus dem Jahr 1919, die seine Ideen zur Rekonstruktion des Denkmals zeigen. Für die Umsetzung war ein Umbau des östlichen Teils der St. Nikolai-Kirche erforderlich. Stadsarkivet Stockholm.

Nach Meinung von Roosval hatte Sten Sture das Denkmal in Auftrag gegeben, um seinen Sieg gegen den dänischen König Christian I. in der Schlacht von Brunkeberg außerhalb von Stockholm im Oktober 1471 zu feiern.[28] Immerhin war Jürgen der bedeutendste Heilige der Ritterlichkeit und Sten Sture selbst ein Ritter. Aus diesem Grund kam Roosval zu dem Schluss, dass die Skulptur des Heiligen Jürgen tatsächlich ein idealisiertes Porträt des schwedischen Regenten sein sollte, während die Prinzessin die Züge seiner Frau Ingeborg trüge. Der Drache hingegen

27 Roosval (1932): 99-102.

28 Roosval (1924): 79-95.

sei ein Symbol des Feindes, d. h. Dänemarks.[29] Nach Roosvals Meinung war die Skulpturengruppe nicht nur als ein nationales Kriegsdenkmal gedacht, sondern auch als ein spektakuläres Grab für das Fürstenpaar. Ihre Särge sollten in dem engen Raum unter der St. Jürgenskulptur platziert werden. Aus Roosvals Sicht war das Denkmal nichts weniger als das früheste schwedische Beispiel eines Renaissancegrabes im Geiste jener, die im 14. und 15. Jahrhundert für die berühmten italienischen Condottieri angefertigt wurden.[30] Er behauptete auch, dass Notke der erste Künstler in Nordeuropa gewesen sei, der sich bemüht habe, die Prinzipien der klassischen Antike für Symmetrie und Proportion wiederzuentdecken.

Um diese Idee besser zu verdeutlichen, wurde die St. Jürgen-Skulptur auf einen rekonstruierten Sockel gestellt, der teilweise aus den verbleibenden mittelalterliche Schranken bestand, an denen die Reliefs angebracht waren (Abb. 8).

Abb. 8: Das Denkmal im Jahr 1932 auf dem heutigen Sockel, jedoch mit Kopien spätmittelalterlicher Skulpturen in den Ecken. Diese wurden in der endgültigen Rekonstruktion weggelassen. Kulturmiljöbild. Riksantikvarieämbetet, Stockholm.

29 Roosval (1924): 92-93.

30 Roosval (1924): 73-95.

Diese Schranken hingen seit dem 17. Jahrhundert an der Wand vor der Sakristei der St. Nikolai-Kirche. Roosval war überzeugt, dass sie ursprünglich den Sockel der Reiterstatue bildeten, obwohl dies überhaupt nicht sicher war.[31] Konservator Norblad zum Beispiel scheint anderer Meinung gewesen zu sein. Höchstwahrscheinlich war er skeptisch gegenüber der Vorstellung, dass der enge Raum, der damit unter der Skulptur des Heiligen Jürgen und des Drachen geschaffen wurde, als eine Kapelle mit Altar sowie mit den Särgen von Sten Sture und Ingeborg hätte dienen können. Darüber hinaus war es offensichtlich, dass die erhaltenen Schranken die schweren Skulpturen nicht tragen konnten. Roosval war sich dieses Problems bewusst, aber er behauptete, dass es eine Reihe von jetzt verlorenen Stützbalken in der Kapelle gegeben haben müsse, zusammen mit einer Innendecke.[32] Mit einer solchen Konstruktion wäre jedoch nicht viel Platz für Aktivitäten innerhalb der Kapelle geblieben.

Die Vorstellung, dass das Denkmal auch als Grab gedacht war, scheint Roosval aus der spätmittelalterlichen schwedischen Reimchronik übernommen zu haben. Hier heißt es, dass Sten Stures Leiche im Dezember 1503 zuerst vor dem St. Jürgen-Altar in der St. Nikolai-Kirche beigesetzt wurde, bevor sie zur Bestattung in das Kartäuserkloster Pax Mariæ in Mariefred überführt wurde.[33] Nach Roosvals Interpretation dieser Passage wurde Sten Stures kühner Wunsch, als italienischer Condottiere in einer Stadt begraben zu werden, von seinen Untertanen verhindert, die es verzogen, seinem Körper in einer Klosterkirche auf dem Land seine letzte Ruhestätte zu geben. Was Roosval nicht bemerkte, war, dass die Klosterkirche in Mariefred erst 1504 geweiht wurde. Dies erklärt vermutlich, warum Sten Sture nach seinem Tod zuerst in die St. Nikolai-Kirche und dann erst zur Beerdigung nach Mariefred gebracht wurde. Man hätte den Gouverneur des Staates nicht in einer Kirche begraben können, die noch nicht geweiht war! Das Kartäuserkloster in Mariefred wurde ebenfalls in der 1490er Jahren von Sten Sture und Ingeborg gegründet, wahrscheinlich mit der Absicht, ihnen als Grabstätte zu dienen. Dies führt zu der Schlussfolgerung, dass die Idee des Renaissance-Grabes in Stockholm aufgegeben werden muss.[34]

Aus den spätmittelalterlichen schriftlichen Quellen lässt sich schließen, dass sich die dem Heiligen Jürgen geweihte Kapelle in der Mitte der Kirche westlich des Chores befand (Nr. 1 in Abb. 9).[35] Während der Reformation wurde die Kapelle abgebaut und das Denkmal zuerst auf Nr. 2 und dann auf Nr. 3 auf dem in Abbildung 9 gezeigten Grundplan verschoben. Die früheste Umsetzung erfolgte im März 1528, als der Stadtrat beschloss, die Skulpturen nach Süden zu verschieben, weil sie den für den protestantischen Gottesdienst benötigten Raum blockierten. Einige Monate zuvor waren die Edelmetallgegenstände der

---

31 Roosval (1924): 99-124.

32 SSA. KVb Kommittéers protokoll och handlingar (Protokolle und Dokumente), Vol. 2, 3 und 5. Drei der ursprünglichen Schranken sind erhalten geblieben.

33 Svenska medeltidens rimkrönikor. 3: Verse 5507 f.

34 Vgl. Bengtsson (2013): 38-39.

35 Anjou (1938): 343-359. Bengtsson (2013): 28-38.

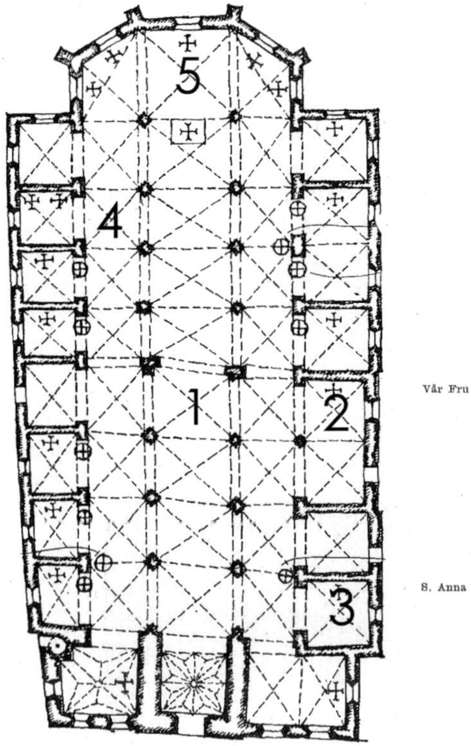

Abb. 9: Plan der St. Nikolai-Kirche. Die Ziffern zeigen die verschiedenen Positionen des Denkmals seit dem 15. Jahrhundert. Nr. 1: 1489/93-1528, Nr. 2: 1528 bis Mitte des 16. Jahrhunderts. 3: Mitte des 16. Jahrhunderts bis 1866, Nr. 4: aktuelle Position, Nr. 5: Nach Ansicht von Johnny Roosval wurde das Denkmal zuerst hier errichtet. Zwischen 1866 und 1907 wurde das Denkmal im Nationalmuseum in Stockholm ausgestellt.

Kapelle von König Gustav Vasa beschlagnahmt worden.[36] Jedes Mal, wenn das Denkmal eine neue Position erhielt, wurden bestimmte Teile offensichtlich als überflüssig angesehen und folglich beseitigt.[37] In einer Zeichnung aus der Mitte des 19. Jahrhunderts sind die Hauptskulpturen hoch auf einem Balken im süd-

---

36 Källström (1939): 254-255. Bengtsson (2013): 33-34.

37 Dies könnte erklären, warum in den Kirchen von Danderyd und Ed in Uppland zwei Reliefs gefunden wurden, die aus dem Denkmal stammen sollen. Die mit dem Denkmal in Verbindung gebrachte Skulptur des schwedischen Königs Karl Knutsson († 1470) stammt höchstwahrscheinlich aus einer Kirche außerhalb Stockholms. Es gibt keine Informationen über diese Skulptur aus dem Mittelalter, aber es ist bekannt, dass sie im frühen 17. Jahrhundert im königlichen Schloss von Svartsjö aufbewahrt wurde. Vgl. Bengtsson (2013): 51-52.

westlichen Teil der Kirche platziert.[38] Seit der Renovierung Anfang der 1930er Jahre befindet sich das Denkmal im nördlichen Teil des Chores, der durch ein modernes Eisengitter geschützt ist (Nr. 4 in Abb. 9).

Ein sorgfältiges Studium der Protokolle zeigt, dass die Mitglieder des Restaurationskomitees unterschiedliche Meinungen über die Aufstellung des Denkmals hatten. Wie bereits erwähnt, war Roosval davon überzeugt, dass es ursprünglich im östlichen Teil des im 16. Jahrhundert abgerissenen Chores errichtet wurde (Nr. 5 in Abb. 9).[39] Obwohl keine schriftlichen oder archäologischen Beweise zu existieren schienen, die diese Idee stützten, betrachtete er dies als die einzige gut begründete Position für eine hochwertige, von der Renaissance beeinflusste Skulptur. Roosvals Argumentation ist charakteristisch für das frühe 20. Jahrhundert, als Kunstobjekte oft aus ihrem Kontext heraus isoliert wurden.

Aufgrund fehlender Befunde ist es nicht möglich, das ursprüngliche Denkmal vollständig überzeugend zu rekonstruieren. Die Schranken mit den Reliefs, die die Legende von St. Jürgen darstellen, könnten die Wände der Kapelle mitten in der Kirche gebildet haben. Diese sind innen grün gestrichen und mit goldenen Sternen und Ornamenten geschmückt (Abb. 10). Spuren oben auf den Schranken weisen darauf hin, dass sie mit spätgotischem Maßwerk verziert waren. Da offensichtlich einige der ursprünglichen Stücke fehlen, ist es schwierig, genau zu entscheiden, wie groß die Kapellenfläche war. Wie Roosval hervorhob, fehlen auch einige der Schlüsselszenen aus der Legende von St. Jürgen, und höchstwahrscheinlich wurden diese in den verlorenen Abschnitten gezeigt.[40] Als die Kapelle in den 1520er Jahren abgebaut wurde, wurden die Öffnungen in den Wänden mit bemalten Brettern zugenagelt, die möglicherweise aus anderen

Abb. 10. Der jetzige Sockel des Denkmals ist innen bemalt. Es gibt ursprüngliche Öffnungen, die mit Brettern zusammengenagelt sind. Werktechnische Befunde weisen darauf hin, dass die jetzt im Sockel enthaltenen Schranken ursprünglich Teile der St. Jürgen-Kapelle in der Mitte der Kirche bildeten. Foto: Anders Qwarnström.

38 Svanberg (1993): 159.

39 SSA. KVb Kommittéers protokoll och handlingar (Protokolle und Dokumente), Vol. 2, 3 und 5. Dokumente zur Restaurierung 1914-32.

40 Roosval (1924): 99-104.

Teilen des Denkmals stammen.[41] Zu Beginn der Reformation wurden auch die Nasen fast aller Relieffiguren abgeschlagen. Dieser Akt des Vandalismus könnte 1524 stattgefunden haben, als einige Bilderstürmer in die St. Nikolai-Kirche einbrachen und alles zerstörten, was in ihre Reichweite kam.[42]

Im Zusammenhang mit Norblads Konservierungsarbeit in den Jahren 1914-20 wurde auch festgestellt, dass der untere Teil der Säulen, die die Legenden-Szenen schützten, ziemlich abgenutzt war, was darauf hinweisen könnte, dass sie vom Laienpublikum häufig berührt wurden.[43] Diese Vermutung wird durch eine Passage in der schwedischen Reimchronik gestützt, die eine Prozession beschreibt, die 1495 als Vorbereitung auf Sten Stures Kreuzzug gegen die Russen organisiert wurde.[44] Hier soll sich eine Menschenmenge aller Klassen um den Altar des Heiligen Jürgen versammelt haben, obwohl die meisten Teilnehmer wahrscheinlich vor der Kapelle standen, durch die Wandöffnungen hineinschauten und vielleicht auch die heiligen Bilder auf den Reliefs berührten. In der Kapelle muss Platz für einen Altar und vielleicht auch zwei Holzbänke der Patrone gewesen sein. Die Türen, die zum kleinen Heiligtum führten, wurden möglicherweise mit den noch erhaltenen Wappenschilden von Sten Sture und Ingeborg verziert, die jetzt am Sockel befestigt sind. Bevor die Konservierung 1914 begann, hingen sie zusammen mit den Schranken an der Wand.[45]

Obwohl das Quellenmaterial sehr eingeschränkt ist, scheint es, als ob die größeren Skulpturen auf einer Empore in der Nähe des Chors aufgestellt und vielleicht in eine Landschaft eingebunden waren. Zu ihr dürfte die Zitadelle gehört haben, ebenso wie die Prinzessin, die auf einem jetzt verlorenen Abschnitt gekniet haben muss. Die meisten der oben genannten bemalten Bretter, die am Sockel befestigt sind, dürften Teil dieses Landschaftshintergrunds gewesen sein. Nach einem Dokument von 1628 wurde damals ein altes Podium unter der St. Jürgen-Figur weggeworfen.[46] Dies könnte die ursprüngliche spätmittelalterliche Empore gewesen sein, obwohl sie sich nach der Reformation vielleicht etwas geändert hatte. Es besteht auch die Möglichkeit, dass einige Teile des Denkmals auf dem Lettner platziert wurden, der den Chor vom Kirchenschiff trennte. In diesem Fall umfasste die komplexe Anordnung möglicherweise auch das noch erhaltene Eichenkruzifix aus dem späten 15. Jahrhundert, das allgemein als

---

41 Roosval (1924): 99-104. Laut Roosval wurde diese Aktion bereits zum Zeitpunkt des Todes von Sten Sture im Jahr 1503 durchgeführt. Dies ist jedoch nicht wahrscheinlich, da die Kapelle bis zur Reformation im Jahr 1527 in Gebrauch gewesen sein muss.

42 Messenius (1700-04): Buch XV, 100. Roosval (1919): 19.

43 SSA. KVb Kommittéers protokoll och handlingar (Protokolle und Dokumente), Vol. 2, 3 und 5. Dokumente zur Restaurierung 1914-32.

44 Svenska medeltida rimkrönikor 3: Verse 3651-3678.

45 Roosval (1919): 52-53. Roosval (1924): 112-113.

46 SSA. LI a 1, Vol. 2.

Werk eines Künstlers aus Lübeck angesehen wird.[47] Eine Grundvoraussetzung für die Aufstellung eines so großen Denkmals mitten in der Kirche war der Ausbau von St. Nikolai mit viel höheren Gewölben als zuvor in den 1470er und 1480er Jahren. Dieses Projekt scheint ungefähr zur selben Zeit wie die Weihe der Skulptur des Heiligen Jürgen am Silvesterabend im Jahre 1489 abgeschlossen worden zu sein.[48]

Eine weitere überlegenswerte Idee von Roosval war, die St. Jürgen-Gruppe als ein nationales Kriegsdenkmal zu verstehen, das an die Schlacht von Brunkeberg im Jahr 1471 erinnern sollte. Die Situation scheint allerdings weitaus komplizierter gewesen zu sein. Wäre es einfach ein Kriegsdenkmal gewesen, hätte es ziemlich bald nach der Schlacht bestellt worden sein müssen, aber es dauerte fast 20 Jahre, bis die Hauptgruppe mit dem Ritter und dem Drachen fertig war. Laut dem Stück Pergament, das in der Brust des Heiligen Jürgen verborgen ist, haben Sten Sture und Ingeborg die Arbeit zum Wohle ihrer Seelen bestellt („pro eorum salute").[49] Das ist natürlich überhaupt nicht überraschend, da dies der Sinn jeder mittelalterlichen Stiftung war, obwohl es wertvoll ist, wenn das hier klar angegeben wird. Wann der Auftrag erteilt wurde, ist nicht bekannt, aber es ist als wahrscheinlich anzunehmen, dass die Fertigstellung der größeren Skulpturen mehrere Jahre gedauert hat. Die weniger aufwändigen Stücke müssen schneller entstanden sein, obwohl die komplexe Struktur des Denkmals insgesamt natürlich eine große Herausforderung darstellte.

In den frühen 1480er Jahren bemühte sich Sten Sture sehr darum, seine Position als schwedischer Reichsverweser zu behaupten, und stand sowohl mit den Stockholmer Bürgern als auch mit dem neuen dänischen König Hans in Konflikt, der die nordische Union mit Dänemark als führende Nation wiederherstellen wollte.[50] Nach langwierigen Verhandlungen, während der Sten Sture an einer mysteriösen Augenkrankheit litt, gelang es ihm, seine schwedische Reichsverweserschaft aufrecht zu erhalten und mit den Stockholmer Einwohnern Frieden zu schließen. Es kann daher argumentiert werden, dass jetzt, zwischen 1483 und 1484, der Auftrag erteilt wurde. Was Sten Sture anscheinend haben wollte, war ein Denkmal, mit dem er seine Dankbarkeit für seine erfolgreiche Außenpolitik wie auch seine Versöhnung mit den Stockholmer Bürgern symbolisch ausdrücken konnte.[51] Dies könnte auch erklären, warum es in der wichtigsten Stadtkirche von Stockholm platziert wurde.

Es gibt jedoch auch einen dokumentierten, wenn auch etwas vagen Zusammenhang mit der siegreichen Schlacht von Brunkeberg im Jahr 1471. Nach ei-

---

47 Vgl. Svanberg (1993): 139. Richter (2020/21): 306-308, 310. In den 1930er Jahren wurde das Kruzifix von Alfred Nilsson gründlich konserviert, der alle Sekundärvergoldungen entfernte (ATA. Storkyrkan, ämbetsarkivet 4 F1. Topografiska dossierer; Stockholm, Storkyrkan 1920-1947 S 298. Erhaltungsbericht von Alfred Nilsson 12/4 1937).

48 Roosval (1927): 337-339.

49 Collijn (1919): 33-36.

50 Bengtsson (2013): 40-43. König Hans hatte 1481 die Nachfolge seines Vaters Christian I. auf dem dänischen Thron angetreten.

51 Bengtsson (2013): 40-43.

nem der oben genannten päpstlichen Briefe aus den frühen 1490er Jahren wurde jedes Jahr am Tag der Schlacht, dem 10. Oktober, eine feierliche Prozession abgehalten. Diese Prozession ging von Stockholm nach Brunkeberg, der damals ein kleiner Hügel außerhalb der Stadt war.[52] Die in der Korrespondenz mit dem Papst beschriebenen Andachtspraktiken könnten für Sten Sture ein Mittel gewesen sein, sich als frommer Christ und liberaler Spender zu präsentieren. Auf diese Weise konnte er die Exkommunikationsdrohungen vermeiden, die über ihm lagen, nachdem er vom König von Dänemark als Usurpator auf den schwedischen Thron bezichtigt worden war. Ihm wurde auch eine Reihe anderer Verbrechen vorgeworfen, darunter die Beschlagnahme von Eigentum der dänischen Königin. Aus diesem Grund unterstützte Sten Sture auch den Kreuzzug gegen die Türken, die Russen und die anderen Feinde des katholischen Glaubens, der kürzlich von Papst Innozenz VIII. proklamiert worden war. Diese Verpflichtung könnte auch erklären, warum das Bild des Ritters, der den Drachen tötet, als Hauptthema gewählt wurde.[53]

Folglich scheint die St. Jürgen-Gruppe mehreren Zwecken gedient zu haben. Offiziell war sie ein Symbol für Sten Stures erfolgreichen Umgang mit der Außen- und Innenpolitik in den 1470er und 1480er Jahren und für seine Versöhnung mit dem Papst, den Stockholmer Bürgern und mehreren anderen Antagonisten. Gleichzeitig war sie eine Stiftung für sein und Ingeborgs Seelenheil. In einem rührenden Brief von Sten Sture vom April 1503 forderte der alternde Reichsverweser seine Frau auf, eine Messe zu bezahlen, die vor dem Bild des Heiligen Jürgen gesungen werden sollte, damit er von seiner Augenkrankheit geheilt werden könne.[54] Dies ist ein seltener Blick auf das Denkmal in seiner Funktion.

Wer hat das Kunstwerk geschaffen?

Wenn diese Interpretation richtig ist, muss die St. Jürgen-Gruppe zwischen 1483 und 1484 in Auftrag gegeben worden sein, als Sten Sture seine erfolgreichen Vereinbarungen mit König Hans und den Stockholmer Bürgern traf und versuchte, sich besser mit dem Papst zu arrangieren. Zu diesem Zeitpunkt stattete Bernt Notke auch seine ersten dokumentierten Besuche in Schweden ab. Darüber hinaus ist bekannt, dass sein Diener Tönnies Hermensen 1483 einige Zeit in Stockholm verbracht hat.[55]

Nachdem Notke 1467 in Lübeck als Meister anerkannt worden war, hatte er sich als einer der führenden Künstler der Stadt etabliert. Ein stetiger Auftragsfluss ermöglichte es ihm, 1479 ein Haus in der prominenten Breiten Straße zu kaufen.[56] Man könnte sich daher fragen, warum Notke sein komfortables

---

52 Karlsson (1901): 76. Carlsson (1915): 51-52. De Brun (1924): 45.

53 Vgl. Nyberg (1984).

54 Styffe (1875): 336.

55 Paatz (1939): 290-294. Moltke (1970): 54-59.

56 Paatz (1939): 281-304. Moltke (1970): 31-68. Svanberg (1993): 106-123. Richter (2021).

Leben im wohlhabenden Hansezentrum aufgeben sollte, um nach dem wenig bedeutenden Stockholm zu gehen, es sei denn, er hatte dort ein sehr wichtiges Geschäft. Während seines Aufenthalts in der schwedischen Hauptstadt im Mai 1484 sandte er einen Brief an den Stadtrat von Tallinn, in dem er darum bat, den Restbetrag für seinen Altaraufsatz in der Heilig-Geist-Kirche ausgezahlt zu bekommen.[57] Diese Nachricht hätte natürlich überall geschrieben werden können, aber etwas erforderte offensichtlich seine Anwesenheit in Schweden.[58] Ein anderer Brief aus den frühen 1480er Jahren berichtet, dass Notke in Aarhus gewesen war, um die letzte Zahlung für das große Retabel in der Kathedrale einzuziehen.[59] Die offensichtliche Schlussfolgerung muss sein, dass seine Auslandsreisen durch die verschiedenen Verpflichtungen seiner Werkstatt motiviert waren. Zwischen 1485 und 1490 sind nur wenige Dokumente bekannt, die sich auf Notke beziehen.[60] In den frühen 1490er Jahren soll er jedoch in Stockholm gelebt haben, wo er sogar zum Münzmeister ernannt wurde.[61] Um diese wichtige Position zu erreichen, muss er gute Beziehungen zum Reichsverweser Sten Sture gehabt haben. Dies wird weiter durch die Tatsache belegt, dass Notke, als Sten Sture 1497 abgesetzt wurde, nach Lübeck zurückkehrte, wo er bis zu seinem Tod 1509 blieb.[62]

So interessant diese Tatsachen auch sein mögen, bringen sie Notke nicht wirklich in Verbindung mit dem St. Jürgen-Denkmal. Wenn man die schriftlichen Quellen für einen Moment beiseitelässt und sich dem komplizierten Thema des Stils zuwendet, wird die Situation nicht viel klarer. Als das Denkmal Ende des 15. Jahrhunderts in Auftrag gegeben wurde, verzeichnete Schweden einen erheblichen Import von Kunstgegenständen aus Deutschland und den Niederlanden.[63] Es gab auch viele lokale Werkstätten, darunter einige, die von Künstlern aus diesen Ländern geleitet wurden. Ihre Produkte waren auch stilistisch nicht einheitlich. Je mehr man bezahlte, desto prächtiger wurde das fertige Werk. Dies macht es natürlich sehr schwierig, die Herkunft eines Kunstwerks nur aus stilistischen Gründen zu bestimmen. Größere Aufträge wie das St. Jürgen-Denkmal kamen möglicherweise manchmal durch Kooperationen zwischen verschiedenen Werkstätten oder Spezialisten zu Stande. Für eine ältere Generation von Kunsthistorikern waren die Fragen nach der Identität und der Nationalität des Künstlers sehr wichtig, aber heute ist die Situation etwas anders. Da die Entstehung des Denkmals so gut dokumentiert ist, wäre es unab-

---

57 Paatz (1939): 291.

58 Ein paar Wochen zuvor war er in Lübeck und diskutierte erneut mit dem Tallinner Rat über das Geld. Vgl. Paatz (1939): 291-292.

59 Paatz (1939): 284. Der Brief wurde am 3. April 1482 geschrieben.

60 Paatz (1939): 284, 294-295.

61 Paatz (1939): 296. Moltke (1970): Vol. 1, 61-68.

62 Bengtsson (2013): 43. Den erhaltenen Dokumenten nach zu urteilen, war er im März 1498 wieder in Lübeck. Vgl. Paatz (1939): 297.

63 Bengtsson (2013): 21. Der Import flämischer Altarbilder erreichte Anfang des 16. Jahrhunderts seinen Höhepunkt.

hängig von nationalen Zuschreibungen doch ärgerlich, wenn es nicht möglich wäre, auch seinen Urheber aufzuspüren.

Bei der Erörterung des Stils im Zusammenhang mit dem St. Jürgen-Denkmal ist das Vergleichsmaterial leider nicht sehr umfassend. Es gibt einige Retabel, Heiligenfiguren und Kreuzigungsgruppen, aber nichts, was wirklich dem Ensemble in Stockholm entspricht. Offensichtlich hatte es großen Einfluss auf die Ikonographie von St. Jürgen im Baltikum. Einige Beschreibungen aus dem 17. und 18. Jahrhundert zeigen, dass viele schwedische Kirchen aus St. Jürgen, dem Drachen und der Prinzessin bestehende, auf einer Empore zwischen Chor und Kirchenschiff aufgestellte Figurengruppen besaßen.[64] Wie bereits erwähnt, sind in den Niederlanden nur wenige spätmittelalterliche Skulpturen erhalten geblieben, was natürlich jede relevante stilistische Bewertung behindert. Beim Vergleich der Stockholmer Reliefs mit den Schnitzereien auf dem Altarbild von St. Jürgen im Cinquantenaire Museum in Brüssel durch den flämischen Meister Jan Borman aus dem Jahr 1493 wird der Unterschied deutlich.[65]

Nur nach diesem Beispiel zu urteilen, hat der Stockholmer St. Jürgen überhaupt keine enge Verbindung zur flämischen Kunst. Jede Szene im Altarbild ist viel ausgefeilter hinsichtlich der Perspektive und der statuenhaften Disposition.

Auch die stilistischen Vergleiche mit den dokumentierten Werken von Notke überzeugen nicht ganz. Roosval und seine Anhänger haben auf die Ähnlichkeiten zwischen den Gesichtern des Heiligen Jürgen und der Heiligen Anna im Altarbild der Kathedrale von Aarhus hingewiesen. Dies ist bemerkenswert, aber das Hauptproblem hierbei ist, dass die Köpfe beider Heiligen im 19. und 20. Jahrhundert stark restauriert wurden, was diese besondere Affinität weniger interessant macht. Auch das stark beschädigte Gesicht der Stockholmer Prinzessin wurde 1919 teilweise neu gestrichen, wohl mit der Absicht, eine Notke-ähnliche Qualität zu erreichen.[66]

Bei einer genauen Untersuchung des St. Jürgen-Denkmals sind natürlich auch andere Aspekte als der Stil zu berücksichtigen. Während der Konservierung im frühen 20. Jahrhundert waren Roosval und seine Kollegen damit beschäftigt, nach Signaturen zu suchen, aber leider mit einem negativen Ergebnis. Zu den Entdeckungen, die damals gemacht wurden, gehörte eine Kreideskizze, die hinter einem der Reliefs auf der Zitadelle versteckt war. Dies zeigte ein unbekanntes Wappen, einige seltsame Buchstaben und zwei Vögel.[67] Roosval behauptete, es sei ein Entwurf für ein unvollendetes Projekt, aber es ähnelte auch den Zeichnungen, die oft hinter Skulpturen auf spätmittelalterlichen Altarbildern zu finden sind, um sicherzustellen, dass sie richtig platziert wurden (Abb. 11).[68]

64 Svanberg (1993): 143-157. Bengtsson (2013): 36.

65 Roosval (1903): 20-23.

66 SSA. KVb Kommittéers protokoll och handlingar (Protokolle und Dokumente), Vol. 2. Dokumente zur Restaurierung 20/1 1919, 26/5 1920. Moltke (1970): 138.

67 ATA. Stockholm, Storkyrkan 5, Vol. 14. Fotografien.

68 Roosval (1919): 69. Karling (1984): 88-89.

Abb. 11: Detail eines der Reliefs auf dem jetzigen Sockel. Die Buchstaben auf der Kleidung des Mannes lauten: „ERVXEVC" und „WHAOII". Foto: Herman Bengtsson.

Da das Wappen jedoch nicht identifiziert werden kann, ist es schwierig, den Zweck dieser Skizze zu bestimmen. Die Reliefs enthalten auch einige Inschriften, die bisher nicht interpretiert werden konnten, und vielleicht sollten sie überhaupt keine Bedeutung haben (Abb. 12). Darüber hinaus befindet sich auf dem Boden in einer der Legenden-Szenen ein A-förmiges Zeichen, das Bernt Notkes Hausmarke ähnelt, das aus einem Hammer und einem Zirkel bestand. Peter Tångeberg hat vorgeschlagen, dass dies eine Werkstattmarke aus Antwerpen sein könnte; aber diese hatten durchweg einen anderen Charakter. Solche Schaumarken waren in den 1450er Jahren in Brüssel und in den frühen 1470er Jahren in Antwerpen vorgeschrieben.[69] Wenn das Denkmal tatsächlich aus den Niederlanden stammen sollte, wären zumindest einige dieser Marken auf den noch erhaltenen Werkstücken gefunden worden.[70]

Es gibt jedoch auch Berichte über verlorene Inschriften. Nach einer Beschreibung des Antiquars Johan Peringskiöld aus dem Jahr 1695 hatten die Legendenreliefs Untertitel in niederdeutscher Sprache, obwohl er nur eine davon aufzeichnete.[71] Diese Inschrift wurde von Dr. Stefan Mähl in Uppsala analysiert, der behauptet, dass sie einen ausgeprägten norddeutschen Charakter hat, der

69 Tångeberg (2009): 117-119. Serck-Dewaide (1998): 82-99. Richter (2021): 345f. Sten Karling hat vorgeschlagen, dass das Zeichen die Signatur des Stockholmer Malers Albertus Pictor darstellt, der in Stockholm um 1473-1509 tätig war, aber das scheint eher zweifelhaft. Vgl. Karling (1984): 90-91.

70 Vgl. Svanberg (2013): 326-327.

71 KB Fh 10. Die Inschrift befand sich unter dem noch erhaltenen Relief, in dem sich der Heilige Jürgen weigert, einem heidnischen Idol zu huldigen. Johan Peringskiölds transkript lautet: „Hār schal he dē afgot an / beden uñ den duñen Nem / den tempel dale". Vgl. Richter (2015b): 174 mit Bemerkung 17.

Abb. 12: Skizze für ein unbekanntes Wappen, das jetzt hinter einem der Reliefs auf der Zitadelle des Sankt Jürgen-Denkmals versteckt ist. Kulturmiljöbild. Riksantikvarieämbetet, Stockholm.

möglicherweise mit Lübeck zusammenhängt.[72] Dies dürfte einen Hinweis auf die Ursprünge der für das Denkmal verantwortlichen Werkstatt geben. Ein weiterer interessanter Befund, der erwähnt werden sollte, ist die Legendenszene, in der der Heilige Jürgen den Armen Almosen gibt (Abb. 13). Hier wurden echte Münzen als Vorbilder verwendet, von denen die meisten schwedischen Ursprungs sind, während eine aus Dänemark und eine aus Anklam in Norddeutschland stammt.[73] Niederländische Münzen dagegen fehlen. Gemäß einer Reihe von Urkunden, die Sten Sture in den 1480er und 1490er Jahren herausgab, durften keine Silber- oder Inlandsmünzen außer Landes gebracht werden, so dass die Reliefs höchstwahrscheinlich in Schweden hergestellt wurden.[74] Nach dem riesigen Elchgeweih am Körper des Drachen zu urteilen, kann man auch davon ausgehen, dass die größeren Skulpturen in Stockholm entstanden sind. Elche dieser Größe wurden im Mittelalter nur in Skandinavien gefunden.[75]

---

72 Mündliche Auskunft von Dr. Stefan Mähl 2012.

73 Svanberg (1993): 82-83, 96.

74 Sjödén (1950): 88.

75 Bernström (1976): 513-518. Svanberg (2013): 329.

Abb. 13: Detail eines der Reliefs auf dem jetzigen Sockel, das zeigt, wie der Heilige Jürgen sein Geld an die Armen verschenkt. Hier sind echte Münzen abgebildet, von denen die meisten nachweislich aus Schweden stammen. Vieles spricht also dafür, dass das Denkmal vor Ort in Stockholm entstanden ist. Foto: Herman Bengtsson.

Obwohl die hier vorgestellten Beobachtungen etwas heterogen sind, führen sie dennoch zu dem Schluss, dass das St. Jürgen-Denkmal mehr mit der Kunst des Baltikums als mit der der Niederlande gemein hat. Daher ist es wichtig, die Aktivitäten von Notke im späten 15. Jahrhundert neu zu betrachten. In den 1470er und frühen 1480er Jahren wird er häufig in den Dokumenten erwähnt und liefert Kunstwerke nach Tallinn, Aarhus, Frankfurt am Main und Lübeck.[76] Insbesondere die Kreuzigungsgruppe im Lübecker Dom hat einen monumentalen Charakter, der zeigt, dass die Werkstatt komplexe Aufträge mit großen Skulpturen erfüllen konnte (Abb. 14). Um 1483/84 scheinen sich Notkes Lebensumstände etwas zu ändern, was zu mehreren Reisen nach Schweden führte. Wie bereits erwähnt, gibt es nur wenige Informationen über seine Aktivitäten aus der Zeit von 1485 bis 1490.[77] In den frühen 1490er Jahren wird er jedoch als Meister

76 Paatz (1939): 282-289. Moltke (1970): 44-54. Richter (2021).

77 Paatz (1939): 292-295. Moltke (1970): 54-59.

der Münze in Stockholm dokumentiert, was darauf hinweist, dass er den Reichsverweser Sten Sture persönlich kennengelernt haben muss. Diese Umstände lassen darauf schließen, dass Notke Anfang der 1480er Jahre nach Schweden ging, um mit Sten Sture Verhandlungen über die Herstellung des St. Jürgen-Denkmals zu führen. Während der undokumentierten Periode ab 1485 verbrachte er möglicherweise einen Großteil seiner Zeit in Stockholm, um die Hauptskulpturen vorzubereiten, aber er kümmerte sich offensichtlich auch um sein Geschäft in Lübeck. Anscheinend wurden die meisten Arbeiten zwischen etwa 1488 und 1492/93 ausgeführt.[78]

Abb. 14: Die Triumphkreuzgruppe im Dom zu Lübeck, hergestellt in der Werkstatt von Bernt Notke zwischen 1471 und 1477. Foto: Bodo Kubrak, Wikimedia Commons.

Dank des Pergamentstücks, das in der Skulptur des Heiligen Jürgen verborgen ist, ist bekannt, dass diese besondere Skulptur am Silvesterabend 1489 geweiht wurde. Dies bedeutet nicht zwangsläufig, dass das gesamte Denkmal bis dahin fertiggestellt war. Nach einem der päpstlichen Briefe vom November 1492 planten Sten Sture und Ingeborg damals noch den Bau einer Kapelle mit einem Altar, der dem Heiligen Jürgen und dem Heiligen Gereon gewidmet war, in der Kirche des Heiligen Nikolaus („certam capellam et altare cum omni decentia et honore in ecclesia s. Nicolai /…/ construere et edificare proponent").[79] Obwohl Dokumente dieser Art wahrscheinlich festgelegte Formeln enthalten, deutet die Zukunftsform des lateinischen Textes darauf hin, dass die Kapelle damals noch unvollendet war. Da Notke bekanntermaßen von 1491 bis 1494 regelmäßig in Stockholm war, kann davon ausgegangen werden, dass er nun am Bau der Kapelle beteiligt war. Vielleicht war er auch für die endgültige Anordnung der größeren Skulpturen verantwortlich. Aus der oben genannten Episode in der schwedischen Reimchronik geht hervor, dass die St. Jürgen-Kapelle 1495 in Gebrauch war, aber es ist nicht bekannt, ob sie jemals nach den Wünschen

---

78 Vgl. Paatz (1939): 284, 294-295. Notke war im März 1486 und im August 1487 in Lübeck. Er kann wahrscheinlich nicht mit dem „Meister Berend" identifiziert werden, der im Mai 1486 in den Stockholmer Stadtbüchern erwähnt wurde. Vgl. Stockholms stads tänkeböcker 2: 145.

79 Karlsson (1901): 76. Carlsson (1915): 51-52. De Brun (1924): 44-46.

von Sten Sture und Ingeborg fertiggestellt wurde.[80] Einige der Details des Denkmals wurden wahrscheinlich nie ausgeführt.

Der dänische Forscher Erik Moltke war skeptisch gegenüber Notkes Möglichkeiten, als Künstler zu arbeiten, während er gleichzeitig die Position des Meisters der Münze innehatte, da die zeitgleiche Besetzung zweier Arbeitsstellen eigentlich gesetzlich verboten war.[81] In den Stadtbüchern von Stockholm gibt es jedoch gelegentlich Beispiele dafür, dass die parallele Ausübung zweier Berufe zumindest für einen begrenzten Zeitraum akzeptiert wurde.[82] Wenn sie auch beim Staatsoberhaupt angestellt waren, wurden die Künstler wahrscheinlich unter besonderen Bedingungen nicht vom Stadtrat kontrolliert. Warum Notke zum Meister der Münze in Stockholm ernannt wurde, kann nicht mit absoluter Sicherheit festgestellt werden. Wie Walter Paatz bereits in den 1930er Jahren betonte, ist jedoch davon auszugehen, dass die Ernennung eine Form von Belohnung für das teure St. Jürgen-Denkmal bedeutete.[83]

Nach seiner Abreise aus Schweden wurde Notke nicht vergessen. Den Quellen nach zu urteilen, hatte er während seines Aufenthalts in Stockholm sowohl als Geschworener als auch als Zeuge im Rat gedient, also musste er sich mit vielen Menschen auseinandergesetzt haben.[84] In dem oben erwähnten Brief des Lübecker Bildhauers Henryk Wylsynck an den Stockholmer Kaufmann Tyle Hempe aus dem frühen 16. Jahrhundert wird Notke als ein ziemlich hitzköpfiger Mann beschrieben, der nicht leicht zu ertragen war.[85] Wylsynck verweist auf geschäftliche Auseinandersetzungen um die Anfertigung einer Altartafel, für die er die Unterstützung von Tyle Hempe zu erhalten versuchte. Der Brief endet mit dem berühmten Nachsatz, in dem Wylsynck angibt, an der Herstellung des St. Jürgen-Denkmals beteiligt gewesen zu sein („de den joryen help maken toe dem holm"). Dieser Hinweis erscheint nur dann nachvollziehbar, wenn er auf Notke bezogen wird. Sein Sinn scheint gewesen zu sein, damit zu unterstreichen, dass sie alte Geschäftspartner waren, Wylsynck also wusste, wovon er sprach. Wenn diese Schlussfolgerung richtig ist, war Notke möglicherweise der Leiter der Werkstatt, in der die St. Jürgen-Gruppe errichtet wurde, und Wylsynck einer seiner angeheuerten Mitarbeiter.

Diese sorgfältige Zusammenstellung verschiedener Fakten ist natürlich nicht völlig frei von Widersprüchen, gibt jedoch eine gute Vorstellung davon, wie weit man mit den derzeit verfügbaren Informationen kommen könnte. Einige Fragen bleiben wahrscheinlich ungelöst, es sei denn, neue Dokumente finden

---

80 Svenska medeltida rimkrönikor: Verse 3651-3678. In einem der päpstlichen Briefe vom November 1492 heißt es, die Kapelle sei vom Erzbischof von Uppsala geweiht worden, soll aber im Februar 1493 noch unvollendet gewesen sein, vgl. De Brun (1924): 45.

81 Moltke (1970): 61-68.

82 1494 wurde ein Fall über den Glasermeister Kristian besprochen, der auch als Maler tätig war. Vgl. Stockholms stads tänkeböcker 3: 162-163.

83 Paatz (1939): 23-24.

84 Moltke (1970): 56-57.

85 Paatz (1939): 302-303.

sich in den Archiven. Wenn sich in naher Zukunft eine Konservierung des Denkmals als notwendig erweisen sollte, besteht auch die Möglichkeit, alle seine Teile mit Hilfe moderner Technik gründlich zu untersuchen. Zurzeit gibt es keinen Grund anzunehmen, dass es in den Niederlanden hergestellt wurde. Warum der schwedische Antiquar Johannes Messenius aus dem 17. Jahrhundert dies behauptete, bleibt unklar. Höchstwahrscheinlich beruhte seine Annahme auf einem Missverständnis einer Passage in einem von den Franziskanern in Stockholm erstellten Manuskript, in dem angegeben wird, dass es vom Kanoniker Antonius Mast geweiht wurde. Messenius wusste offensichtlich, dass Mast aus Antwerpen stammte und kam zu dem Schluss, dass das Denkmal in einer flämischen Werkstatt bestellt worden war.[86] Wenn man also einen Künstler nominieren möchte, der möglicherweise für das St. Jürgen-Denkmal verantwortlich war, ist Notke bei weitem der wahrscheinlichste Kandidat.

Schlussbemerkungen

Die St. Jürgen-Gruppe in der St. Nikolai-Kirche in Stockholm ist ohne Zweifel eines der berühmtesten mittelalterlichen Kunstwerke in Europa. Es ist daher nicht verwunderlich, dass es in der wissenschaftlichen Literatur häufig Beachtung gefunden hat. In den letzten Jahren wurden einige grundlegende Aspekte, einschließlich der Identität des Künstlers und der Funktion des Denkmals, diskutiert. Dies macht es notwendig, dieses komplizierte Thema neu zu betrachten.

Wie im ersten Abschnitt dieses Artikels vorgeschlagen, wurde die St. Jürgen-Gruppe wahrscheinlich zwischen 1483 und 1484 vom schwedischen Reichsverweser Sten Sture in Auftrag gegeben, um seine erfolgreiche Außenpolitik und seine Versöhnung mit den Bürgern von Stockholm zu feiern. Zu dieser Zeit wurde Sten Sture auch von der Exkommunikation bedroht. Daher war er wahrscheinlich bestrebt, als frommer christlicher und großzügiger Herrscher aufzutreten. Aus diesem Grund unterstützte er auch die von Papst Innozenz VIII. initiierte Kreuzzugsbewegung. Tatsächlich könnte sein Engagement im Kampf gegen die Feinde des katholischen Glaubens die Wahl des Heiligen Jürgen und des Drachen als Gegenstand erklären. Nach den spätmittelalterlichen schriftlichen Quellen zu urteilen, befand sich das Denkmal ursprünglich mitten in der St. Nikolai-Kirche, westlich des Chores. Es bestand aus einer kleinen Kapelle mit einem Altar, der von Holzwänden umgeben war, die jetzt in den Sockel integriert sind und das Bild des Heiligen Jürgen tragen.

Die größeren Skulpturen wurden höchstwahrscheinlich auf einer Empore nahe dem Lettner aufgestellt. Diese Anordnung umfasste offensichtlich auch eine Landschaft, in der die noch erhaltene Zitadelle und die Prinzessin mit dem Lamm zu sehen waren. Das Denkmal mag einen vagen Zusammenhang mit der Schlacht von Brunkeberg im Jahr 1471 gehabt haben, in der Sten Sture siegreich war, aber es war nie als Kriegsdenkmal oder als Grabstätte für ihn und seine Frau Ingeborg gedacht. Folglich ist die gegenwärtige Rekonstruktion von 1932 in vielerlei Hinsicht irreführend. Es ist das Ergebnis von Johnny Roosvals Mei-

86 Vgl. Bengtsson (2013): 21-23.

nung, dass das Denkmal etwas mit den Renaissancegräbern der italienischen Condottieri aus dem 14. und 15. Jahrhundert zu tun habe.

Von besonderem Interesse ist in diesem Zusammenhang auch die Frage, welche Werkstatt für die Ausführung der Skulpturen verantwortlich war. Ein großes Hindernis dabei ist, dass weder die stilistische Analyse noch die schriftlichen Quellen eine absolute Antwort liefern können. Dies macht es notwendig, das Problem aus neuen Blickwinkeln zu betrachten. Wenn man die derzeit verfügbaren Informationen kombiniert, wird deutlich, dass die Werkstatt von Bernt Notke möglicherweise für die Herstellung des Denkmals verantwortlich war. Eine genaue Untersuchung der schriftlichen Quellen impliziert außerdem, dass mindestens eine der größeren Skulpturen bis 1489 fertiggestellt wurde, während die Kapelle Anfang der 1490er Jahre noch im Bau war. Dies führt zu dem Schluss, dass die Hauptarbeiten zwischen etwa 1488 und 1492/93 durchgeführt wurden. Wenn diese Datierung akzeptiert wird, liefert sie eine Erklärung dafür, warum Notke Anfang der 1490er Jahren in Stockholm war. Neben der Beibehaltung der Position als Münzmeister versuchte er nun auch, den großen Auftrag von Sten Sture und Ingeborg zu erfüllen. Die St. Jürgen-Kapelle soll 1495 in Gebrauch gewesen sein. Drei Jahre später, 1498, war Notke wieder in Lübeck, wo er bis zu seinem Tod 1509 blieb.[87]

87 Der Artikel wurde von Berit Schütz sprachlich überprüft.

Quellen- und Literaturverzeichnis

Ungedruckte Quellen

Antikvarisk-topografiska arkivet, Stockholm (ATA).
Storkyrkan, ämbetsarkivet 4 F 1.
Storkyrkan 1920-1947 S 298.
Storkyrkan 5, Vol. 14.

Kungliga Biblioteket, Stockholm (KB).
Fh 10. Johan Peringskiöld: Monumenta Sveo-Gothorum. Stockholmia illustrata".

Stadsarkivet, Stockholm (SSA).
KVb. Kommittéers protokoll och handlingar, Vol. 2, 3 und 5.
LIa, Vol. 2.

Gedruckte Quellen und Literatur

Anjou (1938)
Sten Anjou, Sten Stures riksmonument. Bidrag till frågor angående rekonstruktion och uppställningsplats för S:t Göransgruppen i Stockholms Storkyrka, in: Fornvännen 34, 1938, S. 343-359.

Bengtsson (2013)
Herman Bengtsson, Sankt Göransgruppen i Storkyrkan i Stockholm. Nya och gamla iakttagelser, in: Uppland. Årsbok för medlemmarna av Upplands fornminnesförening och hembygdsförbund, Uppsala 2013, S. 8-60.

Bernström (1976)
John Bernström, Älg, in: Kulturhistoriskt lexikon för nordisk medeltid, Bd. 20, Malmö 1976, S. 513-518.

Carlsson (1915)
Gottfrid Carlsson, Hemming Gadh. En statsman och prelat från Sturetiden, Uppsala 1915.

Collijn (1919)
Isak Collijn, Stockholms Storkyrkas återfunna reliker jämte några arkivaliska bidrag till S:t Göransstatyns datering, in: Fornvännen 21, 1919, S. 21-42.

De Brun (1924)
Frans De Brun, Storkyrkans egendomar, stiftelser och personal under medeltiden in: S. Nikolai eller Storkyrkan 1. Församlingshistoria. Sveriges kyrkor 17, Stockholm 1924, S. 1-94.

Eimer (1985)
Gerhard Eimer, Bernt Notke. Das Wirken eines niederdeutschen Künstlers im Ostseeraum, Köln 1985.

Gråbrödernas diarium
Gråbrödernas diarium. Ett vittnesbörd från senmedeltidens Stockholm. Utgåva, översättning och faksimil av handskriften A 21 i Kungliga biblioteket av Elin Andersson. Runica et mediævalia. Facsimilia 2, Stockholm 2017.

Hildebrand (1885)
Hans Hildebrand, Hr Stens Sankt Jöran, in: Antiqvarisk tidskrift för Sverige, Vol. 7:4 1884-85, S. 1-77.

Jürgensen (2013)
Martin Wangsgaard Jørgensen, Do we need Bernt Notke? Some reflections on workshops and masters in: Art, cult and patronage. Die Visuelle Kultur im Ostseeraum zur Zeit Bernt Notkes, hrsg. von Anu Mänd und Uwe Albrecht, Kiel 2013, S. 15-24.

Karling (1984)
Sten Karling, Några Notkekommentarer, in: Den ljusa medeltiden. Studier tillägnade Aron Andersson. The Museum of National Antiquities, Stockholm. Studies 4, Stockholm 1984, S. 77-92.

Karlsson (1901)
Karl Henrik Karlsson, Strödda meddelanden och aktstycken, in: Historisk tidskrift 1901, S. 75-76.

Källström (1939)
Olle Källström, Medeltida kyrksilver från Sverige och Finland förlorat genom Gustav Vasas konfiskationer, Stockholm 1939.

Messenius (1612)
Johannes Messenius, Sveopentaprotopolis (1611), übersetzt von Henrik Hammar, Stockholm 1612.

Moltke (1970)
Erik Moltke, Bernt Notkes altertavle i Århus domkirke og Tallintavlen, Vol. 1, Köpenhamn 1970.

Nyberg (1984)
Tore Nyberg, Papst Innocenz VIII. und Skandinavien, in: Archivum historiæ pontificiæ, Rom 1984, S. 89-192.

Oellerman (1979)
Eike Oellerman, Bernt Notkes Werk. Dessen Geschichte und Restaurierung, in: Triumphkreuz im Dom zu Lübeck. Ein Meisterwerk Bernt Notkes, Wiesbaden 1979, S. 55-72.

Paatz (1939)
Walter Paatz, Bernt Notke und sein Kreis, Vol. 1, Berlin 1939.

Richter (2013)
Jan Friedrich Richter, Bernt Notke in Schleswig-Holstein, in: Art, cult and patronage. Die visuelle Kultur im Ostseeraum zur Zeit Bernt Notkes, hrsg. von Anu Mänd und Uwe Albrecht, Kiel 2013, S. 53-65.

Richter (2014)
Jan Friedrich Richter, Wer war eigentlich Bernt Notke? Bemerkungen zu einer auswegslosen Forschungssituation, in: Niederländische Kunstexporte nach Nord- und Ostmitteleuropa vom 14. bis 16. Jahrhundert. Forschungen zu ihren Anfängen, zur Rolle höfischer Auftraggeber, der Künstler und ihrer Werkstattbetriebe, hrsg. von Jiri Fajt und Markus Hörsch (Studia Jagellonica Lipsiensis 15), Ostfildern 2015, S. 97-110.

Richter (2015a)
Jan Friedrich Richter, Lübeck und der Westen, in: Lübeck um 1500. Kunstmetropole im Ostseeraum, hrsg. von Jan Friedrich Richter, Lübeck 2015, S. 67-80.

Richter (2015b)
Jan Friedrich Richter, Teufelsaustreibung des Heiligen Jürgen von der Kapellenausstattung der Stockholmer St. Jürgensgruppe, in: Lübeck um 1500. Kunstmetropole im Ostseeraum, hrsg. von Jan Friedrich Richter, Lübeck 2015, S. 172-176.

Richter (2019)
Jan Friedrich Richter, Das Triumphkreuz im Dom zu Lübeck. Dokumentation einer Restaurierung (Denkmäler Deutscher Kunst), Berlin 2019.

Richter (2020/21)
Jan Friedrich Richter, Henning van der Heyde, Bernt Notke und die Stockholmer St. Jürgen-Gruppe. In: Zeitschrift für Lübeckische Geschichte 100 (2020/21), S. 297-317.

Richter (2021)
Jan Friedrich Richter, Bernt Notke – revisited, in: Zeitschrift des Deutschen Vereins für Kunstwissenschaft. Sonderdruck aus Band 72/73 (2018/2019), Berlin 2021, S. 297-346.

Roosval (1903)
Johnny Roosval, Schnitzaltäre in Schwedischen Kirchen und Museen aus der Werkstatt des Brüsseler Bildschnitzers Jan Bormann, Straßburg 1903.

Roosval (1905)
Johnny Roosval, Hvem har skulpterat S. Göran och draken?, in: Studier tillägnade Henrik Schück på hans 50-årsdag den 2 november 1905 af vänner och lärjungar, hrsg. von Oscar Levertin, Stockholm 1905, S. 166-178.

Roosval (1919)
Johnny Roosval, Riddar Sankt Göran i Stockholms Stora eller Sankt Nicolai kyrka, Stockholm 1919.

Roosval (1924)
Johnny Roosval. Nya Sankt Göransstudier. Stockholm 1924.

Roosval (1927)
Johnny Roosval, S. Nikolai eller Storkyrkan, Vol. 2. Byggnadshistoria. Sveriges kyrkor 24, Stockholm 1927.

Roosval (1932)
Johnny Roosval, Sankt Göran färdig?, in: Konsthistorisk tidskrift, Vol. 1 1932, S. 97-102.

Schottin (1866)
Tagebuch des Erich Lassota von Steblau, hrsg. von Reinhold Schottin, Halle 1866.

Scriptores rerum svecicarum
Scriptores rerum svecicarum, Vol. 1, hrsg. von Eric Fant. Stockholm 1818.

Serck-Dewaide (1998)
Myriam Serck-Dewaide, Support and polychromy of altapieces from Brussels, Mechlin, and Antwerp. Study, comparison, and restoration in: Painted wood. History and conservation, hrsg. von Valerie Dorge und F. Carey Howlett, Los Angeles 1998, S. 82-99.

Sjödén (1950)
C. C. Sjödén, Stockholms borgerskap under Sturetiden, Stockholm 1950.

Stockholms stads tänkeböcker 2
Stockholms stads tänkeböcker, Vol. 2 1483-1492. Stockholms stadsböcker från äldre tid, hrsg. von Gottfrid Carlsson, Stockholm 1944.

Stockholms stads tänkeböcker 3
Stockholms stads tänkeböcker Vol. 3 1492-1500. Stockholms stadsböcker från äldre tid, hrsg. von J. A. Almquist, Stockholm 1930.

Styffe (1875)
Carl Gustaf Styffe, Bidrag till Skandinaviens historia ur utländska arkiver samlade och utgifna, Vol. 4, Stockholm 1875.

Svanberg (1993)
Jan Svanberg, Sankt Göran och draken, Stockholm 1993.

Svanberg (2000)
Jan Svanberg, Johnny Roosval, in: Svenskt Biografiskt Lexikon, Bd. 30, Stockholm 1998-2000, S. 360-368.

Svanberg (2013)
Jan Svanberg, Was the St. George group in Stockholm made in Antwerp by an unknown Flemish master?, in: Art, cult and patronage. Die Visuelle Kultur im Ostseeraum zur Zeit Bernt Notkes, hrsg. von Anu Mänd und Uwe Albrecht, Kiel 2013, S. 323-329.

Svenska medeltidens rimkrönikor
Svenska medeltidens rimkrönikor, Vol. 3. Nya eller Sturekrönikan, hrsg. von G. E. Klemming (Svenska fornskriftsällskapets samlingar 51), Stockholm 1867-68.

Tångeberg (2004)
Peter Tångeberg, Bernt Notke och altarskåpet i Rytterne, in: Fornvännen 99, 2004, S. 209-224.

Tångeberg (2009)
Peter Tångeberg, Wahrheit und Mythos. Bernt Notke und die Stockholmer St.-Georgs-Gruppe, Studien zu einem Hauptwerk niederländischer Bildschnitzerei, Ostfildern 2009.

Weniger (2013)
Matthias Weniger, Bernt Notke. Enigma trotz Erfolg, in: Lübeck um 1500. Kunstmetropole im Ostseeraum, hrsg. von Jan Friedrich Richter, Lübeck 2015, S. 81-90.

Abkürzungen

ATA	Antikvarisk-topografiska arkivet, Stockholm
KB	Kungliga biblioteket, Stockholm
SSA	Stadsarkivet, Stockholm

Anschrift des Autors:
Herman Bengtsson, Ph. D.
Upplandsmuseet
Drottninggatan 7
75310 Uppsala
E-Mail: Herman.Bengtsson@Upplandsmuseet.se

Das Bild Lübecks im Briefbuch des Syndikus Simon Batz (ca. 1420-1464). Stadtlob in Prosa und Vers

Thomas Haye

Eine Stadt in Versen zu preisen: diese bereits im Altertum etablierte Tradition[1] wird im Mittelalter weiterhin gepflegt,[2] doch ihre größte Blüte erlebt sie europaweit erst in der Renaissance und Frühen Neuzeit[3]. Auch im deutschsprachigen Raum entstehen vor allem zwischen 1480 und 1650 unzählige lateinische Gedichte, in denen eine einzelne *civitas* gemäß rhetorischen Regeln und poetischen Schemata verherrlicht wird. Es ist daher kaum verwunderlich, dass das stolze Lübeck in dieser Epoche ebenfalls mehrfach zum Objekt solcher Poesie avanciert. So präsentiert Julius Caesar Scaliger (1484-1558) in seinen 1546 erschienenen „Laudes urbium" ein drei Distichen umfassendes Epigramm zum Ruhme der Hansestadt.[4] Im Jahr 1552 folgt ein aus 215 Distichen bestehendes Gedicht des Petrus Vincentius (1519-1581).[5] Ein Petrus Cocceius veröffentlicht 1566 ein aus 33 Distichen komponiertes Lied, das dem Lübecker Senat gewidmet ist.[6] Im Jahr 1573 erscheint ein 25 Hexameter umfassendes Stadtlob des Erasmus Michael Laetus (1526-1582).[7] Und schließlich publiziert Nikolaus Reusner (1545-1602) in seinen „Urbes imperiales" – wohl fälschlicherweise – unter dem Namen des Vincentius ein weiteres, aus sieben Distichen zusammengesetztes Lied.[8] Zudem liest man hier neben Scaligers Poem auch einige kurze Epigrammata von Konrad Celtis (1459-1508), Johannes Bocer (1523-1565), Jonas von Elverfeld (ca. 1550 - ca. 1611) und Peter Lindeberg (1562-1596) sowie von Reusner selbst.[9]

Die meisten der im deutschsprachigen Raum entstehenden Stadtlobgedichte des 16. Jahrhunderts haben insofern einen „Sitz im Leben", als sie von Personen verfasst werden, die sich um eine Anstellung an einer örtlichen Schule bewerben oder eine solche Position kurz zuvor erreicht haben. Die Texte sind in der Regel in elegischen Distichen verfasst und verweisen sprachlich wie motivgeschichtlich auf die römische Poesie der Antike. Bei der Evaluierung dieser humanistischen Loblieder ist allerdings zu berücksichtigen, dass sie – literarhistorisch gesehen – keine *creationes ex nihilo* darstellen. Denn bereits in der ersten Hälfte des 15. Jahrhunderts entsteht eine Gruppe poetischer *laudes urbis*, die gemäß mittelalterlicher Mode entweder in strophisch geordneten Rhythmen oder

---

1 Vgl. einführend Classen (1986).

2 Vgl. Giegler (1953).

3 Vgl. Slits (1990); IJsewijn (1998): 46-50; Schmidt (1981).

4 Vgl. Freytag (1995): 161f.

5 Abgedruckt und kommentiert bei Seelen (1755) (bei der folgenden Verszählung wird das von diesem Herausgeber ausgelassene Distichon nach Vers 114 stillschweigend mitgezählt); zum Text vgl. Freytag (1995); Freytag (1997).

6 Vgl. Deecke (1835): 6.

7 Ediert bei Freytag (1996); vgl. Kolze (2011): 112.

8 Vgl. Freytag (2000).

9 Vgl. die Ausgabe von Reusner (1651): 50-52.

in gereimten Hexametern komponiert sind. In solcher Weise verherrlicht werden etwa die mitteleuropäischen Städte Iglau,[10] Lüttich und Nimwegen,[11] Wien,[12] Braunschweig,[13] Brüssel[14] und Graz[15]. Zu dieser spätmittelalterlichen Generation muss man auch ein bisher kaum beachtetes Loblied auf Lübeck zählen, welches unikal in einer Handschrift aus dem Besitz des Simon Batz überliefert wird.[16] Der ca. 1420 in Ober-Homburg (heute Hombourg-Haut bei St. Avold, Département Moselle) geborene Lothringer amtiert nach einem juristischen Studium in Erfurt von 1458 bis zu seinem Tod im Jahr 1464 als Syndikus der Hansestadt. In seiner Erfurter und Lübecker Zeit sammelte Batz, der zwar kein Humanist, aber sehr wohl ein bibliophiler Gelehrter war,[17] zahlreiche Codices und Texte, welche nach seinem Tod zum Ausgangspunkt der heutigen Lübecker Stadtbibliothek wurden.

Das erwähnte Stadtlobgedicht auf Lübeck findet sich in der Handschrift Lübeck, StB, Ms. hist. 8° 1a (olim: cod. 152),[18] welches überwiegend Briefsteller, ferner im hinteren Teil Studentenlieder, Satiren und moralische Gedichte enthält.[19] Hier ist die *laus urbis* auf fol. 267v, d. h. auf dem vorletzten Blatt des Codex, von Batz selbst eingetragen worden.[20] Wilhelm Wattenbach hat den Text im Jahr 1873 unter Beseitigung einiger offenkundiger Schreiberfehler ediert – zum Glück. Denn heute ist das Gedicht auf dem Blatt bis auf die Versanfänge kaum noch lesbar, da der Codex während des Kalten Krieges als Beutekunst in der Sowjetunion lagerte und nach dessen Ende nicht ohne Beschädigung nach Lübeck zurückgelangte. Das Gedicht lautet:[21]

(1) Ventorum multis flatibus
pro criminum reatibus
lex iuris fatigatur.

(2) Emarcet iam iusticia,
prefulget avaricia
favorque iudicatur.

(3) Nautarum – heu! – naufragium
in terrisve incendium
a nullo relevatur.

(4) Invadit strages varia
mox terras atque maria.
Gwerris fomentum datur.

---

10 Ediert bei Wattenbach (1863).

11 Ediert bei Haye (2018a).

12 Ediert bei Haye (2019).

13 Ediert bei Haye (2011).

14 Ediert bei Haye (2016).

15 Ediert bei Haye (2018b).

16 Zur Person vgl. einführend: Bruns (2006); Ahlers (1953); Neumann (1978); Neumann (1979); Schweitzer / Simon (2005): 127f.

17 Vgl. Haye (2013).

18 Vgl. Schweitzer / Simon (2005): 132 (mit Anm. 22) u. 141 (hier Handschriftenliste, Nr. 5).

19 Zum Inhalt vgl. Haye (2013); aktuell erfolgt eine von der Deutschen Forschungsgemeinschaft finanzierte Katalogisierung des Lübecker Handschriftenbestandes.

20 Fol. 267v; Inc. *Ventorum multis flatibus*; vollständiger Abdruck bei Wattenbach (1873): 71.

21 Wattenbachs Interpunktion wird an einigen Stellen stillschweigend geändert, zudem werden die Strophen hier paarweise arrangiert und in Kurzversen geordnet.

(5) *Rapina, furtum, spolia*
vix reputantur vicia.
Sic regna depravantur.

(6) *Usura, sacrilegia,*
negocia nepharia
per orbem principantur.

(7) *Emenda tu pericula,*
lucerna, Lubeck, fulgida,
ne tua lux fuscetur,

(8) *ne sol in te deficiat,*
cruorem lune incidat,[22]
ne in te ve creetur;[23]

(9) *ne aurum tuum defluat*
aquila neve corruat,
ne iubar pallietur;

(10) *set deus in te scateat,*
ne fons salutis lateat,
iusticia sectetur;

(11) *tua praecelsa gloria*
ne vibret spurca scoria,[24]
ne sceptrum auferatur.[25]

(12) *Insignis fama aurea*
illustret orbis climata.
Laus, honor augeatur.

(13) *Condoleat magnifica,*
sublimis tua gracia
iniuriam perpessis.

(14) *Lux tua cunctis cernitur,*[26]
umbratile cum spernitur,
quietis meta fessis.

(15) *Extende signum federis,*[27]
nimis cum ventis lederis,
ne turbine mergaris.

(16) *Non tantum transitoria,*
set querito celestia,
ut sanctis uniaris.

(17) *Tu, Lubeck, lux virtutum,*
extende arma, scutum.[28]
Pugna pro patria.[29]

Zum besseren Verständnis sei die folgende Übersetzung angeboten:

„(1) In den vielfachen Böen der Winde ermüdet das Gesetz des Rechts durch Gesetzesverstöße. (2) Nun ist die Gerechtigkeit kraftlos, die Habgier überstrahlt alles und geurteilt wird nach Gunst. (3) O je! Der Schiffbruch der Seeleute und

---

22 Vgl. Ioel 2, 31 u. Act 2, 20: *Sol convertetur in tenebras et luna in sanguinem, antequam veniat dies Domini magnus ...*

23 Wegen der Bezüge zur Handels- und Küstenstadt Lübeck denkt der Dichter hier möglicherweise an Apc 18, 19: *... et clamaverunt flentes et lugentes dicentes: vae, vae civitas illa magna, in qua divites facti sunt omnes, qui habent naves in mari de pretiis eius, quoniam una hora desolata est.*

24 Vgl. Ez 22, 18: *Fili hominis, versa est mihi domus Israhel in scoriam. Omnes isti aes et stagnum et ferrum et plumbum; in medio fornacis scoria argenti facti sunt.*

25 Vgl. Gn 49, 10: *Non auferetur sceptrum de Iuda ...*

26 Vgl. Is 58, 10: *... orietur in tenebris lux tua ...*

27 Vgl. Gn 9, 12: *Dixitque Deus: Hoc signum foederis, quod do inter me et vos ...*; Ex 14, 16: *... extende manum tuam super mare ...*

28 Vgl. Ps 34, 2: *Apprehende arma et scutum ...*; angesichts dieser biblischen Vorlage ist möglicherweise *apprende* (statt *extende*) zu konjizieren (vgl. jedoch die vorhergehende Fußnote).

29 Vgl. Disticha Catonis, Sent. 23: *Pugna pro patria*; möglicherweise denkt der Dichter hier zugleich auch an biblische Formulierungen: Ps 34, 1: *... expugna impugnantes me*; Mcc 8, 21: *... pro legibus et patria mori parati.*

das Feuer an Land wird von niemandem bekämpft. (4) Vielfache Katastrophen erfassen bald die Länder und die Meere. Den Kriegen wird Zunder gegeben. (5) Raub, Diebstahl, Plünderungen werden kaum noch als Sünden erachtet. So gehen Königreiche (sc. moralisch) zugrunde.

(6) Zins, Frevel und gottloser Handel herrschen auf der Welt. (7) Du, Lübeck, strahlende Leuchte, beseitige die Gefahren, damit dein Licht nicht verdunkelt wird; (8) damit nicht die Sonne in dir schwindet, das Blut des Mondes dich nicht trifft, kein Weh in dir entsteht; (9) damit dein Gold nicht abfließt und dein Adler[30] nicht stürzt, dein Glanz nicht verhüllt wird; (10) sondern Gott in dir sprudelt, die Quelle des Heils nicht versiegt und die Gerechtigkeit beachtet wird; (11) damit dein weit strahlender Ruhm nicht nur noch wie dreckige Schlacke schimmert und deine Macht nicht geraubt wird. (12) Dein ruhmreicher goldener Name möge alle Zonen der Erde erleuchten. Dein Lob und deine Ehre mögen gemehrt werden. (13) Deine große, erhabene Gnade möge sich jener erbarmen, die Unrecht erlitten haben. (14) Dein Licht wird von allen erblickt, sobald sie den Schatten verlassen. Für alle Erschöpften ist es dasjenige Ziel, an dem sie Ruhe finden. (15) Hisse die Flagge des Bundes, wenn du von den Winden allzu geplagt wirst, auf dass du nicht im Strudel untergehst. (16) Nicht nur nach weltlichen Dingen, sondern nach dem Himmlischen strebe, so dass du dich mit den (bzw. dem) Heiligen vereinst. (17) Du, Lübeck, Licht der Tugenden, strecke Waffen und Schild aus, kämpfe für das Vaterland."

Wegen des Bezuges zur Stadt dürfte Simon Batz den Text erst während seiner Lübecker Zeit, d. h. zwischen 1457 (erster Besuch im Norden) bzw. 1458 (Übersiedlung) und 1464 (Tod), in den Codex eingetragen haben; vorher hielt er sich in Erfurt auf und hatte keinen Grund, sich für ein solches Sujet zu interessieren. In der Handschrift wird kein Verfasser genannt. Aufgrund seiner intensiven Beschäftigung mit Batzens Biographie hat Gerhard Neumann vermutet, dass die Verse vom Syndikus selbst komponiert worden seien,[31] und diese These mit der in ihnen vermeintlich zu spürenden emotionalen Wärme begründet: „denn sein Loblied auf Lübeck kommt fraglos aus dem Herzen."[32] Eine solche Vermutung entbehrt jedoch jeder Grundlage. Denn erstens ist dieses Stadtlobgedicht wie üblich ganz von texttypologischen Regeln geprägt (siehe unten) und nicht etwa von einem individuellen Ausdruckswillen. Zweitens gibt es nicht den geringsten Hinweis, dass Simon Batz jemals selbst als Dichter tätig gewesen sei. Drittens legt der Inhalt eine andere chronologische Einordnung nahe. Wenn Batz der Autor wäre, müsste der Text zwischen 1457/1458 und 1464 entstanden sein. Die im Text verwendeten Motive deuten hingegen auf den Dänisch-hanseatischen Krieg (1426-1435) und den hiermit verwobenen Dänisch-holsteinischen Krieg (ca. 1405-1435).

30 Eine Anspielung auf Lübecks Status einer Reichsstadt.

31 Vgl. Neumann (1978): 53: „Wie die Briefe ist auch dieses Gedicht anonym; doch im Lichte der Zusammenhänge darf man geneigt sein, auch dieses Simon Batz selbst zuzusprechen, der in einer zerrissenen Welt, wie sie sich im Westen unter den französisch-burgundischen Gegensätzen, aber auch in Österreichs Bruderkrieg, sowie überall im Reich widerspiegelt, Ruhe und Geborgenheit in der Hansestadt gefunden hatte."

32 Neumann (1978): 63.

In diesen Kriegen kämpft die Kalmarer Union (Dänemark, Norwegen, Schweden) gegen sechs Hansestädte (Lübeck, Hamburg, Rostock, Stralsund, Wismar, Lüneburg) und die mit ihnen verbündeten Grafen von Holstein-Rendsburg.[33] Hierbei speist sich die militärische, gegen den Dänenkönig Erich VII. (von Pommern; 1412-1439) gerichtete Allianz zwischen Holstein und der Hanse aus unterschiedlichen Motiven: Ersteres kämpft um die Herrschaft über Schleswig, letztere für die Beseitigung des Sundzolls, welcher 1426 von Erich eingeführt wurde und die deutschen Küstenstädte ökonomisch schädigte. Die beiden miteinander verflochtenen Kriege nahmen einen wechselnden Verlauf: Nachdem die Dänen 1427 eine Hanseflotte im Öresund besiegt und dabei den Lübecker Bürgermeister Tidemann Steen sowie den Hamburger Bürgermeister Hein Hoyer gefangengenommen hatten, brachen in den Heimatstädten politische Unruhen aus. Im selben Jahr scheiterte ein kombinierter holsteinisch-hanseatischer Angriff auf Flensburg. Erst 1428 gelang die Vernichtung einer dänischen Flotte vor Kopenhagen. Doch schon ein Jahr später überfielen die Dänen Stralsund und plünderten den dortigen Hafen. Anschließend siegten allerdings die Stralsunder in der Seeschlacht von Dänholm. Neben den großen Aufeinandertreffen gab es zudem zahlreiche Scharmützel: Auf beiden Seiten wurden feindliche Schiffe gekapert und Küstenorte verwüstet. Allmählich gerieten die Dänen in die Defensive: 1431 eroberten die Holsteiner die Stadt Flensburg, 1434/1435 erhoben sich die Schweden gegen den dänischen König. Schließlich kam es – nach einem Waffenstillstand (1432) und zähen Verhandlungen – im Jahre 1435 zum Frieden von Vordingborg.

Im Gedicht wird auf zahlreiche Aspekte dieser Kriege angespielt: Wenn der Autor etwa einleitend beklagt, dass das Recht gebrochen werde (1,2-3 u. 2,1: *pro criminum reatibus / lex iuris fatigatur. // Emarcet iam iusticia*), so ist dies als ein Hinweis auf den als ungerecht empfundenen Sundzoll zu verstehen. Dieser wird im moralischen Sinne als Ausdruck dänischer Habgier (2,2: *avaricia*) gedeutet. Zugleich sieht der Dichter hierin eine Bevorzugung nicht nur dänischer und schwedischer, sondern auch englischer und holländischer Schiffe, welche vom Zoll befreit waren (2,3: *favorque iudicatur*). Die folgende, dritte Strophe spielt sodann auf die Ereignisse des Jahres 1427 an: Mit dem *Nautarum ... naufragium* (3,1) ist zweifellos die Niederlage in der Öresundschlacht gemeint. Die Formulierung *in terrisve incendium* (3,2) verweist entweder allgemein auf dänische Überfälle an Land oder im Speziellen auf die Plünderung des Stralsunder Hafens und das Verbrennen einiger im dortigen Hafen liegender Schiffe (6. Mai 1429). In der Bilanz des Dichters dominieren Niederlagen zu Wasser und zu Land (4,1-3: *Invadit strages varia / mox terras atque maria. / Gwerris fomentum datur*). Hilfe, d. h. göttliche Hilfe, scheint noch nicht in Sicht (3,3: *a nullo relevatur*). In Strophe 5 beklagt der Dichter den moralischen Niedergang: Raub und Plünderung werden kaum noch als Laster wahrgenommen. – Neben den zahlreichen Überfällen auf einzelne Küstenorte (möglicherweise auch auf Stralsund) dürften hier ganz generell die dänischen Kaperfahrten gemeint sein. Das generalisierende Fazit dieser Strophe (5,3: *Sic regna depravantur.* – „So ge-

33 Zum Konflikt vgl. Hoffmann (2008): 264-270; Fritze / Krause (1989): 136-149; Daenell (2001): 226-256.

hen Königreiche moralisch zugrunde.“) verweist auf die in der Kalmarer Union unter dänischer Führung vereinigten drei Königreiche Dänemark, Schweden und Norwegen. Die in der folgenden Strophe vorgebrachte Klage über *Usuria, sacrilegia, / negocia nepharia* (6,1-2) nimmt schließlich erneut den Sundzoll in den Blick.

Die in Strophe 7 formulierte, an Lübeck gerichtete Aufforderung, die drohenden Gefahren zu beseitigen, deutet darauf hin, dass sich der Krieg in einer kritischen Phase befindet. Die Stadt soll insbesondere aufpassen, dass sie nicht ihr Gold, d. h. ihre Rendite verliert (9,1: *ne aurum tuum defluat*). Ein zeitgenössischer Leser musste dies nicht nur allgemein auf den Sundzoll, sondern speziell auch auf die hansische Baiensalzflotte beziehen, deren Ladung einen enormen Profit bedeutete.[34] Zu ihrem Schutz hatten Lübeck und Hamburg jene Kriegsschiffe entsandt, die dann in der Öresundschlacht besiegt worden waren. Auch die kostbare Salzflotte fiel dabei den Dänen in die Hände. Lübeck, so die Mahnung des Dichters, solle sich nun selbst Gerechtigkeit verschaffen (10,3: *iusticia sectetur*) – sc. durch Beseitigung des Zolls und die Zerstörung der feindlichen Flotte. Ein solcher Hinweis auf die aktuellen Bedrohungen würde ebenfalls am besten zu den späten 1420er Jahren passen, in denen die Lage kritisch war. In Strophe 13 wird Lübeck zudem ermahnt, sich für all jene einzusetzen, die Unrecht erlitten haben (13, 1 u. 3: *Condoleat ... / iniuriam perpessis*). Hiermit dürften die anderen Hansestädte (vielleicht insbesondere das 1429 überfallene Stralsund) sowie wohl auch noch die Holsteiner gemeint sein. In Strophe 15 wird Lübeck zudem aufgefordert, gerade jetzt die Fahne der Hanse zu hissen,[35] da der Sturm besonders heftig tobt (15,1-2: *Extende signum federis, / nimis cum ventis lederis*). Eine solche Mahnung ist ebenfalls nur vor dem Hintergrund der verlorenen Öresundschlacht des Jahres 1427 denkbar. Dieselbe Botschaft wird auch in der abschließenden Strophe 17 vermittelt (17,2-3): *extende arma, scutum. / Pugna pro patria.* Eine solche Aufforderung, nun beherzt für die Lübecker Heimat zu kämpfen, setzt ebenfalls die katastrophale Niederlage des Jahres 1427 voraus.

Fazit: Es ist wahrscheinlich, dass das Gedicht bald nach der Öresundschlacht (11. Juli 1427) komponiert worden ist. Sofern im Text auch auf die Plünderung des Stralsunder Hafens angespielt wird (6. Mai 1429), weiß der Dichter zumindest noch nichts von der drei Tage später erfolgten Niederlage der dänischen Flotte bei Dänholm. Aus dieser chronologischen Einordnung ergibt sich zwingend, dass der Text nicht von Simon Batz verfasst worden sein kann. Da Batzens Codex eine bunte Sammlung hoch- und spätmittelalterlicher Texte vereinigt, vermag die Mitüberlieferung kaum etwas zur näheren Datierung des Liedes beizutragen. Eine gewisse Bestätigung der hier vermuteten Einordnung in die Jahre 1427-1429 ergibt sich allenfalls aus einem auf fol. 237r stehenden Gedicht, welches das Konzil von Basel behandelt und in dem ausdrücklich das Jahr 1440

---

34 Zum Baiensalz vgl. Hoffmann (2008): 202 u. 215f.

35 Zugleich wird auf den zwischen Gott und dem auserwählten Volk geschlossenen Bund angespielt (Gn 9, 12-17).

genannt wird.[36] Eine weitere, wenngleich nur grobe Datierungsstütze mag sich ferner aus der Beobachtung ergeben, dass auch die übrigen, oben erwähnten rhythmischen Lobgedichte auf andere mitteleuropäische Städte zumeist noch in der ersten Hälfte des 15. Jahrhunderts entstanden sind. Aufgrund der lokalpatriotischen Perspektive dürfte es sich bei dem Autor des Lübecker Liedes um eine in dieser Stadt lebende Person handeln. Hierbei deuten nicht nur die biblisch geprägte Sprache, sondern auch die Betonung der Gottesfurcht (10,1: *set deus in te scateat*) sowie die Mahnung, nach jenseitigen Gütern zu streben (16,1-3: *Non tantum transitoria, / set querito celestia, / ut sanctis uniaris*), auf einen Geistlichen hin. Da das im Codex mitüberlieferte Gedicht zum Basler Konzil dieselbe poetische Form aufweist, ist eine gemeinsame Verfasserschaft zumindest nicht auszuschließen.

Es kennzeichnet die poetische Gattung der *laus urbis*, dass das Lob der jeweiligen Stadt nicht selten um zusätzliche Komponenten und Aspekte erweitert wird, die anderen Texttypen entlehnt sind. Auch im vorliegenden Gedicht lässt sich eine generische Mixtur beobachten:

Die Strophen 1-6 des Textes werden durch das Motiv der Klage über moralisches Fehlverhalten und erlittene Niederlagen dominiert (vgl. 3,1: *heu!*). Potentielle Adressaten sind erstens die Menschheit, welche indirekt zur Beseitigung des Fehlverhaltens aufgerufen werden könnte, sowie zweitens Gott, welcher sich – wiederum allenfalls indirekt – zum Eingreifen motiviert fühlen mag. Das Stadtlob nähert sich in diesem ersten Abschnitt somit dem Genre der satirischen und predigenden Zeitklage an. Die folgenden elf Strophen (7-17) wenden sich explizit an die Hansestadt und fordern sie zu einem bestimmten Verhalten auf. Auch hier zeigt sich im moralisierenden Ton eine Nähe zur Satire bzw. zur Predigt. Darüber hinaus lässt sich der zweite Teil des Gedichts (Strophe 7-17) alternativ als – hymnenähnliches – Kampflied bzw. Schlachtenlied (Paian) verstehen, das sich an die Lübecker Bürgerschaft richtet. Hierbei wird jeweils zu Beginn und am Ende des Teiles die Stadt direkt angesprochen und mit martialischen Imperativen adressiert: *Emenda tu pericula, / lucerna, Lubeck* (7,1-2) bzw. *Tu, Lubeck, ... / extende arma, scutum. / Pugna pro patria* (17,1-3). Innerhalb dieses Teils lassen sich zwei Unterabschnitte erkennen: Im ersten (Strophe 7-11) werden vorrangig jene negativen Konsequenzen (Verlust an Macht und Ehre, materielle Einbußen) beschrieben, welche für den Fall drohen, dass die Stadt nicht beherzt gegen die aktuellen Gefahren kämpft. Im zweiten Unterabschnitt (Strophe 12-16) werden eher positive Verhaltensweisen angemahnt (Übernahme der Führung, Einsatz für die in Bedrängnis geratenen Verbündeten, gottesfürchtiges Verhalten), welche zu erfreulichen Resultaten führen werden (weltweiter Ruhm, Vereinigung mit den bzw. dem Heiligen). Die persuasive Strategie des gesamten Gedichts kulminiert in der Schlussstrophe (17), die in ihrem letzten Vers die zentrale Botschaft vermittelt: „Kämpfe für das Vaterland!" (17,3: *Pugna pro patria*).

---

36 Inc. *Anno Christi quo scripsisti*; vollständiger Abdruck bei Wattenbach (1873): 72f.; nachgewiesen bei Walther (1969): Nr. 1132; hier wird neben dem Lübecker Codex als zweiter Überlieferungsträger nachgewiesen: Göttingen, SUB, cod. Theol. 153, fol. 81v.

Auch die formale Gestaltung des Gedichts unterstreicht die Verwandtschaft mit dem Typus des hymnenartigen Kampfliedes. Aufgrund der klaren Sprache sowie der kurzen, eingängigen Rhythmen und der sie verbindenden Reime eignet sich der Text in hervorragender Weise zum kollektiven Singen. Die Strophen 1-16 setzen sich jeweils aus zwei steigenden Achtsilblern (8pp) und einem fallenden Siebensilbler (7p) zusammen (Reimschema aab). Hierbei werden jeweils zwei Strophen durch den Schweifreim im dritten Vers zu einem Paar verknüpft (Reimschema des Strophenpaares: aabccb). Verszahl, Reim und Strophenpaarung erinnern an die innerhalb der geistlichen Lyrik des Mittelalters beliebte *Stabat-Mater*-Strophe,[37] auch wenn deren Strophen aus je zwei fallenden Achtsilblern (8p) und einem steigenden Siebensilbler (7pp) gebildet werden.

Die letzte, d. h. an prominenter Position stehende und persuasiv herausragende Strophe 17 des Lübeck-Gedichts weist zwar dasselbe Reimschema auf wie die vorhergehenden (aab), sie hat jedoch kein strophisches Pendant, sondern steht isoliert. Auch in ihrer rhythmischen Gestaltung weicht sie insofern vom vorherigen Muster ab, als sie sich aus zwei fallenden Siebensilblern (7p) und einem steigenden Sechssilbler (6pp) zusammensetzt. Durch diese – offenbar bewusst vorgenommenen – Modifikationen unterstreicht der Autor die zentrale Botschaft des Liedes. Die formale Nähe zur geistlichen Lyrik,[38] die inhaltlichen Verweise auf Gott und das Jenseits (Strophen 10 u. 16) sowie die gute Sangbarkeit des Textes erlauben es, über den performativen Charakter zu spekulieren. Möglicherweise war das Gedicht nicht nur zum stillen Lesen gedacht, sondern sollte von einem geistlichen Kollektiv in einer Lübecker Kirche gesungen werden.[39] Im letzteren Fall wäre es denkbar, dass der Dichter annahm, eine solche Aufführung könne in Gegenwart eines laikalen Publikums erfolgen. Die sprachliche Schlichtheit und die eingängige Argumentation des Liedes hätten es den zumindest halbgebildeten Patriziern und Ratsmitgliedern tatsächlich ermöglicht, die zentrale Botschaft zu verstehen. Das primäre Ziel des Textes, nämlich die Bürgerschaft auf den gemeinsamen Kampf gegen die Dänen einzuschwören, wäre durch eine solche Aufführung sicherlich am besten zu erreichen gewesen.

Zentrale Elemente des Liedes verweisen unmittelbar auf das Genre der *laus urbis*. So fokussiert sich der Text gleichsam monographisch auf eine einzelne Stadt. Diese wird mehrfach direkt und namentlich angesprochen (7,2; 17,1). Zudem hebt der Autor ihre positiven Werte und Qualitäten hervor: Immer wieder wird Lübeck als eine strahlende Leuchte und als der zentrale Stern (7,2: *lucerna ... fulgida*; 7,3: *tua lux*; 8,1: *sol*; 9,3: *iubar*; 14,1: *Lux*; 17,1: *lux*) bezeichnet. Dabei spielen die verwendeten Wörter *lux* und *lucerna* auf eine – falsche – Etymologie des latinisierten Ortsnamens *Lubeca* an. Der Stadt wird somit die Rolle eines Vorbildes und einer

37 Zu ihr vgl. Klopsch (1972): 56.

38 Dass Simon Batz offenbar auch geistliche Lyrik gesammelt hat, zeigt Ciglbauer (2016): 230-232.

39 Als performative Parallele ließe sich das – wohl in den 1440er oder 1450er Jahren entstandene – Braunschweiger Stadtlob (ed. Haye, 2011) anführen, von dem man aufgrund der mitüberlieferten Melodien annehmen darf, dass es zum kollektiven Gesang in einer Kirche konzipiert worden ist.

Führungsmacht (sc. innerhalb der Hanse) zugeschrieben. Lübeck erscheint dabei als Schutzpatron kleinerer Städte (13,1-14,3). Hervorgehoben werden ferner ihr internationaler Ruf (11,1: *praecelsa gloria*; 12,1: *Insignis fama aurea*; 12,3: *Laus, honor*), ihr politischer Einfluss (11,3: *sceptrum*) sowie ihr Reichtum (9,1: *aurum tuum*). Der Ort erscheint als Hüter des Rechts (10,3: *iusticia*) und der Tugenden (17,1: *lux virtutum*) sowie als von Gott gesegnet (10,1-2: *set deus in te scateat, / ne fons salutis lateat*). Schließlich wird auch noch der Status als Reichsstadt hervorgehoben (9,2: *aquila*). Die gemeinschaftsstiftende Funktion, welche allen Stadtlobgedichten zu eigen ist, findet sich hier ebenfalls.

Der Dichter versteht es durchaus, das rhetorische, seit der Antike recht stabile Schema des Genres an die Gegebenheiten des vorliegenden Einzelfalles anzupassen. So bemüht er sich um ein „nautisches" Vokabular (1,1: *Ventorum multis flatibus*; 3,1: *Nautarum ... naufragium*; 4,2: *terras atque maria*; 15,2: *ventis lederis*; 15,3: *turbine mergaris*), er streift den für Lübeck zentralen Aspekt des Handels (6,2: *negocia*) und spielt auf die Hanse an (15,1: *signum federis*). Dennoch vermisst man viele andere Elemente, die für die Gattung des Stadtlobs konstitutiv sind: Unerwähnt bleiben etwa die geographische Lage, das Klima, die Bevölkerung, die Stadtmauern, Kirchen und repräsentativen Gebäude, die lokalen Produkte sowie die politische Verfasstheit.

Alle genannten Elemente finden sich in Simon Batzens Codex, allerdings nicht im zitierten Lobgedicht, sondern in einem Prosa-Brief, der von Batz offenbar ebenfalls zwischen 1458 und 1464 eingetragen worden ist (fol. 191r-v: Inc. *Secundam omnibus*). Es handelt sich um die Epistel eines unbekannten Lübecker Arztes, der aus Ermland ein Stellenangebot (sc. als städtischer Arzt oder als fürstlicher Leibarzt) erhalten hat, dieses jedoch zurückweist. In seinem ablehnenden Antwortschreiben heißt es:[40]

> *Scribitis quoque, vir amantissime, vestro de bono aere optimaque gente etc. Verum fateor me vestre planctacionis viridarium, cui omnium rerum pius sator salubre det incrementum, numquam oculis conspexisse et idcirco de hoc iudicare non valeo.*

Die hier angesprochene, unbekannte Person, welche dem Arzt die Stelle (im Namen eines städtischen Rates oder fürstlichen Hofes) angeboten hatte, war wohl in ihrer schriftlichen Offerte auf die Vorzüge des Ermlandes eingegangen, um den Lübecker zu einem Ortswechsel zu bewegen. Offenbar hatte diese Person das Ermland als blühendes Paradies geschildert, das sich durch ein angenehmes Klima und eine sympathische Bevölkerung auszeichne. Zur Begründung seiner Ablehnung verweist der Arzt nun seinerseits auf die Vorzüge seines eigenen, heimatlichen Standortes: Lübeck sei mit allen himmlischen und weltlichen, d. h. kaiserlichen Gaben gesegnet (*Sed hercle unum scio, ut hic locus egregius a divina terrenaque imperiali*[41] *maiestate plerisque dotatus*[42] *est*

40 Dieses und die folgenden Zitate nach der Edition des Briefes bei Wattenbach (1873): 35f.

41 Ein Verweis auf den Status als Reichsstadt.

42 Konj. Haye; Druckfehler bei Wattenbach: *dodatus*.

muneribus). Hier finde man klare Gewässer (*Hic sunt fluenta limpidissima*), ein angenehmes Klima (*aer serenissimus*), fruchtbare Erde (*terra opima*), liebliche Haine (*nemora iocundissima*), einen blühenden Stadtrand (*pomeria*[43] *florentissima*), wunderschöne Gebäude (*edificia pulcherrima*) und stets saubere Straßen und Plätze (*platee fecibus semper purgate*).

Der Arzt kommt sodann auf das geistliche Personal zu sprechen: In Lübeck gebe es einen höchst frommen Bischof (*presul devotissimus*), einen pflichtbewussten Klerus (*clerus disciplinatus*), fette Pfründen (*beneficia grassa*) und überaus gepflegte Kirchen (*templa politissima*), in denen der Gottesdienst ohne Unterlass und mit höchster Sorgfalt versehen werde (*in quibus divine laudes perpetim summo culto peraguntur*).

Hierauf richtet sich der Blick wieder auf die Gebäude sowie auf einzelne Institutionen: Die Stadt besitze hohe Türme (*turres altissime*), deren golden in der Sonne blitzende Dächer man schon von Weitem sehen könne (*que suis aureis fulgoribus intuencium oculis eminus choruscant*), hervorragende und gottesfürchtige Klöster (*cenobia preclara omni religione fulgencia*) sowie reich ausgestattete Bibliotheken (*bibliothece numero librorum ditissime*). Erneut nimmt der Autor nun die Bevölkerung in den Blick: Der Ort verfüge über wortmächtige Prediger (*divini verbi precones disertissimi*), umtriebige Kaufleute (*mercatores in negociacionibus studiosissimi*) und wohlhabende Einwohner (*cives omnium rerum opulentissimi*). Im nächsten Schritt erwähnt der Arzt die politische und soziale Verfasstheit: Die Stadt sei wohlgeordnet (*policia reipublice ornatissima*), nach außen hin überaus wehrhaft (*civitas omnibus defensionibus munitissima*), im Innern stabil und friedlich (*totaque gens apprime pacifica*).

Ausführlich widmet sich der Verfasser sodann den Lübecker Frauen: Diese böten einen höchst erquicklichen Anblick (*Set taceo de pulchro femineo sexu, cuius delectabilis intuitus lassata ingenia vires cogit recuperare*) und kämen hinsichtlich ihrer Schönheit sowohl Venus als auch Diana gleich (*Venus enim ac Dyana nostras Lubicenses in pulchritudine* <non>[44] *antecedunt*). Gelobt werden ferner ihre Liebenswürdigkeit (*morum venustas*), der schlanke Körperbau (*personarum proceritas*), die honigsüße Rede (*melliflua eloquia*) sowie ihr Antlitz, dessen Röte an die Rose und dessen Blässe an die Lilie erinnere (*roseus lilialisque aspectus*). Die Natur habe sie makellos gestaltet (*Sagax quippe natura in earundem nobili creacione penitus in nullo erravit*).

Nachdem der Autor die verschiedenen Aspekte im Einzelnen behandelt hat, gelangt er zu einem eindeutigen Fazit (*Porro ut summarie proferam*): An keinem anderen Ort gäbe es das Gute und Schöne in einem solchen Maße wie in Lübeck (*quidquid boni ac pulchri est, hic splendidius copiosiusque quam in ceteris invenitur locis*). Man könne die Stadt daher als zweites Paradies bezeichnen (*Alter quoque paradisus non inmerito poterit appellari*).

Da das Genre der *laus urbis* durch ein recht stabiles rhetorisches Schema geprägt wird, entdeckt man viele der in diesem Prosa-Brief verwendeten Moti-

43 Vielleicht ist *pomaria* („Obstgärten") zu konjizieren.

44 Konj. Haye.

ve und Formeln auch in den Stadtlobgedichten des frühen 15. Jahrhunderts. So finden wir die genannten *turres altissime* etwa auch im Wiener Stadtlobgedicht (1,4: *turribus altis*). Die prächtigen Gebäude (*edificia pulcherrima*) werden dort gleichfalls erwähnt (2,1: *pulcherrime domus*), ebenso wie im Nimwegen-Text (v. 6: *Edibus ornata*). Von sauberen Plätzen und Straßen (*platee fecibus semper purgate*) liest man wiederum im Wiener Lied (2,4: *Platee ... pure*). Das angenehme Klima (*aer serenissimus*) findet etwa im Lobgedicht auf Lüttich (v. 21: *ventilat aer amenus*), im Nimwegen-Lied (v. 7: *bonus aër*) sowie im Iglau-Text (6,2: *Bonus aer*) Erwähnung. Das fruchtbare Umland (*terra opima*) wird auch im Nimwegen-Lied hervorgehoben (vv. 25f.: *pinguis // Frugibus*). Das Lob der lokalen Kleriker (*clerus disciplinatus*) begegnet ebenfalls in fast allen spätmittelalterlichen Stadtlobgedichten, so etwa im Wiener Text (1,3: *Honestis canonicis*). Das regelmäßige und sorgfältige Abhalten des Gottesdienstes (*divine laudes perpetim summo cultu peraguntur*) rühmt auch der Dichter des Lüttich-Gedichts (v. 29: *Divinus cultus ibi vernat in ordine fultus*). Das Lob des örtlichen Bischofs (*presul devotissimus*) findet seine Parallele im Brüssel-Lied (5,5: *prelato excellenti*). Die Beobachtung, dass die Einwohnerschaft aus wohlhabenden Händlern bestehe (*mercatores in negociacionibus studiosissimi*), lesen wir wiederum im Wiener Gedicht (5,1: *Discreti sunt et divites ibi mercatores*). Die stabile politische Verfasstheit und der innere Friede (*policia reipublice ornatissima ... totaque gens apprime pacifica*) werden im Lütticher Gedicht ebenfalls thematisiert (vv. 34f.: *Hanc deus in metha stabili regat atque quieta, // ut pax tranquilla constans sit semper in illa!*). Auf den ersten Blick überraschend mag es sein, dass im Lübecker Prosa-Brief so ausführlich die Bürgerinnen verherrlicht werden:[45]

> *Set taceo de pulchro femineo sexu, cuius delectabilis intuitus lassata ingenia vires cogit recuperare. Venus enim ac Dyana nostras Lubicenses in pulchritudine <non>[46] antecedunt; illas enim vero morum venustas, personarum proceritas, melliflua eloquia, roseus lilialisque aspectus opulentissime decorant. Sagax quippe natura in earundem nobili creacione penitus in nullo erravit.*

Dieses Motiv der liebreizenden und bezaubernden Frauen rühmt allerdings auch der Dichter des Iglauer Liedes (14,1-6). Ferner begegnet ein ähnliches, den Vergleich mit (sc. antiken) Göttinnen anstellendes Lob der einheimischen Bürgersfrauen und ihrer Töchter im Wiener Text (4,1-4 u. 5,2):

Ibi venerabilis turba dominarum
in festivitatibus ad ecclesiarum
limina progreditur cum cetu puellarum,
ornato cultu varia, ad instar dearum.

Hii habent pulchras feminas, filias et sorores.

45 Ed. Wattenbach (1873): 35.

46 Konj. Haye.

Der Vergleich mit der Göttin Diana begegnet ferner im Nimwegen-Lied (vv. 15f.): *Et pulcrum, clarum genus est ibi laude gamarum. // Nempe Dyana parum superat virtute suarum.* Die ausgiebige Beschäftigung mit den (sc. wohlhabenden) Bürgersfrauen scheint somit im 15. Jahrhundert zum festen Bestandteil des Stadtlobs zu gehören. Hierbei sollte man bedenken, dass die zumeist klerikalen Verfasser solcher Texte als örtliche Pfarrer von dieser sozialen Gruppe materiell in erheblichem Maße profitierten.

Auch wenn die Gattung der *laus urbis* grundsätzlich durch Konventionen und Topoi geprägt ist, sind die einzelnen Beschreibungen keineswegs austauschbar. Jeder der spätmittelalterlichen Gattungsvertreter weist als Text einige spezifische Elemente auf, durch welche die jeweils gerühmte Stadt ein unverwechselbares Profil erhält. Im vorliegenden Falle ist es kaum überraschend, dass der Verfasser des Prosa-Briefes die Lübecker Kaufleute hervorhebt (*mercatores in negociacionibus studiosissimi*). Allerdings findet man vergleichbare Formulierungen naturgemäß auch in der Deskription anderer großer Handelsstädte des mitteleuropäischen Raumes. Innerhalb der Grenzen des Stadtlobs eher ungewöhnlich ist wohl der Hinweis auf die fetten Pfründen (*beneficia grassa*) und – vor allem – das Lob der reich ausgestatteten Lübecker Bibliotheken (*bibliothece numero librorum ditissime*). Nach jetziger Forschungslage behandelt kein anderes nördlich der Alpen verfasstes Stadtlob diesen Aspekt. Mit den erwähnten *bibliothece* müssen insbesondere die Bücherbestände geistlicher Einrichtungen gemeint sein; unter den privaten Lübecker Sammlern wäre allenfalls Simon Batz selbst erwähnenswert gewesen. Zwar lässt sich die Verfasserschaft des anonym überlieferten Prosa-Briefes nicht ermitteln; jedoch wäre es grundsätzlich denkbar, dass Batz selbst diese Epistel im Namen eines befreundeten Lübecker Arztes formuliert hat.[47] Unabhängig von der Frage der Autorschaft darf man vermuten, dass der Text zwar aufgrund der in ihm erwähnten Eigennamen tatsächlich ins Ermland versandt worden ist, das rhetorisch ausgeführte Lob Lübecks allerdings auch auf ein heimatliches Publikum schielt und dessen Wohlwollen zu erreichen sucht.

Vergleicht man die beiden Lübecker Stadtlobtexte miteinander, so ist festzustellen, dass der Prosa-Brief sich noch deutlich enger an die texttypologischen Konventionen der *laus urbis* anschließt als das Kampflied. Dass die beiden von Batz niedergeschriebenen Texte auch untereinander einige Ähnlichkeiten aufweisen, resultiert aus dem Umstand, dass die Anweisungen der Rhetorik zur Formulierung einer *laus urbis* sowohl in Prosa als auch in Poesie umgesetzt werden können. Zudem findet beim Stadtlob gerade im späten Mittelalter eine wechselseitige Approximation von Prosa und Poesie statt. Denn anders als der metrische Vers (Hexameter oder elegisches Distichon) liegt die rhythmische Strophe sprachlich und klanglich nahe an der Prosa (weshalb der Rhythmus im Mittelalter oftmals unter der *oratio prosa* subsumiert wird). Hinzu kommt, dass rhythmische Strophe und Kunstprosa in dieser Epoche den Reim als gemeinsame Technik verwenden. Bereits die durch das Genre bedingte Neigung zum Superlativ löst in der prosaischen *laus urbis* zahlreiche Reime und Assonanzen aus.

---

47 So die Vermutung bei Wattenbach (1873): 33, u. Neumann (1978): 53.

So könnte man einige Partien des Prosa-Briefes, in dem Lübeck gerühmt wird, durch eine entsprechende *mise en page* in die Nähe reimender Dichtung rücken:

Hic sunt fluenta limpidissima,
aer serenissimus, terra opima, / ... /
nemora iocundissima,
pomeria florentissima,
edificia pulcherrima, / ... /
presul devotissimus,
clerus disciplinatus,
beneficia grassa,
templa politissima, /.../
turres altissime, /.../
bibliothece numero librorum ditissime,
divini verbi precones disertissimi,
mercatores in negociacionibus studiosissimi,
cives omnium rerum opulentissimi. /.../
policia reipublice ornatissima,
civitas omnibus defensionibus munitissima,
illas enim vero morum venustas,
personarum proceritas, / ...

Die optisch so gestalteten Abschnitte ergeben zwar noch kein kohärentes Gedicht, doch dürften sie bei einem zeitgenössischen Hörer zumindest die Erinnerung an eine reimende, in Strophen organisierte Liedform evozieren.

Rhythmus, Reim und Strophenbau werden von jenen späteren, humanistischen Dichtern, die im 16. Jahrhundert ein literarisches Loblied auf Lübeck anstimmen, konsequent vermieden. In formaler Hinsicht dominiert das elegische Distichon. Dass zudem mit der Wahl metrischer Formen eine deutlich engere sprachliche Orientierung an den antik-paganen Schulautoren möglich wird, liegt auf der Hand. In poetischer Hinsicht kann man daher durchaus von einer neuen Phase in der Geschichte des Stadtlobs sprechen. Weniger innovativ sind die humanistischen Autoren hingegen hinsichtlich der verwendeten Motive sowie der – von der antiken Rhetorik vorgegebenen – Deskriptionskriterien. Auch Julius Caesar Scaliger stellt Lübeck als Sitz der Gerechtigkeit (v. 5: *Astraea*) dar.[48] Johannes Bocer betont – wie seine Vorgänger des 15. Jahrhunderts – die ökonomische und militärische Potenz der Stadt (v. 1: *Mercibus omnigenis et bellis apta gerendis*).[49] Jonas von Elverfeld erwähnt ebenfalls den kaiserlichen Adler (v. 3: *Alitis Imperii*).[50] Peter Lindeberg führt in seinem ersten Lied[51] die *commercia* an (v. 1) und präsentiert Lübeck als Zier Europas sowie als Leuchte der Hanse (v. 5: *Et decus Europae et lumen sit totius Ansae*). Ferner erwähnt er

48 Ed. Reusner (1651): 50.

49 Ebd.: 51.

50 Ebd.: 52.

51 Ebd.: 52.

in seinem zweiten Lied[52] nicht nur den Handel (v. 4: *Inclyta mercatu*), sondern auch die hübschen und im Gespräch charmanten Lübecker Mädchen.[53] In seinem langen Lobgedicht des Jahres 1552[54] erwähnt Petrus Vincentius wiederum den Handel (v. 127: *merces*) sowie den hierzu gehörenden Schiffsverkehr auf der Trave (v. 51: *Naviger in pelagus deducit Travena merces*). Darüber hinaus thematisiert er die militärische und ökonomische Potenz (v. 67: ... *valida armis, inclyta censu*), die hohen Türme (v. 261: *altae ... turres*), die Kirchen (v. 66: *A templis locuples*; v. 271: *Templa*) und die Plätze (v. 273: *plateae*).[55] Ferner verweist die Nennung des kaiserlichen Adlers (v. 105: *aquilis*) auch hier auf den Status als Reichsstadt. In Lindebergs Versen erscheint Lübeck als Wohnsitz der personifizierten Gerechtigkeit (v. 313: *Astraea*) sowie als ein Ort, an dem innerhalb der Bürgerschaft politische Eintracht herrscht (v. 379: *Unanimes ornat stabilis concordia cives*). Auch hier werden die Frauen für ihren Anstand sowie für ihre Schönheit gerühmt,[56] ja die Mädchen mit Göttinnen bzw. himmlischen Jungfrauen verglichen.[57] Ähnlich wie das Lübecker Stadtlobgedicht der späten 1420er Jahre ist Lindebergs Text zudem durch das Bemühen um eine nautische Sprache geprägt.[58]

Beim Vergleich zwischen dem spätmittelalterlichen und dem humanistischen Stadtlob zeigt sich somit ein Nebeneinander von Kontinuität und Diskontinuität.[59] Zudem ist jeder Text für sich zu betrachten, da trotz zahlreicher Wiederholungen und Parallelen gerade bei den poetischen Gattungsvertretern des 15. Jahrhunderts sehr unterschiedliche Wirkabsichten vermutet werden dürfen. – Je nach literarischer Ausgestaltung fungieren sie als Bewerbungsschreiben oder als Dank für eine Anstellung, als moralisierende Satire, die der Einwohnerschaft den Spiegel vorhalten soll, als Invektive auf bestimmte soziale Gruppen, als nostalgische Erinnerung des Dichters an einen persönlichen Aufenthalt in der Stadt oder als exklusiv literarisches Projekt, das sich mit berühmten Mo-

---

52 Ebd.: 52.

53 Siehe vv. 4-7: ... *bellis praeclara puellis, // Quae lepido affatu, lepidis narratibus omne // Abripiunt punctum, ut videas studuisse decori // Laudemque unanimes vultus candore mereri.*

54 Ed. Seelen (1755).

55 Das wohl fälschlicherweise ebenfalls dem Petrus Vincentius zugeschriebene kurze Epigramm, welches Reusner publiziert (ed. Freytag, 2000), imitiert diesen Beschreibungskatalog, indem es ebenfalls die sieben hohen Türme (v. 1: *Urbs quae septenas nunc iactat ad aethera turres*), die vielen Kirchen (v. 4: *Urbs templis locuples*), ferner die militärische und ökonomische Potenz (v. 5: *valida armis, inclyta censu*) anführt.

56 Vgl. vv. 383f.: *Foemineum placidi sexum sine crimine mores // Et vultum decorant formaque voxque suum* [Konj. Haye; im Druck: *suam*].

57 Vgl. vv. 205f.: *Pone puellarum lepidissima turba subibat, // Turba vel aetheriis annumeranda choris.*

58 Vgl. z. B. vv. 175-178: *Et velut e summo puppis male naufraga ponto // Artifici melior fit nova structa manu, // Sic post innumeros casus et tristia fata // Peneque navivoris mersa Lubeca vadis // ...*

59 Einige treffende, wenngleich angesichts der Forschungslage noch vorläufige Urteile über die Gemeinsamkeiten und Unterschiede bei Schmidt (1981).

dellen messen möchte. Im Falle des in den späten 1420er Jahren komponierten Lübecker Lobgedichts liegt ebenfalls eine besondere, in keiner zeitgenössischen Parallele nachweisbare Wirkabsicht vor: Hier versucht ein – möglicherweise von einer höheren Instanz beauftragter – Autor, die Bürger der Hansestadt dazu zu ermuntern, trotz aktueller Rückschläge weiterhin geschlossen gegen die Dänen zu kämpfen. Ob er sein Publikum mit dieser poetischen Durchhalteparole überhaupt erreicht hat, lässt sich nicht überprüfen. Jedenfalls schloss Lübeck nach der Niederlage von 1427 keinen Separatfrieden, sondern setzte den See- und Handelskrieg unter schweren ökonomischen Verlusten bis zum Waffenstillstand des Jahres 1432 fort. Unmittelbar nach dem recht günstigen Friedensvertrag von Vordingborg (1435) erreichte die Stadt die endgültige Befreiung vom verhassten Sundzoll. – Die Fortsetzung des Kampfes hatte sich also gelohnt, auch wenn der zugrunde liegende Antagonismus durch den Friedensschluss keineswegs aufgehoben war. Nicht zuletzt die juristische Aufarbeitung des im Kriege wechselseitig zugefügten Unrechts dauerte mehrere Jahrzehnte. Noch zu Beginn der 1460er Jahre war Simon Batz damit beschäftigt, im sog. Preußischen Prozess die Entschädigungsansprüche Danziger Kaufleute abzuwehren, deren Schiffe 1428 von den Lübeckern und deren Verbündeten gekapert worden waren.[60] Das Thema des Liedes hatte seine Aktualität somit nicht verloren.

60 Vgl. Neumann (1979): 39 u. 46-51.

Literatur

Ahlers (1953)
Olof Ahlers, Artikel „Batz, Simon (van Homburch)“, in: Neue Deutsche Biographie, 1, 1953, S. 630.

Bruns (2006)
Alken Bruns, Ulrich Simon, Artikel „Batz (gen. de Homburg, van Homburch), Simon“, in: Biographisches Lexikon für Schleswig-Holstein und Lübeck, 12, 2006, S. 30-32.

Ciglbauer (2016)
Jan Ciglbauer, Habent sua fata libelli. Das Lübecker Troparium und mögliche musikalische Interessen des Simon Batz von Homburg, in: Archiv für Musikwissenschaft 73, 2016, S. 220-240.

Classen (1986)
Carl Joachim Classen, Die Stadt im Spiegel der Descriptiones und Laudes urbium in der antiken und mittelalterlichen Literatur bis zum Ende des zwölften Jahrhunderts (Beiträge zur Altertumswissenschaft, 2), Hildesheim ²1986.

Daenell (2001)
Ernst Daenell, Die Blütezeit der deutschen Hanse. Hansische Geschichte von der zweiten Hälfte des XIV. bis zum letzten Viertel des XV. Jahrhunderts, Bd. 1, Berlin, New York ³2001.

Deecke (1835)
Ernst Deecke, Beiträge zur Lübeckischen Geschichtskunde, Erstes Heft, Lübeck 1835.

Freytag (1995)
Hartmut Freytag, Lübeck im Stadtlob und Stadtporträt der frühen Neuzeit. Über das Gedicht des Petrus Vincentius und Elias Diebels Holzschnitt von 1552, in: Zeitschrift des Vereins für Lübeckische Geschichte und Altertumskunde 75, 1995, S. 137-174.

Freytag (1996)
Hartmut Freytag, Quid Lubecensia dicam / Oppida Pulcra. „Darf ich die schöne Stadt Lübeck besingen?“. Über ein Lobgedicht auf Lübeck aus dem Jahr 1573, in: Zeitschrift des Vereins für Lübeckische Geschichte und Altertumskunde 76 (1996), S. 285-289.

Freytag (1997)
Hartmut Freytag, Über das Stadtlob des Zacharias Orth auf Stralsund (1562) und das Stadtlob des Peter Vietz auf Lübeck (1552). Eine literarhistorische Skizze, in: Zeitschrift des Vereins für Lübeckische Geschichte und Altertumskunde 77, 1997, S. 29-48.

Freytag (2000)
Hartmut Freytag, Sieben Distichen auf die Stadt der sieben Türme. Ein von Nikolaus Reusner unter dem Namen des Petrus Vincentius ediertes späthumanistisches Gedicht auf Lübeck, in: Thomas Haye (Hrsg.), Humanismus im Norden. Frühneuzeitliche Rezeption antiker Kultur und Literatur an Nord- und Ostsee (Chloe. Beihefte zum Daphnis, 32), Amsterdam, Atlanta 2000, S. 157-173.

Fritze / Krause (2001)
Konrad Fritze / Günter Krause, Seekriege der Hanse, Berlin 1989.

Giegler (1953)
Eugen Giegler, Das Genos der laudes urbium im lateinischen Mittelalter. Beiträge zur Topik des Städtelobs und der Stadtschilderung, Diss. phil. masch. Würzburg 1953.

Haye (2011)
Thomas Haye, Das älteste lateinische Loblied auf die Stadt Braunschweig, in: Braunschweigisches Jahrbuch für Landesgeschichte 92, 2011, S. 13-28.

Haye (2013)
Thomas Haye, Simon Batz von Homburg (ca. 1420-1464) – ein Frühhumanist in Lübeck?, in: Zeitschrift für Lübeckische Geschichte 93, 2013, S. 9-34.

Haye (2016)
Thomas Haye, Ein spätmittelalterliches Stadtlobgedicht auf Brüssel, in: Latomus 75, 2016, S. 712-720.

Haye (2018a)
Thomas Haye, Ein unbekanntes Gedicht über Lüttich und die Verse des Laurentius physicus auf Nimwegen – zwei laudes urbis des frühen 15. Jahrhunderts, in: Latomus 77, 2018, S. 147-160.

Haye (2018b)
Thomas Haye, Der päpstliche Gesandte Battista Brendi in Graz (1459). – Ein Abschiedsgedicht des Mantuaner Gesandten Vincenzo della Scalona zum Lob der Stadt, in: Mitteilungen des Instituts für Österreichische Geschichtsforschung 126, 2018, S. 118-127.

Haye (2019)
Thomas Haye, Stadtlob und anti-franziskanische Satire: ein spätmittelalterliches Gedicht über Wien, in: Mitteilungen des Instituts für Österreichische Geschichtsforschung 127, 2019, S. 155-172.

Hoffmann (2008)
Erich Hoffmann, Lübeck im Hoch- und Spätmittelalter: Die große Zeit Lübecks, in: Antjekathrin Graßmann (Hrsg.), Lübeckische Geschichte, Lübeck [4]2008, S. 81-337.

IJsewijn (1998)
Jozef IJsewijn, Companion to Neo-Latin Studies, Part II, Literary, Linguistic, Philological and Editorial Questions. Second, entirely rewritten edition, by J. I. with Dirk Sacré (Supplementa Humanistica Lovaniensia, 14), Löwen 1998.

Klopsch (1972)
Paul Klopsch, Einführung in die Mittellateinische Verslehre, Darmstadt 1972.

Kolze (2011)
Maja Kolze, Stadt Gottes und „Städte Königin“. Hamburg in Gedichten des 16. bis 18. Jahrhunderts. Mit einer Gegenüberstellung von Gedichten auf London aus dem gleichen Zeitraum, Berlin 2011.

Neumann (1978)
Gerhard Neumann, Simon Batz. Lübecker Syndikus und Humanist, in: Zeitschrift des Vereins für Lübeckische Geschichte und Altertumskunde 58, 1978, S. 49-73.

Neumann (1979)
Gerhard Neumann, Erfahrungen und Erlebnisse Lübecker Syndici und Prokuratoren in Österreich zur Zeit Kaiser Friedrichs III. (1455-1470), in: Zeitschrift des Vereins für Lübeckische Geschichte und Altertumskunde 59, 1979, S. 29-62.

Reusner (1651)
Nikolaus Reusner, Urbes imperiales, Frankfurt a. M. 1651.

Schmidt (1981)
Paul Gerhard Schmidt, Mittelalterliches und humanistisches Städtelob, in: August Buck (Hrsg.), Die Rezeption der Antike: Zum Problem der Kontinuität zwischen Mittelalter und Renaissance (Wolfenbütteler Abhandlungen zur Renaissanceforschung, 1), Hamburg 1981, S. 119-128.

Schweitzer / Simon (2005)
Robert Schweitzer / Ulrich Simon, *Boeke, gude unde böse* ... Die Bibliothek des Lübecker Syndikus Simon Batz von Homburg: Rekonstruktionsversuch anhand seines Testaments und der Nachweise aus dem Bestand der ehemaligen Ratsbibliothek in der Stadtbibliothek Lübeck, in: Rolf Hammel-Kiesow / Michael Hundt (Hrsg.), Das Gedächtnis der Hansestadt Lübeck. Festschrift für Antjekathrin Graßmann zum 65. Geburtstag, Lübeck 2005, S. 127-158.

Seelen (1755)
Iohannes Henricus a Seelen [= Johann Heinrich von Seelen], Petri Vincentii de origine, incrementis et laudibus Lubecae elegia, Lübeck 1755.

Slits (1990)
Franciscus Petrus Thomas Slits, Het Latijnse Stededicht: Oorsprong en ontwikkeling tot in de zeventiende eeuw, Amsterdam 1990.

Walther (1969)
Hans Walther, Initia carminum ac versuum medii aevi posterioris latinorum (Carmina medii aevi posterioris latina, I 1), Göttingen [2]1969.

Wattenbach (1863)
Wilhelm Wattenbach, Candela Rhetoricae. Eine Anleitung zum Briefstil aus Iglau, Wien 1863, S. 16-19 (= Archiv für Kunde österreichischer Geschichtsquellen 30, 1864, S. 179-202).

Wattenbach (1873)
Wilhelm Wattenbach, Aus dem Briefbuche des Meister Simon von Homburg (Fortsetzung), in: Anzeiger für Kunde der deutschen Vorzeit N.F. 20, 1873, Sp. 6-8 (Abschnitt I-III) u. Sp. 33-36 (Abschnitt IV) u. Sp. 70-77 (Abschnitt V-IX).

Anschrift des Autors:
Prof. Dr. Thomas Haye
Universität Göttingen
Zentrum für Mittelalter- und Frühneuzeitforschung
Abt. für Lateinische Philologie des Mittelalters und der Neuzeit
Humboldtallee 19
37073 Göttingen
E-Mail: thomas.haye@phil.uni-goettingen.de

Repräsentation und Memoria
Westfälische Steinskulptur im spätmittelalterlichen Lübeck

Reinhard Karrenbrock

Die mittelalterlichen Kirchen in Lübeck werden noch heute bestimmt durch ihre reiche, im Laufe der Jahrhunderte gewachsene Ausstattung, wobei hier insbesondere die spätmittelalterlichen Altarretabel – heute zumeist im St. Annen-Museum – einen gewichtigen Schwerpunkt bilden.[1] Diese aus Eichenholz gefertigten, mit bemalten Klappflügeln versehenen Altaraufbauten, deren geschnitzte Bildwerke und Reliefs erst durch ihre kostbaren Farbfassungen vollendet werden, wurden zumeist, wie durch zahlreiche Quellen belegt werden kann, durch Bruderschaften und Korporationen gestiftet. Darüber hinaus finden sich vereinzelt aber auch vollständig gemalte Retabel, wie etwa das berühmte Kreuzigungsretabel des Brügger Malers Hans Memling, das als herausragendes Beispiel genannt sei.

Ungewöhnlich erscheinen in den Lübecker Kirchen jedoch die wenigen aus Sandstein gefertigten Kunstwerke des späten Mittelalters, die einen besonderen künstlerischen Anspruch ihrer Auftraggeber erkennen lassen, denen diese ausgesuchten, steinernen Bildwerke – neben ihrer Bedeutung für Liturgie und Memoria – auch als willkommene Möglichkeit zur Repräsentation dienten.

Das Fehlen einheimischer Natursteinvorkommen in Norddeutschland machte dieses Material, das von weit her herangeschafft werden musste, in Lübeck außerordentlich selten und damit zugleich auch besonders kostbar. Im 15. und 16. Jahrhundert wurde für steinerne Bildhauerarbeiten deshalb zumeist der in Westfalen anzutreffende Sandstein verwandt, der dort seit alters her in den Baumbergen, einem sanften Hügelland zwischen Münster und Coesfeld, abgebaut wurde.[2] Seine gleichmäßige Körnung und seine leichten Bearbeitungseigenschaften machten (und machen) den Baumberger Sandstein – in den mittelalterlichen Quellen zumeist „Münsterstein" genannt – für Bildhauerarbeiten und Architekturgliederungen besonders geeignet, weshalb er von dort über Wesel rheinaufwärts bis Trier,[3] aber auch in die Niederlande, insbesondere nach Utrecht,[4] sowie in Einzelfällen bis nach Schweden[5] und Norwegen[6] gehandelt wurde. Am Umschlagplatz Wesel wurde Baumberger Stein zumeist blockweise angeboten; überliefert ist aber auch, dass dort bereits zugehauene Steine, ja sogar vollständig ausgearbeitete

---

1 Vgl. Albrecht (2005) und (2012).

2 Karrenbrock (1989); deutlich erweiterter Abdruck: Karrenbrock (1992c). – Vgl. auch Eichler (1992).

3 Groß-Morgen/Schmid/Schwarz (1998).

4 Karrenbrock (2013): 128, 130.

5 Siehe hierzu zwei Skulpturen in Ludgo; vgl. Karrenbrock (1992c): 66-68, Fig. 52 und 53.

6 Vgl. hierzu die Madonna in Holdhus, die aus Baumberger Sandstein gefertigt worden sein dürfte; zu dieser um 1410 entstandenen, bislang nahezu unbekannten Skulptur vgl. Stein (2012).

Maßwerke erworben werden konnten.[7] Zudem wurden aber auch Bildhauerarbeiten aus Westfalen exportiert, wie die genannten Beispiele in Schweden und Norwegen zeigen; darüber hinaus finden sich Bildwerke westfälischer Werkstätten aber auch in den Hansestädten Hamburg,[8] Bremen[9] und Lübeck.

Ein herausragendes Beispiel, an dem diese Zusammenhänge exemplarisch deutlich werden, bildet das Altarretabel der Zirkelgesellschaft in Lübeck, einer 1379 gegründeten, exklusiven Vereinigung, deren Mitglieder zu den bedeutendsten Familien der Stadt gehörten.[10] (Abb. 1) Das vor 1408 entstandene Retabel, das vor 1430 mit gemalten Klappflügeln ausgestattet und vollendet wurde, war ursprünglich in der Kapelle der Zirkelbrüder im Nordschiff der St. Katharinenkirche aufgestellt, von wo es bereits im 17. Jahrhundert entfernt wurde; heute befindet es sich in der Sammlung des St. Annen-Museums.[11] Das aus Baumberger Sandstein gefertigte, querrechteckige Relief, das mit einer jüngeren farbigen Fassung versehen ist, zeigt die Kreuzigung in einem einzigen Bildfeld mit weiteren Szenen der Passion Christi. Im Zentrum des steinernen Reliefs, das ursprünglich wohl nur teilweise polychromiert gewesen sein dürfte,[12] ist in dicht gedrängten, feinteilig ausgearbeiteten Figuren die Kreuzigung Christi dargestellt, die – durch kleinteilige Pflanzenspaliere begrenzt – von der Kreuztragung, der Grablegung und der Auferstehung gerahmt wird. Darüber hinaus ist an der linken Seite des Reliefs ein Stadttor zu sehen, das mit einer Darstellung des Hl. Christophorus geschmückt ist. Vervollständigt wurde das Relief vor 1430 durch gemalte, klappbare Flügel, die von den Zirkelbrüdern Claus Brömse († 1442), Karsten von Rentelen († 1431), Gottschalk von Wickede († 1439) und Hinrich Meteler († 1433) gestiftet wurden, deren Wappen die Innenseiten der Flügel zieren.[13]

Stilistisch verwandte, ebenfalls aus Baumberger Sandstein gefertigte und in Komposition und Details weitgehend übereinstimmende Kreuzigungsreliefs haben sich, wie seit langem bekannt ist, in den Domkirchen in Schwerin und Ratzeburg bewahrt, ein weiteres Relief dieser Gruppe, das in seiner hochrechteckigen Anlage nur die Kreuzigung zeigt, befindet sich in der Marienkirche in Anklam.[14] Alle vier Reliefs dürften in derselben Bildhauerwerkstatt gefertigt worden sein, die – worauf Stil und Material hinweisen – in Westfalen ansässig gewesen sein wird.

---

7 Karrenbrock (1996): 79f.

8 Karrenbrock (1992a): 148-151, Kat. Nr. 12 (Karrenbrock).

9 Karrenbrock (1986).

10 Dünnebeil (1996).

11 Albrecht (2005): 123-129, Nr. 27.

12 So bei Albrecht (2005). – Eine detaillierte technologische Untersuchung des Reliefs wäre zu wünschen.

13 Der historische Hintergrund und die daraus abgeleitete Datierung bei Jacobsen (1985).

14 Grundlegend hierzu Pescatore (1917); Paatz (1929): 57, 74-76, 80f., Abb. auf 104-108.

Abb. 1: Lübeck, St. Annen-Museum, Kreuzigungsretabel der Zirkelgesellschaft

Unterstrichen wird dieser Zusammenhang durch zwei weitere um 1400 entstandene Kreuzigungsreliefs in Westfalen, die bislang noch nicht in die Diskussion miteinbezogen wurden. Besonders bemerkenswert – und wohl am Anfang der gesamten Reihe stehend – erscheint dabei ein monumentales Steinrelief in Schloss Eggeringhausen (bei Anröchte, Kr. Soest), auf dem die Kreuzigung Christi mit Maria und Johannes dargestellt ist; hinzu kommen, wie auf den norddeutschen Reliefs, mehrere halbfigurig wiedergegebene Engel, die das Blut Christi auffangen.[15] Frappierende Übereinstimmungen mit diesen Reliefs lässt darüber hinaus Maria erkennen, die ihre Hände voll Trauer übereinander gelegt hat – ein in dieser spezifischen Form eher ungewöhnliches Detail, das den Zusammenhang der Reliefs unterstreicht.

Ein weiteres, wohl nur geringfügig später entstandenes Kreuzigungsrelief, das ebenfalls auf Lübecker Zusammenhänge verweist, befindet sich in der Busdorfkirche in Paderborn; ursprünglich stammt es jedoch aus der dortigen Ab-

15 Karrenbrock (1992b): 10, Fig. 5.

dinghofkirche.[16] Das verhältnismäßig steil angelegte, hochrechteckige Relief, das von einem vorkragenden Baldachin überfangen wird, zeigt auch hier den Gekreuzigten, umgeben von Engeln mit Kelchen, die das aus seinen Wunden herabfließende Blut auffangen. Unterhalb des Kreuzes sind auch hier Maria und Johannes dargestellt, wobei die zusammensinkende Muttergottes hier von drei hinter ihr stehenden Frauen aufgefangen und gestützt wird, wie dies auch beim Altar der Zirkelbrüder in Lübeck und den anderen Steinretabeln zu sehen ist.

Die Reliefs in Eggeringhausen und Paderborn stimmen in ihren Grundzügen demnach mit den vier Steinreliefs in Norddeutschland überein, wenngleich sie insgesamt sehr viel konzentrierter und weniger erzählerisch angelegt sind. In seiner stilistischen Ausführung weist die Paderborner Darstellung, deren Gewänder im Vergleich zu den übrigen Reliefs sehr viel geschmeidiger erscheinen, jedoch darüber hinaus; hier zeigen sich bereits Verbindungen zu einer weiteren Gruppe steinerner Bildwerke, die ursprünglich für das Burgkloster in Lübeck bestimmt waren und die sich heute im St. Annen-Museum befinden.

Abb. 2: Lübeck, St. Annen-Museum, Törichte Jungfrau (aus der Burgkirche)

Der zwischen 1399 und 1402 errichtete Chor der der Hl. Maria Magdalena geweihten Dominikanerkirche zur Burg wurde zu Beginn des 15. Jahrhunderts mit einem umfangreichen Zyklus steinerner Figuren ausgestattet, dessen ambitioniertes ikonographisches Programm in der Zeit um 1400 nur wenig Parallelen kennt. Das Zentrum dieser ursprünglich 28 Skulpturen umfassenden Reihe bildeten die Figuren der Hl. Maria Magdalena, der Christus als Gärtner erscheint, und zwei Dominikanermönche – allesamt Bildwerke, die an herausgehobener Stelle, möglicherweise am Lettner der Klosterkirche aufgestellt gewesen sein könnten. Von herausragender Bedeutung erscheinen jedoch die von den Personifikationen der Ecclesia und der Synagoge angeführten Klugen und Törichten Jungfrauen, die zusammen mit den Darstellungen der zwölf Apostel oberhalb des Chorgestühls der Burgkirche angebracht gewesen sein dürften.[17] (Abb. 2)

16 Brandt/Hengst (1986), 32.

17 Paatz (1929); Hasse (1961); Albrecht (1997): 56-85.

Die ungemein anmutigen Jungfrauen, die in ihrem Abwechslungsreichtum, ihren zarten Bewegungen und in ihren reichen, modischen Details einen außerordentlichen künstlerischen Anspruch erkennen lassen, finden ihre unmittelbaren Parallelen in mehreren ebenfalls aus Sandstein gefertigten Skulpturen in Soest.[18] Das Zentrum dieser kleinen Gruppe in Soest bildet dabei die Madonna im Chorhaupt der dortigen St. Paulikirche, die um 1395-1400 datiert werden kann.[19] In denselben Jahren dürften zudem auch zwei weitere, ebenfalls in diesem Werkkreis entstandene Skulpturen der Kirche St. Maria zur Wiese in Soest entstanden sein – eine Hl. Katharina[20] und ein bärtiger Heiliger,[21] möglicherweise der Hl. Petrus, die dort ursprünglich am Südportal aufgestellt waren. Die Übereinstimmungen zwischen diesen Soester Skulpturen und dem Lübecker Burgkirchenfiguren sind, wie ein Vergleich deutlich macht, so eng, dass davon ausgegangen werden kann, dass sie in derselben Bildhauerwerkstatt geschaffen wurden.

Der enge Zusammenhang zwischen diesen Skulpturen ist evident und seit langem bekannt. Die Lübecker Skulpturen werden deshalb zumeist einem aus Westfalen stammenden Bildhauer zugeschrieben, dessen ältere Werke zuvor in Soest nachgewiesen werden können.[22] Eine jüngere Einschätzung geht dagegen davon aus, in den Burgkirchen-Skulpturen – und auch in den Bildwerken in Soest – Importwerke aus Flandern zu sehen,[23] was angesichts der engen Verbindungen der Figuren zur westfälischen Skulptur jedoch wenig naheliegend erscheint.[24] Die Skulpturen der Lübecker Burgkirche dürften vielmehr zu Beginn des 15. Jahrhunderts von einem zuvor in Soest tätigen, westfälischen Bildhauer geschaffen worden sein.[25]

Weitere Höhepunkte spätmittelalterlicher Steinskulptur in Lübeck bilden sodann mehrere Skulpturenzyklen des ersten Viertels des 15. Jahrhunderts, die sämtlich aus Baumberger Sandstein gefertigt wurden: die Figuren der Bergenfahrerkapelle in St. Marien und die in Niendorf aufgefundenen Bildwerke (beide Zyklen heute im St. Annen-Museum), die Skulpturen des Lettners von St. Marien[26] und der bildhauerische Schmuck in den Baulichkeiten des Burgklosters[27] – allesamt Bildhauerarbeiten, die einen herausragenden Anspruch er-

---

18 Zugleich werden im Vergleich aber auch enge Übereinstimmungen zu den genannten Reliefs in Eggeringhausen und Paderborn deutlich.

19 Legner (1978): Bd. I, 219 (Neu-Kock). – Karrenbrock (1992b): 16, Fig. 3.

20 Legner (1978): Bd. I, 219 (Neu-Kock).

21 Legner (1978): Bd. I, 219f. (Neu-Kock). – Karrenbrock (1992b): 16, Fig. 4.

22 Grundlegend hierzu immer noch Paatz (1929): 67f. – vgl. auch Legner (1978): Bd. II, 352f. (Hasse).

23 Albrecht (1997): 73-85.

24 Eine Ablehnung dieser Überlegungen auch bei Parello (2005): 493, 496f. – Vgl. hierzu auch Richter (2017): 69f. sowie Karrenbrock (2017).

25 Eine ausführliche Darstellung dieser Zusammenhänge ist in Vorbereitung.

26 Vgl. Albrecht (1997).

27 Paatz (1929): 61f., Abb. auf 121-126.

kennen lassen. Die bildhauerischen Zusammenhänge dieser Skulpturen weisen auch hier weit über Lübeck hinaus, allerdings nicht nach Westfalen, weshalb sie an dieser Stelle nur genannt, aber nicht detailliert betrachtet seien.[28]

In der zweiten Hälfte des 15. Jahrhunderts lassen sich hingegen in Lübeck nur ganz vereinzelt Bildhauerarbeiten aus Stein nachweisen. Diese Bildwerke, deren bildhauerische Qualität einen außerordentlichen Anspruch erkennen lassen, wurden – dem erhaltenen Bestand zufolge – nahezu ausschließlich in Westfalen, zumeist wohl in Münster, gefertigt, dessen Bildhauer in diesen Jahren vielerorts gefragt waren. Eine Ausnahme bildet das Epitaph des Lübecker Kaufmanns und Flandernfahrers Albert Bisschop († 1468) im Lübecker Dom, das bereits zu Lebzeiten des Stifters in einer Utrechter Werkstatt geschaffen wurde.[29] Das Epitaph, das eine thronende Muttergottes zwischen stehenden Heiligen zeigt, bildet zugleich auch aufgrund seiner reichen archivalischen Überlieferung ein herausragendes Beispiel mittelalterlichen Totengedenkens, [30] das „wie kaum ein anderes Kunstwerk im Dom […] die Stiftungspraxis eines wohlhabenden Lübecker Bürgers, den weiträumigen Aktionsradius der Hansekaufleute und die spezifischen Neigungen des Auftraggebers, kurzum den Zusammenhang zwischen Laienfrömmigkeit, Wirtschaft und Kunst [verkörpert].“[31]

Abb. 3: Lübeck, Dom, Madonna mit der Sternenkrone

Ein weiteres zentrales Beispiel spätmittelalterlicher Marienverehrung in Lübeck bildet sodann, nur wenige Schritte vom Bisschop-Epitaph entfernt, die monumentale, zumeist als Madonna mit der Sternenkrone charakterisierte Marienfigur, die um 1460 für die Marientiden-Kapelle am Chorumgang des Domes geschaffen worden sein dürfte.[32] (Abb. 3) Die bedeutende Marienskulptur, die dem münsterschen Bildhauer Johann Wolt

28 Vgl. Albrecht (1997).

29 Richter (2015): 256-258, Kat. Nr. 31 (Karrenbrock).

30 Vgl. hierzu Dormeier (2015): 22-24.

31 Dormeier (2013): 279.

32 Richter (2015): 254f., Kat. Nr. 30 (Karrenbrock).

(† vor 1486) – als herausragendes Werk seines Œuvres – zugeschrieben werden kann, findet ihre unmittelbare Parallele in der um 1471 geschaffenen Madonna der St. Petrikirche in Hamburg,[33] die auch dort im Zusammenhang mit den in diesen Jahren eingeführten Marientiden entstanden sein wird.[34]

Der Lobpreis Mariens bildete ein zentrales Anliegen spätmittelalterlicher Frömmigkeit, für das seit der Mitte des 15. Jahrhunderts vielerorts eigene Kapellen errichtet wurden, die für den Lobgesang der Muttergottes bestimmt waren; als herausragendes – und weithin vorbildhaftes – Beispiel hierfür sei die Marientiden-Kapelle der Lübecker St. Marienkirche genannt.[35] Die entsprechende, bereits um 1330 errichtete Kapelle am Chorscheitel des Lübecker Domes wurde um 1420 zur Marientiden-Kapelle bestimmt und zwischen 1436 und 1449, also nahezu zeitgleich zur Kapelle an St. Marien, aus dem Nachlass des Dompropstes Bertold Dives († 1436) grundlegend umgestaltet.[36] 1450 wurde die Stiftung durch Bischof Arnold Westfal um 1000 Mark lübisch erweitert, die für die Kapelle und die Ausstattung zweier älterer Vikarien bestimmt war; hinzu kamen 70 Mark durch Hinrich Dives, den Bruder des verstorbenen Dompropstes.[37] Die überaus großzügige Stiftung Bischof Westfals dürfte demnach wohl auch für die zentrale Marienskulptur der Kapelle bestimmt gewesen sein, deren Anfertigung dem Bildhauer Johann Wolt übertragen wurde, der – ganz offensichtlich an niederländischen Vorbildern geschult – als der wohl bedeutendste münstersche Bildhauer dieser Jahre angesehen werden kann.

Der damals geschaffene Zusammenhang hatte bis in das späte 17. Jahrhundert Bestand. Die Marientiden-Kapelle, die 1645 noch als „Marienkapelle hinter dem Altar" nachgewiesen werden kann,[38] wurde 1687 zur fürstbischöflichen Grabkapelle umgestaltet; 1697, also nur wenige Jahre später, ist die Steinmadonna noch im Chorumgang nahe der älteren fürstbischöflichen Grabkapelle bezeugt.[39] „Ein großes silbernes Marienbild," das 1530 „in der Zeiten Kapelle" nachgewiesen werden kann,[40] könnte – sofern es sich hier um dasselbe Marienbild handelt – einen Hinweis auf die einstige farbige Fassung der Skulptur geben, die seit langem mit einer monochromen steinfarbigen Lasur überzogen ist; hier dürfte eine technologische Untersuchung möglicherweise Klärung bringen.

Ähnlich monumental und repräsentativ erscheint auch die ebenfalls aus Baumberger Sandstein gefertigte, lebensgroße Figur des Hl. Antonius Eremit in St. Marien, die durch das an der Konsole angebrachte Wappen als Stiftung des

---

33 Paatz (1926); Hasse (1961); Karrenbrock (2005), 82-88.

34 Reincke (1961): 206-210.

35 Dormeier (2013).

36 Grewolls (1999): 176.

37 Baltzer/Bruns (1920/1921): 90.

38 Baltzer/Bruns (1920/1921): 91.

39 Baltzer/Bruns (1920/1921): 202f.

40 Grewolls (1999): 176.

Abb. 4: Lübeck, St. Marien, Hl. Antonius, gestiftet von Herman Sundesbeke

Lübecker Ratsherren Hermann Sundesbeke († 1476) ausgewiesen ist.[41] (Abb. 4) Der aus Münster stammende, ab ca. 1440 in Lübeck nachweisbare Kaufmann, dem – nachdrücklich befördert durch seine Heirat mit der reichen Bürgerstochter Margarete Brunswig – ein rascher Aufstieg innerhalb Lübecks gelang, wurde 1460 zum Ratsherrn gewählt und 1465 schließlich Mitglied der exklusiven Zirkelgesellschaft; darüber hinaus war er, wohnhaft in der Breiten Straße in unmittelbarer Nähe zu St. Marien, aber auch als Kirchenvorsteher von St. Jakobi tätig, wie einer Urkunde des Jahres 1465 entnommen werden kann. In diesen Jahren dürfte auch die von ihm gestiftete Antoniusfigur der St. Marienkirche entstanden sein – „Sunte Anthonij belde" –, die bereits 1479, also nur drei Jahre nach seinem Tode, im Testament seines Sohnes Gerd genannt wird, der ein Ewiges Licht vor der Figur und eine Memorie für seinen Vater stiftete.

Zugleich zeigen sich an der Figur (Abb. 5), insbesondere in der Wahl des Materials und des Bildhauers, aber auch die engen Verbindungen Hermann Sundesbekes zu seiner Heimatstadt Münster, wo die Skulptur in Auftrag gegeben wurde. Unmittelbar vergleichbar erscheinen dort die Arbeiten eines namentlich bislang noch nicht identifizierten Bildhauers, der nach seinem Hauptwerk in der St. Mauritzkirche in Münster, dem Epitaph des Scholasters Johann Schenking († 1471), als Meister des Schenking-Epitaphes bezeichnet wird. Weitere Werke dieses bedeutenden Bildhauers finden sich im gesamten Münsterland, so etwa in Coesfeld, wo sich ein mit vier feinteilig gearbeiteten Skulpturen ausgestatteter Levitenstuhl der Zeit um 1473 bewahrt hat, dessen Skulpturen sich – wie die meisten Arbeiten dieses Bildhauers – durch eine außerordentlich sorgfältige Oberflächenbehandlung auszeichnen. Die St. Antoniusfigur in Lübeck kann demselben Meister zugeschrieben werden, der – neben Johann Wolt – als einer der bedeutendsten westfälischen Bildhauer der Zeit zwischen 1460 und 1485 angesehen werden kann.

41 Richter (2015): 252f., Kat. Nr. 29 (Karrenbrock).

Abb. 5: Lübeck, St. Marien, Hl. Antonius

Den herausragenden Höhepunkt dieser künstlerischen Verflechtungen mit Westfalen bildet jedoch das prachtvolle, ebenfalls aus Baumberger Sandstein gefertigte Kreuzigungsretabel der Familie Brömse in der St. Jakobikirche in Lübeck, das in der Komposition seiner Figurengruppen und in seiner subtilen Detailausbildung gänzlich singulär erscheint,[42] weshalb es in einer Reisebeschreibung des Jahres 1753 bereits als „recht unvergleichlich“ gerühmt wird.[43] (Abb. 6) Gestiftet wurde das um 1490 entstandene Retabel, eine zentrale Arbeit des münsterschen Bildhauers Evert van Roden, von dem 1466 aus Lüneburg nach Lübeck zugezogenen Heinrich Brömse und seiner Frau Elisabeth Westfal, die – als Tochter des Bürgermeisters Johann Westfal und Nichte und Schwester zweier Bischöfe[44] – aus einer der vornehmsten Familien der Stadt stammte. Die Heirat mit Elisabeth Westfal dürfte demnach, dem bereits erwähnten Hermann Sundesbeke vergleichbar, die herausragende Stellung Heinrich Brömses nachhaltig unterstrichen haben,[45] der 1477 zum Ratsherren und 1479 zum Mitglied der Zirkelgesellschaft gewählt wurde, bevor er schließlich 1487 das Amt des Bürgermeisters übernahm. 1488 erwarb Heinrich Brömse, dessen Wohnsitz sich seit 1472 in der Königstraße in unmittelbarer Nähe zur St. Jakobikirche befand, die frühere Schulop-Kapelle an der Südseite der Kirche, die er fortan zur Familienkapelle umgestaltete, wie dies noch heute an den Schlusssteinen der Kapelle – Brömse und Westfal – abzulesen ist. Das Zentrum der Kapelle bildet das mit gemalten Flügeln ausgestattete und ebenfalls mit den Wappen des Ehepaares gekennzeichnete, steinerne Kreuzigungsretabel, das sich – als einziges spätmittelalterliches Retabel der Stadt – bis heute in seinem ursprünglichen Kontext bewahrt hat.

Die durch ein Höchstmaß an Verfeinerung charakterisierten Reliefs des Schreins, deren Kompositionen – ebenso wie die Gesamtform des mittig überhöhten Schreines – die genaue Kenntnis Brüsseler Vorbilder widerspiegeln (Abb. 7), bilden „zweifellos die subtilste Steinskulptur der ausgehenden Gotik in der hansischen Metropole, […deren] erlesene Feinheit und Eleganz […] den Lübecker Bürgermeister veranlaßt haben dürfte, diesen Auftrag trotz der Konkurrenz Bernd Notkes nach Westfalen zu vergeben.“[46] Zuvor dürfte jedoch zunächst bei Evert van Roden in Münster eine Probefigur in Auftrag gegeben worden sein, die das bildhauerische Können des verhältnismäßig jungen und zum damaligen Zeitpunkt wohl auch noch weitgehend unbekannten Bildhauers, eines Schülers Johann Wolts, unter Beweis stellen sollte. Diese kleine, in ihrer profanen Ikonographie gänzlich ungewöhnliche Figur, die einen jungen Mann mit Spielgeräten zeigt, hat sich bis zum heutigen Tage in der Sammlung des St. Annen-Museums

42 Richter (2015): 261-265, Kat. Nr. 33 (Karrenbrock).

43 Von Uffenbach (1753): T. II, 37.

44 Ihr Onkel war Bischof Arnold Westfal († 1466), dessen maßgebliche Stiftung für die Marientiden-Kapelle des Domes bereits erwähnt wurde; ihr Bruder Wilhelm Westfal, dessen Grabplatte sich im Dom erhalten hat, war Bischof von 1506 bis 1509.

45 Eine derartige Heirat begünstigte häufig den Aufstieg in die oberste Führungsschicht der Stadt; vgl. hierzu Graßmann (2002): 99-111.

46 Paatz (1958): 55f., Abb. 40.

bb. 6: Lübeck, St. Jakobi, Kreuzigungsretabel der Familie Brömse

erhalten.[47] Die ungemein fein und differenziert ausgearbeitete Figur dürfte die Auftragsvergabe wohl maßgeblich befördert haben, wie das noch heute vorhandene Altarretabel bezeugt.

Abb. 7: Lübeck, St. Jakobi, Kreuzigungsretabel, Detail

Vollendet wurde das Retabel, das in einem einzigen großen Bildfeld die Kreuzigung Christi mit weiteren Passionsszenen zeigt, durch gemalte Flügel, von denen jedoch nur die beiden oberen Klappflügel, die dem münsterschen Maler Johann von Soest zugeschrieben werden können, zeitgleich mit dem steinernen Mittelschrein geschaffen wurden. Die großen unteren Flügel, die wohl auf einen niederländischen Maler zurückgehen, entstanden dagegen erst um 1515/17 als Stiftung des Ratsherrn und späteren Bürgermeisters Nicolaus Brömse, der – zusammen mit seinen Eltern Heinrich und Elisabeth Bröm-

47 Richter (2015): 259f., Kat. Nr. 32 (Karrenbrock).

se und seinen zehn Geschwistern – auf den Innenseiten der Flügel dargestellt ist. Das Kreuzigungsretabel der Familie Brömse, das um 1490 begonnen und knapp eine Generation später vollendet wurde, stellt so, wie sich hier in vollendeter Weise zeigt, ein bedeutendes Beispiel spätmittelalterlicher Memoria dar; zugleich bildet es aber auch, wie das ungewöhnliche Material, die exquisite Ausführung und nicht zuletzt die Wahl des Bildhauers erkennen lassen, eine herausragende Möglichkeit zur Repräsentation der Auftraggeber, deren hervorgehobene Stellung innerhalb der Führungsschicht der Stadt durch diese Stiftung nachdrücklich unterstrichen wird.

Die außergewöhnliche Kunstfertigkeit des Kreuzigungsretabels der Brömsen-Kapelle lassen zudem – wie im Vergleich deutlich wird – einzelne Steinbildwerke erkennen, die ebenfalls gegen Ende des 15. Jahrhunderts, also nahezu zeitgleich mit dem Retabel, für Lübeck geschaffen wurden. Eine kleine, wohl der privaten Frömmigkeit dienende Madonna, die vor einigen Jahren bei Grabungen auf dem Schrangen gefunden wurde, weist aufgrund ihrer charakteristischen Stilformen auf eine Entstehung in Köln hin;[48] sie dürfte in der Werkstatt des Kölner Bildhauers Tilman Heysacker gen. Krayndunck geschaffen worden sein.[49] Für den 1493 entstandenen Kreuzweg am Jerusalemsberg, eine Stiftung des Lübecker Kaufmanns Hinrich Konstin,[50] wird hingegen, wie seine eher einfache Ausführung vermuten lässt, eine einheimische Werkstatt herangezogen worden sein.

Abb. 8: Lübeck, Dom, Madonna

Mehrere bedeutende Bildhauerarbeiten, die bereits nach der Jahrhundertwende entstanden, wurden dagegen wieder westfälischen Bildhauern übertragen. Als herausragende Arbeit dieses Zusammenhangs ist eine zweite, inschriftlich in das Jahre 1509 datierte Steinmadonna des Lübecker Domes zu nennen, die in ihrer Monumentalität und in ihrem künstlerischen Anspruch das gesteigerte Repräsentationsbedürfnis des frühen 16. Jahrhunderts deutlich spiegelt. (Abb. 8) Die Marienfigur, die bereits in den Kirchen-

48 Schmidt-Hofmann (1993): 315-322.

49 Zu Tilman Heysacker vgl. Karrenbrock (2001): 9-79; auf S. 43 dort eine weitere, für Lübeck bestimmte Madonna dieses Bildhauers, die sich in der Sammlung des St. Annen-Museums in Lübeck bewahrt hat.

50 Bäumer (2008): 11-25.

büchern der Barockzeit als „die schöne Madonna" bezeichnet wird, hat sich mitsamt ihrer zarten, ursprünglichen Farbfassung erhalten, die ganz wesentlich von dem weißen Gewand und dem prachtvollen, mit Goldborten geschmückten Mantel bestimmt wird. Geschaffen wurde die Skulptur ebenfalls von Evert van Roden in Münster,[51] der mit dieser Figur – nahezu zwanzig Jahre nach dem Kreuzigungsretabel der St. Jakobikirche – ein weiteres, bedeutendes Bildwerk für eine der Lübecker Kirchen schuf.

Über die näheren Umstände dieses Auftrages und die ursprüngliche Aufstellung der Figur ist hingegen nichts bekannt. Einen Ansatzpunkt zu einer genaueren Bestimmung könnte das Wappen auf der wohl zugehörigen Konsole liefern, das – in der unteren Hälfte schwarz-weiß geschacht, darüber vier weiße Spitzen auf schwarzem Grund – bislang jedoch, trotz intensiver Bemühungen, keiner Familie zuzuordnen ist, weshalb der Stifter der Figur noch nicht identifiziert werden konnte.[52] Auch der ursprüngliche Standort der Skulptur, die bereits 1653 und 1659 in der südöstlichen Ecke der Mul-Kapelle am Chorumgang des Domes nachgewiesen werden kann,[53] ist nicht bekannt. Dies wird jedoch kaum der eigentliche Bestimmungsort der bedeutenden Marienskulptur gewesen sein, die für eine herausgehobene Aufstellung und Verehrung geschaffen worden sein dürfte, wie dies ja auch für die ältere Steinmadonna des Domes – als zentrales Bildwerk der Marientidenkapelle – nachgewiesen werden kann. Sollte die „Schöne Madonna" von 1509 möglicherweise gar nicht für den Dom, sondern für eine andere Kirche Lübecks, aus der sie dann in den Dom übertragen worden wäre, bestimmt gewesen sein? – eine Frage, die jedoch erst mithilfe weiterer Quellen und der Identifizierung des Stifters zu beantworten sein dürfte.

In ihrem ursprünglichen Zusammenhang erhalten haben sich jedoch die ebenfalls im ersten Jahrzehnt des 16. Jahrhunderts geschaffenen, steinernen Reliefs im Chorumgang der St. Marienkirche, die bei dem münsterschen Bildhauer Heinrich Brabender in Auftrag gegeben und zwischen 1500 und 1510 ausgeführt wurden[54] – eine ungewöhnliche und zugleich höchst anspruchsvolle Folge von Passionsszenen, die als Teil eines großen, sorgsam geplanten Ausstattungsvorhabens angesehen werden kann. (Abb. 9-12) Gestiftet wurden die aus Baumberger Sandstein gefertigten, querrechteckigen Reliefs, die an der Nord- und Südseite des Chorpolygons beiderseits der (heute nicht mehr vorhandenen) Astronomischen Uhr angebracht wurden, von dem Lübecker Fernhandelskaufmann Hans Salige, der hier eine Gedächtnisstiftung für seine Familie in Auftrag gab.

Begonnen wurde dabei mit den beiden nördlichen, mit den Jahreszahlen 1498 und 1500 bezeichneten und von den Wappen der Familie Salige gerahmten Reliefs der Fußwaschung und des Letzten Abendmahls, die als Epitaph für den 1500 verstorbenen Marquard Salige, den Vater Hans Saliges, und dessen Frau Telseke

---

51 Richter (2015): 266f., Kat. Nr. 34 (Karrenbrock).

52 Auf einem heute nicht mehr vorhandenen, ebenfalls spätgotischen Tafelgemälde des Domes war dasselbe Wappen zu sehen; vgl. Baltzer/Bruns (1920/1921): 203.

53 Baltzer/Bruns (1920/1921): 203.

54 Richter (2015): 268-271, Kat. Nr. 35 (Karrenbrock).

Abb. 9: Lübeck, St. Marien, Chorschrankenreliefs: Abendmahl

Abb. 10: Lübeck, St. Marien, Chorschrankenreliefs: Fußwaschung

Abb. 11: Lübeck, St. Marien, Chorschrankenreliefs: Ölberg

Abb. 12: Lübeck, St. Marien, Chorschrankenreliefs: Gefangennahme

konzipiert wurden – sicherlich die eindringlichsten Bildwerke Brabenders aus dieser Zeit. Fortgeführt wurde der Zyklus an der Südseite des Chorpolygons mit zwei Reliefs, auf denen verschiedene Geschehnisse im Garten Gethsemane dargestellt sind. Eingefasst werden die Szenen, wie bei den beiden Reliefs der Nordseite, von zwei Wappen, wobei neben dem Salige-Wappen hier auch das Wappen der Familie Brömse angebracht ist, das auf Richel Brömse († 1517), eine Tochter des Bürgermeisters Heinrich Brömse und seit 1507 die Ehefrau Hans Saliges, verweist.

Im Gegensatz zu den Stiftern Hermann Sundesbeke und Heinrich Brömse stammte Hans Salige demnach aus Lübeck, wo er als Mitglied der St. Antonius-Bruderschaft, der Hl. Leichnams- und der St. Leonhards-Bruderschaft nachzuweisen ist. Darüber hinaus gehörte er zu den Mitgliedern der 1497 gegründeten Bruderschaft Mariae Verkündigung, deren dem Lobpreis Mariens gewidmete Kapelle am Chorhaupt von St. Marien – die Marientiden-Kapelle – den Chorschrankenreliefs unmittelbar gegenüber liegt.[55] 1499 ging er eine Handelsgesellschaft mit dem aus dem Herzogtum Kleve stammenden Kaufmann Johann Boene ein, der 1518 das prachtvolle, 1522 aufgestellte Antwerpener Retabel der Marientiden-Kapelle stiftete, der zugleich aber auch einem Kreis ursprünglich aus Westfalen stammender Lübecker Kaufleute angehörte, denen auch Salige eng verbunden war;[56] aus diesem Kreis rekrutierte sich auch die Mehrzahl der Stifter des 1502 gegründeten St. Annenklosters, zu denen auch Salige gehörte.[57] Eine weitere, bedeutende Stiftung Hans Saliges bildet schließlich die Neuausstattung des Lettners der St. Marienkirche (1513-1520), die Hans Salige († 1530) zusammen mit Godert Wiggerinck (†1518) in Auftrag gab.

Die aus Sandstein geschaffenen Chorschrankenreliefs der St. Marienkirche, die im weiten Umkreis gänzlich singulär erscheinen, bilden jedoch sicherlich den Höhepunkt dieser zahlreichen Stiftungs-Aktivitäten, die – wie sämtliche Stiftungen dieser Art – dem Seelenheil des Stifters und der Repräsentation innerhalb der städtischen Gesellschaft dienen sollten. „Mittelalterlichen Stiftungen [kam] stets ein doppelter Charakter zu: Sie dienten demnach einerseits dem Seelenheil und der Stellung des Menschen im Jenseits und sicherten andererseits als öffentlicher Akt auch die Stellung des Menschen in der mittelalterlichen Gesellschaft – und zwar über den Tod hinaus. Stiftungen dienten somit der Memoria und waren zugleich Ausdruck sozialer Bindungen und des Standes.“[58]

Dieselben Beweggründe gelten natürlich auch für die anderen hier vorgestellten Stiftungen, wobei die Wahl des in Lübeck ungewöhnlichen Materials – des Baumberger Sandsteins – den erlesenen Charakter der in Auftrag gegebenen Kunst nachhaltig unterstreicht. Der Charakter des feinen, zumeist hell leuchtenden Sandsteins aus den Baumbergen bei Münster blieb dabei in den meisten Fäl-

55 Dormeier (2013): 338f.

56 Ruwe (2011): 65-67 (Johann Salige).

57 Struck (1913): 55.

58 Schlotheuber (2012): 51.

len prägend und wesentlich für den Gesamteindruck, wie sich dies noch heute bei dem Kreuzigungsretabel in St. Jakobi zeigt, dessen Schrein und Figurengruppen nur mit einer akzentuierenden Teilfassung versehen sind. In der Zusammenschau der wenigen steinernen Kunstwerke zeigt sich zugleich aber auch, dass dieser hohe Anspruch und diese Möglichkeit zur Repräsentation in spätmittelalterlicher Zeit offensichtlich nur wenigen herausragenden Familien der Stadt Lübeck – den Sundesbeke, Westfal, Brömse und Salige – vorbehalten war.

Literatur

Albrecht (1997)
Anna Elisabeth Albrecht, Steinskulptur in Lübeck um 1400. Stiftung und Herkunft, Berlin 1997.

Albrecht (2005)
Uwe Albrecht (Hg.), Corpus der mittelalterlichen Holzskulptur und Tafelmalerei in Schleswig-Holstein, Bd. 1: Hansestadt Lübeck. St. Annen-Museum, Kiel 2005.

Albrecht (2012)
Uwe Albrecht (Hg.), Corpus der mittelalterlichen Holzskulptur und Tafelmalerei in Schleswig-Holstein, Bd. 2: Hansestadt Lübeck. Die Werke im Stadtgebiet, Kiel 2012.

Bäumer (2008)
Beate Bäumer, Der Kreuzweg des Lübecker Kaufmanns Hinrich Konstin, in: Beate Bäumer/Claudia Schophuis, Von Jakobi bis Jerusalem. Deutschlands ältester Kreuzweg in Lübeck, Petersberg 2008, S. 11-25.

Brandt/Hengst (1986)
H. J. Brandt/K. Hengst, Die Busdorfkirche in Paderborn 1036-1986, Paderborn 1986.

Baltzer/Bruns (1920-1921)
Johannes Baltzer/Friedrich Bruns, Die Bau- und Kunstdenkmäler der Freien und Hansestadt Lübeck, Bd. 3: Dom, Jakobikirche, Ägidienkirche, Lübeck 1920-1921.

Dormeier (2013)
Heinrich Dormeier, Das laikale Stiftungswesen in spätmittelalterlichen Pfarrkirchen: Kaufleute, Korporationen und Marienfrömmigkeit in Lübeck, in: Enno Bünz/Gerhart Fouquet (Hg.), Die Pfarrei im späten Mittelalter, Ostfildern 2013, S. 279-340.

Dormeier (2015)
Heinrich Dormeier, Lübecker Kunst aus historischer Perspektive, in: Lübeck 1500. Kunstmetropole im Ostseeraum. Katalog, hg. von Jan Richter, erschienen anlässlich der Ausstellung Lübeck um 1500 im Museumsquartier St. Annen, Lübeck. In Kooperation mit den Kirchen der Lübecker Innenstadt: Dom, St. Aegidien, St. Jakobi, St. Marien und dem Heiligen-Geist-Hospital, 20. Sept. 2015 bis 10. Jan. 2016, S. 20-30.

Dünnebeil (1996)
Sonja Dünnebeil, Die Lübecker Zirkel-Gesellschaft. Formen der Selbstdarstellung einer städtischen Oberschicht, Lübeck 1996.

Eichler (1992)
Joachim Eichler, Baumberger Sandstein – Abbau und Bearbeitung, in: Karrenbrock (1992a), S. 49-54.

Graßmann (2002)
Antjekathrin Graßmann, Sozialer Aufstieg um 1500 in Lübeck, in: Günther Schulz (Hg.), Sozialer Aufstieg. Funktionseliten im Spätmittelalter und in der frühen Neuzeit (Büdinger Forschungen zur Sozialgeschichte 2000 und 2001), München 2002, S. 99-111.

Grewolls (1999)
Antje Grewolls, Die Kapellen der norddeutschen Kirchen im Mittelalter, Kiel 1999.

Groß-Morgen/Schmid/Schwarz (1998)
M. Groß-Morgen, W. Schmid, M. V. Schwarz, Nikolaus Myert. Ein unbekannter Utrechter Bildhauer der Spätgotik, in: Kunstchronik 1998, Heft 7, S. 334-349.

Hasse (1961a)
Max Hasse, Die Törichten und die Klugen Jungfrauen (Lübecker Museumshefte 3), Lübeck 1961.

Hasse (1961b)
Max Hasse, Bildwerke des mittleren 15. Jahrhunderts in Lübeck und Vadstena, in: Niederdeutsche Beiträge zur Kunstgeschichte I, 1961, S. 187-200.

Jacobsen (1985)
Werner Jacobsen, Der Altar der Zirkelbrüder in Lübeck, in: Jahrbuch des Zentralinstituts für Kunstgeschichte 1, 1985, S. 403-408.

Karrenbrock (1986)
Reinhard Karrenbrock, Der Meister des Bentlager Sippenreliefs in Bremen und Osnabrück, in: Niederdeutsche Beiträge zur Kunstgeschichte 25, 1986, S. 47-58.

Karrenbrock (1989)
Reinhard Karrenbrock, Baumberger Sandstein: Ausstrahlung westfälischen Kunstschaffens in den Ostseeraum, in: Die Hanse. Lebenswirklichkeit und Mythos, Ausstellungskatalog, Hamburg 1989, Bd. 1, S. 497-505.

Karrenbrock (1992a)
Reinhard Karrenbrock, Westfälische Steinskulptur des späten Mittelalters, Ausstellungskatalog, Unna 1992.

Karrenbrock (1992b)
Reinhard Karrenbrock, Meisterwerke westfälischer Bildhauerkunst des Spätmittelalters, in: Karrenbrock (1992a), S. 9-48.

Karrenbrock (1992c)
Reinhard Karrenbrock: Kleinodien aus Westfalen, versandt über das Meer. Bildwerke aus Baumberger Sandstein und ihre Bedeutung für den Hanseraum, in: Karrenbrock (1992a), S. 55-78.

Karrenbrock (1996)
Reinhard Karrenbrock, Dries Holthuis und seine Werke aus Baumberger Sandstein. Zur niederrheinischen Steinskulptur um 1500, in: Gegen den Strom. Meisterwerke niederrheinischer Skulptur in Zeiten der Reformation 1500-1560. Ausstellungskatalog Aachen, Aachen 1996, S. 79-96.

Karrenbrock (2001)
Reinhard Karrenbrock, Kölner Bildschnitzerwerkstätten des späten Mittelalters (1400-1540), in: Reinhard Karrenbrock: Die Holzskulpturen des Mittelalters (1400-1540): Köln, Westfalen, Norddeutschland (Bestandskatalog Museum Schnütgen), Köln 2001, S. 9-79.

Karrenbrock (2005)
Reinhard Karrenbrock, Einflüsse und Wechselwirkungen – die westfälische Steinskulptur der Zeit zwischen 1470 und 1560 und die Brabender, in: Die Brabender. Skulptur am Übergang vom Spätmittelalter zur Renaissance. Ausstellungskatalog, Münster 2005, S. 74-101.

Karrenbrock (2013)
Reinhard Karrenbrock, Utrechter Bildwerke der Spätgotik. Export und Ausstrahlung, in: Mittelalterliche Bildwerke aus Utrecht 1430-1530. Ausstellungskatalog Utrecht/Aachen, Stuttgart 2013, S. 128-139.

Karrenbrock (2017)
Reinhard Karrenbrock, „Sunte Birgitten openbaringe“. Die Anbetung des Kindes auf dem Steinretabel der Dominikanerkirche in Osnabrück und bei Meister Francke, in: Ulrike Nürnberger/Elie Räsänen/Uwe Albrecht (Hg.), Meister Francke revisited. Spuren eines Hamburger Malers, Petersberg 2017, S. 125-137.

Legner (1978)
Anton Legner (Hg.), Die Parler und der Schöne Stil 1350-1400. Europäische Kunst unter den Luxemburgern, Ausstellungskatalog, 3 Bde, Köln 1978.

Paatz (1926)
Walter Paatz, Der Meister der lübeckischen Steinmadonnen, in: Jahrbuch der preußischen Kunstsammlungen XLVII, 1926, S. 168-183.

Paatz (1929)
Walter Paatz, Die lübeckische Steinskulptur der ersten Hälfte des 15. Jahrhunderts, Lübeck 1929.

Paatz (1958)
Walter Paatz, Westfalen im hansischen Kunstkreis, in: Westfalen 36, 1958, S. 49-68.

Parello (2005)
Daniel Parello, Glasmalereien in Westfalen und Niedersachsen um 1400, in: Bernd Carqué/Hedwig Röckelein (Hg.), Das Hochaltarretabel der St. Jacobikirche in Göttingen (Studien zur Germania sacra 27), Göttingen 2005, S. 475-511.

Pescatore (1917)
Anni Pescatore, Der Meister der bemalten Kreuzigungsreliefs. Ein Beitrag zur Geschichte der niederdeutschen Plastik im fünfzehnten Jahrhundert, Straßburg 1917.

Reincke (1961)
Heinrich Reincke, Die „Schöne Madonna“. Marienlob und Marientiden in der Petrikirche in Hamburg, in: Hamburgische Geschichts- und Heimatblätter 18, 1961, S. 206-210.

Richter (2015)
Jan Friedrich Richter (Hg.), Lübeck 1500. Kunstmetropole im Ostseeraum, Ausstellungskatalog Lübeck, Petersberg 2015.

Richter (2016)
Jan Friedrich Richter, Das Triumphkreuz der Lübecker Burgkirche. Auf den Spuren einer verlorenen Chorausstattung, in: ZLG 96, 2016, S. 65-93.

Ruwe (2011)
Sabina Ruwe, Soziale Vernetzung hansischer Großkaufleute im Spätmittelalter, Mag. Arbeit, Münster 2011.

Schlotheuber (2012)
Eva Schlotheuber, miserere mei deus. Stifter und Stifterinnen in Westfalen, in: Goldene Pracht. Mittelalterliche Schatzkunst in Westfalen, Ausstellungskatalog, München 2012, S. 50-57.

Schmidt-Hofmann (1993)
Sabine Schmidt-Hofmann, Zwei Madonnen in Lübeck. Bemerkenswerte Funde der Grabung auf dem Schrangen (1992), in: ZVLGA 73, 1993, S. 307-322.

Stein (2012)
Mille Stein, Den hemmelighetsfulle Holdhusmadonnaen. Undersøkelse, rekonstruksjon, bevaring, in: Fortidsminneforeningen Årbok 2012, S. 24-34.

Struck (1913)
R. Struck, Die Gründer St.-Annen-Klosters, in: Jahrbuch des Museums für Kunst- und Kulturgeschichte I, Lübeck 1913, S. 45-67.

Uffenbach (1753)
Zacharias Conrad von Uffenbach, Merkwürdige Reisen durch Niedersachsen, Holland und England. Frankfurt, Leipzig 1753.

Berücksichtigung fanden Veröffentlichungen bis 2018.

Abbildungsnachweis
Abb. 1, 2, 8: Jan Friedrich Richter, Berlin; Abb. 3-7, 9-12: Stephan Kube, Greven.

Anschrift des Autors:
Dr. Reinhard Karrenbrock
Lingener Straße 11
48155 Münster
E-Mail: r.karrenbrock@gmx.de

Maria am Stegel in Lübeck – Erinnerungen an eine verschwundene Kapelle

Claudia Tanck

An der Marienkirche zur Mengstraße hin steht ein sogenanntes Sockelbauwerk, das an die 1967 abgebrochene Kapelle Maria am Stegel erinnert. Im Folgenden sollen die Gründe dargelegt werden, die zum Abbruch der mittelalterlichen Kapelle und zur Errichtung des Sockelbauwerks aus den einzigen übrig gebliebenen Steinen des kleinen Gotteshauses führten.

Ursprung der Kapelle und ursprüngliches Aussehen

Im letzten Viertel des 14. Jahrhunderts ist durch Erwähnung dreier Stiftungen ein Marienbild am „Stegel", dem Weg an der nordwestlichen Ecke der Marienkirche, bekannt, das vielleicht schon durch ein Gehäuse geschützt war. Im Jahr 1407 wurde ein Vermächtnis für den Bau einer Kapelle am Stegel ausgesetzt, aber erst im Zeitraum zwischen 1412 und 1414 wird die neue Kapelle am Stegel urkundlich bezeugt. Damit fiel die Erbauung in die Zeit der Bürgerunruhen zwischen 1406 und 1414, in deren Folge die ratssässigen lübeckischen Familien die Stadt verlassen mussten. Nach der Wiedereinsetzung des alten Rates 1416 wurde in der Vergleichsurkunde vom 15. Juni bestimmt, dass zu Ehren der Heiligen Dreifaltigkeit und der Jungfrau Maria aus öffentlichen Mitteln eine neue Sühnekapelle auf dem Domhof erbaut und mit einer Vikarie ausgestattet werden solle. Diese Bestimmung wurde jedoch wenig später dahin geändert, dass für die Vikarie die neu erbaute Kapelle auf dem Marienkirchhof gegenüber der Straße Fünfhausen zu verwenden sei. Dem Vikar, der die Kapelle betreuen sollte, wurde im oberen Teil der Kapelle eine Wohnung zur Verfügung gestellt.[1]

Die Kapelle Maria am Stegel wurde im spätgotischen Stil auf einem Granitsockel als einschiffiger Raum mit einem dreiseitigen Polygonalabschluss im Osten errichtet. Im Westen schloss sich zwischen der Mengstraße und dem höher gelegenen Marienkirchhof ein Durchgang mit Treppen an, von dem sich der Namenszusatz „am Stegel" herleitet. Der Innenraum wurde von zwei Kreuzrippengewölben überwölbt, die auf Wandpfeilern ruhten. Auch der Durchgang war überwölbt; über ihm befand sich ursprünglich eine Empore, die 1425 als Wohnung für den Vikar eingerichtet wurde. Die Kapelle hatte insgesamt sieben spitzbogige, zweiteilige Fenster – vier dreiteilige im Kirchenschiff und drei zweiteilige im polygonalen Abschluss. Das Portal befand sich in dem zum Kirchhof hin gelegenen Joch der Kapelle.

Die Besonderheit von Maria am Stegel liegt in ihrer Lage begründet, denn sie war bis zu ihrem Abriss die einzige noch erhaltene Stiegenkapelle Norddeutschlands und hatte damit eine städtebauliche Bedeutung, die Jahrhunderte später paradoxerweise einer der Gründe ihres Abbruchs werden sollte. Im späten Mittelalter war das Umfeld der Marienkirche, wo es nicht als Kirchhof

1 BuKD (1906): 363.

genutzt wurde, dicht bebaut. Bis zum Abbruch der Bäckerbuden an der Mengstraße im Jahr 1834 bildete der Treppendurchgang der Kapelle den einzigen nordwestlichen Zugang zur Marienkirche.[2]

Abb. 1: Maria am Stegel vor 1942. Im Vordergrund ist das Haus von Uhrmachermeister Paul Behrens zu sehen (AHL 04.06-6 Tiefbauamt, Nr. 1157).

Geschichte der Kapelle nach der Reformation: Leichenhaus, Buchhandlung und Speicher

Nach der Reformation wurde die Vikarie aufgehoben, und die Kapelle, für die es keine gottesdienstliche Verwendung mehr gab, sollte nach der Kirchenordnung von Johannes Bugenhagen als Unterrichtsraum für eine der drei neu zu errichtenden Jungfrauenschulen verwendet werden. Hierzu kam es offenbar aber nicht, und stattdessen wurde die Kapelle als Leichenhaus genutzt, denn 1640 wurde „die alte Capelle oder Leichauß bei der dustern Stegel aufm Kirchhove an der Nordseiten belegen" an den Buchhändler Lorenz Jauch vermietet.[3] Dieser nutzte die Kapelle bis 1653. Zwei Jahre später vermieteten die Vorsteher von St. Marien die Kapelle „bei der finsteren Steige" an den Buchhändler Michael Volk und nach dessen Tod 1678 an seine Witwe und 1698 wiederum an deren Schwiegersohn Peter Böckmann. Auch von 1702 bis 1790 war die Kapelle an Buchhändler vermietet und von 1791 bis 1796 schließlich an Nikolaus Jür-

2 BuKD (1906): 365-369.

3 Grund- und Schlußsteinurkunde des Um- und Durchbaues der zur St. Marienkirche gehörenden „Kapelle Maria am Stegel" zu Lübeck, in: KKA Lübeck-Lauenburg, Bestand Dokumentation Kirchenkreis Lübeck, Nr. 12.

gen Ramm, den Schreiber der Hamburger fahrenden Post. Anschließend stand die Kapelle sieben Jahre leer, bis sie 1803 als Warenraum an den Tuchhändler Dietrich Stolterfoht vermietet wurde.

Bis dahin hatte Maria am Stegel ihr spätgotisches Aussehen bewahrt, doch um mehr Lagerraum zu gewinnen, ließ der Kirchenvorstand von St. Marien die Kapelle 1805 zu einem Speicher umbauen. Dieser Umbau war der tiefste Eingriff in die Baustruktur der Kapelle und veränderte nicht nur den Innenraum massiv, sondern auch das äußere Erscheinungsbild, indem die gotischen Fenster zugemauert und kleine Speicherluken in die Außenwände gebrochen wurden. In den Jahren 1825 bis 1836 wurde die Kapelle von Senator Conrad Platzmann genutzt, und zwischen 1837 und 1855 diente sie der städtischen Brandkasse bzw. der ihr unterstehenden Feuerlöschungs-Anstalt als Spritzenhaus. Seit 1855 nutzte die Marienkirche die Kapelle als Lager für Baumaterialien, und ein Teil der Kapelle wurde als Speicher und Verkaufsraum für Früchte und Kartoffeln vermietet. In dieser Zeit, im Jahr 1858, wurde die Außenhaut der Südwand erneuert.[4]

Abb. 2: Konfirmandenraum in der Kapelle Maria am Stegel 1927-1942 (KKA Lübeck-Lauenburg, ohne Signatur).

4 Ebd.; BuKD (1906): 363-364.

Umbau für kirchengemeindliche Zwecke

Auf Anregung des Kirchenvorstehers und Direktors des Katharineums, Prof. Dr. Reuter, und Pastor Christian Marth, gab es 1912 Überlegungen für eine bessere Nutzung des historischen Bauwerks, indem ein Konfirmandensaal und Räume für die Jugendarbeit geschaffen werden sollten. Pastor Marth rief eine Spendenaktion für den Umbau der Kapelle ins Leben, die in den folgenden Jahren 2.414,42 Mark erbrachte. Durch die Inflation ging dieser Betrag jedoch verloren, so dass das Umbauprojekt nicht realisiert werden konnte. Pastor Marth hinterließ bei seinem Ableben 1914 ein Legat in Höhe von 8.000 Mark zur Erneuerung der Heizung, doch auch diese Summe reichte für die geplante Maßnahme nicht aus. Die Wende kam 1926, als ein Mitglied des Kirchenrates, Tuchhändler H. G. Stolterfoth, dem Kirchenvorstand den Vorschlag unterbreitete, für die Kirchenkanzlei, die bisher im Haus Mengstraße 8 b ihren Sitz hatte, in der Kapelle Maria am Stegel Geschäftsräume einzubauen. Der Kirchenvorstand von St. Marien erklärte sich in Verhandlungen zu den Um- und Ausbauarbeiten bereit, wofür die Lübecker Kreditanstalt eine Summe von 40.000 Reichsmark zur Verfügung stellte. Nachdem die Finanzierung gesichert und die Genehmigung der Baumaßnahme durch die zuständigen Institutionen erteilt waren, wurde am 3. Juli 1927 mit dem Umbau begonnen. Die Außenhaut wurde nur wenig verändert, indem an einigen Stellen Glasursteine eingesetzt und der Eingang verlegt wurden, aber der Innenraum erfuhr auf Grund der neuen Nutzung eine durchgreifende Umgestaltung: eingebaut wurden ein Konfirmandensaal, in dem auch Andachten und Trauungen stattfanden, Büros und eine Wohnung. Außerdem wurde das Gebäude unterkellert, an die städtische Wasserleitung und Kanalisation angeschlossen, mit Warmwasserheizung, Gas und elektrischem Licht ausgestattet.[5] Diese Nutzung als kleines Gemeindezentrum war aber nur von verhältnismäßig kurzer Dauer, denn beim Bombenangriff an Palmarum 1942 wurde Maria am Stegel stark beschädigt und blieb zwei Jahrzehnte als Ruine ohne Dach stehen.

Gescheiterte Pläne für den Wiederaufbau

Seitens des Bauamtes der Lübecker Landeskirche gab es schon früh Überlegungen für einen Wiederaufbau von Maria am Stegel, denn undatierte, vermutlich zwischen 1945 und 1949 entstandene Pläne des Kirchenbauamtes Lübeck zeigen Vorschläge für eine Instandsetzung. Der Plan des Kirchenbauamtes Lübeck zeigt ferner die Grundrisse für die einzelnen Geschosse, deren Nutzung und Aufteilung sich an dem Zustand von 1928 orientieren: Im Kellergeschoss waren eine Waschküche sowie Wirtschaftsräume vorgesehen, im Erdgeschoss waren ein Konfirmandenraum sowie ein Flur, eine Garderobe und ein kleines Büro geplant. Im ersten Obergeschoss sollten fünf Büros und im zweiten Obergeschoss eine Wohnung mit drei Zimmern, Küche und Bad sowie zwei Büro-

5 Grund- und Schlußsteinurkunde des Um- und Durchbaues der zur St. Marienkirche gehörenden „Kapelle Maria am Stegel“ zu Lübeck, in: KKA Lübeck-Lauenburg, Bestand Dokumentation Kirchenkreis Lübeck, Nr. 12.

Abb. 3: Ruine der Kapelle Maria am Stegel im Jahr 1962 (Lübecker Nachrichten/Hans Kripgans).

räume untergebracht werden. Auch für das Dachgeschoss war eine Wohnung mit drei Zimmern, Bad und Küche sowie einem Bodenraum vorgesehen.[6] Für die Umsetzung fehlte jedoch das Geld, weil der Wiederaufbau von St. Marien oberste Priorität hatte, so dass die Ruine unangetastet stehen blieb.

In einem Schreiben vom 6. April 1955 bekundete der Inhaber einer Werkstatt für Glasschliff, Carl Rotter, gegenüber Kirchenrat Goebel sein Interesse an Übernahme und Wiederherstellung des Bauwerkes.[7] Dieses Vorhaben wurde aber, ohne dass Näheres bekannt ist, nicht umgesetzt, und stattdessen beabsichtigte die Kirchengemeinde St. Marien, ein Gemeindezentrum in der ehemaligen Kapelle einzurichten. In der Kirchenvorstandssitzung vom 5. April 1957 wurde trotz finanzieller Schwierigkeiten eine Planung für ein Gebäude für kirchliche Zwecke, wie zum Beispiel als Gemeindesaal oder Versammlungsraum für die Evangelische Frauenhilfe, vorgeschlagen und beschlossen.[8] Die Kirchengemeinde St. Marien und das Kirchenbauamt trieben das Projekt voran und bemühten sich um die Finanzierung der Maßnahme, denn am 17. Juli 1957 teilte die Kirchenleitung dem Kirchenbauamt mit, dass ein Bundeszuschuss in Höhe von 5.000 D-Mark gewährt werde, und zwar mit der Maßgabe, dass diese Mittel baldmöglichst ausgegeben werden mögen. Doch die Gemeinde zögerte, denn in der Sitzung vom 4. November 1957 fragte der Bischof nach dem Bauprojekt, woraufhin der Beschluss gefasst wurde, durch das Kirchenbauamt Sicherungsarbeiten durchführen zu lassen.[9]

Diskussion um den Abriss und Neubau der Kapelle

Aber es geschah weiterhin nichts, die Kapelle verfiel weiter, und lose Mauersteine drohten zu einer Gefahr für die Öffentlichkeit zu werden. Am 13. August 1958 forderte das Bauamt der Hansestadt Lübeck nach einer polizeilichen Meldung über lose Gesimsteile, die zu einer Gefahr für Passanten werden könnten, die Kirchenleitung auf, innerhalb von acht Tagen Absperrmaßnahmen zu treffen und innerhalb eines Monats die schadhaften, losen Steine abzuklopfen und zu entfernen. Das Kirchenbauamt reagierte offenkundig langsam, denn am 13. Oktober 1958 teilte das Kirchenbauamt der Kirchenleitung schriftlich Folgendes mit: „Das Bauaufsichtsamt Lübeck fordert für die Kapelle „Maria am Stegel“ grössere Sicherungs- bzw. Absperrmaßnahmen. Das Kirchenbauamt bittet um Entscheidung, ob die Ruine stehen bleiben oder abgerissen werden soll. Im letzteren Falle könnten die Arbeiten durch unsere Baukolonne durchgeführt und das Steinmaterial verwendet werden.“

Am 5. Dezember 1958 beschloss der Kirchenvorstand St. Marien schließlich den Abriss der Kapelle, weil ein Wiederaufbau Kosten verursachen würde, die die Gemeinde nicht aufbringen könne, und am 4. Februar 1959 genehmigte auch

---

6 KKA Lübeck-Lauenburg, Bestand Kirchenbauamt Kirchenkreis Lübeck – Akten, Nr. 702.

7 Ebd.

8 Ebd.

9 Ebd.

die Kirchenleitung den Abbruch, weil sich der Wiederaufbau für den Bedarf der Kirchengemeinde nicht lohne und auch der städtische Denkmalpfleger nicht auf der Erhaltung bestehe.

Anschließend geschah jedoch drei Jahre lang zunächst nichts, wobei die Gründe nunmehr bei den langwierigen Planungen seitens der Stadt lagen. In seiner Sitzung vom 16. Februar 1960 gab der Denkmalausschuss der Hansestadt Lübeck zu Protokoll, dass die Bauverwaltung in ihrer nächsten Sitzung zunächst die straßen- und städtebauliche Planung im Bereich der St. Marien-Kirche vorlegen möge. Den Hintergrund für dieses Zögern bilden die umfassenden straßenbaulichen Planungen, mit denen in den 1960er Jahren die Lübecker Innenstadt dem zunehmenden Autoverkehr angepasst werden sollte. Bis dahin sollten weder vollendete Tatsachen geschaffen noch eine Neuplanung des Gebäudes umgesetzt werden, die die städtischen Planungen behindern würden. Es gingen dann noch einmal zwei Jahre ins Land, in denen mit der Kapelle Maria am Stegel nichts weiter geschah, als dass die Ruine immer mehr verfiel und der Aufbewahrung der Reste des 1942 stark beschädigten Fredenhagen-Altars diente.

Auch innerhalb der Lübecker Stadtverwaltung machte man sich Gedanken über das weitere Schicksal von Maria am Stegel. Zum einen waren es verkehrsplanerische Überlegungen und zum anderen die Suche nach einem Standort für ein neues Standesamt. Anfang der 1960er Jahre wurde angesichts des steigenden Autoverkehrs in der Stadt ein Ausbau der Kreuzung Mengstraße-Fünfhausen-Schüsselbuden geplant. Laut einer Mitteilung des Tiefbauamtes an den Bürgermeister wurde am 6. August 1963 mitgeteilt, dass diese Umgestaltung unter der Beibehaltung der Ruine Maria am Stegel nicht durchgeführt werden könne, dieser Ausbau aber dringend erforderlich sei.[10]

Parallel zu diesen Diskussionen wurde seitens der Stadt Lübeck auch der Neubau des Standesamtes I auf dem Grundstück der Kapelle erwogen. Der bisherige Standort Mühlenstraße 72 erwies sich zunehmend als zu klein, so dass es seit 1957 Überlegungen zu einer Verlegung des Standesamtes gab. 1960 kam hierbei auch Maria am Stegel ins Gespräch, und am 15. Februar übersandte das Hochbauamt Vorentwurfspläne und Grundrisse des geplanten Ersatzbaus, aber es war unklar, ob der Neubau unterhalb der Marienkirche im Schüsselbuden errichtet werden solle oder ob diese Fläche künftig als Parkplatz zu nutzen sei. Zu diesem Zeitpunkt war zudem auch umstritten, ob die Ruine von Maria am Stegel erhalten werden solle oder nicht. Auch die ungeklärten Grundstücksbesitzfragen stellten ein Problem dar, denn für den skizzierten Neubau wäre zusätzlich das Grundstück des Uhrmachermeisters Paul Behrens benötigt worden, der als verdienter Bürger – unter anderem hatte er die im Krieg zerstörte Astronomische Uhr und das Glockenspiel in St. Marien rekonstruiert – aber nicht enteignet werden sollte, zumal er selber auf seinem Grundstück den Wiederaufbau seines im

10 AHL 04.01-0 Hauptamt, Nr. 1632.

Krieg zerstörten Geschäftshauses erwog. Trotz dieser Unsicherheiten wurde ein Architektenwettbewerb ins Leben gerufen, auf den noch einzugehen sein wird.[11]

Ab 1962 wurden die Diskussionen um Maria am Stegel, die bis dahin nur intern auf Amtsebene oder zwischen der Stadt Lübeck und dem Kirchenamt geführt wurden, zunehmend in die Öffentlichkeit verlagert. Am 31. Juli 1962 erschien in den „Lübecker Nachrichten" ein Artikel, in dem es unter anderem heißt: „Der Streit darüber, ob „Maria am Stegel" abgerissen werden muß, ist alt und von verschiedenen Seiten zum Teil leidenschaftlich geführt worden. Die Erkenntnis, daß die Ruine weggenommen werden muß, wenn eine sinnvolle Straßen- und Verkehrsplanung in diesem Raum erreicht werden soll, ist ebenso alt. Was nun werden soll, kann in der Öffentlichkeit noch nicht erörtert werden, da der Bebauungsplan dem Senat noch nicht vorgelegt werden konnte. Hoffentlich ist das bald wieder möglich."[12]

Am 17. August 1962 wurde das Thema in den „Lübecker Nachrichten" erneut aufgegriffen; aus dem Artikel geht hervor, dass auch die ungeklärte Frage der Aufstellung der Trümmer des Fredenhagen-Altars zur Verzögerung des Abbruchs beitrug: „Ungeklärte Grundstücksverhältnisse am Schüsselbuden, Meinungsverschiedenheiten über die Aufstellung der Trümmer des Fredenhagen-Altars, die in der langgestreckten Baracke auf dem Grundstück der Marienkirche lagern: Das alles trägt nicht gerade zur Förderung des Projektes Marienkirchhof bei." Bevor nicht die Aufstellung des zu 80 Prozent zerstörten Altars geklärt sei – der Kirchenvorstand hatte vorgeschlagen, den mittleren Altarteil im Norderturm von St. Marien unterzubringen – könne auch der Lagerschuppen, jene mit Ziegelsteinen verzierte Baracke neben „Maria am Stegel", nicht abgerissen werden. Der Schreiber des Artikels schloss mit folgenden Worten: „Bis zu diesem Zeitpunkt wird die altehrwürdige Marienkirche weiter die Nachbarschaft einer häßlichen Baracke und einer ausgebrannten Ruine dulden müssen."[13]

Der Tenor dieser Berichterstattung ist eindeutig; die Ruine sei ein Schandfleck, der abgeräumt werden müsse. Damit folgten die Redakteure der Meinung, die sich auch in den verantwortlichen kirchlichen und städtischen Gremien durchgesetzt hatte. Am 10. September 1962 erklärte sich der Bauausschuss der Stadt einstimmig damit einverstanden, dass die Ruine aus verkehrstechnischen Gründen entfernt werde. Als diese Pläne öffentlich wurden, entstand im Herbst 1962 nicht nur in Fachkreisen, sondern auch in der Öffentlichkeit eine lebhafte Diskussion über die Zukunft der Kapelle Maria am Stegel.

Neben Stimmen, die aus Gründen einer verbesserten Verkehrsführung den Abbruch forderten, gab es auch Forderungen zum Erhalt der Kapelle. Der Lü-

---

11 AHL 04.01-0 Hauptamt, Nr. 917 und 1632.

12 Lübecker Nachrichten, Artikel „Noch Schweigen um Ruine Maria am Stegel", 31. Juli 1962, aus: KKA Lübeck-Lauenburg, Bestand Dokumentation Kirchenkreis Lübeck, Nr. 411.

13 Lübecker Nachrichten, Artikel „Noch immer nichts Neues zum Thema: Ruine Maria am Stegel", 17. August 1962, aus: KKA Lübeck-Lauenburg, Bestand Dokumentation Kirchenkreis Lübeck, Nr. 411.

becker Architekt Wilhelm Schürer beispielsweise wies auf die städtebauliche Lücke hin, die durch den Abriss entstehen würde, und unterbreitete zugleich Vorschläge zur Wiederherstellung der Kapelle und deren Nutzung als Ehrenmal. Auch bemerkte er, dass der bauliche Zustand keinesfalls so schlecht sei, dass ein Abbruch erfolgen müsse. Auch der Kunsthistoriker Gustav Lindtke sprach sich für einen Wiederaufbau aus. Als Begründung führte er die historische, kunsthistorische und städtebauliche Bedeutung als einzige erhaltene Stiegenkapelle in ganz Norddeutschland an. Auch ließ er das Argument, die Kapelle sei ein Verkehrshindernis, nicht gelten, weil er schon damals ein Anschwellen des für die Stadt „ungesunden" Autoverkehrs durch eine Verbreiterung der Straße kritisch sah. Mit dieser Argumentation bezog er sich auf Wilhelm Stier, der kurz zuvor in den „Lübeckischen Blättern" (Nr. 14/1962) nachgewiesen hatte, dass die Straßenverbreiterung zu einem weiteren Anschwellen des Kraftfahrzeugverkehrs führen und somit dem mittelalterlichen Stadtgrundriss auf Dauer schaden würde. Weiterhin führt Gustav Lindtke an, dass der künstlerische Wert des Gebäudes trotz der gegenwärtigen Verwahrlosung immer noch erkennbar sei. Das gelte insbesondere für die Außenhaut, während das Innere durch die verschiedenen Nutzungen im Laufe der Zeit durchgreifende Veränderungen erfahren habe. Aber gerade diese Umgestaltung des ursprünglichen Raumes böte für die Zukunft viele Verwendungsmöglichkeiten. So schlägt Lindtke unter anderem eine Nutzung der Kapelle als Ausstellungsort für die Danziger Paramente oder als Gemeindesaal vor. Sollte die Kirchengemeinde St. Marien kein Interesse an diesem Gebäude zeigen, böte sich seiner Meinung nach auch eine Vermietung an eine Buchhandlung oder als Künstlerwerkstatt an. Lindtke schloss sein Plädoyer für den Erhalt von Maria am Stegel mit folgenden Worten: „Sind wir in Lübeck nach der Katastrophe von 1942 und den ungezählten Häuserbränden wirklich noch so reich an historischen Bauten, daß wir Stück um Stück leichtfertig aufgeben können? Allein die 150.000 auswärtigen Besucher des Jahres 1961, die einen nicht unwesentlichen Faktor in unserem Wirtschaftsleben ausmachen, sollten uns zur Vorsicht mahnen: diese 150.000 kamen nicht unserer Warenhäuser und Parkplätze, sondern unserer alten Bau- und Kunstschätze wegen!"[14]

Mit seinem Beitrag stieß Lindtke in der Öffentlichkeit die Diskussion zum Erhalt und zur neuen Nutzung von Maria am Stegel an. Der Architekt und ehemalige Bauvorsteher von St. Marien, Wilhelm Schürer, äußerte sich ausführlich in den „Lübecker Nachrichten" vom 12. Oktober 1962 und sprach sich angesichts des im Grunde noch immer soliden Bauzustandes für eine Erhaltung des Gebäudes aus; unter anderem schrieb er: „Sie würde mit ihren starken Mauern und ihrem imposanten, aus mächtigen Granitblöcken bestehenden Sockel weitere Jahrhunderte überdauern und eine große Anziehungskraft auf den Fremdenverkehr ausüben, wenn man sie wieder mit ihren hohen gotischen, in tiefen Nischen gelegenen Fenstern und mit einem hohen Gewölbe herrichten würde, unter Beibehaltung ihrer polygonalen Ostseite mit einem schlichten Pfannendach und glasierten Ziegeln im Klosterformat. Farbige Bleiverglasung müßte

14 Lübecker Nachrichten, 16. September 1962, aus: KKA Lübeck-Lauenburg, Bestand Dokumentation Kirchenkreis Lübeck, Nr. 411.

die Vorgänge der hanseatischen Geschichte mit ihren staunenswerten Erfolgen, des Niedergangs und des Wiederaufstiegs, gesehen im Rahmen des Volksganzen zum Ausdruck bringen". Eine profane Nutzung der Kapelle wollte Schürer für die Zukunft ausschließen und sprach sich für eine Verwendung als Mahnmal zum Gedenken an die Toten des Zweiten Weltkrieges und zur Versöhnung der Völker Europas aus.

Die Diskussionsbeiträge bringen deutlich den Gegensatz zwischen der in den 1950er und 1960er Jahren von den Stadtplanern verfolgten Idee der autogerechten Stadt auf der einen und dem Wunsch nach Bewahrung historischer und identitätsstiftender Bausubstanz auf der anderen Seite zum Ausdruck, wobei als Argumente für den Erhalt nicht nur der kunsthistorische Wert, sondern auch die Bedeutung für den Fremdenverkehr hervorgehoben werden. In die Diskussion mischte sich außerdem ein Unbehagen über die als intransparent empfundenen Entscheidungen der Bauverwaltung. So schreibt Abram B. Enns ebenfalls am 12. Oktober 1962 in einem Leserbrief in den „Lübecker Nachrichten": „Es ist in Lübeck zur Gepflogenheit geworden, Fragen der Denkmalpflege in den Gremien der Bauverwaltung, der auch die Denkmalpflege integriert ist, und hinter verschlossenen Türen zu behandeln und zu entscheiden. Erst durch die Artikel von W. Stier und G. Lindtke erfährt die Öffentlichkeit, daß einmal wieder ein altes Lübecker Baudenkmal abgerissen und dem Verkehr geopfert werden soll. Während die Kirche als Eigentümerin des Bauwerks sich desinteressiert gezeigt und zum Abbruch freigegeben hat, haben nun die Verkehrsexperten das erste und letzte Wort". Auch der Leser Abram Enns kritisiert den Primat der Verkehrspolitik: „Dann aber darf hier in der Öffentlichkeit einmal gefragt werden, welche weiteren Pläne die Verkehrsexperten hier an einer kulturhistorisch so entscheidenden Stelle unserer Altstadt vorhaben! W. Stier hat schon auf die Notwendigkeit einer „Oase der Stille" hingewiesen und damit nichts anderes gemeint, als daß der gesamte Marienkirchhof, wenn er einmal wieder an den Schüsselbuden und an der Mengstraße von angemessenen niedrigen Bauwerken eingeschlossen ist, vom Verkehr vollständig eingeschlossen ist, auch von parkenden Autos [...] Zu einem solchen Rahmen aber gehört ohne Frage die Kapelle ‚Maria am Stegel'. Sie bildet den unentbehrlichen Eckpfeiler, wie jedem nicht nur verkehrstechnisch Denkenden einleuchtet." In einem weiteren Beitrag in den „Lübecker Nachrichten" vom 11. November 1962 bekräftigt Enns seine Kritik am Denkmal- und Bauamt erneut anhand verschiedener Bau- und Denkmalpflegemaßnahmen, wobei er auch wieder zur Frage um Maria am Stegel Stellung bezieht: „Neuerdings droht der Abriß der Kapelle ‚Maria am Stegel'. Wie es heißt, aus Gründen des Verkehrs. Die Diskussion hierüber ist nicht abgeschlossen. Die Angelegenheit könne zum Testfall für die hier vertretene Auffassung werden, falls man den Bau antasten und opfern würde. Namhafte Bürger unserer Stadt setzen sich für die Erhaltung des Bauwerkes ein, und eine Persönlichkeit, die nicht genannt werden möchte, hat zur Erhaltung eine Spende von 10.000 Mark in Aussicht gestellt, um damit auch zu weiteren Spenden zu ermutigen."

Ein Problem bei den Planungen waren die ungeklärten Grundstücksbesitzfragen, denn für den skizzierten Neubau wäre das Grundstück des Uhrmachermeisters Paul Behrens benötigt worden. Aus diesem Grund rückte die Ruine von Maria am Stegel in den Mittelpunkt der planerischen Überlegungen. In diesem Zusammenhang gab es am 13. November 1962 eine Besprechung zwischen dem Senatsbaudirektor Dr. Hübler und dem als Gutachter beauftragten Professor Jensen. Letzterer war der Auffassung, dass die Kapelle nicht so viel Wert zeige, dass sie unbedingt erhalten werden müsse, was die Spuren der vielen Ein- und Umbauten bestätigen würden. Daher schlug er den Abbruch der Kapelle und die Errichtung eines Maßstabsgebäudes, also eines Gebäudes von gleicher Höhe und Größe wie die alte Kapelle, vor und brachte diesen Begriff damit erstmals in die Diskussion ein.[15]

Ideen für einen Neubau

Vor dem Hintergrund der Überlegungen, an Stelle der Kapelle Maria am Stegel ein Gebäude für das Standesamt zu errichten, kam es am 21. Dezember 1962 nach einer Anregung von Dr. Schmalenbach, der sich bereits vorher für den Erhalt der Kapelle ausgesprochen hatte, auf Initiative von Bürgermeister Wartemann zu einer Anhörung verschiedener Architekturprofessoren und Denkmalschützer. Eingeladen wurden Professor Jensen, Ordinarius für Städtebau an der Technischen Hochschule Braunschweig, Professor Pieper, Ordinarius für Hochbaustatik an der Technischen Hochschule Braunschweig, und Generalkonservator Dr. Kreisel aus München, der Vorsitzende der Vereinigung der Landesdenkmalpfleger. Außerdem wurde auch der Arbeitskreis für Bau- und Kunstdenkmalpflege hinzugezogen, dem Senator Ehrtmann, Frau Senatorin Dr. Klinsmann, Stadtbaudirektor Dr. Hübler, Oberkirchenrat Göbel, Pastor Dr. Lewerenz von St. Marien, Architekt Schürer, Museumsdirektor Dr. Schmalenbach, Schulrat a. D. Stier, Otto Crasemann und Denkmalpfleger Baurat Schlippe angehörten. Die Beratungen endeten mit dem Ergebnis, dass die Kapelle wegen ihrer raumgliedernden Funktion wieder in Stand zu setzen oder durch einen Neubau zu ersetzen sei, wobei Letzteres favorisiert wurde. Dieser Neubau sollte fünf bis sieben Meter näher an der Marienkirche errichtet werden und als Standesamt oder als Informations-, Beratungs- und Kulturzentrum genutzt werden. Falls die Kirchengemeinde St. Marien wieder das Protektorat über das Gebäude übernehmen würde, wurde auch eine kirchengemeindliche oder landeskirchliche Nutzung erwogen.[16]

Ende 1963 wurde ein Architektenwettbewerb durchgeführt, der 1965 abgeschlossen war und an dem sich vierzig Architekturbüros beteiligten. Der erste Preis ging an den Braunschweiger Diplom-Ingenieur Horst von Bassewitz, der zweite Platz an den Hamburger Architekten Heinrich Holst, und auf den dritten Platz kam der Braunschweiger Architekt und Diplom-Ingenieur Hans Pysall. Den vierten Platz belegte der an der Staatsbauschule Lübeck tätige Architekt und Diplom-Ingenieur von Byszecki. Weiterhin wurden die Entwürfe der Ar-

15 AHL 04.01-0 Hauptamt, Nr. 917.

16 AHL 04.01-0 Hauptamt, Nr. 1632.

chitekten Groth und Meyer aus Pinneberg und des Diplom-Ingenieurs Renner aus Braunschweig angekauft.[17] Doch keiner dieser Entwürfe kam wegen der abwartenden Haltung der Stadt Lübeck zur Ausführung, weil diese 1964 die Lindesche Villa in der Ratzeburger Allee 16 als neuen Standort des Standesamtes I ankaufte.[18]

Stattdessen nahm das Kirchenbauamt die Planungen wieder selbst in die Hand und erfragte bei verschiedenen kirchlichen Stellen und der Kirchengemeinde St. Marien Nutzungskonzepte und den Raumbedarf für einen Ersatzbau. Kirchenpräsident Göbel schlug in einem Schreiben an die Kirchenkanzlei vom 3. Mai 1965 vor, die Kapelle Maria am Stegel zu einem Informations-, Beratungs- und Kulturzentrum der Evangelisch-Lutherischen Kirche in Lübeck auszubauen. Der Kirchenvorstand von St. Marien teilte der Kirchenleitung am 16. Juli 1965 den Beschluss mit, als vordringliches Bedürfnis einen Vortragssaal für ca. 150 Personen, ein kleines Sitzungszimmer und ein gemütliches Lesezimmer einzuplanen. Die Kirchengemeinde würde das Protektorat übernehmen, aber die Räume nicht ausschließlich, sondern nur bei Bedarf nutzen. Pastorin Elisabeth Haseloff (Landeskirchliche Pfarrstelle für Frauenarbeit) teilte am 22. Juli 1965 mit, dass sich der Frauenbeirat dafür ausspreche, dass Maria am Stegel in Zukunft Sitz der Pfarrstelle für die Landeskirchliche Frauenarbeit und Sitz eines Frauenbildungswerkes werden solle. Pastor Dr. Witt von der Geschäftsstelle der Gemeindediakonie schlug mit Schreiben vom 2. August 1965 ein Raumprogramm bestehend aus vier Arbeitsräumen von je 16 bis 20 qm Fläche, einem Geräteraum für technische Einrichtungen, einer Küche für die ganztägige Verpflegung von 40 bis 50 Personen, einem Essraum für dieselbe Personenzahl, sanitären Anlagen und einem Vortragsraum für ca. 200 Personen sowie fünf kleinen Besprechungsräumen vor. Die vielfältigen Wünsche und Ideen fasste Kirchenbaudirektor Friedrich Zimmermann am 22. Februar 1966 zu einem Raumkonzept zusammen und skizzierte Grundrisspläne für die vier Geschosse des geplanten Gebäudes.[19] Auf dieser Grundlage trat das Kirchenbauamt im Herbst 1966 in Verhandlungen mit dem Hamburger Architekten Heinrich Holst ein, dessen Wettbewerbsentwurf für eine seitens der Stadt aber mittlerweile verworfene Nutzung des Gebäudes als Standesamt überzeugt hatte. Am 22. November 1966 wurde der Architektenvertrag zwischen Heinrich Holst und dem Kirchenbauamt geschlossen, der aber unter Vorbehalt der Baufreigabe durch die Kirchenleitung stand.[20] Auch dieses Bauvorhaben wurde nicht umgesetzt, so dass die Kapelle immer weiter verfiel.

---

17 AHL 04.06-1 Stadtplanungsamt, Nr. 238, 04.06-5 Hochbauamt, Nr. 1929.

18 AHL 04.01-0 Hauptamt, Nr. 917.

19 KKA Lübeck-Lauenburg, Bestand Kirchenbauamt Lübeck – Akten, Nr. 702.

20 Ebd.

Das Ende von Maria am Stegel

Eine unerwartete Wende trat schließlich durch Witterungseinflüsse ein, denn nachdem bei einem Sturm lose Gesteinsbrocken auf die Straße gefallen waren, entstand dringender Handlungsbedarf. Am 28. Februar 1967 sperrte die Polizei um 11 Uhr die obere Mengstraße für den Durchgangsverkehr, und Oberkirchenrat Göldner, Kirchenbaurat Keck, Pastor Seemann von St. Marien sowie Innensenator Peters und Oberbrandrat Puchner wurden zu einer sofortigen Lagebesprechung beordert. Ab elf Uhr wurde von der alarmierten Feuerwehr der obere Teil der Kapelle abgetragen und der Westgiebel gesichert. Die versammelten Fachleute kamen noch vor Ort überein, dass die einsturzgefährdete Ruine aus Sicherheitsgründen umgehend abgetragen werden müsse.[21] Auch die Kirchenleitung trat noch am selben Tag zusammen und beschloss die außerplanmäßige Bewilligung von 5.000 D-Mark für die Abbrucharbeiten. Zugleich wurde festgehalten, dass aus grundsätzlichen Erwägungen versucht werden solle, zumindest den Sockel des Gebäudes stehen zu lassen.[22] Auch die Kirchenleitung gab der Kapelle keine Zukunft mehr, weil ohnehin ein Neubau favorisiert worden war und nun die Gelegenheit günstig erschien, zu einer schnellen Entscheidung über Maria am Stegel zu kommen.

Am 2. März wurde dann in größerer Runde über das weitere Schicksal der verbliebenen Gebäudereste entschieden. Im Abschlussprotokoll heißt es laut Bericht in den „Lübecker Nachrichten" vom 3. März 1967: „Aus denkmalpflegerischen und städtebaulichen Gründen für einen geplanten Wiederaufbau in der Zukunft soll von der Kapelle Maria am Stegel der Granitsockel erhalten bleiben. Die Öffnung nach der Westseite wird in Höhe des Sockels durch ein neues Mauerwerk verschlossen und zum Schutz für spielende Kinder gesichert." An der Beratung nahmen der Präsident der Kirchenleitung Göbel, die Marienpastoren Seemann und Dr. Thilo, Kirchenbaurat Keck, Paul Behrens als Bauvorsteher der Kirchengemeinde St. Marien, der städtische Oberbaurat Schlippe vom Amt für Denkmalpflege und Stadtbauoberinspektor Mars teil. Noch am selben Tag beantragte das Kirchenbauamt beim Bauaufsichtsamt der Hansestadt Lübeck den Abbruch der Kapelle.[23] Am 4. März musste die Feuerwehr weitere einsturzgefährdete Teile der Kapelle einreißen, so dass nur noch der Granitsockel übrig blieb.

Die Entscheidung, den Granitsockel stehen zu lassen, führte jedoch in Teilen der Öffentlichkeit zu Unverständnis, wie einige Leserbriefe in den „Lübecker Nachrichten" dokumentieren, diese sahen in den verfüllten Mauern einen Schandfleck. Aber es gab in den Medien auch andere Stimmen, die Kritik an der Maxime der verkehrsgerechten Stadtplanung für die Altstadt übten und den Verlust historischer Bausubstanz bedauerten.[24] Günther H. Jaacks widmete 1968

21 Lübecker Nachrichten vom 1. März 1967.

22 KKA Lübeck-Lauenburg, Bestand Kirchenbauamt Lübeck – Akten Nr. 702.

23 Ebd.

24 Zimmermann (2017): 101-103.

Abb. 4: Abbruch der Ruine der Kapelle Maria am Stegel im März 1967 (Lübecker Nachrichten/Hans Kripgans).

in seiner Abhandlung über abgebrochene Sakralbauten der Kapelle eine eingehende Würdigung, in der er auf die architekturgeschichtliche und städtebauliche Bedeutung hinwies.[25] Schließlich wurde die Entscheidung getroffen, auch den Sockel abzubrechen. Am 25. April 1967 fand im Rathaus eine Besprechung statt, an der Bürgermeister Wartemann, Präsident Göbel und Oberkirchenrat Göldner von der Kirchenleitung, Pastor Dr. Thilo von der Kirchengemeinde St. Marien, Senator Kresse von der Bauverwaltung, Baudirektor Dalstein vom Tiefbauamt und Stadtoberamtmann Berner von der Liegenschaftsverwaltung teilnahmen. Thema der Besprechung war die Frage, inwieweit das Gelände Mengstraße/Schüsselbuden für Verkehrszwecke benötigt würde und welche Konsequenzen sich hieraus für die Möglichkeit eines Ersatzgebäudes für Maria am Stegel ergäben. Baudirektor Dalstein stellte die geplante Straßenführung vor, die eine Verbreiterung der Mengstraße bis Schüsselbuden vorsah. Eine Randbebauung der Straße Schüsselbuden wurde abgelehnt, stattdessen solle einer Baumpflanzung mit Grüngestaltung der Vorrang gegeben werden. Präsident Göbel bat in dieser Runde um eine grundsätzliche Zustimmung der Stadt für den Bau eines kirchlichen Hauses als Ersatz. Diese wurde ihm erteilt, woraufhin Göbel seinerseits die Zustimmung für den Abbruch der Fundamentreste gab.[26] Im Mai 1967 wurde der Sockel schließlich abgetragen. Die „Lübecker Nachrichten" veröffentlichten am 17. Mai ein Bild von den Abbrucharbeiten mit den Worten: „Ein Bild,

25 Jaacks (1968): 34-36.

26 Ebd.

das alle Lübecker erfreut: nun verschwindet endlich auch der häßliche Sockel von Maria am Stegel. Der Weg zum Ausbau wird frei."

Pläne für einen Neubau scheitern an Grundstückfragen, mangelnder Finanzierung und fehlendem Bedarf

Parallel zu den Abbrucharbeiten wurden seitens der Kirchenleitung die Planungen für das „Haus der Kirche" wiederaufgenommen. Der Hamburger Architekt Heinrich Holst schickte am 27. Juni 1967 dem Kirchenbauamt drei weitere Vorentwurfszeichnungen. Doch für die Verwirklichung des Baus wurde wieder das Grundstück des Uhrmachers Behrens an den Schüsselbuden/Ecke Mengstraße zur Arrondierung des bebauungsfähigen Geländes benötigt, um die Verbreiterung der Straßen Schüsselbuden und Mengstraße vornehmen zu können. Das Planungsamt der Hansestadt Lübeck teilte dem Kirchenbauamt am 19. Juli 1967 diesen Sachverhalt mit und gab auch zur Kenntnis, dass Uhrmacher Behrens mit einem Tausch einverstanden sei, wenn ihm als Entschädigung ein Ersatzgrundstück am Schüsselbuden in der Nähe des Süderturms zur Verfügung gestellt werde. Auf dieser Grundlage machte das Planungsamt den Vorschlag, das von dem Architekten Holst konzipierte Gebäude um fünf bis sechs Meter weiter nach Osten zu verlegen und so zu erweitern, dass es den vom Uhrmacher Behrens gewünschten Laden mit aufnehmen könnte, wobei die Geschäftsräume zur Straße Schüsselbuden ausgerichtet sein sollten. Das Kirchenbauamt nahm in diese Richtung zielende Planungen und Gespräche auf, wobei sich die Verhandlungen mit Uhrmacher Behrens aber als sehr schwierig erwiesen. Das lag vor allem daran, dass statt der Umsetzung des Entwurfs des von Behrens beauftragten Architekten Grau ein neuer Architektenwettbewerb vorgesehen war, während für Paul Behrens aber wegen der Kündigung seines jetzigen Ladenlokals dringender Handlungsbedarf bestand. Die Bauverwaltung brachte gegenüber dem Kirchenbauamt den Kompromiss ins Gespräch, Uhrmacher Behrens bis zur Fertigstellung des Gebäudes an der Mengstraße ein Provisorium für sein Geschäft zur Verfügung zu stellen.[27] Die Reaktion auf diesen Vorschlag ist nicht bekannt, vermutlich wurde er abgelehnt. Am 22. Mai 1968 fasste der Kirchenvorstand von St. Marien den Beschluss, dass gegen die Bebauung des der Kirche an der Mengstraße gehörenden Baugrundes innerhalb einer vom Kirchenbauamt zu erstellenden Gesamtkonzeption keine Bedenken erhoben würden. Dabei legte die Mariengemeinde Wert auf die Feststellung, dass sie Eigentümerin des Bodens sei und damit Bauherrin zu bleiben wünschte. Der Kirchenvorstand beschloss weiterhin einstimmig, Herrn Behrens zuzusichern, dass ihm das der Kanzlei nächstliegende Gebäude vorrangig zur gewerblichen Nutzung angeboten werde. Diesen Sachstand teilte das Kirchenbauamt auch der städtischen Bauverwaltung mit, die einen zweigeschossigen Bau im Größenverhältnis zu St. Marien, einen sogenannten Maßstabsbau, für angemessen hielt.[28]

27 Schreiben vom 20. März 1968, ebd.

28 Ebd.

Doch der Neubau ließ auf sich warten, so dass im „Lübecker Morgen“ vom 23. November 1968 ein Foto mit dem kahlen Platz am Standort der ehemaligen Kapelle mit folgendem kleinen Artikel erschien: „Was wird aus Maria am Stegel? Es gab eine langwierige Diskussion in der Öffentlichkeit um eine Ruine, dann schaffte der Sturmwind das Problem aus der Welt. Zugegebenermaßen ist damit ein gesundheitsgefährdendes Problem beseitigt, aber eine Lösung stellt der jetzige Zustand des Grundstücks auch noch nicht dar. Wann endlich wird sich dem Besucher der Hansestadt an der Ecke Mengstraße und Schüsselbuden wieder ein Anblick bieten, der sich in das von der erhabenen Marienkirche geprägte Bild fügt? Pläne hat die evangelische Kirche, Grundstücksbesitzerin an dieser Stelle. Schon seit einiger Zeit ist es jedoch recht still um dieses Vorhaben.“[29]

Wie aus dem Schriftverkehr zwischen Kirchenbauamt und städtischem Bauamt hervorgeht, lagen die Probleme vor allem in den nach wie vor ungeklärten Grundstücksfragen. In einem Schreiben der Liegenschaftsverwaltung der Hansestadt Lübeck an das Kirchenbauamt vom 3. Oktober 1968 heißt es dazu: „Auch wenn die Übereignung eines unbebauten oder bebauten Grundstücks an Herrn Behrens nicht in Frage kommt, sollte doch geprüft werden, ob die Übertragung eines Wohneigentums oder eines Stockwerkeigentums an einem von der Evangelisch-Lutherischen Kirche an der Mengstraße zu errichtendem Gebäude an Herrn Behrens möglich ist – selbstverständlich vorausgesetzt, daß Herr Behrens mit einer solchen Lösung einverstanden ist. Wie dort bereits bekannt ist, werden für den Ausbau bzw. für die Verlegung der Straßen Schüsselbuden und Mengstraße Flächen aus Grundstücken benötigt, die der St. Mariengemeinde und Herrn Behrens zu Eigentum gehören. Wie wir den Planunterlagen des Tiefbauamtes entnehmen können, bleiben nach erfolgtem Ausbau der Straßen städt. Eigentumsflächen ungenutzt liegen, die im Rahmen eines zwischen der St. Marien Kirchen-Gemeinde und der Hansestadt Lübeck abzuschließenden Grundstücksvertrages ausgetauscht werden könnten. Das nach Abtrennung von Flächen für den Straßenbau verbleibende Grundstück des Herrn Behrens dürfte für diesen nicht mehr von Interesse sein, da eine bauliche Ausnutzung ohnehin kaum möglich sein wird. Es bietet sich die Einbeziehung dieses Restgrundstücks in das Eigentumsgelände der St. Marien-Kirchen-Gemeinde an.“[30]

Doch nicht nur das Scheitern der Verhandlungen über einen Grundstückstausch, sondern auch die fehlende Finanzierung und der Bedarf eines Gebäudes für kirchliche Arbeit verhinderten letztendlich einen Neubau. Am 16. Januar 1969 kam es zwischen Bausenator Kresse, Oberkirchenrat Göldner und Kirchenbaurat Keck zu einer Besprechung über die Herrichtung des Marienkirchplatzes und eine Bebauungsmöglichkeit der Mengstraße auf der Kirchplatzseite. Dabei kam man zu der Erkenntnis, dass auf längere Sicht seitens der Kirche an den Bau eines Ersatzgebäudes für die Kapelle Maria am Stegel nicht mehr zu denken sei, weil die Finanzierung nicht gesichert und auch die kirchlichen

29 Lübecker Morgen vom 23. November 1968.

30 KKA Lübeck-Lauenburg, Bestand Kirchenbauamt Lübeck – Akten, Nr. 702.

Institutionen, die dort ursprünglich einziehen sollten, inzwischen anderweitig untergebracht worden seien.

Stattdessen wurde die Idee einer Bebauung der Kirchplatzvorderseite, also an der Mengstraße, ins Auge gefasst, wobei die Bebauung an dieser städtebaulich hervorragenden Stelle durch einen beschränkten Architektenwettbewerb ermittelt werden könne. Die Kirchengemeinde St. Marien, die bei diesem Gespräch nicht vertreten war, erhielt den Vermerk zur Kenntnis, woraufhin Pastor Dr. Thilo in einem Schreiben vom 22. Januar 1969 an Oberkirchenrat Göldner seine Kritik äußerte. Unter anderem betonte er, dass es dem Kirchenvorstand nicht bekannt sei, dass auf längere Sicht seitens der Kirche die Errichtung eines Ersatzgebäudes für die Kapelle Maria am Stegel nicht mehr in Frage komme. Zwar sei der Raumbedarf der Kirchengemeinde im Augenblick gesichert, aber es bestünden weiterhin Überlegungen, ein Informationszentrum aller Art unter der Obhut der Kirche an dieser Stelle zu errichten und für kirchliche Zwecke nutzbar zu machen. Auch wurde darauf hingewiesen, dass im Haushaltsplan der Lübeckischen Landeskirche weiterhin eine Rücklage für dieses Projekt aufgeführt sei.[31]

An der Haltung des Kirchenbauamtes, an dieser Stelle nichts zu bauen, änderte dieser Einwand jedoch nichts. Außerdem wurde die Situation noch dadurch verkompliziert, dass Uhrmacher Behrens weiterhin nicht verkaufsbereit, sondern allenfalls tauschbereit wäre. Aber die Stadt könne keine Tauschflächen anbieten, sondern das könne nur die Kirchengemeinde St. Marien, die das jedoch wiederum von den weiteren Planungen und einem Architektenwettbewerb abhängig mache. Daraufhin ging nun die Kirchengemeinde St. Marien in die Offensive und lud am 8. Mai 1969 zu einer Besprechung über Vorschläge zur Gestaltung des Platzes um die Marienkirche ein. Im Mittelpunkt dieser Gespräche stand jedoch nicht die bauliche Gestaltung, sondern die Idee des Verkehrsvereins, auf dem Kirchplatz Parkplätze für Reisebusse einzurichten, was jedoch mit Hinweis auf die Gefährdung der Statik der Kirche durch Erschütterungen sowie auf das Vorhaben, am Schrangen eine Fußgängerstraße einzurichten, abgelehnt wurde.[32]

Errichtung des Sockelbauwerks

Fehlende Finanzmittel und komplizierte Eigentumsverhältnisse sowie halbherzige und langwierige Planungen sowohl seitens des Kirchenbauamtes als auch der städtischen Bauverwaltung führten dazu, dass weder ein näher an die Kirche herangerückter Ersatzbau noch eine Bebauung zur Mengstraße hin realisiert wurden. Anstelle der abgebrochenen Kapelle war eine sandige Fläche zurückgeblieben, die in der Öffentlichkeit manchen Spott auslöste und beispielsweise in einem satirischen Beitrag in den „Lübecker Nachrichten“ als

31 Ebd.

32 Ebd.

Kartoffelacker betitelt wurde.[33] Kurz darauf wurde der Platz teilweise asphaltiert, aber auch diese Lösung fand in der Bevölkerung wenig Anklang, wie unter anderem ein Leserbrief in den „Lübecker Nachrichten“ vom 15. Januar 1972 belegt: der Schreiber beklagt sich über die in seinen Augen brutale Abdeckung mit einer Schwarzdecke, die zudem dazu führe, dass sich das Oberflächenwasser über die Böschung auf den Gehweg ergießt und diesen bei feuchter Witterung unpassierbar mache. Allerdings war für eine ansprechende Pflasterung kein Geld vorhanden, und auch das Gesprächsklima zwischen den beteiligten Parteien Kirchenbauamt, Stadt und Kirchengemeinde St. Marien war mittlerweile sehr belastet.

Erst im Frühjahr 1972 wurden wieder Ideen für die Platzgestaltung vorgelegt. Angesichts des Umstandes, dass ein Ersatzbau, ein sogenannter Maßstabsbau, so schnell nicht umgesetzt werden würde, entwarf Kirchenbauamtsleiter Zimmermann den Alternativvorschlag, aus den beim Abbruch gesicherten Granitquadersteinen eine Terrasse auf dem einstigen Standort der Kapelle anzulegen. In der Grundrisszeichnung vom 28. Mai 1972 erläuterte er seinen Entwurf und legte ein Resümee über die bislang gescheiterten, aber noch nicht aufgegebenen Planungen vor: „Über die Gestaltung des Marienkirchplatzes, besonders seiner West- und seiner Nordwestseite, ist viel nachgedacht worden. Wettbewerbe und andere Überlegungen führten zum Gedanken des „Maßstabsgebäudes“ im Nordwesten und zu Pavillons für die Fußgängerzonen längs Mengstraße und Schüsselbuden. Es wird wohl noch lange nachgedacht werden. Deshalb muß etwas geschehen, was Künftigem nicht im Wege steht, was aber, wenn nichts Künftiges kommt, gut genug ist, bleiben zu können. Deshalb Fortführung der Pflasterung, an Stelle des Teerbuckels eine Erinnerung an Maria am Stegel aus seinen Resten, mächtigen Granitquadern, die im Bauhof des Kirchenbauamts lagern. Keine Rekonstruktion, einfach eine Form, eine Terrasse, damit die Pflasterung nicht labberig und fade in die Ecke runterläuft. Auf der Westseite, vor den Türmen Maßstab gebende Linden. Und wieder zwei Stufen gegen die Autos.“[34]

In einem Schreiben an die Kirchenleitung vom 17. Juli 1972 stellte Zimmermann diese Pläne noch einmal vor und erwähnte, dass das Kirchenbauamt für diese Maßnahme 150.000 D-Mark in den Haushaltsplan für 1973 eingeworben habe. Die Kirchenleitung billigte den Entwurf am 19. Juli 1972 und beauftragte die Verwaltung mit Vorplanungen. Auch Bausenator Kresse befürwortete die Idee, und der Kirchenvorstand von St. Marien stimmte diesen Plänen am 2. August 1972 ebenfalls zu. In der Öffentlichkeit wurde das Projekt, bei dem zugleich auch eine Sitzgelegenheit entstehen sollte, weitgehend positiv aufgenommen.[35]

Allerdings verzögerte sich die Umsetzung der Maßnahme, weil auch das Projekt eines sogenannten Maßstabsgebäudes für einen „honorigen Zweck“ an der Stelle des geplanten Sockelbaus weiterverfolgt wurde, zumal es hierfür als

---

33 Lübecker Nachrichten vom 29. September 1971.

34 KKA Lübeck-Lauenburg, Bestand Kirchenbauamt Lübeck – Akten, Nr. 702.

35 Ebd.

Interessenten einige Ärzte, die hier ein kleines Ärztehaus errichten wollten, gab, und das Architekturbüro Hüsing und Gothe entwickelte bereits entsprechende Pläne. Doch auch dieses Projekt wurde nicht realisiert, so dass der Kirchenvorstand mit Schreiben vom 16. Januar 1974 das Kirchenbauamt eindringlich bat, die Umgestaltung des Marienkirchhofes umzusetzen. Daraufhin trieb das Kirchenbauamt schließlich die Planungen für die Platzgestaltung voran. Am 25. Februar 1974 vereinbarten Kirchenbauamtsleiter Friedrich Zimmermann und Gartenarchitekt Karl Scharnberg neben anderen gestalterischen Maßnahmen auch die Errichtung des Sockelbauwerks „Maria am Stegel“ aus den vorhandenen Granitsteinen und Sichtbeton. Am 21. März 1974 reichte Friedrich Zimmermann die Bauunterlagen beim Bauamt der Hansestadt Lübeck ein und bemühte sich um die Finanzierung und Einholung der Angebote. Im September wurde mit der Errichtung des Sockelbauwerks begonnen. Am 14. Oktober waren die Erd- und Betonarbeiten abgeschlossen, und am 27. Mai 1975 wurde der Sockel der Kapelle Maria am Stegel in die Obhut des Kirchenvorstandes von St. Marien übergeben. Weil es seitdem keine neuen Pläne zur Errichtung eines Gebäudes an dieser Stelle mehr gegeben hat, ist das Sockelbauwerk bis heute die einzige Erinnerung an die mittelalterliche Kapelle.[36]

36 Ebd.

Quellen- und Literaturverzeichnis

Quellen

Archiv der Hansestadt Lübeck
04.01-0 Hauptamt, Nr. 917 und 1632
04.06-1 Stadtplanungsamt, Nr. 238
04.06-5 Hochbauamt, Nr. 1929
04.06-6 Tiefbauamt, Nr. 1157

Kirchenkreisarchiv Lübeck-Lauenburg
Bestand Dokumentation Kirchenkreis Lübeck, Nr. 12
Bestand Kirchenbauamt Lübeck – Akten, Nr. 702

Literatur

BuKD (1906)
Die Bau- und Kunstdenkmäler der Freien und Hansestadt Lübeck, hrsg. von der Baudeputation, Band II: Petrikirche. Marienkirche, Heilig-Geist-Hospital, bearbeitet von F. Hirsch, G. Schumann und F. Bruns, Lübeck 1906.

Jaacks (1968)
Günther H. Jaacks, Die abgebrochenen Sakralbauten Lübecks, in: Zeitschrift des Vereins für Lübeckische Geschichte und Altertumskunde 48 (1968), S. 17-38, hier: S. 34-36.

Zimmermann (2017)
Jan Zimmermann, Maria am Stegel: vor 75 Jahren zerstört, vor 50 Jahren abgerissen, in: Lübeckische Blätter 182 (2017), S. 101-103.

Abkürzungen
AHL Archiv Hansestadt Lübeck
KKA Kirchenkreisarchiv

Anschrift der Autorin:
Dr. Claudia Tanck
Ev.-Luth. Kirchenkreis Lübeck-Lauenburg
Archiv
Bäckerstraße 3-5
23564 Lübeck
E-Mail: ctanck@kirche-LL.de

Die „Bosheit der Toverie“ – Hexenprozesse in Lübeck

Rolf Schulte

Zauberische Aktivitäten

Im November 1645 verhörten die beiden Gerichtsherren des Lübecker Rates eine Frau namens Anneke Kneseke. Sie warfen ihr zauberische Aktivitäten vor und ließen sie im Marstall beim Burgtor – dem städtischen Gefängnis – festsetzen. Nach Konfrontation mit Zeugenaussagen gestand die Angeklagte ohne den Einsatz von Folter schließlich die ihr zur Last gelegten Tätigkeiten. Sie gab zu, Krankheitsbeschwörungen oder Heilbesprechungen ausgeübt zu haben.

Der gesamte Rat der Stadt behandelte die Aussagen der Zeugen sowie das Geständnis Anneke Knesekes zeitnah noch in einer Novembersitzung und kam dann zu einem Urteil. Die Ratsherren verwarfen eine mögliche Todesstrafe und beschlossen, die Delinquentin lediglich der Stadt zu verweisen: Kneseke habe nur in einer minderschweren Weise Zauberei betrieben. Sie sei – so das Ratsprotokoll – eine „Abergläubige“. Das gute Zeugnis, das zwei Gutsherren aus der Umgebung von Lübeck der Frau ausgestellt hatten, könnte diese Entscheidung befördert haben.[1] Der Rat der Stadt, der Legislative, Exekutive und Judikative in sich vereinte, verbannte also eine angeblich kriminelle Person aus der Stadt. Derart unaufgeregte Ratsurteile hatten Tradition in der Hansestadt. In zahlreichen anderen damaligen Territorien hätte Anneke Kneseke zum Tod durch Verbrennen verurteilt werden können.

Schon im 16. Jahrhundert hatten ähnliche Beschuldigungen in Lübeck nicht zu „Lebensstrafen“ geführt. 1544 ermittelten die Gerichtsherren gegen eine Margarete Havekes. Die Frau war von Einwohnern der Stadt ebenfalls mit Zauberei in Verbindung gebracht worden. Der Rat ließ die Bezichtigte verhaften und in der Fronerei einkerkern. In den Verhören gab sie auch ohne Folter „Misshandlungen“ zu, d.h. in der Regel Schadensstiftungen, und bekannte sich auch zu Einzelheiten ihres „strafbaren und unordentlichen Lebens“[2] – ein Synonym für einen nicht normgerechten Lebenswandel. Nach der kaiserlichen Halsgerichtsordnung hätte ein derartiges Geständnis für ein Verbrennungsurteil ausgereicht. Doch in Lübeck entschied man sich anders: Margarete Havekes wurde lediglich auf Lebenszeit aus der Stadt verbannt.

Der Umgang mit dem Problem der Hexerei in diesen beiden Prozessen kann als typisch für die Politik des Lübecker Rates gelten. Er stand Hexenverfolgungen relativ reserviert gegenüber: In der Hansestadt wie auch in den von

1 AHL 3.1-2/2 Ratsprotokolle III. Serie, 1645 (ohne Foliierung), Eintragung v. 8.11.1645. Alle Zitate aus den Akten sind leicht an die heutige Rechtschreibung zur besseren Lesbarkeit angepasst. Der Fall wird auch von Brehmer (1889b): 99f. erwähnt – allerdings ohne Quellenangabe.

2 AHL 7.1-1/6 Urfehden Nr. 446 vom 17.7.1544.

Abb. 1: Der Rat einer Stadt spricht ein Urteil über eine angebliche Hexe (aus: Hermann Löher, Die Wehmütige Klage der frommen Unschuldigen, Amsterdam 1676 – Alte Bibliothek, St. Michaelis-Gymnasium Münstereifel).

ihr regierten Gebieten fanden zwischen 1527 und 1667 insgesamt 27 Prozesse wegen Zauberdelikten statt.[3] In ca. einem Drittel der Verfahren wies der Rat die Angeklagten aus seinem Gebiet aus, neun Bezichtigte wurden freigesprochen und sieben Menschen hingerichtet bzw. starben im Gefängnis. Der Ausgang eines der Prozesse ist ungeklärt. Jedes einzelne Verfahren ist aus heutiger Sicht bedrückend und damit eines zu viel, das stattgefunden hat. Doch trotz dieser Erkenntnis muss für Lübeck festgehalten werden, dass es hier zwar Hexenprozesse gab, es aber im mitteleuropäischen Vergleich wenige waren.

Um keinen falschen Eindruck entstehen zu lassen: Der Lübecker Rat ließ in anderen Delikten, wie beispielsweise Raub oder Mord, oft hinrichten und

---

3 Die Freie und Hansestadt Lübeck hatte wie andere große Städte größere Areale außerhalb der Stadtmauern zum Schutz ihrer Handelsmöglichkeiten, wie z. B. die Stadt und Vogtei Mölln, das Dorf Travemünde oder weitere kleinere Ortschaften im Herzogtum Sachsen-Lauenburg erworben. Der juristische Raum übertraf dabei die geographische Stadt beträchtlich. Da Mölln aber über einen eigenen Rat verfügte, der als vorausgehende Instanz fungierte, werden alle Verfahren in und um Mölln aus der Gesamtzahl der Hexenprozesse herausgerechnet.

hatte auch ansonsten keine Skrupel, Todesstrafen zu verhängen.[4] Auch das revidierte Stadtrecht von 1586 sah zum Beispiel für schweren Diebstahl die Todesstrafe vor.[5] Der Entzug der körperlichen Bewegungsfreiheit war als Strafe damals nicht üblich. Die Strenge der Stadtregierung erstreckte sich nicht auf alle Rechtsfelder, denn die Mäßigung galt nur für spezifische Delikte wie zum Beispiel Hexereibeschuldigungen. Diese Zurückhaltung blieb nicht einzigartig. Der Rat bot nämlich zeitweise Anhängern anderer protestantischer Konfessionen außerhalb der lutherischen Orthodoxie – wie Mennoniten und Calvinisten – Asyl vor Krieg und Verfolgung.[6]

Diese Reserviertheit gegenüber der strengen Verfolgung von Zaubereidelikten speiste sich aus einer konservativen Grundhaltung, denn der Rat hielt an den tradierten Rechtsetzungen fest und erlaubte keine Sondergerichtsbarkeit wie in manchen anderen Städten. Dieser klassische „Männer-Bund" regierte ansonsten autoritär, elitär, patriarchalisch und machtbewusst: Er war alles andere als human im Sinne des heutigen Begriffs der Wahrung von Menschenwürde. Bürgermeister Henrich Brokes attestierte dem Gremium Anfang des 17. Jahrhunderts, dass „...viele des Raths, insonderheit die Vornehmsten, sehr verhasst bei den Bürgern (waren), weil sie mehr trachteten, wie sie ihre eigene Hoheit und Vortheile in Acht nahmen, als daß sie mit großem Ernste Handel und Wandel förderten."[7]

„Abscheuliche verbotene Teufelskünste"

Der erste lübeckische Hexenprozess fand 1527 während der Reformation statt und war damit auch das erste Verfahren wegen dieses Deliktes im Raum des heutigen Schleswig-Holsteins. Eine Frau wurde im lübeckischen Dorf Ritzerau der „Bosheit" der „Toverie"[8], also Zauberei, beschuldigt. Ein Urteil ist nicht überliefert und wurde wohl auch nicht verhängt, sondern der Fall lediglich untersucht. Dies erschließt sich aus der Art der Formulierung einer entsprechenden Anweisung des zuständigen Ratsherrn. Im Jahr 1544 häuften sich die Anklagen in Lübeck, wie insgesamt im norddeutsch-dänischen Raum. Ein Wahrsager hatte durch Beschau einer Kristallkugel zwei vermeintliche Urheberinnen von magischem Schadenszauber ausgemacht. Nach Verhör musste er auf Geheiß des Rats seine Denunziationen der beiden Frauen zurückziehen. Er wurde danach aus Lübeck verbannt, also schlichtweg ins Ausland, nach Holstein, abgeschoben.[9] Eine weitere Frau, die schon erwähnte Margarete Havekes, wurde einen Monat später ebenfalls der Stadt verwiesen. Im gleichen Jahr urteilte der Rat

4 S. die Abschrift der handschriftlichen Zusammenstellung „Compendium Chronica Lubecensis" der Juristen Kirchring und Müller aus dem 17. Jh., AHL 8.1 Handschriften Nr. 868, dort die aufgezählten Delikte und Urteile allein von 1603-1630.

5 Statuta (1586): Liber quartus, titulus primus, § 4 u. 5.

6 Strandquist (2012): 114-163.

7 Pauli (1860): 79-92, 173-183, 281-347, hier 181.

8 Untersuchung gegen eine unbekannte Frau aus dem Dorf Ritzerau 1527, in: AHL 1.1-1 ASA Interna Nr. 20085.

9 Prozess gegen Cornelius Dorne 1544, AHL 7.1-1/6 Urfehden Nr. 443 vom 23.6.1544.

dennoch rigoros in einem weiteren Verfahren: Die Fischverkäuferin Wolbrecht Grothe wurde beschuldigt, ihren Mann ermordet zu haben.[10] Sie wurde angeklagt, ein sogenanntes „veneficium“ verübt zu haben. Dieser Begriff umschrieb zur damaligen Zeit entweder eine direkte physische Vergiftung oder einen Mord durch zauberische Mittel. Die städtischen Herrschaftsträger ließen die Frau öffentlich enthaupten. Die Strafe zeigt, dass der Rat die Tat offenbar nicht als mögliche Hexerei einschätzte und es für erwiesen hielt, dass Grothe vorsätzlich todbringende Ingredienzien in die vom Ehemann gern verzehrte Eiersuppe gemischt hatte. Das gültige Lübische Recht schrieb nämlich für Totschlag die Enthauptung mittels Schwert, für Hexerei hingegen den Feuertod vor.[11]

Abb. 2: Versuch eines Giftmords: Die Fischverkäuferin Wolbrecht Grothe aus Lübeck wurde wegen dieser angeblichen Tat 1544 zum Tode verurteilt (aus: Joos de Damhouder, Praxis rerum criminalium: Gründlicher Bericht und Anweisung, Antwerpen 1565, fol. 122v, Universitätsbibliothek Heidelberg, I 2907 C RES, https://digi.ub.uni-heidelberg.de/diglit/damhouder1565, CC-BY-SA 4.0, 14.12.2021).

10 Prozess gegen Wolbrecht Grothe 1544 aus Lübeck, s. AHL 1.1-3.1 ASA Externa Deutsche Territorien Nr. 1217 (Gnadengesuch des Hans Grothe); Regkman (1620): 3. Buch, 230; Kock (1593): fol. 297v.

11 Hach (1839): Codex II, § 247, S. 373 u. Codex IV, §105, S. 589.

Im Gegensatz zur Verbrennung galt das Köpfen als ehrenhafte Hinrichtungsart: Eine derart bestrafte Sünderin konnte nach ihrem Tod auf einem Friedhof beerdigt und ihre Seele in die christliche Gemeinschaft wieder aufgenommen werden.

Erst 60 Jahre später[12], im Jahr 1604, vermelden die Akten erneut eine Anklage wegen Zauberei. Die Lübecker Obrigkeit warf einem Bürger der Stadt namens Roloff Janeke vor, „allerhand abscheuliche verbotene Teufelskünste" ausgeübt zu haben. Ihm wurde zur Last gelegt, Seeräuberei betrieben sowie seine eigenen Waffen durch Waffensalbe magisch optimiert und damit besonders schlag- oder schussfähig gemacht zu haben. Zudem konnte der Mann angeblich auch Schätze durch teuflische Hilfe aufspüren und sogar Türen ohne Schlüssel öffnen, um Diebstähle zu begehen. Schließlich sei es ihm gelungen, „Weiber zur Unzucht zu bewegen".[13] Janeke entspricht mit dieser Beschreibung seiner Fähigkeiten fast dem heutigen Klischee eines Seeräubers. Gefangene Piraten hatten ihn in Kopenhagen als Mittäter benannt. Der Lübecker Rat ließ Janeke festnehmen und beschloss, nachdem dieser jegliche Beteiligung an der Seeräuberei abgestritten hatte, zur Folter überzugehen, woraufhin der Angeklagte „mit der scharfen Frage angetastet" wurde, aber nichts gestand.

Die Stadtobrigkeit verwies das Verfahren auf Intervention der Verwandten des Beschuldigten an das Reichskammergericht. Die Juristen in Speyer ordneten die Entlassung des nicht überführten Seeräubers und Zauberers an, da der Inhaftierte kein Geständnis abgelegt und „er zuvor seine Demut angezeigt" habe.[14] Nach Ausgleich der Verfahrenskosten war Janeke frei.

Um 1610 standen noch zwei weitere vermeintliche Hexen aus dem lübeckischen Dorf Ritzerau vor einem städtischen Tribunal, dem vom Rat kontrollierten Kämmereigericht. Während das Urteil eines der Verfahren unbekannt ist, entließen die Richter die andere Angeklagte mit einem Freispruch, „dieweil auch sonsten ganz keine Indicia wider diese Gretcken Dreweß gewesen."[15]

Wendejahre

Erst im ersten Drittel des 17. Jahrhunderts – dem Höhepunkt der Hexenverfolgung in Mitteleuropa – gab das Lübecker Obergericht gegenüber den im Umland grassierenden Hexenängsten nach. 1637 sprach es zum ersten Mal

---

12 Für einen Hexenprozess im Jahre 1565, den der ehemalige Stadtsyndikus Johann C. H. Dreyer im 18. Jh. als handschriftliche Kurznotiz vermerkt hat, gibt es keine weiteren Hinweise in den Akten, s. SHL Ms. Lub 2° 637c S. 431. Dreyer nahm es mithin nicht genau mit den Quellen und verfälschte sie sogar nachweislich, s. Brandt (1959): 122 f.; Graßmann (1971): 90-92.

13 Schreiben des Bürgermeisters der Stadt Lübeck vom 15.7.1603, in: AHL 1.1-1 ASA Interna Nr. 26845.

14 Urteil des Reichskammergerichts vom 12.1.1604, in: ebd.

15 Hexenprozess gegen Aleke Dulstocks u. Gretke Drewes: AHL 3.4-1 Kämmerei Nr. 498 (Ritzerauer Landgerichtsprotokolle). Die Protokolle sind undatiert, benennen aber Jochim Wibeking und Laurentio Mollers als Richter, die von 1610-28 amtierten.

nachweislich mehrere Todesurteile in einer Prozessserie aus[16]. Fünf der insgesamt neun beschuldigten Frauen gestanden – teilweise unter Folter – zahlreiche Schadensstiftungen wie die Schädigung von Milch bzw. Butter, die vorsätzliche Verbreitung von Krankheiten und sogar Morde. Die festgenommene Elisabeth Harms bekannte sich zudem zu einem außergewöhnlichen Verbrechen, nämlich einem „magischen Schiffeversenken“. Sie gab an, sie habe den ungeliebten Bräutigam einer Lübeckerin durch Schiffbruch im Meer ertrinken lassen. Alle fünf Angeklagten gestanden, diese Taten mithilfe eines Teufelspaktes oder sogar nach sexueller Besiegelung des Bündnisses durch einen diabolischen Geschlechtsverkehr – der Teufelsbuhlschaft – vollbracht zu haben. Damit hatten sie sich als angebliche Hexen, d. h. Agentinnen des Teufels, entlarvt und galten für den Rat als todeswürdig sowie eines Kapitalverbrechens überführt. Die Frauen wurden auf dem Köpfelberg[17] vor dem Burgtor hingerichtet. Das Obergericht folgte in diesem Verfahren den Vorgaben des Lübischen Rechts wie auch der Carolina, der „Peinlichen Gerichtsordnung Kaiser Karls V.“ von 1532. Die Verbrennung als Strafe war in dieser reichsweit gültigen Regelung nur nach nachgewiesenem Schadens z a u b e r vorgesehen.[18] 1637 reichten dem Rat jedoch bei drei weiteren Angeklagten die Beweise für schwere Hexereiverbrechen nicht aus. Die Richter gliederten nämlich die von den Frauen zugegebene Nutzung von Kristallkugeln oder das Kochen von Pferdeherzen als Mittel der (unerlaubten) Hellseherei aus dem Spektrum der todeswürdigen Hexereidelikte aus.

Die drei selbst ernannten „Magieexpertinnen“ hatten diese Zauberpraktiken offenbar bei der Suche nach kriminellen Tätern im Auftrag anderer Einwohner angewendet. Das Obergericht zählte jedoch diese Methoden zur nicht-schädigenden Magie. Der Rat entschied daher, die drei Frauen nicht hinzurichten, sondern lediglich der Stadt zu verweisen. Für eines der Verfahren fehlt ein Urteil in den Akten.[19]

Auch andere Quellen lassen darauf schließen, dass in Lübeck ebenso wie anderswo eifrig versucht wurde, durch Zauberei das Glück zu erzwingen – bei Leid in der Liebe und im Leben. In der Hansestadt wie im gesamten Mitteleuro-

---

16 Hexenprozess gegen Elisabeth Harms, Catharina Meyer, Margarete Schof, Anna Bülk, Elsebe Budeler, Catharina Wegner, Anna Hoyer, Gertrud Thiessen, Catharina Jürgens (die Schreibweise der Namen variiert in den Ratsprotokollen), AHL 3.1-2/2 Ratsprotokolle I. Serie, 1637, fol. 67v, 68v, 70 r v, 71r, 73, 75, 76, 83v, 84, 86v, 94r, 103v, 104v, 105, 113v, 130r, 137f., 139-140, 145, 148, 156v, 271-273, 288v, 293, 297ff.; auch Brehmer (1889b): 98f u. Brehmer (1893): 33-40. Brehmer gibt allerdings keine Quellenstellen an. Weitere Informationen zu diesen Prozessen finden sich in: Nettelbladt (1764): 174. Nettelbladt referiert Urteile aus einer Zusammenstellung der lübeckischen Juristen Gotthard Kerkring und Gotthard von Höveln aus dem 17. Jh.

17 Der Köpfelberg befand sich an der Ecke Travemünder Allee/Adolfstraße und ist heute abgetragen.

18 Carolina (1532): Artikel 109, 137.

19 Dies waren Margarete Schof, Anna Bülk und Elsebe Budeler. Für Catharina Jürgens aus dem lübeckischen Behlendorf, die in den Protokollen nur eine Nebenrolle spielt, fehlt ein Urteil: AHL 3.1-2/2 Ratsprotokolle I. Serie, 1637, fol. 113v.

Abb. 3: Eine Frau, wie angeblich Elisabeth Harms 1637 aus Lübeck, löst durch die Zaubermittel im Topf einen Sturm aus: Ein Schiff geht daher durch diesen Akt magischer Aggression unter, also magisches Schiffeversenken (aus: Olaus Magnus, Historia de Gentibus Septentrionalibus, Rom 1555 –
Wikimedia Commons: https://commons.wikimedia.org/wiki/File:Olaus_Magnus- On_Women_Skilled_in_Magic.jpg, CC-BY-SA 4.0, 14.12.2021).

pa war in der frühen Neuzeit die Auffassung von der Wirkmächtigkeit von Zauberei sowie Hexerei weit verbreitet. Die vermeintliche Überführung der Frauen, die als Hexen bezeichnet wurden, erfolgte allerdings nicht nur – wie sonst im 17. Jahrhundert üblich – durch gewaltsam erpresste Geständnisse, sondern der Lübecker Rat legte zudem Wert auf weitere Beweisstücke. Er veranlasste deswegen Hausdurchsuchungen, um materielle Indizien zu sichern. Tatsächlich fanden die Ratsdiener 1637 in Wohnungen mehrere Kristallkugeln und angebliche Zaubertöpfe mit Vieh- und Menschenhaaren sowie vermeintlich magisch besetzte Silberklauen. Diese stellten allesamt Zauberutensilien der damaligen Zeit dar.

Tierklauen sowie durch den Schornstein eindringende Gespenster oder das Erscheinen unheimlicher Füchse vor der Haustür spielten auch eine wichtige Rolle in einem weiteren Prozess von 1637: Ein Schiffer sah sich und seine Familie durch den absichtlichen Wurf einer Tierklaue in ein Zimmer seines Hauses als verzaubert an. Er brachte diese Tat bei der Obrigkeit zur Anzeige. Das anschließende Gerichtsverfahren weitete sich bald aus und der Wurf der Kralle entpuppte sich als Teil einer Auseinandersetzung zwischen zwei Familien.[20] Auch in Lübeck wurden Konflikte innerhalb der Bevölkerung über angeblich magisch aufgeladene Gegenstände und vermeintlich georderte Spukgeister ausgetragen. Die Prozessprotokolle zeigen, inwieweit der Glaube an übersinnliche Machenschaften und diesbezügliche Aggressionen in der Bevölkerung der Hansestadt verankert waren.

---

20 Prozess gegen Margarete Schof und Anna Bülk 1637, AHL 3.1-2/2 Ratsprotokolle I. Serie 1637, fol. 271r, 272-273, 288v, 293, 297v; auch Brehmer (1893): 38-40.

Nach der Prozessserie von 1637 sprach der Rat in der Hansestadt 1642 und 1646 erneut zwei Todesurteile aus. Die eine Angeklagte sollte dafür verantwortlich sein, dass der Stadtarzt, „jede Nacht vom Bette aufstehen und oben aus dem Fenster springen müssen."[21] Der Medicus überlebte seine Schlafwandel-Episoden und starb fast 20 Jahre später eines natürlichen Todes. Im Falle der anderen Angeklagten lässt sich keine Urteilsbegründung mehr finden.

Die Politik der „Entsorgung"

Die Praxis der Todesurteile in Hexereisachen hörte indessen 1646 auf.[22] Der weitere lübeckische Umgang mit dem Hexenwesen bestand nun darin, das Problem wieder zu „exterritorialisieren": Angezeigte Personen wurden durch Ausweisung in die umgebenden Territorien regelrecht „entsorgt", so die Entscheidungen von 1647, 1660, 1665 und 1667.[23] Diese ratsherrliche Leitlinie galt auch für Personen, die schon gestorben waren: 1671 wurde die Leiche eines angeblichen, aber nicht verurteilten Hexenmeisters vor dem Holstentor gefunden und auf Anweisung außerhalb der Stadtgrenzen verscharrt.[24]

Einige Verfahren endeten auch mit Freisprüchen, wie beispielsweise der Prozess gegen Gertrud Freyberg: Als ein Kaufmann aus Lübeck diese Frau 1646 mit einer Privatklage wegen Hexerei vor Gericht brachte, wurde der Fall durch zahlreiche Zeugenaussagen und ein Rechtsgutachten überprüft. Dies führte – allerdings nach längerer Zeit – zur Entlassung aus der Haft.[25]

Die vorsichtige Vorgehensweise des Rats in Hexereisachen zeigt sich erneut 1647 im von Lübeck regierten Mölln: Aufgrund einer Anzeige geriet dort eine Kuhhirtin in den Verdacht der Zauberei. In Kenntnis dieser Bezichtigung über-

---

21 Prozess gegen Gesche Jabelheide, Universitätsarchiv Rostock (fortan UAR): Spruchakte S 1031, Nr. 54, 7.2.1642, S. 82; Prozess gegen Margareta Koop AHL 3.1-2/2 Ratsprotokolle I. Serie, 1646, S. 58 vom 2.8.1646; Ratsprotokolle III. Serie, 7. 8.1646, fol. 99v, 100r, 104r; Nettelbladt (1764): 175; auch Brehmer (1889b): 99.

22 Ein von Becker vermerktes Todesurteil aus dem Jahr 1681 lässt sich nicht belegen und ist möglicherweise eine Verwechslung mit einem Prozess auf den Landgütern um Lübeck, s. AHL 5.4-28 Gesellschaft zur Beförderung gemeinnütziger Tätigkeit Nr. 100 (Johann Rudolph Becker, Über Hexenprozesse in Lübeck, Manuskript eines Vortrags am 28.7.1789) sowie ders. (1805): 110 ohne Seiten- und Quellenangaben. Da hier die angebliche Delinquentin auch enthauptet werden sollte, ist fraglich, ob es sich tatsächlich um einen Hexenprozess handelte.

23 Prozess Anna Kneseke 1645, AHL 3.1-2/2 Ratsprotokolle III. Serie, 1645 (ohne Foliierung) Eintragung v. 8.11.1645; Prozess Anke Stißes 1647, Ratsprotokolle III. Serie 1646-47, fol. 204r; Prozess gegen eine unbekannte Frau, 1660: Brehmer (1889b): 100; Prozess gegen Anneke Wulffs 1665, AHL 3.4-1 Kämmerei Nr. 499 (Ritzerauer Landgerichtsprotokolle, 1665); Prozess gegen eine unbekannte Frau 1667: Brehmer (1889b): 101.

24 Fromm (1889-1890): 184.

25 UAR Spruchakten SA 6441-2 Nr. 55, S. 43-57, 4.1.1643, S 1091, 1647, Nr. 89, S. 148-153; ausführliches Gutachten des Rechtsprofessors David Mevius zu diesem Prozess: Mevius (1717): 290-301; auch: AHL 3.1-2/2 Ratsprotokolle III. Serie, 1646-47: fol. 264, 298v, 346v, 347r.

wältigten Bürger die Frau und warfen sie in den nahegelegenen See, um eine private Wasserprobe durchzuführen. Als die so gewaltsam Geprüfte nicht sank, glaubte nun auch der Möllner Rat, gegen die Frau vorgehen zu müssen. Die Angeklagte namens Toleke Stamer legte alsbald, nachdem ihr die Folterinstrumente aufgesetzt worden waren, ein volles Geständnis ab. Ihrer Verbrennung stand danach nichts mehr im Wege. Da schaltete sich der Lübecker Rat in seiner Funktion als Obergericht ein, denn ihm waren inzwischen die Akten des Prozesses zugeschickt worden. Er erklärte die Folter wegen fehlender Indizien für illegal und rügte die gesamten Maßnahmen in Mölln scharf. Selbst als zahlreiche Möllner Bürger lautstark eine Weiterführung des Verfahrens gegen Toleke Stamer forderten und sie erneut stark belasteten, blieb die Lübecker Obrigkeit stur und ihrer Politik der „Entsorgung" treu: Die Frau wurde aus der Stadt verbannt.[26]

Insgesamt stellten Frauen 85% der gesamten Angeklagten. Sie stammten vorwiegend aus der Unterschicht und waren zumeist alt und alleinstehend. Die angeblichen Hexenmeister hingegen lassen sich signifikant häufiger der Mittel-

Abb. 4: Die Folter war die Seele der Hexenprozesse. Durch sie gestanden zahlreiche Frauen und Männer das Verbrechen der Hexerei, auch in Lübeck (aus: Johann Jakob Wick, Wickiana, Zürich ca. 1580 – https://commons.wikimedia.org/wiki/File:Wickiana4.jpg?uselang=de, CC-BY-SA 4.0, 4.12.2021).

26 AHL 3.1-2/2, Ratsprotokolle II. Serie, 1646-47 fol. 365v (20.12.1647); AHL 1.1-3.1 ASA Externa Deutsche Territorien Nr. 2796-2797; StA Mölln Nr. 818 (Kriminalgerichtsprotokolle 1572-1663).

schicht zuordnen. Die Anklagen im lübeckischen Landgebiet überstiegen überproportional diejenigen in der Stadt, wenn die Einwohnerzahlen als Maßstab zugrunde gelegt werden. Die Auffassung, es habe sich bei den Opfern von Hexenverfolgungen häufig um Hebammen gehandelt, kann am Beispiel Lübecks nicht bestätigt werden: Keine einzige Geburtshelferin befand sich unter den angeblichen Delinquentinnen. Alle Angaben sind jedoch wegen der geringen Stichprobe von n=27 und den wenigen Statusinformationen in den Akten nur sehr bedingt aussagekräftig.

Als 1683 ein Hinrich Burmeister den Rat anrief, weil ein Einwohner aus dem Landgebiet seine Frau beschimpft, geschlagen und mit Zauberei in Verbindung gebracht hatte, reagierte der Rat umgehend und befahl unwirsch, „es sollen beide Parteien miteinander und [...] freundlich leben und Hand und Mund halten, bei Strafe des Gefängnis."[27]

Die Hexenprozesse waren in Lübeck definitiv zu Ende gegangen. Weitere Klagen führten nicht mehr zu förmlichen Verfahren.[28] In Lübeck mit seinen immerhin 25.000 Einwohnern wurden demnach im Vergleich zu anderen Regionen wesentlich weniger Personen wegen Hexerei angeklagt und zudem hatten die Beschuldigten höhere Überlebenschancen.

„Vollkommene Hexen und abergläubige Sachen"

Eine Erklärung des moderaten Umgangs mit Hexenanklagen in Lübeck stößt an die Grenzen der zur Verfügung stehenden Quellen. Da zahlreiche Gerichtsbücher im 19. Jahrhundert vernichtet wurden und die Aufzeichnungen der Ratssitzungen in der Frühen Neuzeit Ergebnis- und keine Verlaufsprotokolle waren, lassen sich Diskussionen und Begründungen für die oft lakonischen Ratsurteile hieraus nicht erschließen. Deswegen müssen in diesem Fall Indizien und Hypothesen die für andere Regionen oft quellenbelegten Kausalzusammenhänge ersetzen.

1645 verschärfte die Stadtobrigkeit in einem Prozess kurzfristig ihren Hexenbegriff und weitete die Bestimmungen im Lübischen wie im reichsweiten Recht aus:

„Es gibt drei Classes:
1. Die vollkommenen Hexen, die mit dem Teufel buhlen,
2. Die eine communionem (Gemeinschaft) mit dem Teufel haben, als die durch Kristallen reden oder durch Spiegel; die werden auch am Leben gestraft, sondern mit dem Schwerte,
3. Abergläubige, die zwar keinen Teufel haben, sondern abergläubige Sachen rathen, die andere Leute auch tun können."[29]

Der Rat hatte damit einen Magiebegriff beibehalten, der Hexerei und andere magische Delikte strikt voneinander unterschied: Als Hexen wurden Per-

---

27 AHL 3.4-1 Kämmerei Nr. 499 v. 4.6.1683.

28 Z.B. eine Anzeige v. 1703, in: AHL 3.4-1 Kämmerei Nr. 2786.

29 AHL 3.1-2/2 Ratsprotokolle III. Serie, 1643-1645 (ohne Foliierung), Eintrag v. 8.11.1645.

sonen angesehen, die ihre übersinnliche Kraft durch ein Bündnis mit dem Teufel erlangt hatten. War dieser Pakt zusätzlich durch einen diabolischen Geschlechtsverkehr besiegelt worden, dann lautete die Strafe auf Verbrennung. War lediglich eine Abmachung mit Satan ohne sexuelle Beziehung geschlossen worden, dann galt nach wie vor die Todesstrafe, allerdings in Form der Enthauptung. Die Menschen, denen solches unterstellt wurde, gehörten demnach zu den Hexen.

Diejenigen hingegen, die ohne Teufelsverbindung durch eigene menschliche Kraft zauberten, indem sie beispielsweise Heil- oder Schutzzauber ausübten, zählten zum einfachen Zauberpersonal. Sie wurden nicht mit dem Tod bestraft, sondern verbannt, an den Pranger gestellt oder mit Peitschen geschlagen.

Allen Verfügungen der verschiedenen Obrigkeiten im Reich gegen Zauberei war eine Verschärfung zu Ende des 16. und Anfang des 17. Jahrhunderts ge-

Abb. 5: Der Künstler Hans von Hembsen malte 1625 eine Sitzung des Rates während eines Obergerichtsverfahrens. Die vier Bürgermeister sitzen in diesem Bild links unter dem Gemälde des Kaisers und dem Wappen mit lübeckischem Doppeladler. Die anderen Ratsherren nehmen die Banksitze ein. Die Syndiker und Ratsschreiber folgen auf der unteren Seite (St. Annen-Museum Lübeck - https://upload.wikimedia.org/wikipedia/commons/1/17/Hans_van_Hemssen._Sitzung_des_L%C3%BCbecker_Ratsgerichts%2C_1625._St._Annen-Museum_In_Topographia_Saxoniae_Inferioris._M._Merian%2C_Frankfurt_1653.png, CC-BY-SA 4.0, 14.2.2021).

meinsam, indem sie angebliche magische Verbrechen mit einem vermeintlichen Teufelsbündnis in zwangsläufige Verbindung setzten. In Lübeck erfolgte die Verschärfung des eigenen Hexenbegriffs erst mit Verspätung. Dabei übertrafen die hiesigen Richter in ihren Urteilsbegründungen gleichwohl die Rechtsprechung nach Reichsstrafrecht an Unnachgiebigkeit. Sie erreichten dennoch nicht die tödliche Strenge der Rechtsvorschriften anderer lutherischer Obrigkeiten wie etwa in Kursachsen: Die Kursächsischen Konstitutionen sanktionieren nämlich auch magische Segnungen mit einem Todesurteil.[30] Es ist allerdings unzutreffend, aus den genannten lübeckischen Beispielen ein Engagement für Hexenprozesse herauszulesen. Vielmehr hatten vermutlich die zahlreichen Juristen im Rat dafür gesorgt, dass einer Strafverfolgung die Schaffung eindeutiger gesetzlicher Grundlagen vorausgehen musste.

„Die Wahrung des Erreichten“

Die Zurückhaltung und das verspätete Aufgreifen ansonsten üblicher Rechtspraktiken bei der Hexenverfolgung kennzeichneten viele freie bzw. Reichs- und Hansestädte mit entsprechender Selbstverwaltung wie Bremen, Besançon, Danzig, Frankfurt, Hamburg, Nürnberg, Regensburg und Ulm. Mit Einschränkungen zeigten auch Augsburg und Köln einen ähnlichen Umgang mit Hexenprozessen.[31] Diese gemäßigte Haltung war demnach keinesfalls ein Lübecker Alleinstellungsmerkmal.

Die Gründe für die Zurückhaltung lagen mit Sicherheit insgesamt in den Strukturen großer Städte. In Lübeck, das im 17. Jahrhundert zur „Wahrung des Erreichten“[32] neigte, zeichnete sich trotz wirtschaftlicher Krise insgesamt noch kein Niedergang ab. Dank starker Befestigungen und einer Politik der Neutralität blieb die Hansestadt auch von Zerstörungen im Dreißigjährigen Krieg verschont.[33] Der Lübecker Rat sah sich zwar mit einem relativen Bedeutungsverlust konfrontiert und fühlte sich offenbar trotzdem nicht in seiner Unabhängigkeit beeinträchtigt. Seine Mitglieder meinten nicht, sich gegen die erstarkenden Ansprüche von Landesfürsten durch hartes Vorgehen im Stadtinneren absichern zu müssen, um, wie in anderen Städten Norddeutschlands, Vorwände zu Einmischungen abzuwehren.[34] In Ballungszentren konnten zudem Gerüchte über angebliche Hexen ohnehin besser ignoriert werden als in der dörflichen Gesellschaft. Die Lübecker Obrigkeit stand daher kaum unter dem Druck „von unten“. Die Inszenierung von Hexenprozessen gehörte nicht zur Herrschaftsmethode des ratsbildenden Patriziats.

---

30 Konstitutionen (1572): fol. 85b; Wilde (2003): 29-30; Behringer (2000): 49.

31 Allgemein zur Verfolgung in Städten: Voltmer (2018): 149-173; Dillinger (1998): 129-165; Einzelne Städte: Rügge (2021): 75-100; Schulte (2006): 472; Kaczor (2005): 133f.; Schwerhoff (1991): 364; Schormann (1985): 175-187.

32 Graßmann (1988): 435-449.

33 Schilling (2004): 26; Graßmann (1988): 400, 449.

34 Schormann (1985): 175-187.

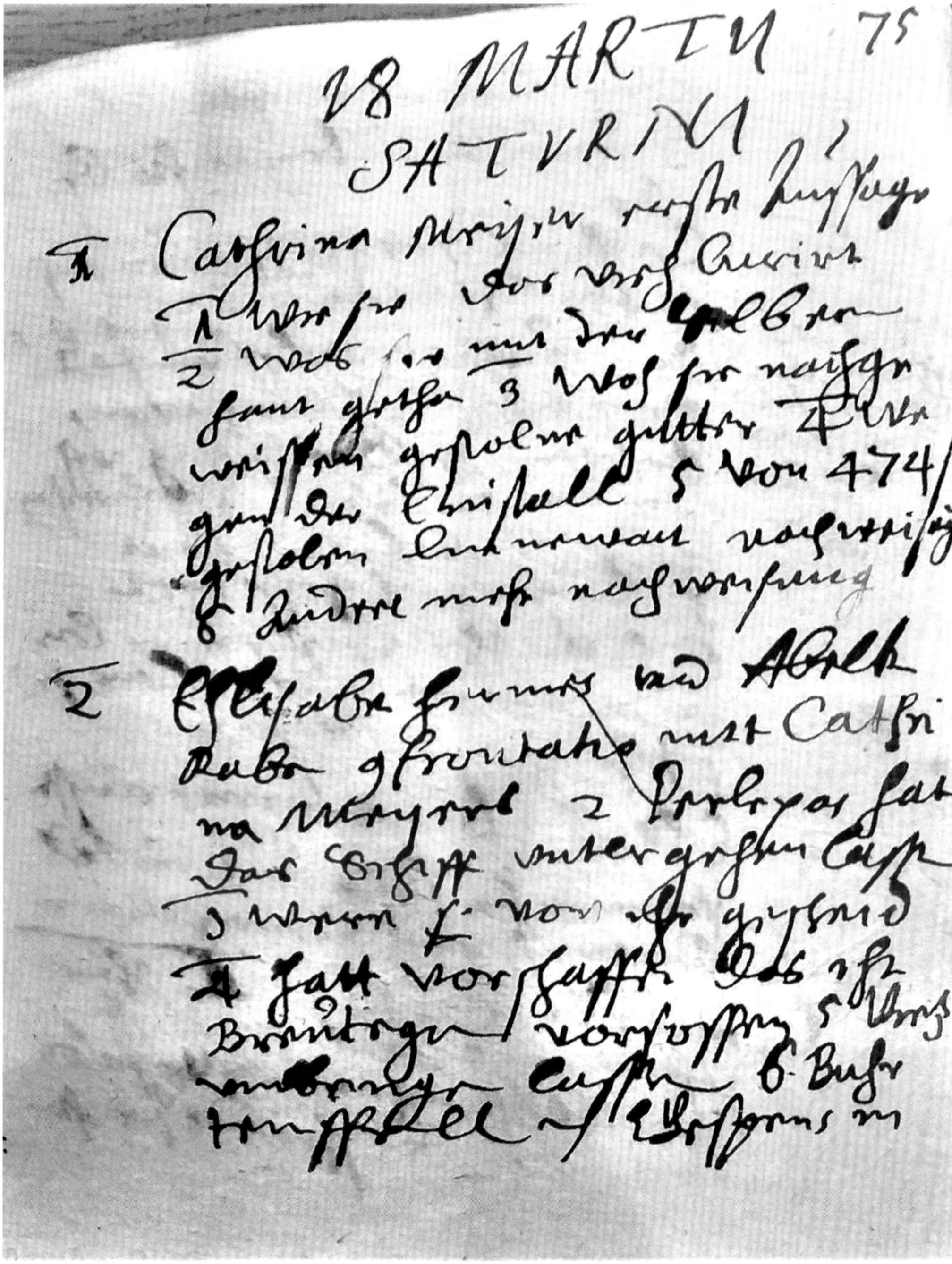

Abb. 6: Seite aus dem Ratsprotokoll vom 18.3.1637: Der Rat verständigt sich über Verhörfragen für Catharina Meyers wegen Hexerei. Sie gestand magisches Schiffeversenken in Verbindung mit dem Teufel (AHL 3.1-2/2, Ratsprotokolle I. Serie, 1637, fol. 75; Foto: Rolf Schulte).

Immer wieder durchgestrichene Formulierungen[35] in den Protokollen von Hexenprozessen verweisen auf vorausgegangene Diskussionen. Interne Konflikte in den Räten der Städte um die Handhabung von Hexendelikten waren häufig: Das revidierte Lübecker Stadtrecht von 1586 sollte sogar Konflikten im Rat vorbeugen, weil diese zum Teil handgreiflich ausgetragen worden waren. Der Rat stellte kein Gremium der harmonischen Beschlussfindung dar. Aber selbst nach knappem Mehrheitsentscheid war jedes Mitglied zur Geschlossenheit und Solidarität nach Außen angehalten und hatte die getroffenen Maßnahmen mitzutragen.[36] Diese Gemeinschaftsidentität spielte als grundlegendes Motiv für die Zurückhaltung des Rats in Sachen Hexenprozesse eine gewichtige Rolle. Die „diskursive Entscheidungsfindung“[37] in dem 15-20köpfigen Kollegium, d. h. der grundsätzliche Austausch und die Diskussion vor Beschlussfassungen, stellten einen Gegensatz zur Herrschaftsmethode in den ansatzweise absolutistisch regierten Territorialfürstentümern dar: Der Rat war alleine dadurch, dass er sich aus vielen Entscheidungsträgern zusammensetzte, kein monolithischer Block, sondern ein vielstimmiges Organ – trotz der vielfachen verwandtschaftlichen Beziehungen miteinander.

Doch auch derartige Gremien garantierten noch keine wie immer gearteten „checks and balances“. Auf der Insel Fehmarn bestand das Landgericht ebenfalls aus 20 Richtern und es klagte trotzdem 150 Personen als Hexen oder Hexenmeister an. Die lübische Zurückhaltung kann mit dem erfolgreichen Wirken von Juristen in Verbindung gebracht werden. Im Rat saßen zahlreiche Rechtskundige, die ein „Gelehrtenpatriziat“[38] bildeten. 1668 gehörten zum Beispiel sieben Rechtsgelehrte und zwei sogenannte Syndici zu dieser Körperschaft der Judikative und Legislative. Die Exekutive der Stadt bestand aus vier Bürgermeistern, unter denen sich regelmäßig zwei und im 17. Jahrhundert drei Juristen befanden. Ein Bürgermeister leitete die Gerichtssitzungen und gab in Prozessen als erster sein Votum ab, gefolgt von den Syndikern der Stadt, die ebenfalls Sitz und Stimme im Rat hatten.[39] Die Gruppe der Patrizier mit abgeschlossenem Studium nahm in der sozialen Hierarchie der Stadt die unangefochtene Spitze ein, gefolgt von den Syndikern, die eine wichtige Position nach den Bürgermeistern und aber noch vor den anderen Ratsmitgliedern innehatten.[40]

Gerade die vom Rat auf Lebenszeit angestellten Juristen kamen mehrheitlich aus einer Rechtsschule[41], die zwar die Existenz von Hexereiverbrechen akzeptierte, aber diese im Rahmen eines Regelprozesses und nicht durch eine Sondergerichtsbarkeit behandeln wollte. Vertreter dieser Schule befanden sich zum Beispiel in den juristischen Fakultäten der Universitäten Rostock und Greifswald sowie später auch Kiel. Die Dozenten in diesen Einrichtungen hielten am reichs-

---

35 Beispielsweise AHL 3.1-2/2, Ratsprotokolle I. Serie, 1637, fol. 84, 273, 294v.

36 Ebel (1971): 241, 244-249.

37 Dillinger (1998): 162.

38 Schilling (2004): 34; Graßmann (1988): 347

39 Bruns (1951): 7-18, 33-36.

40 Bei der Wieden (1988): 163ff.

41 Die Mehrheit der Syndiker hatte in Rostock und Greifswald studiert: Eigene Auszählung der Biografien von 1534-1700 nach: Bruns (1938): 92 u. 97-113.

rechtlichen Regelverfahren, dem sogenannten „processus ordinarius", fest und die lübeckischen Juristen folgten dieser Auffassung.[42] Die Lübecker Obrigkeit griff daher weder zu rechtlichen Ausnahmeverfahren, noch schuf sie gesonderte Hexenausschüsse, in denen – wie aus anderen Territorien und Städten bekannt – sprichwörtlich „kurzer Prozess" gemacht wurde.[43] Daher beriefen sich die städtischen Herrschaftsträger in den Hexenprozessen seit Mitte des 16. Jahrhunderts neben dem Lübischen Recht stets explizit auf die Verfahrensordnung Kaiser Karls V. von 1532. Die übergroße Mehrheit der juristischen Gutachten holte sich die Stadtobrigkeit zudem aus einer bestimmten Universität: Sie stammten aus Rostock, der Universität, an der zahlreiche lübeckische Juristen studiert hatten.[44]

Die Hinrichtungen der Jahre 1637-1645

1637-1645 wurden demnach sieben Frauen in Lübeck wegen Hexerei hingerichtet oder starben während des Verfahrens im Gefängnis. Diese Serie stand außerhalb des bisherigen lübischen Umgangs mit dem zeitgenössischen Kapitalverbrechen. Was war also im Jahre 1637 geschehen?

Abb. 7: Städtische Scharfrichter bereiten sich auf eine Hinrichtung vor (aus: Joos de Damhouder, Praxis rerum criminalium iconibus illustrata. Antwerpen – Beller – 1562.jpg - Wikimedia Commons, https://commons.wikimedia.org/wiki/File:Praxis_rerum_criminalium_iconibus_illustrata._Antwerpen_-_Beller_-_1562.jpg, CC-BY-SA 4.0, 14.2.2021).

42 Lorenz (1982): 326ff., 337ff., 412, 439f.

43 Rummel/Voltmer (2012): 124.

44 Lorenz (1982): 273 f.

Auch hier können nur Hypothesen aufgestellt werden, da die Gerichtsberatungen nicht dokumentiert sind. Stadtobrigkeiten standen unter dem Druck, ihre im 16. Jahrhundert teilweise mühsam errungene Kompetenz, ein „gutes Stadtregiment“ zu führen, zu beweisen.[45] Fragen der Religiosität und des christlichen Lebenswandels der Bevölkerung spielten bei Hexenverfolgungen eine zentrale Rolle. Die Stadträte mussten also bemüht sein, ihre christlich-moralischen Führungseigenschaften herauszustellen, um ihre Stellung zu legitimieren. Die strenge Fahndung nach übersinnlichen und mit dem Teufel verbundenen Verbrechen konnte demnach als Demonstration dienen, dass auch städtische und dazu noch lutherische Herrschaftsträger hart und sichtbar keine Verstöße gegen die christliche Orientierung und die Gottestreue des von ihnen regierten Gemeinwesens und ihrer Untertanen duldeten.

Das Stadtregiment lag aber in den 1630er Jahre in der Wahrnehmung von Zeitgenossen im Argen. Die Lübecker Bevölkerung musste im Dreißigjährigen Krieg hohe Kontributionen sowie Steuererhöhungen tragen, um die Stadtwälle aufzurüsten sowie die Plünderungen der Dörfer in der Umgebung zu kompensieren. Die Verschuldung der Stadt nahm in dieser Zeit massiv zu, obwohl sie neutral geblieben und nicht militärisch eingenommen worden war. Die Preise für Lebensmittel stiegen ab 1625 erheblich an und trafen vor allem die Mittel- und Unterschicht, die besonders auf niedrige Preise für Nahrungsmittel angewiesen waren und keine finanziellen Reserven hatten. Die Preise für Roggen, das wichtigste Grundnahrungsmittel Norddeutschlands, hatten sich schon im 16. Jh. durch importierte Inflation und steigende Nachfrage infolge des Bevölkerungswachstums stark erhöht. Die Löhne, auf die breite Schichten auch in Lübeck angewiesen waren, stiegen dagegen nicht proportional. Der Fall der Reallöhne verursachte die Verarmung eines größeren Teiles der Bevölkerung und schließlich eine soziale Polarisierung. Im Hintergrund dieser ökonomischen Krise spielte eine Klimaveränderung eine wichtige Rolle.[46] Seit 1560 änderte sich das Wetter in ganz Europa: Kühle, nasse Winter und kalte, aber auch feuchte Sommer lösten sich ab, so dass sich die Vegetationsperiode verkürzte und die Erträge stagnierten oder zurückgingen: Das Angebot an Lebensmitteln verknappte sich in der Folge, die Preise stiegen an, da die Nachfrage gleich blieb; vor allem die Unterschichten waren davon betroffen, weil sie sich vielfach keine Vorratshaltung leisten konnten und auch kaufen mussten, wenn es teuer war. Der Wechsel der Witterung hing mit dem Einbruch einer „kleinen Eiszeit“ zusammen. Die wirtschaftliche Krise des 17. Jahrhunderts machte auch vor den Toren der Hansestadt für bestimmte soziale Schichten nicht halt.

Alle diese Entwicklungen passten besonders nach Ansicht der orthodoxen lutherischen Geistlichen in Lübeck nicht zu einem guten Stadtregiment, zu dem sich der Rat verpflichtet hatte. Bereits zu Ende der zwanziger Jahre des 17. Jahrhunderts hatten Theologen, wie der Hauptpastor der Jakobikirche Gerhard Winter, die Notlage in Predigten aufgegriffen. Der auch als Senior des Geistlichen Ministeriums tätige Geistliche thematisierte „Teuerung und Pestilenz“ und

45 Ebel (1971): 249.

46 Behringer (2020): 61f.; Behringer (2000): 53f.

„Jammer und Elend", d. h. die wirtschaftlichen und sozialen Verwerfungen, in einer Predigt sowie in einer anschließenden Druckschrift. Winter führte diese Entwicklungen auf ein Strafgericht zurück, „welches Gott, der Herr, wegen unseres Ungehorsams und Verbrechens halber über uns kommen und ergehen lässt." Der einflussreiche Pastor erklärte demnach die Krisen als göttliche Sanktion für die Sündigkeit der Stadt und warnte vor einer Vernachlässigung der Kirche sowie ihrer Lehre.[47] Er bestritt damit unmittelbar auch die Kompetenz des Rates, die Stadt im Sinne eines guten Regiments zu führen und sich dabei bewährt zu haben. Predigten zeigten in der Hansestadt beträchtliche Wirkungen: Zwei Dominikanermönche auf Reisen berichteten 1622 von einer besonderen Frömmigkeit der Einwohner, die die Kirchen auch wochentags sehr füllten, um die geistlichen Ansprachen zu hören.[48]

Auch der lübeckische Superintendent Nikolaus Hunnius griff in seinen österlichen Predigten regelmäßig die seines Erachtens grassierende Immoralität zahlreicher Einwohner an. Ziel seiner Predigten war es jedoch, die Stadtobrigkeit in ihrer angeblichen Laxheit und Ungebundenheit gegenüber diesem angeblichen Werteverlust in der Bevölkerung zu kritisieren. Er bemängelte eindringlich, dass das oberste Beschlussorgan der Hansestadt diesen unchristlichen Lebenswandel nicht ausreichend reglementiere. Unter der Führung von Hunnius verfasste die Gesamtvertretung aller Pastoren in der Stadt 1633 eine Verordnung, mit deren Hilfe die „Zauberey" in Lübeck eingedämmt werden sollte. Die Geistlichkeit bezeichnete hierin „Wickerinnen", „Wahrsagerinnen", „Segenssprecherinnen" und „Kristallguckerinnen" als böse, gottlose Menschen, weil sie den Namen Gottes missbrauchten. Des Weiteren rief der Entwurf alle Einwohner, egal ob „Manns- oder Frauens-Person", dazu auf, sich derartiger Praktiken zu enthalten.[49] Stattdessen sollte die lübeckische Bevölkerung den Bund mit Gott erneuern und ihren christlichen Glauben verstärken.[50] Der tatsächliche Erlass des Rates blieb dann allerdings inhaltlich reichlich unkonkret und ungenau. Der Rat ignorierte die Intention der Geistlichkeit vollständig. Hunnius verlangte nun – auch wegen anderer Auseinandersetzungen mit der Stadtregierung – ein Mitbestimmungsrecht der Geistlichen sowie ein kirchliches Strafrecht für unchristliches Verhalten. Der

47 Winter (1627): 5, A III, 52.

48 Wieselgren (1962): 115-117.

49 „Edictum Senatus wieder die Zauberey", 1633, in: AHL 6.0-1 Geistliches Ministerium (nicht erschlossen), Tom. IV (1628-1644), fol. 276-277.

50 Die Vorlage gab sich schon als Erlass, denn der Rat wird darin als Beschlussorgan genannt. Da dieser angebliche Erlass aber nicht in anderen Auflistungen von Mandaten des Rates vorhanden ist, sondern sich allein handschriftlich in den Akten des Geistlichen Ministeriums der Stadt befindet, muss von einer Vorlage ausgegangen werden. In den Sammlungen von Johann C. H. Dreyer, Zur Kenntnis der von e. hochw. Rat der Reichsstadt Lübeck ergangenen Verordnungen, Lübeck 1769, sowie in den von Wilhelm Brehmer zusammengestellten „Lübeckischen Verordnungen" von 1597-1783, 1637-1791 u. in den gebundenen Verordnungen, Bd. 27, 1627-1770 (AHL 8.1 Handschriften Nr. 803d u. 803g; Dienstbibliothek L IV 408, Bd. 27) findet sich kein Erlass von ca. 1633-35 gegen Zauberei. Erst 1658 gab der Rat eine Verfügung heraus, die die Zauberei als Straftat benannte (AHL Dienstbibliothek L IV 408, Bd. 27 v. 1658). Die Ratsprotokolle des Jahres 1633, die eine solche Instruktion dokumentieren könnten, sind nicht mehr vorhanden.

Rat wies dieses Ansinnen zurück und insistierte weiterhin darauf, dass er allein seit der Reformation weltliche und bischöfliche Funktionen habe, denn er verfüge über „die höchste und allgemeine Kirchenhoheit mit vollständigster Macht“.[51]

Nach diesen Konflikten mit dem seiner Ansicht nach anmaßenden örtlichen Klerus entschied sich der Rat für klare Verhältnisse. Er übernahm 1635 in einer demonstrativen Herrschaftsgeste die gesamte formelle und faktische Kirchenleitung, so dass die Geistlichen fortan der städtischen Obrigkeit unterstanden. Doch der Konflikt schwelte weiterhin, denn die Ratsherren standen noch immer in der Verpflichtung, ihre Politik zu legitimieren und sich als vorbildlich Herrschende darzustellen.

Als dann 1637 mehrere Anzeigen wegen Hexerei das Obergericht erreichten und kurz zuvor auch der einzige Syndicus, nämlich Otto Tanck, gestorben war, sahen die Gerichtsherren vermutlich eine Chance, den Ruf des Rates durch harte Maßnahmen zu stärken. Gerichtsherren waren zu dieser Zeit die beiden Kaufleute Heinrich Remmers und Otto Brokes. Letzterer, der 1640 Bürgermeister wurde, erhielt wegen seiner Strenge und seiner konservativen Haltung in Anlehnung an den antiken römischen Senator Cato auch den Beinamen „Cato lubecensis“. Die beiden Gerichtsherren führten die Prozesse mit allen Mitteln, d. h. auch durch Foltereinsatz, mit Billigung des stets informierten (Gesamt-)Rates.

Superintendent Hunnius wetterte aber weiter gegen die nachlässige Politik des Rates. Er predigte 1640, dass die Stadt „…übel verschrien wird, als man darin Gottes Ehre schlecht halte. Von Zaubereien, auch durch Teufelskünste Krankheiten heilen, von Leibesgebrechen helfen, verlorene Dinge nachweisen, gestohlene Güter wiederbringen […] ist genug Meldung getan und ist leider davon die Stadt voll, dass es niemand unbekannt sein kann […]. Dass man nun von der Exekution, die vor drei Jahren gegen solche Misshandlungen angestellt war [hiermit sind die Hexenprozesse von 1637 gemeint, Anm. des Verf.], bald abgestanden und die Hände bald sinken lassen, die allzu sehr berüchtigten Personen auf Bürgschaft losgegeben hat, und nun jedermann durch zauberische Leute den Teufel, als oraculum, frei und ungehindert um Rat fragt, von ihm als einen medico, wider Leibesschaden, Gebrechen und Krankheiten Hilfe sucht […]; die Obrigkeit aber dawider nicht setzet weder mit Worten noch mit Werken, dadurch dann über die ganze Stadt der feuerbrennende Zorn Gottes und dessen schwere Strafen und Flüche geführt werden.“[52]

Das Zitat zeigt die Emotionalität sowie Intensität der Kritik am Rat. Hunnius griff auch hier dessen seiner Meinung nach zu laxe Hexenverfolgung an und damit in Folge auch seine allgemeine Politik- und Führungsfähigkeit. Die weiteren Todesurteile in den 1640er Jahren sind vermutlich erneut aus diesem Druck des Klerus motiviert. Belege dafür gibt es nicht, aber eine solche Erklärung der Ausnahmesituationen ab 1637 durch den scharfen Konflikt zwischen Kirche und Staat scheint nicht unplausibel.

---

51 Der Rat beansprucht „summum et universale jus regiminis ecclesiastici cum plenissima potestate“, zit. n. Heller (1843): 115 (Übersetzung von mir). Zum gesamten Konflikt auch Hauschild (1981): 301-310; Ders. (1970): 69-92, bes. 72.

52 Zit. n. Heller (1843): 176.

Hunnius war mit seinen drastischen Rügen dennoch kein eifernder Scharfmacher oder Hexentheologe. Er berief sich zur Vorgehensweise gegenüber Hexerei in seinem Katechismus im Gegensatz zu manchen seiner katholischen wie protestantischen Kollegen allein auf eine Bibelstelle des Alten Testaments, Deuteronomium 18/10-12: „...unter dir soll nicht gefunden werden ein Zauberer oder Beschwörer oder Wahrsager oder Zeichendeuter oder der der die Toten fragt."[53] Eine hauptsächliche zeitgenössische Rechtfertigung für Hexenverfolgungen war hingegen eine andere und oft zitierte Passage des Alten Testaments, in Exodus 22/17, in der die Todesstrafe für Zauberinnen gefordert wurde.[54] Hunnius verlangte demnach nicht grundsätzlich weitere Todesurteile, sondern rief den Rat dazu auf, gegen die angeblich grassierenden Zauberpraktiken in nicht festgelegter Art in der Stadt vorzugehen.

HENRICI MICHAELIS JC.
Reipublicæ Lubecensis
Syndici,
RESPONSORUM,
Sive Deductorum Juris, Kiloniensium aliorumq; selectorum,
LIBER,
Quorum argumenta in indice præfixo exhibentur.
LUBECÆ,
Sumptibus Ulrici Wetsteinii,
ANNO M. DC. LXXIII.

Abb. 8: Titelblatt der Sammlung von Gutachten zu Prozessen des 17. Jahrhunderts des Lübecker Rechtsgelehrten Heinrich Michaelis, gedruckt in Lübeck 1673 (Landesarchiv Schleswig-Holstein, Foto: Rolf Schulte).

Ein Jurist und Syndiker am Werk: Heinrich Michaelis

1668 berief der Rat einen neuen Syndikus, den in Lübeck geborenen Juristen Heinrich Michaelis. Der Rechtsgelehrte hatte das Katharineum in der Hansestadt besucht, anschließend in Greifswald und Rostock Jura studiert. Von 1650 bis 1654 wirkte er als Dozent an der Universität Greifswald, 1666-1668 an der neu gegründeten Universität Kiel als Professor der Jurisprudenz. 1673 gab er in Lübeck eigene wie auch mit anderen Kollegen erstellte Rechtsgutachten heraus, darunter auch Stellungnahmen zu Hexenverfahren. 1676 folgte eine Publikation zur generellen juristischen Führung von Kriminalprozessen, die ebenfalls in Lübeck gedruckt wurde.[55]

Michaelis lehnte bestimmte – von lokalen Gerichten gern als Beweis genutzte – Indizien

53 Hunnius (1643): 6. Hunnius zitiert allerdings sehr frei, die Passage in Luthers Bibel ist mithin weit ausführlicher.

54 AT, Exodus 22/17 „Zauberinnen sollst du nicht am Leben lassen". Die zeitgenössische katholische Übersetzung der Stelle bezog auch männliche Zauberer mit ein.

55 Michaelis (1673): 166-179 u. 217-298.

ab. Er verwarf zum Beispiel die Tränenlosigkeit der Angeklagten während der meist gewaltsamen Verhöre als Beleg für eine mögliche Schuld.[56] Diese hatte ihren Ursprung in der Vorstellung, dass der Teufel seinen Bündnispartnerinnen und -partnern als Symbol des gegenseitigen Vertrages ein Zeichen am Körper einbrannte. Dieses sogenannte Hexenmal war mit diesem Akt schmerzfrei und konnte bei Verletzung nicht mehr bluten. Die Stiche mit einer Nadel in auffällige Muttermale oder ähnliche Hautunregelmäßigkeiten der Angeklagten während eines Verhörs sollten nach dieser Auffassung eine Hexe entlarven. Von manchen Klägern in Hexenprozessen sprach Michaelis deswegen auch erkennbar herablassend als von „Bauern und anderen abergläubigen liederlichen" sowie „unbesonnenen, betrogenen, närrischen Leuten".[57] Der Jurist, der im städtischen Milieu aufgewachsen und beruflich tätig war, scheint mit diesen Äußerungen den Glauben an Zauberei hauptsächlich in der ländlichen Bevölkerung zu verorten. Es ist nicht ausgeschlossen, dass Michaelis mit dieser Hybris auch die Wertvorstellungen einer städtischen Oberschicht repräsentierte, die Hexenprozesse als bäuerliches Werk abtat. Teile des Patriziats verachteten zwar das Landvolk wegen seiner Auffassungen und glaubten dennoch an die Wirkmächtigkeit von Magie.[58] Michaelis gehörte nur eingeschränkt zu dieser Gruppe. Der Syndiker unterschied klar die Zauberei von volkstümlichen Heilbesprechungen des Viehs und der Menschen – sogenanntes Böten. 1673 stellte er in einem Gutachten unmissverständlich fest, dass „ganz falsch, daß bloßes Böten eigentliche Zauberey sei und als eigentliche Zauberey mit Feuer und Flamme zu strafen."[59]

In seiner Argumentation verwies der Rechtsgelehrte auf das Werk des Jesuiten und maßgeblichen Prozesskritikers Friedrich Spee, in dem die Hexenverfolgung scharf angegriffen worden war. Die für die damalige Zeit ungewöhnliche Tatsache, dass Michaelis als Jurist in seiner rechtlichen Gedankenführung einen Theologen wie Spee als Zitierautorität anführte, zeigt seinen Mut, sich in der Fachwelt schon allein formaler Kritik auszusetzen.[60]

Dennoch war Michaelis durchaus auch hexengläubig und lässt sich nicht zu einem hehren Verfolgungsgegner idealisieren. Er unterminierte jedoch mit seiner kritischen Diskussion und seinen Stellungnahmen die Hexenlehre – ein Schritt auf dem Wege zum Ende der Verfolgung.

Kein Wunder also, dass sich Skeptiker wie Michaelis gerade in der Hansestadt niederließen, um von hier aus ihre kritischen Schriften zu drucken und zu verbreiten. Ein reziprokes Verhältnis entstand in Lübeck: Der Rat suchte die zu seiner Politik passenden Juristen aus und diese bestätigten wiederum rechtlich die Politik der Stadtobrigkeit.

---

56 Michaelis (1673): 173-179.

57 Michaelis (1673): 247 u. 256.

58 Dinzelbacher (2006): 1092.

59 Michaelis (1673): 275.

60 Michaelis (1673): 262; Michaelis (1676): 525.

„Böse Geister" und „Besessenheiten"

In Lübeck – wie auch in anderen vergleichbar großen Städten – lässt sich im 17. Jahrhundert im Kontrast zu Territorialstaaten tendenziell eine „frühmoderne Formierung, Rationalisierung und Professionalisierung"[61] erkennen. Diese Entwicklung führte zu einer differenzierteren Wahrnehmung verschiedener krimineller Delikte und ihrer Motive. Das Obergericht der Stadt attestierte beispielsweise 1651 einer Delinquentin, die ihr Kind umgebracht und anschließend Selbstmord begangen hatte, eine „impotentia animi"[62], d. h. eine Geistesschwäche.[63] Heute würden wir von einer verminderten Zurechnungsfähigkeit nach § 20-21 StGB, z. B. durch Schizophrenie, Debilität oder bipolare Störung, sprechen. Der Rat definierte den Kindsmord somit nicht als durch teuflische Einflüsse begründete Tat, sondern als Straftat bei verminderter Schuldfähigkeit.

1660 und 1667 ermittelten die Gerichtsherren gegen zwei Frauen, die angeblich böse Geister in die Körper bzw. Seelen von Stadteinwohnern gewiesen hatten. Der Vorwurf lautete demnach auf Verbreitung sogenannter Besessenheit, d.h. die Besitzergreifung eines Individuums durch ein dämonisches Wesen, das in destruktiver Weise das Verhalten eines Menschen steuert. Die Gerichtsherren gingen diesen Anzeigen von Krankheitszauber mit allen ihnen zur Verfügung stehenden Mitteln nach, denn die Leiden hätten durch Hexenwerk verursacht worden sein können. Doch die zuständigen Ratsmitglieder kamen zu dem Schluss, dass die psychischen Veränderungen nicht als Folge zauberischer Tätigkeit anzusehen seien: Sie schlugen nämlich in einem Fall Freispruch wegen Nichtigkeit und im anderen Fall einen Stadtverweis vor, allerdings nicht wegen eines Besessenheitszaubers, sondern wegen bösartigen Fluchens. Der Rat folgte diesen Empfehlungen.[64] Er zweifelte offenbar daran, dass diese Übertragung von psychischer Krankheit trotz hartnäckigem Geisterglauben in der Bevölkerung tatsächlich durch Hexerei erfolgt sein könne oder dass ein derartiger magischer Transfer juristisch beweisbar gewesen wäre.

Die obengenannten Urteile offenbaren, dass die lübeckische Judikative klassisch evangelisch-lutherischen Auffassungen folgte. Im 17. Jahrhundert hatte sich die protestantische Kritik an den katholischen Austreibungspraktiken bei sogenannter Besessenheit ausgeweitet. Geister und Gespenster galten demnach als betrügerische Erscheinungen des Teufels oder als Versuchungen Satans, denn es gab nach dieser Auffassung eine eindeutige Aufteilung zwischen den Bereichen der Toten und der Lebenden. Wahrnehmungen von Geistern, die sich angeblich im Zwischenraum der beiden Sphären befanden, konnten daher nur Fantasien von sich auf Abwegen befindenden und unfrommen Personen sein. Die lutherische Orthodoxie lehnte daher die in der katholischen Kirche prakti-

61 Schilling (2004): 72. Ähnliche Argumentation bei Roeck (2009): 82-89.

62 Brehmer (1895-96): 8.

63 Der Begriff der „anima" hat eine lange Geschichte und war schon in der griechischen Philosophie Gegenstand von Diskussionen, s. Park (1988): 464-484.

64 AHL 3.1-2/2 Ratsprotokolle III. Serie, 1667, v. 6.11.1667; Brehmer (1889b): 100f. Zur Verbreitung und zur Konfessionalisierung des Geisterglaubens: Rieger (2011): bes. 64-85.

zierten exorzistischen Rituale ab. Stattdessen setzte sie neben strafrechtlichen Konsequenzen auch auf eine insgesamt verbesserte Glaubenspraxis und bemühte sich, die Religiosität der Gläubigen zu erhöhen.

Zirkelbrüder und Macht

Die Zirkelgesellschaft stellte einen Zusammenschluss von städtischen Patriziern dar, die auf enge verwandtschaftliche Verbindungen in ihren Reihen achteten. Die auch als „Junkerkompanie“ bezeichnete Allianz war auch im Rat stets vertreten. Im Laufe des 17. Jahrhunderts hatten sich Angehörige dieser kleinen und exklusiven Vereinigung von ihren Fernhandelsaktivitäten zurückgezogen und Landgüter in der Umgebung Lübecks gekauft. Diese lagen auch außerhalb der städtischen Grenze, der „Landwehr“. 1641 ließen sich die Zirkelbrüder vom Kaiser adeln.[65] Als 1661 der Haushalt der Stadt unausgeglichen war und deshalb neue Steuern diskutiert wurden, rebellierte die Bürgerschaft und forderte mehr Kontrolle. Der Konflikt schwelte mehrere Jahre, und 1668 stürmten schließlich empörte Teile der Bevölkerung sogar das Rathaus. Ein sogenannter Kassa- und Bürgerrezess 1665 und 1669 beendete den Streit mit einer erweiterten Überwachung des Haushalts und neuen Regeln zur Ratszusammensetzung, die eine Öffnung für Bürger vorsah.

In der Beharrung auf ihren Status weigerten sich die landbesitzenden Teile der Oberschicht in diesem Bürgerkonflikt, eine Verfassungs- und Wahlreform überhaupt zu akzeptieren und mitzutragen. Bürgermeister von Höveln gab sein Amt auf und wechselte in hohe dänische Dienste: Er wurde dänischer Vize-Kanzler. Auch andere Gutsbesitzer trennten sich von Lübeck und unterstellten sich dem dänischen König, der kein Freund der lübeckischen Selbstständigkeit war. Wie in der Vergangenheit forderte dagegen der Rat, dass die genannten Gutsbesitzer das lübeckische Bürgerrecht anerkannten und ihre Güter ausschließlich an einen Bürger der Stadt verkauften. Die sogenannten Landbegüterten wiesen das Ersuchen der Stadtregierung jedoch zurück und bekräftigten selbstbewusst ihr erworbenes Recht auf Strafgewalt[66] – selbstverständlich auch gegenüber Schwerverbrechen.

Ab 1668 – noch während des Machtkampfes in der Hansestadt – entfesselten diese ehemalig bürgerlichen Gutsherren über 30 Hexenprozesse auf ihren Gütern, obwohl es dort in früheren Zeiten nur sehr wenige gegeben hatte:

1668
- auf Gut Steinrade des Heinrich von Brömbsen
- auf Gut Niendorf des Andreas von Brömbsen[67]

65 Asch (1961): 111ff.

66 AHL 1.1-1 ASA Interna Nr. 19423 (Stellungnahme v. Brömbsen); ebd. Nr. 19537 (Anspruch auf Gerichtsbarkeit); ebd. Nr. 19423 (Stellungnahme des Syndicus Brauer); ebd. Nr. 19419 (Bürgereide).

67 Mauritius (1669): 283-313, 323-346; UAR: Spruchakte Nr. 21-22, Sommersemester 1668 v. 23. u. 26.6.1668.

1669

- auf Gut Eckhorst des Heinrich Lüneburg
- auf Gut Moisling des Gotthard von Höveln
- auf Gut Steinrade des Heinrich von Brömbsen[68]

1670 auf Gut Eckhorst des Heinrich Lüneburg[69]

1673 auf Gut Trenthorst des Thomas von Wettken[70]

1676

- auf Gut Trenthorst des Thomas von Wettken
- auf Gut Schenkenberg des Obristen von Falkenberg[71]
  (Die Gutsherren von Schenkenberg hatten sich allerdings gegen lübeckischen Protest schon Ende des 16. Jahrhunderts unter die Hoheit Sachsen-Lauenburgs gestellt.)

1677 auf Gut Trenthorst des Thomas von Wettken[72]

1681

- auf Gut Eckhorst des Heinrich Lüneburg und
- auf Gut Mori des Heinrich Adrian (von) Müller[73]

Insgesamt fielen in diesen Verfahren nachweislich mindestens 13 Todesurteile, wahrscheinlich sogar mehr. Der Lübecker Rat, der mehrmals die Justizhoheit des Patriziats auf diesen Gütern bestritten hatte, war sich indessen des Verlustes seiner Territorialherrschaft bewusst. In einer Diskussion über Nachrichten von Hexenprozessen im Jahr 1681 auf den lübeckischen Landgütern mahnte er nur noch resigniert mit Verweis auf den Bürgereid des betreffenden Gutsherrn an: „Referetur [Es wird berichtet]: Hinrich Lüneburg zu Eckhorst soll mit Hexenprozessen und Wasserproben viel vornehmen. Concilium [Beschluss]: Er soll als unser Bürger gewarnt werden, behutsam damit umzugehen und sich wohl vorsehen, damit die Gerechtigkeit nicht Not leide, sondern es vor Gott und der hohen Obrigkeit zu verantworten stehet."[74]

---

68 UAR Spruchakten Nr. 152, 158, 162 v. Sommersemester 1669 v. 29. 6., 17.7., 9.8.1669 u. 170 v. Wintersemester 1669-70 v. 28.10.1669. Auf Gut Niendorf fanden 1694 weitere Hexenprozesse statt.

69 LMV Schwerin DA Gadebusch-Rehna 855, v. 4.3.1670.

70 UAR Spruchakte S 1501, Nr. 32.

71 AHL 1.1-1 ASA Interna Nr. 16279 (Oberst Falkenberg); UAR Spruchakte S 1601, Nr. 20 u. 33; Brehmer (1889a): 80.

72 UAR Spruchakte S 1601, Nr. 20 u. 33.

73 AHL 1.1-1 ASA Interna Nr. 16266; s. auch Dienstagischer Mercurius 32-33/1681 u. Sonntagischer Postillon 35/1681, zit. n. Buchner (1912): 159f. Die beiden frühen Zeitungen aus Berlin erhielten ihre Informationen von kurfürstlich-brandenburgischen Poststellen, die regelmäßig durch berittene Postboten Nachrichten nach Berlin brachten. Adrian (von) Müller hatte sich 1661 adeln lassen.

74 AHL 3.1-2/2 Ratsprotokolle II. Serie, 1681, fol. 139 v vom 5.8.1681; ebenso AHL 1.1-1 ASA Interna Nr. 16266 und 19327.

Abb. 9: Ein „Hardliner“: Gotthard von Höveln war von 1654-1669 Lübecker Bürgermeister. Er vertrat die aristokratischen Grundsätze der landbesitzenden Patrizier sowie der exklusiven Zirkelgesellschaft. 1669 führte er auf seinem Gut Moisling mehrere Hexenprozesse (unbekannter Maler, 17. Jh. - https://commons.wikimedia.org/wiki /File:Gotthard_von_H%C3%B6veln_VII.jpg, CC-BY-SA 4.0, 14.12.2021).

Zeitpunkt und Häufung der Prozesse auf den lübeckischen Landgütern lassen auf eine Machtdemonstration schließen: Die benannten Mitglieder der Zirkelgesellschaft und somit der konservative Teil des Rats instrumentalisierten Hexenprozesse, um zu zeigen, dass sie die faktische wie auch das Recht eigener Gerichtsbarkeit besaßen. Sie verdeutlichten ihre höchste richterliche Entscheidungsbefugnis gegenüber Lübeck in sogenannten Blutsachen, also Strafen an „Hals und Hand“, durch Verkündung von Todesurteilen gegen angebliche Hexen und Hexenmeister. Ohnehin mit einem positiven Verhältnis zur Herrschaftsausübung sozialisiert, übertraf bei den Zirkelbrüdern der Wunsch nach Machtdemonstration offenbar die aus konservativer Haltung stammende Reserviertheit gegenüber Hexereiprozessen.

Einige Gutsherren setzten in diesen Verfahren Wasserproben ein, um Angeklagte durch dieses sogenannte Gottesurteil zu überführen. Diese Form der Beweisführung war aber zu dieser Zeit bereits hochumstritten, insbesondere in der Rechtswissenschaft. Jeder Jurist – und unter den Gutsbesitzern befanden sich nicht wenige Juristen – musste von diesem Zweifel an derartigen Pseudo-Überprüfungen Kenntnis haben. Zu Wasserproben der Hexenprozesse 1668 im Dorf und Gut Steinrade schrieb dann auch der als Gutachter tätige Jura-Professor Mauritius aus Kiel ungehalten, „dass solches ein widerrechtlicher und teuflischer Gebrauch ist und Gräuel vor Gott dem Allerhöchsten, das auch seine göttliche Allmacht dadurch nicht weniger erzürnt werde, als wann zuvor die Kinder durchs Feuer gangen. [...] Und mag die Probe durch den hergebrachten Gebrauch und lange Gewohnheit in keinem Lande entschuldigt werden.“[75]

75 Mauritius (1669): 301f.

Zurückhaltung und Zustimmung

Innerhalb und außerhalb der Stadtmauern übten auch Klöster und das Domkapitel Gerichtsherrschaft aus. Diese Einrichtungen waren somit befugt, auch Todesurteile zu verhängen. Dem St. Johannis-Kloster, dem Heilig-Geist-Hospital und dem Domkapitel gehörten zahlreiche Dörfer in Holstein und Sachsen-Lauenburg. Der Rat hatte zwar teilweise die Oberkontrolle über die Stadtstifte inne. Er scheint sie jedoch in Sachen Bestrafung von vermeintlichen Teufelsdienern kaum wahrgenommen zu haben. Die Hexenverfolgung in diesen geistlich regierten lübeckischen Gerichtsbezirken verlief gegensätzlich: Sowohl in den Kapitelsdörfern und im Dombezirk in der Stadt als auch in den Ortschaften der Stifte fanden zahlreiche Hexenprozesse statt. Noch 1699, als in anderen Territorien das Ende der Aburteilungen bereits eingeleitet war, ließ der Klostervogt ein 16-jähriges Mädchen auf der zum St. Johannis-Kloster gehörenden Insel Poel wegen angeblicher Hexerei hinrichten.[76]

In Lübeck standen so eine Politik der Zurückhaltung sowie der Zustimmung zu Hexenverfolgungen nebeneinander. Die unterschiedliche Herangehensweise an das Kapitalverbrechen angeblicher Hexerei verdeutlicht, dass Obrigkeiten den Verlauf und die Intensität von Hexenverfolgungen trotz entgegengesetzter gesellschaftlicher Erwartungen aus der Bevölkerung beeinflussen, wenn nicht gar blockieren konnten. Der Lübecker Rat nutzte diesen Spielraum.

76 Schaad (2021): 137-164. Schaad arbeitet die maßgebliche Beteiligung von Bewohnern der Insel Poel an diesem Prozess heraus. Zum Verfahren gegen Bernitsch auch: Moeller (2020): 133-137; Moeller (2007): 81; Schulte (2001): 44, 57, 80; Lorenz (1995): 229-233.

Quellen- und Literaturverzeichnis

Ungedruckte Quellen

Archiv der Hansestadt Lübeck
1.1-1 ASA Interna Nr. 16266, 16279, 19327, 19423, 19537, 20085, 26845
3.1-2/2 Ratsprotokolle I. Serie 1637, 1646; II. Serie 1646, 1681; III. Serie, 1643-45, 1645, 1646-47, 1667
3.4.1 Kämmerei Nr. 499, 2786
6.0-1 Geistliches Ministerium, Tom. IV (1628-1644)
7.1-1/6 Urfehden Nr. 443, 446
8.1 Handschriften Nr. 803d u. 803g, 868
9.1 Dienstbibliothek L IV 408, Bd. 27

Landeshauptarchiv Schwerin
DA Gadebusch-Rehna 855

Stadtarchiv Mölln
Nr. 818

Stadtbibliothek Lübeck
Ms. Lub 2° 637c

Universitätsarchiv Rostock
Spruchakte S 1031, 1051, 1091, 1601, SA 6441-2, Nr. 21-22/ SS 1668; Nr. 152, 158, 162/SS 1669

Gedruckte Quellen

Buchner (1912)
Eberhard Buchner (Hg.), Das neueste von gestern. Kulturgeschichtlich interessante Nachrichten aus alten deutschen Zeitungen, Bd. 1, München 1912.

Carolina (1532)
Kayser Karls des fünfften unnd des heyligen Römischen Reichs peinlich Gerichtsordnung, (https://daten.digitale-sammlungen.de/~db/0002/bsb00029222/images/, 18.11.2020).

Dreyer (1769)
Johann C. H. Dreyer, Zur Kenntnis der von e. hochw. Rat der Reichsstadt Lübeck ergangenen Verordnungen, Lübeck 1769.

Hach (1839)
Johann F. Hach, Das alte lübische Recht, Lübeck 1839.

Hunnius (1643)
Nicolaus Hunnius, Erklärung des Catechismi Lutheri, Lübeck 1643.

Kock (1593)
Reimar Kock, Dat drudde parth der Chronik der key. Statt Lübeck, Abschrift v. 1593 (https://digital-stadtbibliothek.luebeck.de/viewer/image/MsLub228, 18.11.2020).

Konstitutionen (1572)
Kursächsische Konstitutionen, Dresden 1572 (http://www.koeblergerhard.de/Fontes/Kursaechsische Konstitutionen 1572.htm, 30.11.2020).

Mauritius (1669)
Ericus Mauritius, Consiliorum Chiloniensium Specimen sive Responsa de Jure, Kiel 1669.

Mevius (1717)
David Mevius, Consilia posthuma, Jena 1717.

Michaelis (1673)
Henricus Michaelis, Responsorum sive deductorum Juris Kiloniensium aliorumque selectorum Liber, Lübeck 1673.

Michaelis (1676)
Henricus Michaelis, Tractatus Iuridicus, De Inquisitione Criminum: In quo processus Inquisitorius, eiusq[ue] occasione Natura iurisdictionis Criminalis antiquae et hodiernae, et Sacrae Caes. Maiestatis ... nova methodo & accuratiori opera breviter explicatur, Lubecae 1676.

Nettelbladt (1764)
Christian von Nettelbladt (Hg.), Greinir Or Theim Gaumlu Saugum, Langum Og Ithrotter: Oder Nachlese Von Alten Und Neuen, Fremden Und Eigenen, Einheimischen Und Auslandischen [...] Urkunden Und Actis Publicis, Stockholm 1764 (https://reader.digitalesammlungen.de//de/fs1/object/display/bsb1051647400005.htm, 18.12.2020).

Regkman (1620)
Hans Regkman, Lubeckische Chronick/ Das ist/ Alle vornembste Geschicht vnd Hendel/ so sich in der Kayserlichen ReichsStadt Lubeck/ von zeit jhrer ersten erbawung zugetragen, Heidelberg 1620 (https://dibiki.ub.uni-kiel.de /viewer/object/PPN665338430/242, 19.11.2020).

Statuta (1586)
Der Kayserlichen Freyen und des Heiligen Reichs Stadt Lübeck Statuta und Stadtrecht, Lübeck 1586.

Winter (1627)
Gerhard Winter, Heilsamer Rath. Wie man es in diesen beschwerlichen Zeiten solle unnd müsse machen, damit man zu besseren und frölicheren Zeiten kommen und gelangen müge [...], welches am XIV. Sontage nach Trinitatis geprediget wird, Lübeck 1627 (http://diglib.hab.de/wdb.php?dir=drucke/xb-6850, 5.12.2020).

Literatur

Asch (1961)
Jürgen Asch, Rat und Bürgerschaft in Lübeck, 1598-1669: Die verfassungsrechtlichen Auseinandersetzungen im 17. Jahrhundert und ihre sozialen Hintergründe, Lübeck 1961.

Becker (1805)
Johann Becker, Umständliche Geschichte des kaiserlichen und Heiligen Römischen Reiches freyen Stadt Lübeck, Bd. 3, Lübeck 1805.

Behringer (2000)
Wolfgang Behringer, Hexen. Glaube, Verfolgung, Vermarktung, München 2000.

Behringer (2020)
Wolfgang Behringer, Hexenverfolgung im Heiligen Römischen Reich. Ein Überblick, in: Klaus Walter Littger (Hg.), Hexenverfolgung im Bistum Eichstätt, St. Ottilien 2020, S. 15-82.

Bei der Wieden (1988)
Helge bei der Wieden, Lübecker Rangverhältnisse in der Zeit des Abschlusses des Bürgerrezesses und dem Ende des Heiligen Reichs, in: ZVLGA 68, 1988, S. 159-180.

Brandt (1959)
Ahasver von Brandt, Dreyer, Johann Carl Henrich, in: Neue Deutsche Biographie, Band 4, Berlin 1959, S. 122-123.

Brehmer (1889a)
Wilhelm Brehmer, Hexenverbrennung, in: MVLGA 4, 1889-90, S. 80.

Brehmer (1889b)
Wilhelm Brehmer, Lübeckische Hexenprozesse im siebzehnten Jahrhundert, in: MVLGA 4, 1889-90, S. 97-101.

Brehmer (1893)
Wilhelm Brehmer, Lübeckische Hexenprozesse im siebzehnten Jahrhundert, in: MVLGA 6, 1893-94, S. 33-40.

Brehmer (1895)
Wilhelm Brehmer, Beiträge zur Lübeckischen Geschichte aus den Ratsprotokollen (1647-1651), in: MVLGA 7, 1895-1896, S. 13-16, 64, 80, 112.

Bruns (1938)
Friedrich Bruns, Die Lübecker Syndiker und Ratssekretäre bis zur Verfassungsänderung von 1851, in: ZVLGA 29, 1938, S. 91-168.

Bruns (1951)
Friedrich Bruns, Der Lübecker Rat. Zusammensetzung, Ergänzung und Geschäftsführung von den Anfängen bis ins 19. Jahrhundert, in: ZVLGA 32, 1951, S. 1-69.

Dillinger (1998)
Johannes Dillinger, Hexenverfolgung in Städten, in: Gunther Franz, Franz Irsigler (Hg.), Methoden und Konzepte der historischen Hexenverfolgung, Trier 1998, S. 129-165.

Dinzelbacher (2006)
Peter Dinzelbacher, Superstition, in: Richard M. Golden (Hg.), Encyclopedia of Witchcraft, Santa Barbara/USA 2006, S. 1092.

Ebel (1971)
Wilhelm Ebel, Lübisches Recht, Lübeck 1971.

Fromm (1889-90)
R. Fromm, Auszüge aus den Protokollbüchern der Vorsteherschaft der St. Lorenz-Kirche, in: MVLGA 4, 1889-1890, S. 184.

Graßmann (1971)
Antjekathrin Graßmann, Eine weitere Dreyersche Fälschung an den Tag gekommen, in: ZVLGA 51, 1971, S. 90-92.

Graßmann (1988)
Antjekathrin Graßmann (Hg.), Lübeckische Geschichte, Lübeck 1988.

Hasse (1901)
Paul Hasse, Hexenausweisungen (1669), in: MVLGA 10, 1901-1902, S. 128.

Hauschild (1971)
Wolf-Dieter Hauschild, Zum Verhältnis Staat-Kirche im Lübeck des 17. Jahrhunderts, in: ZVLGA 50, 1970, S. 69-91.

Hauschild (1981)
Wolf-Dieter Hauschild, Kirchengeschichte Lübecks. Christentum und Bürgertum in neun Jahrhunderten, Lübeck 1981.

Heller (1843)
Ludwig Heller, Nikolaus Hunnius. Sein Leben und Wirken; ein Beitrag zur Kirchengeschichte des siebzehnten Jahrhunderts, Lübeck 1843.

Kaczor (2005)
Dariusz Kaczor, Herrschaft und Verbrecher. Der Danziger Strafvollzug in der Frühen Neuzeit, in: Sabine Beckmann, Klaus Garber (Hg.), Kulturgeschichte Preußens königlich polnischen Anteils in der Frühen Neuzeit, Tübingen 2005, S. 129-156.

Lorenz (1982)
Sönke Lorenz, Aktenversendung und Hexenprozeß. Dargestellt am Beispiel der Juristenfakultät Rostock und Greifswald (1570-1630), Bd. 1 (Darstellungsteil), Frankfurt a. M. 1982.

Lorenz (1995)
Sönke Lorenz, Die letzten Hexenprozesse in den Spruchakten der Juristenfakultäten, in: Ders./Dieter R. Bauer (Hg.), Das Ende der Hexenverfolgung (Hexenforschung Bd. 1), Stuttgart 1995, S. 227-247.

Moeller (2007)
Katrin Moeller, Dass Willkür über Recht ginge. Hexenverfolgung in Mecklenburg im 16. und 17. Jahrhundert (Hexenforschung Bd. 10), Bielefeld 2007.

Moeller (2020)
Katrin Moeller, Hexerei- und Magiedelikte in den Gerichtsakten der Stadt- und Amtsgerichte Mecklenburgs (16./17. Jahrhundert), Band 24, hg. vom Historischen Datenzentrum Sachsen-Anhalt, Halle 2020, DOI: http://dx.doi.org/10.25673/32961 (18.1.2022).

Park (1988)
Kathrine Park, The Organic Soul, in: Charles B. Schmitt (Hg.), The Cambridge History of Renaissance Philosophy, Cambridge 1988, S. 464-484.

Pauli (1860)
Carl W. Pauli, Aus den Aufzeichnungen des lübeckischen Bürgermeisters Henrich Brokes, in: ZVLGA 1, 1860, S. 79-92, 173-183, 281-347.

Rieger (2011)
Miriam Rieger, Der Teufel im Pfarrhaus. Gespenster, Geisterglaube und Besessenheit im Luthertum der Frühen Neuzeit, Stuttgart 2011.

Roeck (2009)
Bernd Roeck, Urban Witch Trials, in: Magic, Ritual, and Witchcraft, 4, 1, 2009, S. 82-89.

Rügge (2021)
Nikolas Rügge, Hexenverfolgungen in Niedersachsen. Ein Überblick über die Territorien und Städte des heutigen Bundeslandes, in: Niedersächsisches Jahrbuch für Landesgeschichte 93, 2021, S. 75-100.

Rummel/Voltmer (2012)
Walter Rummel/Rita Voltmer, Hexenverfolgung in der Frühen Neuzeit, Darmstadt 2012.

Schaad (2021)
Martin Schaad, Brennen sollstu! Die Hexen von Poel (Schriftenreihe der Freunde und Förderer des Archivs der Hansestadt Wismar Bd. 13), Wismar 2021.

Schilling (2004)
Heinz Schilling, Die Stadt in der Frühen Neuzeit, München 2004.

Schormann (1985)
Gerhard Schormann, Städtische Gesellschaft und Hexenprozeß, in: Cord Meckseper (Hg.), Stadt im Wandel. Kunst und Kultur des Bürgertums in Norddeutschland 1150 bis 1650, Bd. 4, Stuttgart 1985, S. 175-187.

Schulte (2001)
Rolf Schulte, Hexenverfolgung in Schleswig-Holstein vom 16. bis 18. Jahrhundert, Heide 2001.

Schulte (2006)
Rolf Schulte, Hamburg und Bremen, in: Richard M. Golden (Hg.), Encyclopedia of Witchcraft, Santa Barbara 2006, S. 472.

Schwerhoff (1991)
Gerd Schwerhoff, Köln im Kreuzverhör. Kriminalität, Herrschaft und Gesellschaft in einer frühneuzeitlichen Stadt, Bonn 1991.

Strandquist (2012)
Jason F. Strandquist, From moral reform to civic lutheranism: Protestant Identity in seventeenth-century Lübeck, Diss. phil, Pennsylvania State University/USA 2012 (https://etda.libraries.psu.edu/files/final submissions/7544, 5.12.2020).

Voltmer (2018)
Rita Voltmer, Witchcraft in the City. Patterns of Persecution in the Holy Roman Empire, in: Antoine Follain/Maryse Simon (Hg.), La sorcellerie et la ville, Strasbourg 2018, S. 149-172.

Wieselgren (1962)
Jon P. Wieselgren, Itinerarium Danicum. Lübeck im Reisebericht zweier Dominikaner von 1622, in: ZVLGA 42, 1962, S. 115-117.

Wilde (2003)
Manfred Wilde, Die Zauberei- und Hexenprozesse in Kursachsen, Köln 2003.

Abkürzungen:

AHL	Archiv der Hansestadt Lübeck
ASA	Altes Senatsarchiv
LMP	Landeshauptarchiv Mecklenburg-Vorpommern
MVLGA	Mittheilungen des Vereins für Lübeckische Geschichte und Alterthumskunde
SHL	Stadtbibliothek Lübeck
StA	Stadtarchiv Mölln
UAR	Universitätsarchiv Rostock
ZVLGA	Zeitschrift des Vereins für Lübeckische Geschichte und Altertumskunde

Anschrift des Autors:
Dr. Rolf Schulte
Viljandiring 27
22926 Ahrensburg
E-Mail: roschulte1@web.de

„Meinem grossen Bruder"
Briefe von Heinrich und Thomas Mann an Walter und Wilhelm Ebel (1948-1955)

Anke Paravicini-Ebel

Zum hundertfünfzigsten Geburtstag von Heinrich Mann sollten ursprünglich drei der Briefe (Nrr. 2.4.6) aus den Archivalien der Familie Ebel veröffentlicht werden, die den Jubilar vielleicht von einer weniger bekannten Seite zeigen. Das Sichten des vorhandenen Materials[1] ergab, dass sich im Lauf der Jahre doch Einiges angesammelt hatte und es sich lohnen könnte, die kurze Korrespondenz in ihrer Gesamtheit wiederzugeben. Dem kam entgegen, dass inzwischen die Archive sowohl von Heinrich Mann als auch von Thomas Mann online vorzüglich aufgearbeitet zur Verfügung stehen.[2] So werde ich hier den kurzen Briefwechsel zwischen den Brüdern Mann und den Brüdern Ebel aus den schwierigen Nachkriegsjahren 1948-1955 vorlegen, dessen Wurzeln in die ebenso schwierigen Jahre vor dem Zweiten Weltkrieg hineinreichen.

Walter Ebel (* 31. Januar 1897, † 3. August 1950) hatte, aus einfachen Verhältnissen stammend, als Ältester von sieben Brüdern den Beruf des Haus- und Volksschullehrers ergreifen müssen, dann nach externem Abitur (1921 in Leipzig) und dem Studium der Philosophie, Philologie und Geschichte das Staatsexamen an der Universität Königsberg abgelegt, erhielt den Kantpreis zum 200. Geburtstag Kants 1924[3] und wurde dort im Jahr 1925 auch zum Doktor phil. promoviert.[4] Schon früh (1916-1930) war er Mitglied der

1 Für das Überlassen von Briefen und anderen Erinnerungsstücken danke ich meiner Schwester Else Ebel-Váry (Bochum) und Walter Ebels Nichte Annelie Wolff (Kiel). Weiteres stammt aus dem Nachlass meines Vaters, Wilhelm Ebel (Göttingen), und aus den an Ort und Stelle genannten Archiven.

2 AdK Berlin, Heinrich-Mann-Sammlung; ETHBIB Thomas-Mann-Archiv, Zürich, denen Dank gesagt sei für freundliche Hilfsbereitschaft, wie auch dem Universitätsarchiv Potsdam. – Die hier herausgegebenen Originalbriefe von Heinrich und Thomas Mann werden im Archiv der Hansestadt Lübeck im dort zukünftig aufbewahrten Nachlass Wilhelm Ebel zu finden sein. Für wertvolle, die Archivalien betreffende Hinweise danke ich Antjekathrin Graßmann (Lübeck).

3 Mit der Preisschrift: „Die Abhängigkeit der Transzendentalphilosophie von den Bedingungen aller Erkenntnis"; s. PA Lebenslauf Walter Ebel. Darauf nimmt Wilhelm Ebel Bezug in seiner Widmung: „Dem Andenken meines Bruders Dr. phil. habil. Walter Ebel, ord. Professor für Literaturwissenschaft, Träger des Kantpreises 1924", Ebel (1952).

4 Mit einer Dissertation über: „Das Geschlechterproblem bei Bernard Shaw", Diss. phil. Königsberg 1925. Maschinenschr. Exemplar in der Preußischen Staatsbibliothek Berlin, ms 27/3601. Auch mit Shaw war Ebel in brieflichem Kontakt, s. die Widmungsworte G. Bernard Shaws auf einem Exemplar seiner „Saint Joan" an W. Ebel, der ihm seine Schrift „Shaw und die sozialistische Idee der Zeit" gesandt hatte: „Dear D. Ebel. This is a first edition. You can prove it by the blunder on the first page of the preface about the chevalier d'Eon, who was a man masquerading as a woman, not a woman masquerading as a man. No later edition contains this mistake. G. Bernard Shaw. 17th Oct. 1926." Die Kopie dieser Widmung und der frankierte Rest des Briefumschlags sind vorhanden.

SPD[5] und verlor im Jahre 1935, u. a. wegen Kontakten zu unliebsamen Künstlern,[6] sein Amt als Studienrat in Deutsch Eylau in Ostpreußen.

Nach dem Ende des Krieges, den er mit seiner Frau und deren beiden Nichten in Storkow (Mark Brandenburg), 60 km von Berlin entfernt, überlebte und wo er seit 1945 neben anderem als Gesundheitsdezernent, Junglehrerausbilder, auch als Erster Vorsitzender des Storkower Kulturbundes sich am Wiederaufbau beteiligte,[7] hat er seine wissenschaftlichen Arbeiten fortsetzen und z. T. auch veröffentlichen können.[8] Vom 1. November 1948 an war er als Professor für Germanistik an der Brandenburgischen Landeshochschule Potsdam tätig. Nun durfte er auch offen seine Verbindungen zu Schriftstellern erneuern[9] und etwa durch Einladungen in seine Vorlesung und durch Rezensionen in Zeitungen[10] neu knüpfen. Umso härter traf ihn die Nachricht vom Tod Heinrich Manns (12. März 1950), der 1949 die Berufung zum Präsidenten der neu zu gründenden Deutschen Akademie der Künste zu Berlin/DDR angenommen hatte.[11] Längst fühlte er seit der Zwangsvereinigung von SPD und KPD (1946) und der Gründung der DDR (1949) seine alten sozialistischen Ideale verraten und bemühte sich gestützt auf den Erfolg in Potsdam um Kontakte zu westdeutschen Kollegenkreisen. Im Sommer 1950 unternahm er eine Reise nach Göttingen, um dortige Germanisten aufzusuchen.[12] Doch war ihm, der immer kränklich gewesen war und dazu schon

---

5 Im Jahre 1918 übergab er als Volksschullehrer an Karl Liebknecht einen Aufsatz über „Die Verbreitung des Marxismus in ländlicher Bevölkerung“, s. PA Lebenslauf Walter Ebel.

6 PA Lebenslauf Walter Ebel: 1933 Konflikte als Vorsitzender des Philologen-Vereins mit dem NSLB (Nationalsozialistischer Lehrerbund), Amtsenthebung, Dienststrafverfahren wegen Verbindung mit Berliner illegal tätigen Künstlern.

7 Becker (1965): 44 *et passim.*

8 Friedrich Wolf, Ein Dichter und seine Zeit. Mit Beiträgen von L[ion] Feuchtwanger und W[alter] Ebel, hg. von A[lfred] Kantorowicz, Rudolstadt (Greifen) 1948, 142 Seiten. Diese Arbeit brachte ihn in persönliche Verbindung mit Friedrich Wolf, Arzt, Schriftsteller und kommunistischer Politiker (1888 bis 1953); s. dessen Briefe zum Tod Walter Ebels im Archiv der Universität Potsdam (PA Walter Ebel).

9 Wie die hier veröffentlichten Briefe an Heinrich Mann zeigen. Auch sind im Besitz der Familie Briefe von Hermann Broch: „unsere Korrespondenz war so freundschaftlich“, Yale University 3. November 1950, an die Witwe W. Ebels. Unsicher ist, ob Walter Ebel gemeint ist in einem Brief von Friedrich Sussmann (aus Algier am 16.4.1945) an den Verleger Fritz H. Landshoff: „Alles weitere ist Ihnen durch unsere ersten Briefe an Ebel … bekannt.“ Sussmann war bis zu seinem Exil 1933 Vertreter des Kiepenheuer Verlages – Potsdam, dann Berlin – gewesen und vertrat bis zu seinem Transport nach Bergen Belsen i. J. 1944 den im Exil gegründeten Querido-Verlag, s. Landshoff (1991): 370.

10 Brief Anna Seghers', abschriftlich in der PA Walter Ebel, darin über ihren Besuch in Kolleg und Wohnung von Walter Ebel am 31. Januar 1950.

11 Mann, H. (1988): [3] „Über dieses Buch“; [Wikipedia, aufgerufen am 3. November 2021].

12 Taschenkalender 18. Juli 1950: „Bei Koll. Hans Neumann;“ Korrespondenz mit Hermann Pongs (beide Göttinger Ordinarien für Germanistik, s. Wikipedia) betreffend seine Arbeit über Friedrich Wolf, im Besitz der Familie.

lange an Tuberkulose litt,[13] nicht vergönnt, seine wissenschaftlichen Pläne zu Ende zu führen; er starb im Alter von 53 Jahren in Potsdam am 3. August 1950.[14]

Wilhelm Ebel (* 7. Juni 1908, † 22. Juni 1980) war als siebter und jüngster der einzige der – sechs überlebenden – Brüder, der regulär ein Gymnasium[15] besuchen konnte. Ermöglicht wurde dies auch durch die wenig älteren Brüder, die früh zu erfolgreichen Unternehmern geworden waren. Nach einem anschließenden rechtswissenschaftlichen Studium, unterstützt durch die Studienstiftung des deutschen Volkes, erlangte er im Jahre 1939, mit dreißig Jahren, den rechtshistorischen Lehrstuhl an der Universität Göttingen, den er bis 1945 und dann wieder von 1954 bis 1965 innehatte.[16]

Im Jahr 1949, am 20. August stellt er an die Notgemeinschaft der deutschen Wissenschaft in Bad Godesberg[17] einen Antrag auf ein Stipendium zur Erforschung und Drucklegung einerseits der Lübecker Oberhofsprüche als auch zur Fortsetzung seiner Vorarbeiten zur Schaffung einer gesamten Lübischen Rechtsgeschichte. Wenig später, am 16. September 1949, wendet er sich, indem er seinen Bruder Walter als Referenz angibt, an Heinrich Mann mit der Bitte, ihm in den USA entsprechende Institutionen zu nennen, die finanziell eine Publikation seiner Forschungen unterstützen könnten, da dies in Deutschland zur Zeit nicht möglich sei.[18] Ob Wilhelm Ebel die von Heinrich Mann freundlich erkundeten und mitgeteilten Wege zu einer amerikanischen Unterstützung der Herausgabe des Lübischen Rechts beschritten hat, ist nicht nachzuweisen und auch kaum anzunehmen.

Der erste Band der Lübecker Ratsurteile[19] erschien zu Ostern 1955 mit Unterstützung der Deutschen Forschungsgemeinschaft, weitere folgten. In diesem Frühjahr – am 10. März 1955 hatte in Lübeck die Bürgerschaftssitzung stattgefunden, in der der Antrag auf Verleihung der Ehrenbürgerrechte an Thomas Mann zu dessen 80. Geburtstag am 6. Juni 1955 angenommen worden war,[20] – war Wilhelm Ebel in Lübeck gewesen, hatte dort die Schweizer Adresse Thomas Manns erfahren können und nahm die Gelegenheit wahr, „auszuführen, was mir schon seit Jahren am Herzen liegt: dem Schöpfer der Buddenbrooks anzuzeigen, welche Fernwirkung seine Verdichtung altlübeckischen – heute

13 Verstärkt durch seine sowjetische Internierung im Jahre 1946.

14 PA Walter Ebel: worin u. a. ein Antrag auf Gewährung einer Ehrenpension für seine Witwe mit Befürwortungsschreiben (abschriftlich) von Friedrich Wolf, Bernhard Kellermann (Schriftsteller), Anna Seghers, Peter Nell (Redakteur der „Tagespost“), sowie ein Brief von Thomas Mann an die Witwe des Verstorbenen, s. u. Brief Nr. 12.

15 In Rössel/Ermland, wo er neun Schuljahre in sechs Jahren absolvierte.

16 Wikipedia https://de.wikipedia.org/wiki/Wilhelm_Ebel_(Rechtshistoriker) [aufgerufen am 28. Mai 2021].

17 1949 wurde die Notgemeinschaft der dt. Wissenschaft wiedergegründet. Am 2. August 1951 fusionierten die Notgemeinschaft und der Deutsche Forschungsrat zur Deutschen Forschungsgemeinschaft (DFG) [Wikipedia, aufgerufen am 28.8.2021].

18 Unten Brief 8.

19 Lübecker Ratsurteile, hg. von Wilhelm Ebel, Bd. 1 (1421-1500), Göttingen/ Berlin/Frankfurt 1955.

20 Vgl. Mann, Th. (1995): 733.

vergangenen – Wesens und Lebens auch im Bereich der wissenschaftlichen, rechtshistorischen Forschung haben konnte.“ Er erinnert Thomas Mann in seinem Brief vom 16. März 1955[21] an seinen vormaligen Briefwechsel mit Heinrich Mann und übersandte ihm seine Schrift: „Bürgerliches Rechtsleben zur Hansezeit in Lübecker Ratsurteilen.“[22]

Über die Vorkriegsbeziehungen Walter Ebels zu Heinrich Mann (*27. März 1871, † 11. März 1950) wissen wir wenig und das Wenige auch nur aus seiner Gedenkrede zum Tode Heinrich Manns aus dem Jahre 1950.[23] Walter Ebel erinnert sich dort, wie er „zuerst ihn traf: In einem Berliner Kaufhaus, das war damals so üblich, las er aus eigenen Werken.“[24] Und weiter: „Ein Jahr vor Ausbruch des Hitlerschen Krieges besuchte ich ihn zum letzten Mal… Auf dem Boulevard Saint-Michel saßen wir vor einem Café“ – dies muss in den Tagen um den 14. Juli 1938 gewesen sein.[25]

Nr. 1[26]

Kulturbund
zur demokratischen Erneuerung
Deutschlands
Wirkungsgruppe Storkow (Mark)

Storkow (Mark) den 11. Mai 1948

M e i s t e r

Einst im Jahre 1938 hatte ich in Paris die Ehre, Ihnen von unserm heimlichen und erbitterten Kampfe gegen den braunen Leviathan in Berlin und anderen Orten zu berichten. Diese Begegnung ist für mich ein letzter Lichtpunkt in langer Finsternis geblieben. Aber ich habe die débacle von 1945 zufällig überstanden, wurde nach dem Einmarsch der Roten Armee Verwalter von Flüchtlings-, Verwundeten- und Seuchenlagern und bin jetzt in einem der östlichsten Bezirke von Heute-Deutschland Leiter des Becher-Nagelschen Kulturbundes[27]. So habe ich Sie, verehrter Vorkämpfer, in den Mittelpunkt literarwissenschaftlicher Vorträge

---

21 ETHBIB, Signatur B-II-EBEC-1, unten Brief. Nr. 13.

22 Wilhelm Ebel, Bürgerliches Rechtsleben zur Hansezeit in Lübecker Ratsurteilen, Göttingen 1954, 85 S., das in der Zürcher Bibliothek Thomas Manns vorhanden ist; freundliche Auskunft des ThM-Archivs an der ETH Zürich.

23 Veröffentlicht in Tagespost, Potsdam, Jg. 5, Nr. 82, 6. April 1950, S. 5. Hinzugefügt die Anzeige: „Heute, um 19.30 Uhr, führt der Kulturbund in seinem Hause in der Mangerstraße ein Requiem für Heinrich Mann durch. Die Gedenkrede, die künstlerisch umrahmt werden wird, hält Professor Ebel.“

24 Das war vor dem Jahr 1933.

25 Tagebuch seiner Ehefrau Eva Ebel.

26 AdK, Signatur Mann-Heinrich 1081.

27 Johannes R. Becher (* 22. Mai 1891; † 11. Okt. 1958), deutscher expressionistischer Dichter und SED-Politiker, Minister für Kultur sowie erster Präsident des Kulturbundes der DDR [Wikipedia, aufgerufen am 17. 9. 2021]. - Der Berliner Maler Otto Nagel (1894-1967) gehörte 1945 zu den Mitbegründern des Kulturbundes, später war er auch Mitglied der Volkskammer der DDR [Wikipedia, aufgerufen am 17. 9. 2021].

gestellt, wie einst, b e v o r ich den gedungenen Geschäftsmännern der Katheder wich.

Τὸ δ‘ αὖ τυράννων αἰσχροκέρδειαν φιλεῖ. (Antig. 1049)[28]

Mein Ziel: Vitale Einsichten in unserm Land zu verbreiten. Hierzu bietet Ihr so gedankenreich besichtigtes „Zeitalter“[29] eine schier unausschöpfliche Quelle. Mit warmer Dankbarkeit nahmen wir diese Ihre überpersönliche Gabe in Empfang.

Diesen Dank aber möchte ich Ihnen hiermit zu Füßen legen, „wie die Kränze derjenigen, die das Haupt der Gottheiten, welche sie krönen wollen, nicht erreichen können,“ wie Winckelmann einst gesagt.[30]

Ehrerbietigst verbleibe ich
Ihr
Ebel
Dr. habil. phil.

Nr. 2

Original, handschriftlich auf Luftpostpapier im Besitz der Familie. Veröffentlicht von Walter Ebel: „Der erste Nachkriegsbrief von Heinrich Mann an Professor Walter Ebel, Potsdam.“[31]

Absender auf der Rückseite des Luftpostbriefes: H. Mann, 301 So. Swall Drive, Los Angeles 36, Calif. U.S.A.

An: Doctor Ebel, (2) Storkow (Mark), Soviet-Zone Germany.

Poststempel: Beverly Hills, Calif. Jun 11 1948; Berlin W 7, 18.6.48-17.

11. Juni 1948

Hochgeehrter Herr Doctor,

ich habe mich sehr gefreut nach so langen Jahren und überstandenen Ereignissen wieder von Ihnen zu hören. Sympathieen wie die Ihre sind Gaben, für die ich dankbar bin. Seien Sie beglückwünscht, dass Sie Ihrer literarwissenschaftlichen Tätigkeit zurückgegeben, Ihre Erkenntnisse verbreiten, wo sie zugelassen und erwünscht sind. Es ehrt mich, wenn ich darin meinen Platz finde.

---

28 So im Mscr.! Sophokles, Antigone 1056: „Das [Volk] der Tyrannen liebt den schmutzigen Gewinn“. Übersetzung: Wolfgang Schadewaldt, in: Griechisches Theater, deutsch von Wolfgang Schadewaldt, Frankfurt 1964, S. 128.- Für freundliche Auskunft danke ich Ernst-Richard Schwinge, Kiel.

29 „Ein Zeitalter wird besichtigt“; die Autobiographie Heinrich Manns, im kalifornischen Exil geschrieben und am 23. Juni 1944 (D-Day) abgeschlossen, erschien zum ersten Mal auf Deutsch im März 1946 in Stockholm. Der Aufbau-Verlag in Ost-Berlin brachte das Buch 1947 mit 40.000 Exemplaren heraus, bevor es Mitte der siebziger Jahre auch in der Bundesrepublik publiziert wurde. Zur Entstehungs- und Überlieferungsgeschichte s. Mann, H. (1955): 623-647.

30 Johann Joachim Winckelmann, Beschreibung des Apollo von Belvedere in Rom, in dessen „Geschichte der Kunst des Altertums“, Dresden 1764, 2. Teil, S. 393 (Bd. 2 als Digitalisat und Volltext im Deutschen Textarchiv, urn:nbn:de:bsz:16-diglit-13431).

31 Gedruckt in: Tagespost. Potsdam, Jg. 5, Nr. 82, 6. April 1950, S. 5.

Seit „Zeitalter“ soll als erstes ein Roman aus dem Jahr 39 erscheinen, voraussichtlich am Anfang des Winters, bei Querido, Amsterdam, der vor 10 Jahren den Henri Quatre[32] herausbrachte. Dieser scheint kaum noch zu erlangen, aber den Roman „Der Atem“[33] möchte ich Ihnen seinerzeit besorgen.

Aufrichtig Ihr
Heinrich Mann

Nr. 3[34]

Dr. Ebel — Storkow, den 22. Okt. 1948

Storkow (Mark)
Berliner Adresse:
Oldenburg-Allee 21

Verehrtester Meister,

Kein anderer Grund in der Welt als der unübersteigliche Respekt vor der Muße eines dichterischen Schöpfers wie Sie konnte mich davon abhalten, auf Ihren beglückenden Brief vom 11. Juni d.[35] an mich schon viel eher zu antworten. Heute aber muß ich Ihnen durchaus mitteilen, daß der Traum meiner jungen Jahre jetzt endlich Wirklichkeit ward und ich als ordentlicher Hochschullehrer tätig sein darf. Ich bin an die neugegründete Brandenburgische Landeshochschule in Potsdam berufen worden.[36]

So bereite ich ein Proseminar vor, in dem ich Sie, sozusagen den Präsidenten der deutschen Geister-Republik von heute, in den Mittelpunkt literarwissenschaftlicher Übungen zu stellen gedenke. Es haben sich hierzu bei mir etwa 35 Studenten gemeldet. – Sie hatten mir seinerzeit freundlichst die Zusendung Ihres Romans Der Atem in Aussicht gestellt, er käme mir, sofern dies angängig, also nun wirklich sehr gelegen.[37]

Ich möchte hier, wenngleich zögernd und mit Widerstreben, eine weitere Bitte anschließen, die nur durch die Umstände in etwas entschuldigt sein dürfte. Meine Gesundheit steht auf schwachen Füßen, und hier herrscht fast so etwas wie Hungersnot....[38] Ihnen sind gewiß menschenfreundliche Institutionen bekannt, die Ihren Hinweis auf mich nicht unbeachtet lassen würden....

---

32 Die Jugend des Königs Henri Quatre (1935); Vollendung des König Henri Quatre (1938), im Querido-Verlag, Amsterdam.

33 Der Atem, erschienen im Aufbau-Verlag, 1949.

34 AdK, Signatur Mann-Heinrich 1082.

35 d[ieses Jahres].

36 Vgl. dazu einen Brief von Hermann Broch, österreichischer Schriftsteller, 1886-1951, befreundet mit Th. Mann und A. Einstein [Wikipedia, aufgerufen am 9.11.2021]: (Yale University, Dep. of Germanic Languages) vom 3. November 1950: „Lieber verehrter Dr. Ebel: Aus purer Eitelkeit habe ich Ihren guten Brief nun schon monatelang liegen lassen; denn ich wollte in meiner Antwort Ihre Anrede als Kollege rechtfertigen. Kurzum, ich wollte dieses offizielle Briefpapier benützen“ etc.

37 Von H. Mann am Rand angestrichen.

38 Dieser Satz wurde von H. Mann unterstrichen.

Gestatten Sie mir zum Schluß die Versicherung, daß ich auch ohne Erfüllung dieses sicher allzuirdischen Wunsches verbleibe

in ohnmächtiger Dankbarkeit
Ihr
Walter Ebel

Nr. 4

Handschriftlich, ältere Fotokopie im Besitz der Familie, das Original mit der Adresse befindet sich im Heinrich-Mann-Archiv an der Akademie der Künste, Berlin.[39]

1. Januar 1949
2/45 Montana Ave.
Santa Monica, Calif.

Lieber Doctor Ebel,

Ihr Brief ist seit 26. Okt. bis jetzt gereist, mit einem Aufenthalt hier, infolge meines Wohnungswechsels. Dafür bekomme ich ihn gerade zu Neujahr und wünsche Ihnen umso lieber Glück für Ihre neue, schöne Tätigkeit. Mich wollen Sie darin besonders auszeichnen, ich hör es befriedigt und dankbar. Den neuen Roman[40] bekommen Sie, sobald das Buch da ist. Nach neuem Vernehmen soll es im Februar erscheinen; es wird wohl März werden. – Die beiden Romane des Königs Henri Quatre sollen dann bei Querido, Amsterdam, auch herauskommen, da in Deutschland viel danach verlangt wird. Dort musste das Buch unbekannt bleiben, bis es ausverkauft war. Im Voraus benachrichtige ich Sie noch, dass die Neue Rundschau, Berlin, sei es in ihrem Frühlings- oder im Sommerheft, einen Aufsatz von mir bringen soll: „Der König von Preussen".[41] Gemeint ist Friedrich der Grosse, er beschäftigt mich lange. Endlich berühre ich den Satz, der mich bewegt hat. „Meine Gesundheit steht auf schwachen Füßen, und hier herrscht fast so etwas wie Hungersnot." Das ist zart gesagt, ich will sogleich ein Paket bestellen. Es kommt von Warnemünde, die gesamte Zustellung wird auf zwei Wochen berechnet. In Wirklichkeit brauchte ein anderes von September bis Weihnacht. Schreiben Sie mir daher mit Luftpost, ob ausser der amerikanischen Sendung etwas deutsches Geld, 100 Mk oder mehr? Ihnen vorläufig kräftigere Nahrung sichern könnte. Es würde in Berlin ausgezahlt werden, schneller als ein Paket kommt. Nehmen Sie nichts übel, danken Sie nicht. Essen Sie, das ist einfach unerlässlich. Gesundheit und Glück im neuen Jahr.

Ihr Heinrich Mann

---

39 AdK, Signatur: Heinrich-Mann-Sammlung 4112: Briefe von Heinrich Mann an Personen.

40 Der Atem.

41 In: Die Neue Rundschau, Heft 14, Frühjahr 1949, S. Fischer Vlg. Frankfurt; vgl. Middelmann, Leslie, Das Friedrich-Fragment Heinrich Manns und sein Essay, Magisterarbeit 1999, publ. bei GRIN.

Nr. 5[42]

Dr. Ebel
Storkow (Mark)
Berlin W 9, den 16.1.1949.

Oldenburg-Allee 21.

Verehrungswürdiger: Ihr wundervolles Schreiben v. 1. d. M. erreichte mich hier, in meines Bruders[43] Wohnung, schon am heutigen Tage. Ich schweige auf Ihren Wunsch von meinen Gefühlen….

Freilich w ä r e es auch mit Geld zu machen gewesen, aber nun das Paket abgesandt, müßte es als Mißbrauch Ihrer Güte angesehen werden, jenes andere Mittel noch zu erwägen.

Da ich meine Monographie über Sie noch nicht zum Zustand der Aufzeigbarkeit habe fördern können, übermittele ich Ihnen einstweilen meine eben erscheinende Arbeit über Friedrich Wolf.[44] Sollte sich die Post wieder so langsam erweisen wie bei meinem letzten Brief an Sie (ich weiß nicht, ob Flugpost für uns schon zulässig), so käme das Buch immerhin noch als Glückwunsch zu Ihrem Geburtstag am 27. März zurecht!! Jedenfalls könnten Sie an ihm erkennen, wes Wesens ich als Biograph ungefähr bin. Vielleicht werden Sie mir sogar diesen oder jenen kritischen oder methodologischen Wink zukommen lassen, den ich mir bestimmt hinter die Ohren schreiben würde. Mein H.-Mann-Buch soll ja mein Mittelpunkt- und Meisterstück werden und durch Liebe zum Gegenstand – id est Ihrem Werk, - durch Akribie der Vorstudien und Umkreis der Sicht den Forderungen neuester Literaturwissenschaft Rechnung tragend meine bisherigen Arbeiten übertreffen. Mit ihm soll meine Anwartschaft auf Berufung an eine größere Universität[45] begründet werden….

Zum Schluß und nebenbei bemerkt: die Landeshochschule in Potsdam ist keine neue Universität, sondern laut amtlicher Auffassung die alte 1506 von Joachim I.[46] in Frankfurt an der Oder gegründete,[47] die dort, abgesehen von der Pestzeit 1516-36, wo sie nach Kottbus[48] übersiedelte, bis 1811 blieb, um dann wegen Humboldts Gründung[49] nach Breslau zu wandern. Sie kehrt nun also, nach dem Verluste Schlesiens, in ihre brandenburgische Heimat zurück.

Mit ehrerbietigstem Gruß
immerdar Ihr
Walter Ebel

---

42 AdK, Signatur Mann-Heinrich 1083.

43 Arnold Ebel, Briefmarkenauktionator.

44 Friedrich Wolf, Ein Dichter und seine Zeit. S. oben Anm. 8.

45 Göttingen?

46 Joachim I. Kurfürst von Brandenburg (1484-1535), s. Dt. Biographie.

47 Sog. Viadrina, i. J. 1991 in Frankfurt/Oder wiedergegründet.

48 In der Pestzeit 1613-1656 nach Fürstenwalde.

49 Die seit 1809ff. gegründete Preußische Friedrich-Wilhelm-Universität, seit 1949 Humboldt-Universität.

Nr. 6

Handschriftlich, Luftpostbrief, Original im Deutschen Literaturarchiv Marbach[50]*, Bestandsignatur Mann, Heinrich. Zugangsnummer 85.139. Unveröffentlicht.*

19. Februar 1949
2/45 Montana Ave
Santa Monica, Calif.

Lieber Doctor Ebel,

das „andere Mittel", etwas Geld, ist damals erwogen und gleich angewendet worden. Der Aufbau-Verlag, Französische Straße 32, sollte Ihnen inzwischen 100 DM ausbezahlt haben. Wenn noch nicht, rufen Sie dort an - 42 55 96 -, ob mein Auftrag eingetroffen. Anbei zwei Gutscheine für einen Luftpostbrief, dann habe ich Ihre Nachricht in 6 Tagen anstatt in 5 Wochen. Wieviel Erschwerungen. Das Paket[51] ist wohl immer noch unterwegs, aber das Geld muss da sein. Ihre neue Arbeit[52] wird mich gewiss interessieren, und wie sehr erst die folgende. Möge der Essay werden was Sie von ihm verlangen, und Ihnen womöglich eine Professur an der Universität Berlin eintragen. Die philosophische Fakultät hat mir vor mehreren Jahren den Doctor h.c.[53] verliehen. Umso besser, wenn Ihnen das helfen könnte. Die Ansicht von Sanssouci[54] war mir willkommener als Sie wissen konnten. Legen Sie in Ihren nächsten Brief noch eine andere? Die Sache ist, dass Friedrich mich beschäftigt, schon lange. Ein Zeugnis hiervon werden Sie voraussichtlich im Aprilheft der Neuen Rundschau[55] finden.

Am Rand:

Der Scheine wegen muss ich einen zweiten Umschlag nehmen.
Herzlichen Gruss Ihr
H. Mann

---

50 Dort abgegeben von W. Ebels Nichte Annelie Wolff (Kiel).

51 Worin auch die ersten Nylonstrümpfe für die Pflegetöchter.

52 Brief Walter Ebels vom 16.1.1949: Friedrich Wolf. Ein Dichter und seine Zeit. S. oben Anm. 8.

53 Im Jahre 1947.

54 AdK, Signatur Mann-Heinrich 1086: Hier enthält erst der Briefumschlag vom 17.3.1949 aus Potsdam eine Karte von *Sanssouci.*

55 Neue Rundschau 1949, Heft 14: Heinrich Mann, Der König von Preussen.

Nr. 7[56]

Storkow, den 12.3.1949

Verehrtester Meister!

Ihr Brief hat mich, der ich noch mit krankem Mittelohr zu Bette lag in einem Nun zu ¾ gesund gemacht. Wie ehrt mich schon Ihr gütiges Interesse für meine Wolf-Studie, die ich bereits in Ihren Händen hoffe! Sie hat hier, aber auch bei westdeutschen Fachgenossen, eine ganz gute Kritik erfahren. Mehr als all dies würde mir freilich ein Urteil von Ihnen bedeuten… Ich gebe, in dieser kleineren Ausgabe, Wolf methodologisch unstarr, in verschiedenen Beleuchtungsweisen; so wäre es für mich unsäglich wichtig, zu erfahren, was Sie über die zur Anwendung gebrachten lit. wiss. Prinzipien denken, für künftige Arbeiten. Mir scheint, ein biographisches Problem sei halb schon gelöst, wenn die dem Dichter angemessene Darstellungs a r t gefunden ist.

Der Verlag V. u. W.[57] hat mich bereits zur Abholung Ihrer Überweisung von 100 M. aufgefordert, da an eine Bln-W-Adresse nicht zahlbar; ich bin ja sicher binnen kurzem wieder reisefähig. Dank verbaten Sie sich. Das Geld als Darlehen betrachten und frei von Not sein könnte ich schon, wenn mich der Minister Rücker[58] in Potsdam wenigstens an der dortigen Hochschule bald als ord. anstellte, wie allerdings in Aussicht stehend. Ihr schmeichelhafter weitergehender Plan muß von mir erst noch besser motiviert werden.

Mit Potsdamer Ansichten diene ich gerne. Die erste, die ich noch bei mir trug, ging schon an Sie ab,[59] weitere folgen. Soll ich nicht auch das Bild der zertrümmerten Garnisonskirche aufzutreiben versuchen, der „Ruhestätte" Friedrichs II. (schwere Brocken drücken sein Grab,) des Startpunkts des braunen Schlawiners von 1933?[60]

Am 27. d.M. werden, schneller als jedes Telegramm, auch meine heißen Wünsche zu Ihnen fliegen, Wünsche für viele weitere Jahre Gesundheit und Kraft!

Ehrerbietigst
immer Ihr

W. Ebel

56 AdK, Signatur Mann-Heinrich 1084.

57 *Volk und Wissen*, Schulbuchverlag der DDR.

58 Fritz Rücker (1892-1974) war zu der Zeit brandenburgischer Minister für Volksbildung, Wissenschaft und Kunst [Wikipedia, aufgerufen am 23.08.2021].

59 Ansichtskarte Neues Palais, Potsdam (AdK Signatur 1084).

60 Sämtliche von Walter Ebel geschickte Ansichtskarten im AdK: Brief vom 12.3.1949 aus Storkow, enthält Ansichtskarte *Neues Palais, Potsdam* (Signatur 1084*)*; 13.3.1949 aus Storkow, enthält Ansichtskarte *Römische Bäder, Potsdam* (Signatur 1085); 17.3.1949 aus Potsdam enthält Ansichtskarte *Sanssouci* (Signatur 1086)*;* 22.3.1949 aus Berlin, enthält Ansichtskarte *Garnisonskirche, Potsdam* (Signatur 1087*)*; 27.3.1949 aus Storkow; enthält Ansichtskarte *Chinesisches Teehaus, Potsdam* (Signatur 1088) *2.4.1949 aus Storkow;* enthält Ansichtskarte *Sanssouci, Potsdam* (Signatur 1089).

Nr. 8[61]

Universitätsprofessor
Dr. jur. Wilhelm Ebel

Göttingen, den 16.9.1949
Nikolausberger Weg 128

Herrn
Heinrich Mann
2145 Montana Ave
S a n t a M o n i c a Cal.

Sehr geehrter Herr Mann!

Von meinem Bruder, Dr. Walter Ebel, früher Storkow (Mark Brandenburg), jetzt Professor für Literaturwissenschaft an der Landeshochschule Potsdam, ist mir Ihre Anschrift bekannt geworden. Lange habe ich erwogen, ob ich nicht Sie oder Herrn Thomas Mann mit der Bitte um Rat und Befürwortung angehen soll in einer Sache, die nicht meine persönliche, sondern eine Angelegenheit der deutschen Kulturgeschichte, insbesondere der hansisch-lübischen Geschichtsforschung ist. Ich darf dies näher erläutern:

Seit über 12 Jahren beschäftige ich mich unausgesetzt mit der Erforschung der hansischen Rechtsgeschichte, des bürgerlichen und Handelsrechts, Seerechts, Strafrechts usw. der Hansestädte zu hansischer Zeit. Dass Lübeck, die Stadt Ihrer Vorfahren, die führende Rolle im hansischen Konzert, dessen Mitglieder von Brügge bis Stockholm und Nowgorod sich reihen, gespielt hat, der Oberhof (Appellationsgericht) für Streitigkeiten aus den hansischen Kontoren gewesen ist, ist ebenso bekannt wie die Tatsache, dass mehr als hundert Städte entlang dem Südrand der Ostsee mit lübischem Recht bewidmet waren und ebenfalls an den Rat von Lübeck als oberster Instanz appellierten. Erst im 17. Jahrhundert[62] ist die grösste und straffste deutsche Stadtrechtsfamilie zerfallen, zur gleichen Zeit, da das erste (und eigentliche) deutsche Bürgertum seine staatsbildende Kraft verliert, die Hanse vom militärstaatlichen Denken der Neuzeit gesprengt wird und Lübeck in museale Ruhe versinkt.

Für die Geschichte des deutschen Rechts sowie des europäischen Handels- und Verkehrsrechts von unschätzbarer Bedeutung ist daher das in den Rechtssprüchen des Lübecker Rats enthaltene rechtsgeschichtliche Material aus dem 13. bis 17. Jahrhundert. In diesen Jahrhunderten hat der Rat zehntausende von Urteilen gesprochen, die bislang unbekannt waren. In systematischer Sammelarbeit habe ich seit dem Beginn meiner wissenschaftlichen Laufbahn erhebliche Teile davon entdeckt und abgeschrieben. Noch während des Krieges konnte ich zwei Jahre lang in einem Salzbergwerk,[63] wohin das Lübecker Archiv verbracht worden war, unter Tage meine Arbeit fortsetzen, und diesem glücklichen Umstand ist es zu verdanken, dass wenigstens der grösste Teil dieser für die nordeu-

61 AdK, Signatur 1090: Ebel, Wilhelm an HM, betr. Hansisch-Lübische Rechtsgeschichte, 16.9.1949 (Göttingen), masch.-schr. 1 Bl, 2 S.

62 Unterstreichungen von H. Mann.

63 Bernburg in Sachsen-Anhalt.

ropäische Rechts- und Kulturgeschichte so wertvollen und unersetzlichen Quellen abschriftlich erhalten blieb. Das Archiv selbst ist aus seinem Auslagerungsort nicht mehr nach Lübeck zurückgekehrt, sondern nach Russland verbracht worden. Seit 1947 sitze ich an der Auswertung des Materials. Einige darstellende Manuskripte (Lübisches Strafrecht, Hansisches Rechtsleben in Lübecker Ratsurteilen des 15./16. Jahrhunderts,[64] sowie: Forschungen zum Lübischen Recht) sind fertiggestellt. Im Vordergrunde steht indes die Herausgabe der erhaltenen Lübecker Ratsurteile, eine von mir auf 3-4 Bände geschätzte Arbeit, die vom Beginn Lübecks bis etwa 1550 reicht. Die Auswertung und weitere Ergänzung aus den erhaltenen kleineren Archiven soll mich das nächste Jahrzehnt beschäftigen.

Warum ich Ihnen dies alles ungebeten schreibe? Weil ich wie jeder, der sich einer Aufgabe verschrieben hat, auf jedem Wege zum Erfolge es versuche, die Möglichkeit zur Weiterarbeit, vor allem aber zur Publikation der Ergebnisse durchzusetzen. Die Ausgabe der Ratssprüche allein aber kostet zehntausende von Mark. Die Stadt Lübeck, aus lokalpatriotischen Gründen am nächsten interessiert, hat kein Geld und auch anderwärts ist heute in Deutschland für solche wissenschaftlich-kulturgeschichtliche Arbeit kein Geld vorhanden. Bisher habe ich die ganzen Jahre hindurch ohne jede staatliche oder städtische Unterstützung mein Arbeiten ad maiorem gloriam Lubecae durchgehalten und will es für mich auch weiter tun. Es handelt sich indes um die sachlichen Kosten der Drucklegung zumal, für die ich nun auch bei Ihnen um Verständnis werben komme.

Da ich bei Ihnen, verehrter Herr Mann, das Interesse an der Erforschung der Frühgeschichte des deutschen Bürgertums, insbesondere der Hanse, anzutreffen weiss, das ich bei den hiesigen Stellen anzutreffen gehofft hatte, bitte ich Sie um freundliche Auskunft, ob nicht Ihnen amerikanische Institutionen bekannt sind, deren bestimmungsgemässer Zweck es ist, wissenschaftliche Arbeiten dieser Art zu fördern. Ich weiss nicht, ob die Rockefeller Foundation Derartiges zu ihren Aufgaben rechnet oder geschichtsforschende Institute ihr Programm auch auf europäische Geschichte ausdehnen.[65] Wenn es möglich wäre, solche Institute, falls sie existieren, auf dieses aus dem Zusammenbruch Deutschlands gerettete Material und die Empfehlungswürdigkeit seiner Publikation aufmerksam zu machen, wäre für mich schon sehr viel gewonnen. Ich weiss, dass ich als Unbekannter viel von Ihnen erwarte und keine Rechtfertigung dafür habe. Dennoch hoffe ich einer Antwort gewürdigt zu werden, sei sie auch eine Ablehnung oder die Mitteilung, dass Möglichkeiten nicht bestehen. Auch in diesem Fall hätte ich den schätzbaren Gewinn eines Autogramms,[66] doch will ich die Hoffnung nicht aufgeben, einem grossen Lübecker die Herausgabe der Dokumente danken zu können, die wahre Zeugen des alten lübisch-europäischen Denkens sind.

Mit dem Ausdruck vorzüglicher Hochachtung
verbleibe ich Ihr sehr ergebener
W. Ebel

---

64 S. unten Anm. 80.

65 Am Rand: „Marcuse fragen. Von Hofe. Germanisten in USA“. S. unten Anm. 67. 68.

66 Am Rand: „Kleine Scherze“.

Nr. 9

Luftpostbrief, Original; handschriftlich

Absender: H. Mann, 2/45 Montana Ave, Santa Monica, Calif. Poststempel: Sep. 30 1949

Adresse: Professor Wilhelm Ebel, Nikolausberger Weg 128, Göttingen, Brit. Zone, Germany

30. Sept. 1949

Sehr geehrter Herr Professor Ebel,

seit dem Empfang Ihres Briefes vom 16. 9. erwarte ich einen Freund aus Europa zurück. Ludwig Marcuse, Professor an der Universität California,[67] könnte Auskunft wissen; sonst sind da noch Harold von Hofe[68] und andere, länger zugehörige Germanisten, womöglich „american born". Einer wird helfen oder es versuchen, ich will mich umsehen soweit ich kann. Ein Herr aus Mittelwest, der mich diesen Monat aufsuchte, schien den deutschen Angelegenheiten zugänglich. Vielleicht ist dies selten, da liegt der Fehler.

Sie werden Glück haben. Der Umstand allein, dass Sie Ihre Auszüge machen konnten, bevor das Archiv verschickt wurde, enthüllt Ihre Sache als ebenso ungewöhnlich wie günstig. Neu ist sie wohl ganz und gar. Ich hatte eine dreibändige lübische Chronik[69] aus dem 18. Jahrhundert, kann mich aber nicht erinnern, dass von Ihrer Aufgabe dort etwas vorweggenommen gewesen wäre. Ihre Arbeit, wenn ich sie recht verstehe, eröffnet einen grossen Vorgang: eine bürgerliche Macht, die sich verewigen will mit der Schaffung von Recht. So Napoleon und sein Code civil,[70] das Werk der hundert Tage,[71] als er den Frieden suchte.

Genug, ich tue wie Sie wünschen. Sie erfahren das Ergebnis oder erreichen es selbst.

Aufrichtig Ihr
Heinrich Mann

---

67 Ludwig Marcuse (1894-1971), deutscher Philosoph und Schriftsteller jüdischer Herkunft, 1937 aus Deutschland ausgebürgert, erhielt 1944 die amerikanische Staatsbürgerschaft und übernahm eine Professur an der University of Southern California (USC), Los Angeles [Wikipedia am 23.8.2021]. Er gehörte zum engeren Bekanntenkreis von Thomas Mann.

68 Harold von Hofe (1912-2011), Germanist/ Exilforscher, seit 1945 Professor für Germanistik und Direktor des Feuchtwanger Institute for Exile Studies an der University of Southern California (USC), Los Angeles; u. a. Herausgeber der Korrespondenz Lion Feuchtwangers mit Ludwig Marcuse.

69 Wahrscheinlich: Johann Rudolph Becker, Umständliche Geschichte der Kaiserl. und des Heil. Römischen Reichs freyen Stadt Lübeck, Bd. 1-3, Lübeck 1782-1805.

70 Code Civil, 1804 von Napoleon eingeführt [Wikipedia, aufgerufen am 25.08.2021].

71 Gemeint wohl der „Acte additionnel aux constitutions de l'Empire", den Napoleon in der Zeit seiner „Herrschaft der hundert Tage" vom 26. Februar bis 22. Juni 1815 als neue Verfassung erarbeiten ließ [Wikipedia, aufgerufen am 13.11.2021].

Nr. 10

Original, handschriftlich, ohne Umschlag, im Besitz der Familie.

12. Oktober 1949
2/45 Montana Ave.
Santa Monica, Calif.

Sehr geehrter Herr Dr. Ebel,

hier das Ergebnis meiner Erkundigungen: Sie schreiben einen Brief, den Sie gleichzeitig richten an drei Empfänger; jeder ist der chairman oder Vorsitzende der deutschen Abteilung einer Hochschule.

Chairman of the German Department,
Columbia University, New York
Harvard University, Cambridge, Mass.
University of Southern California, Los Angeles, Calif.

Ihr Brief würde enthalten: die Informationen, die Sie auch mir gaben, über die Art der Dokumente und die Umstände wie sie gefunden wurden.

Ferner bäten Sie um Weitergabe Ihres Briefes entweder an die Rockefeller- oder Guggenheim-Stiftung (die nur besonderen Empfehlungen zugänglich sind).

Wenn der Chairman will, übergibt er die Sache einer University Press. Dies sind Verlagsanstalten der Universitäten. Sie können den Druck übernehmen.

Die Germanisten müssen an die einzigartige Bedeutung der Hansa wohl kaum erinnert werden. Sie sollten ihre Rechtsgeschichte dennoch hervorheben. Vor der Neuheit Ihrer Entdeckungen wird man erschüttert.

Nehmen Sie die besten Wünsche und Grüße
Ihres
Heinrich Mann

Nr. 11

Maschinenschriftlich, Original, im Besitz der Familie.[72]

THOMAS MANN

550 San Remo Drive
Pacific Palisades, California

18. April 1950

Professor Dr. Walter Ebel
Rosa Luxemburg Str. 30
(2) Babelsberg
Germany
Russian Zone

72 Verzeichnet im Thomas Mann Archiv online.tma.ethz.ch: B-I-EBEL-1.

Werter Herr Professor!

Fuer Ihre guetigen Zeilen und die interessanten Beilagen herzlichen Dank. Wie hätte ich mich nicht freuen sollen über Ihre warmen Aeusserungen zu meinen Arbeiten, besonders dem Goethe-Roman[73]. Aber am meisten bewegt hat mich doch Ihr Aufsatz über meinen Bruder mit dem Faksimile seines letzten Briefes an Sie.[74] In dieser seiner bis zum Ende klaren und festen Schrift hat er mir in ein Exemplar seines „Untertan" geschrieben: „Meinem grossen Bruder, der „Doktor Faustus" schrieb." „Meinem grossen Bruder", das habe ich ihm auf die Schleife meines Kranzes drucken lassen und habe seitdem das Wort in unzaehligen Briefen, Danksagungen fuer Teilnahme aus aller Welt, gebraucht, um das Schamgefuehl gut zu machen, das mich beim Lesen jener Widmung beschlich.

Noch einmal herzlichen Dank und meine besten Wuensche für Ihre Arbeit und Ihr Wohlergehen.

Ihr ergebener
Thomas Mann

Nr. 12

Handschriftlich[75], mit Umschlag, Original im Besitz der Familie.
Absender: 1550 San Remo Drive, Pacific Palisades, California
An: Frau Eva Ebel, Potsdam 4, Am Neuen Palais. Germany
Poststempel und Briefmarken entfernt, rückseitiger Stempel:
Berlin SW, 16.10.50-25

Thomas Mann

1550 San Remo Drive
Pacific Palisades, California
11. Okt. 1950

Sehr verehrte Frau,

lassen Sie mich Ihnen sagen, wie sehr bekümmert ich bin durch die Trauernachricht,[76] die Sie mir gütigst zukommen liessen, und wie sehr ich teilnehme an Ihrem Schmerz. Der Verlust ist gross. Ihr lieber Mann hat viele Arbeitspläne mit sich ins Grab genommen, deren Ausführung das geistige Leben hätten bereichern und dem deutschen Geiste zur Ehre hätten gereichen können. Aber wie bedeutend ist trotzdem der Ertrag seines Lebens! Dass der nun Verewigte ein Freund meines Werkes war und sich gern damit beschäftigte, ist mir Stolz in der Betrübnis.

Mit allen guten Wünschen
Ihr sehr ergebener
Thomas Mann

---

73 Lotte in Weimar, Stockholm 1939.

74 Veröffentlicht in: Tagespost. Potsdam, Jg. 5, Nr. 82, 6. April 1950, S. 5 (oben Anm. 23).

75 Vgl. Mann, Th. (1991): 277 (11. Okt. 1950): „Danach noch Eigenhändiges."

76 Todesanzeige von Walter Ebel, gest. 3. August in Potsdam.

Nr. 13[77]

Dr. Wilhelm Ebel
o. Professor der Rechte
an der Universität Göttingen

Göttingen, den 16. März 1955
Nikolausberger Weg 128

Hochverehrter Herr Dr. Mann!

Der bekannte und weitbegrüsste, neulich gefasste Beschluss des Lübecker Senats[78] ist, wie ich vorbemerken darf, weder Grund noch Anlass zu diesem meinen Schreiben, vielmehr bot er mir, der ich zufällig am selben Tage in Lübeck mich aufhielt, nur die langgesuchte Gelegenheit, endlich Ihre schweizerische Anschrift in Erfahrung zu bringen. Mit Ihrer mir von meinem 1953[79] plötzlich verstorbenen, Ihnen vielleicht bekannten Bruder, dem Literaturwissenschaftsprofessor in Potsdam, Walter E., überlassenen kalifornischen Anschrift hatte ich geglaubt, Sie nicht mehr erreichen zu können. Jetzt, bei postalischer Sicherheit, vermag ich auszuführen, was mir schon seit Jahren am Herzen liegt: dem Schöpfer der Buddenbrooks anzuzeigen, welche Fernwirkung seine Verdichtung altlübeckischen – heute vergangenen – Wesens und Lebens auch im Bereich der wissenschaftlichen, rechtshistorischen Forschung haben konnte.

Das mag entschuldigen, dass ich Sie hier nur als den Dichter der Buddenbrooks apostrophiere, will ich damit doch nur sagen, dass es wohl dieses Buch gewesen ist, das in mir, dem Nichtlübecker, schon in der Jugend die „historische Gefühlsrichtung“ bestimmt hat, die mich seit zwei Jahrzehnten bevorzugt zum Erforscher lübisch-hansischer Rechtsgeschichte gemacht hat. Gewiss ist es nur die – wie man zu sagen pflegt – trockene Arbeit eines Juristen und Historikers, dazu eines deutschen Professors, die sich der bedeutungsvollsten Erscheinung der deutschen Stadtrechtsgeschichte zugewendet hat. Es lässt sich jedoch wohl nicht leugnen, dass das eigentümliche Mysterium des den wissenschaftlichen Gegenstand innewohnenden Geistes – einen solchen hat das mittelalterliche Lübeck – auch eine jahrzehntelange mühselige archivalische Forschungsarbeit tragen und die nach-denkende Rekonstruktion der rechtlichen Denkformen beeinflussen und fördern kann. Wie, wenn sich dann das Verhältnis verkehrt und die wissenschaftlich gesicherte Erkenntnis nicht Vorarbeit dichterischer Ausfüllung (und Erfüllung), sondern eigentlich nur noch nachträgliche Bestätigung und Beweis des schon Gesehenen ist?

Ich gebe mich der Hoffnung hin, dass die neuerdings – durch mich – grundsätzlich in Angriff genommene Forschung zur Geschichte des lübischen Rechts Ihr zur Welt Ihrer Jugend zurückkehrendes Interesse findet. Es würde mich freu-

77 ETHBIB, Brief BII EBEC1 Wilhelm Ebel an Thomas Mann.

78 In diesem Frühjahr – am 10. März 1955 - hatte in Lübeck die Bürgerschaftssitzung stattgefunden, in der der Antrag auf Verleihung der Ehrenbürgerrechte an Thomas Mann zu dessen 80. Geburtstag am 6. Juni 1955 angenommen worden war, vgl. Mann, Th. (1995): 733.

79 Richtig 1950.

en, wenn Sie an dem beigefügten kleinen Buch[80] Gefallen fänden. Ich habe es deshalb unter der Zahl (zum Teil in diesem Buch auch angeführter) lübischen Arbeiten ausgewählt, weil es einmal das letzterschienene ist, und zum andern, weil es am wenigsten blasse juristische Konstruktionen prozessualer und ähnlicher Natur enthält, sondern, dem Anlass entsprechend, eher eine Art rechtshistorischer Miniaturen mehr kulturgeschichtlicher als rein juristischer Natur.

Die im letzten Satz der Vorbemerkung berührte Ausgabe der von mir in Jahrzehnten gesammelten Lübecker Ratsurteile befindet sich mit ihrem ersten Bande, der 1000 Urteile aus der Zeit bis 1500 enthält, gerade im Druck. Dieses grossen (dreibändigen) Unternehmens wegen habe ich noch mit Ihrem Herrn Bruder, Heinrich Mann, kurz vor seinem Ableben korrespondiert. Die deutsche Forschungsgemeinschaft hat auf mein Bohren hin jetzt die erforderlichen Mittel bewilligt, die die Stadt Lübeck selber nicht aufzubringen vermag. Ich freue mich, dass der umfangreiche erste Band gerade in diesen Jahren herauskommen kann. Die Literarhistoriker mögen sich später darum streiten, ob zwischen der spezifisch lübekischen Diktion der alten Ratsurteile und dem Stil Thomas Manns eine innere Beziehung besteht. Meine eigenen Eindrücke tun hier nichts zur Sache, und Einiges haben Sie ja bereits in „Lübeck als Lebensform" berührt.

Ich hoffe, verehrter Herr Dr. Mann, dieser Brief und die beigefügte ergebene Dedikation erreichen Sie bei bester Gesundheit

und bin Ihr Sie verehrender
und sehr ergebener
W. Ebel

Nr. 14

Karte doppelseitig beschrieben, mit Umschlag, handschriftlich,[81] Original, im Besitz der Familie.

THOMAS MANN
Kilchberg am Zürichsee
Alte Landstrasse 39
27. III. 55

Sehr verehrter Herr Professor,

dürftig muss mein Dank sein für Ihren gütigen Brief und Ihre gelehrte und merkwürdige Schrift. Es ist absurd, wieviel ich zu lesen und zu schreiben habe. Ihr Brief aber hat mich gleich in seinen Bann gezogen – aus Gründen, die Sie in Ihrem Brief sehr fein erspüren. Mein historisches Interesse ist mit den Jahren überraschend erstarkt. Aber in die seelische Landschaft meiner Jugend brauchte ich kaum zurückzukehren; ich bin wesentlich darin immer befangen

---

80 Bürgerliches Rechtsleben zur Hansezeit in Lübecker Ratsurteilen. S. oben Anm. 22.

81 Vgl. Mann, Th. (1995): 330: Kilchberg, Sonntag den 27. III. 55 „Schrieb aufräumend viele Briefe…".

geblieben, und Lübeck, in seiner Mittelalterlichkeit, spukt ja unter dem Namen Kaisersaschern sonderbar genug noch in den Roman des 70jährigen, „Dr. Faustus“, hinein.

Ihr Brief ist mir ein sehr lieber, wertvoller Besitz.

Ihr ergebener
Thomas Mann

Literatur

Becker (1965)
Franz Becker, Storkow. Die grosse Wende in einer kleinen Stadt, Bezirksleitung der SED, Frankfurt/Oder [1965].

Ebel (1948)
W[alter] Ebel, Friedrich Wolf. Ein Dichter und seine Zeit. Mit Beiträgen von L. Feuchtwanger und W. Ebel, hg. von A[lfred] Kantorowicz, Rudolstadt (Greifen) 1948.

Ebel (1952)
Wilhelm Ebel, Lübisches Kaufmannsrecht vornehmlich nach Lübecker Ratsurteilen des 15./16. Jahrhunderts, hg. vom Göttinger Arbeitskreis, Veröffentlichung Nr. 37 [Göttingen 1952].

Landshoff (1991)
Fritz H. Landshoff, Amsterdam, Keizersgracht 333, Querido Verlag. Erinnerungen eines Verlegers. Mit Briefen und Dokumenten, Berlin und Weimar 1991.

Mann, H. (1988)
Heinrich Mann, Ein Zeitalter wird besichtigt, Frankfurt/M. 1988.

Mann, Th. (1991)
Thomas Mann, Tagebücher 1949-1950, hg. von Inge Jens, Frankfurt 1991.

Mann, Th. (1995)
Thomas Mann, Tagebücher 1953-1955, hg. von Inge Jens, Frankfurt 1995.

Abkürzungen

PA	Personalakte Walter Ebel im Archiv der Universität Potsdam. A.W. Fakultät.
AdK	Akademie der Künste zu Berlin, Heinrich-Mann-Archiv.
ETHBIB	Bibliothek der ETH-Zürich, Thomas-Mann-Archiv.

Anschrift der Autorin:
Dr. Anke Paravicini-Ebel
Kronskamp 6
24119 Kronshagen
E-Mail: Anke.Paravicini@web.de

Abb. 1: Porträt Johann Martin Andreas Neumann, Bürgermeister- und Ratsherrengalerie im Rathaus zu Lübeck. Foto: AHL, Antje Stubenrauch.

Ein Bürgermeister der Alldeutschen?
Johann Martin Andreas Neumann und sein Sturz als Lübecker Bürgermeister 1926

Benjamin Steiner

Das Porträt des Bürgermeisters

Überlebensgroß, stattlich und staatstragend blickt Johann Martin Andreas Neumann (* 16. August 1865 in Lübeck; † 7. April 1928 ebenda) auf dem offiziellen Porträt von Wilhelm Schodde auf den Besucher in der Ahnengalerie der Bürgermeister im Lübecker Rathaus herab. Die Untersicht verstärkt den Effekt der Größenwirkung, wenngleich die Umklammerung des Knaufs des Stuhls, auf dem der Senatsvorsitzende Platz nahm, als Ausdruck einer gewissen Unsicherheit gesehen werden darf. Schoddes Komposition folgt einerseits den Vorbildern in der Lübecker Bürgermeister- und Ratsherrengalerie, indem er die Dreiviertelansicht des Amtsvorgängers Fehling aufgreift. Andererseits bricht er mit der Kleiderwahl die Tradition, wenn er Neumann statt mit historisierender Halskrause und Spitzen im zeitgemäßen Frack darstellt. Modern wirkt Neumann dennoch nicht. Das Bild vermittelt neben hanseatischem Stolz auch jene solide Standhaftigkeit, die viele konservative Politiker der Nachkriegszeit nach außen zu repräsentieren gedachten. Der strenge Mittelscheitel, der fest geschlossene Mund und der direkte Blick auf den Betrachter vermitteln eine Entschlossenheit und einen Willen zur Tat. Der porträtierte Bürgermeister wirkt wie ein bürgerlich-konservativer Vertreter der alten wilhelminischen Ordnung, verkörpert aber gleichzeitig auch die ungeduldige Sehnsucht nach Veränderung.

Bis zu seiner Wahl zum Lübecker Bürgermeister am 1. Dezember 1920 gehörte Neumann dem völkisch-antisemitischen Alldeutschen Verband (AV) an, dem er 1902 beigetreten war.[1] Mit dieser Zugehörigkeit stellt er unter den aktiven Regierungs- und Verwaltungspersönlichkeiten der 18 Weimarer Bundesstaaten eine Besonderheit dar. Seine Verbindungen in dieses radikale Milieu sowie seine rechtskonservative Haltung führten vor und nach seinem Tod zu heftigen politischen Kontroversen. Er war bei Nationalkonservativen und bei einem großen Teil der Bevölkerung beliebt.[2] Nach seinem plötzlichen Tod 1928 verteidigten ihn konservative Kommentatoren, die in Nekrologen und Gedenkschriften seine Verdienste als zwischen den unterschiedlichen politischen Lagern ausgleichenden Politiker herausstellten.[3] Sozialdemokratische Autoren, wie etwa der ehemalige preußische Ministerpräsident Otto Braun, sahen in Neumann aus der Rückschau indes den Protagonisten eines historischen Verlaufs,

1 Die am 9. April 1891 als „Allgemeiner Deutscher Verband“ (ADV) in Berlin gegründete und im Juli 1894 in „Alldeutscher Verband“ (AV) umbenannte Organisation wurde am 13. März 1939 von den Nationalsozialisten aufgelöst.

2 Freche (2019): 62

3 Christern (1928); Lenz (1928).

der „von Weimar zu Hitler", so der Titel von Brauns Memoiren, führte.[4] Auch in neueren Darstellungen zur Geschichte Lübecks in der Weimarer Republik gilt er einigen als Vertreter eines politisch immer mehr nach rechts rückenden Bürgertums und als Teil derjenigen politischen Kräfte, die das demokratische System der Weimarer Republik unterhöhlten und den Weg zum Dritten Reich ebneten.[5] Andere Arbeiten, wie etwa die Biografie zu Neumanns Antagonisten, dem Sozialdemokraten Julius Leber (1891-1945) von Dorothea Beck, kommen zu einem differenzierteren Urteil über die politische Rolle Neumanns, die sich nicht ohne Weiteres in ein teleologisches Narrativ einordnen lässt.[6]

Als Vertreter des politischen Konservatismus – ein Begriff, mit dem die Forschung versucht, Vertreter monarchistischer, nationalistischer und völkischer Positionen zusammenzufassen – verdient der Fall Neumanns Beachtung.[7] Seine ambivalente Haltung zur Republik wirft neues Licht auf die Rolle deutschnationaler Politiker in dieser Zeit. Insbesondere hat die These Thomas Mergels, nach der im Rahmen der parlamentarischen Kommunikation nationalkonservative Parteien wie die Deutschnationale Volkspartei (DNVP) einen Prozess der „stillen Republikanisierung" erfahren und das Potenzial zu einer Variante des „Tory-Konservatismus" nach britischem Vorbild gehabt hätten, eine Debatte über den Konservatismus in der Weimarer Republik initiiert.[8] Während Mergel manchen Akteuren einen pragmatischen Konservatismus zugutehält, sehen neuere biografische Studien, wie etwa von Daniela Gasteiger über Kuno Graf Westarp (1864-1945), dem langjährigen Vorsitzenden der DNVP, das Handeln rechtskonservativer Politiker weniger von parlamentarischem Integrationswillen als vielmehr von „zähen utopischen Ordnungsvorstellungen" geleitet.[9] Das trifft auch auf die Deutung des Vorsitzenden des Alldeutschen Verbands Heinrich Claß (1868-1953) zu, dem Johannes Leicht eine 2012 erschienene ausführliche Studie gewidmet hat. Leicht sieht in Claß den „geradezu paradigmatischen Vertreter" der „Wilhelminischen Generation", der zur Genese einer völkischen Bewegung in Deutschland beigetragen habe.[10]

Obwohl Neumann langjähriger enger Verbündeter von Claß war, wird seiner Rolle in der klassischen Studie zum AV von Roger Chickering keine Aufmerksamkeit geschenkt.[11] Nicht nur die Nähe zu Claß, sondern auch seine Ver-

4 Braun (1949).

5 Stegmann (2013); Bouteiller (o.J.); Osterroth (1973).

6 Beck (1983).

7 Siehe zur systematischen Behandlung der Geschichte der deutschen Rechten und völkischen Bewegung Breuer (2001); Breuer (2008).

8 Mergel (2003); Mergel (2002).

9 Gasteiger (2018): 3.

10 Leicht (2012): 20. Zur „Wilhelminischen Generation" siehe Doerry (1986). Man kann neben Neumann (*1865), Claß (*1868) und Hugenberg (*1865) auch Westarp (*1864) derselben Alterskohorte zurechnen.

11 Chickering (1984). Auch bei Hering (2003) wird auf Neumann nur am Rande eingegangen. Siehe zur pangermanischen Bewegung ferner Korinman (1999); Jungcurt (2016).

wicklung in das Medienunternehmen Alfred Hugenbergs (1865-1951), verorten Neumann in zentrale Positionen eines bislang wenig erforschten rechtskonservativen Milieus in Politik, Medien und Wirtschaft. Auf dieses Forschungsdesiderat kann der vorliegende Essay nur hinweisen, schließen kann er es nicht. Hier wird lediglich der Ablauf der Ereignisse geschildert, die zum Sturz Neumanns als Bürgermeister von Lübeck 1926 führten.

Die Neumanns aus Paramaribo

Johann Martin Andreas Neumann wurde am 16. August 1865 in Lübeck geboren; dort starb er auch am 7. April 1928. Die Neumanns waren keine der alteingesessenen Lübecker Familien. Sein Vater gleichen Namens (1814-1896) stammte aus Mecklenburg. Von dort wanderte er nach Paramaribo in Holländisch-Guayana (Surinam) aus, wo er als Farmer und Sklavenbesitzer auf der Kwatta-Plantage ein Vermögen erwarb.[12] Neumann heiratete 1847 Maria Cordua (1823-1896), die Tochter des Mecklenburger Unternehmers und Abenteurers Theodor Cordua (1796-1857). Ihre Mutter Katharina Höft war wohl eine Kreolin, über die keine biographischen Einzelheiten bekannt sind. Die Neumannsche Familienlegende meinte, ihr eine indigene, südamerikanische Abstammung zuweisen zu können. Andere behaupten, sie sei eine freigelassene Sklavin mit afrikanischen Wurzeln gewesen. Es ist zu vermuten, dass sich hinter ihr Cornelia Henriette Heuft (1804-1863) verbirgt.[13] Sie soll bei Cordua als Haushälterin tätig gewesen sein, war wohl nie mit ihm verheiratet und gebar ihm sechs Kinder.[14]

Neumann Senior kehrte nach Abschaffung der Sklaverei in den niederländischen Kolonien (1863) und dem Verkauf seines Besitzes nach Deutschland zurück. Als wohlhabender Rentier ließ er sich in Lübeck nieder. Zwei Jahre später wurde sein Sohn Johann Martin Andreas geboren. Letzterer wählte die Laufbahn eines Juristen. Nach der Schulzeit am Lübecker Katharineum studierte er in Freiburg, Leipzig und Kiel Rechtswissenschaft und Nationalökonomie. 1887 wurde er zum Dr. jur. promoviert und erhielt bald darauf nach seiner Rückkehr nach Lübeck die Ernennung zum Richter am dortigen Landgericht. 1899 wählte man ihn in die Bürgerschaft und am 29. September 1904 in den Senat, wo er Mitglied der Justizkommission und stellvertretender Polizeiherr sowie Vorsitzender der Militärkommission und schließlich der Finanzbehörde wurde.[15]

Seine gesellschaftliche Stellung und Anerkennung in Lübeck verdankte Neumann neben seinen politischen Ämtern auch seinem Engagement in zahlrei-

---

12 Die *Slavenregisters* zu Surinam im Nationalarchiv in Den Haag führen etwa fünfzig Namen von Männern und Frauen auf, die J.M.A. Neumann d.Ä. im Zeitraum von 1851 bis 1863 entweder gekauft oder verkauft hatte (NA Den Haag, NAS 39, fol. 2011; NAS 26, fol. 932).

13 Dazu Vrij (2004): o.S.

14 Ursula Feldkamp, die Herausgeberin des Tagebuchs Corduas, nimmt dagegen an, dass Theodor Cordua mit Katharina Höft verheiratet gewesen sei, führt aber keine Belege an. (Cordua (1996): 30).

15 Stegmann (2013): 45.

chen Verbänden und Vereinigungen der Stadt. So gehörte er dem Vorstand der Gesellschaft zur Beförderung gemeinnütziger Tätigkeit an, fungierte zeitweise auch als deren Direktor (1907 bis 1910). Zudem wählte ihn der Hansische Geschichtsverein (1921) zu seinem Vorsitzenden. Ab 1922 bis zu seinem Tod war Neumann auch Vorsitzender des Kirchenrats der Evangelischen Kirche in Lübeck. Durch diese zahlreichen Ämter ergab sich seine enge Einbindung in das bürgerliche Milieu der Stadt, die weit über die parteipolitischen und persönlichen Kontakte zu Lübecker Alldeutschen, wie etwa dem Industriellen Emil Possehl (1850-1919), hinausging und ihm ein bedeutendes soziales Kapital verschaffte.[16] So war Neumann etwa mit Adolf Ihde (1881-1959), einem Mitglied der Bürgerschaft, über die Gesellschaft zur Beförderung gemeinnütziger Tätigkeit verbunden. Ihr gehörte Ihde seit 1905 an und stand ihr während zwei Amtszeiten als Direktor vor (1927-1930, 1945-1949).[17] Im Übrigen war Ihde ein Nachbar von Neumanns Schwiegersohn Gottlieb Friedrich Storck (1885-1949) im Ostseebad Sierksdorf.

Abb. 2: Neumann (vordere Reihe dritter von rechts, den linken Arm auf das Kinn stützend) 1911 im Kreis seiner Senatskollegen im Audienzsaal des Rathauses. AHL, 08.12 Zeitgeschichtliche Sammlung Nr. 84.
Von links nach rechts: Senator Dr. Kalkbrenner, Sen. H. Evers, Sen. Rabe, Sen. Dr. Lienau, Sen. Kulenkamp, Sen. Dr. Neumann, Bürgermeister J. H. Eschenburg, (davor) Reg.-rat Dr. Geister, Sen. Dr. Eschenburg, Sen. Dr. Stooss, Reg.-rat Dr. Geise, Sen. Dr. Fehling, Reg.-rat Dr. Lange, Sen. Dr. Vermehren.

16 Stegmann (2013): 47. Zu Possehl siehe Stegmann (2021); Schildt (2019).

17 „Dr. Magnus“: In memoriam Dr. Adolf Ihde, in: Lübeckische Blätter (1959): 145.

Neumann und die Alldeutschen

Über die politische Ausrichtung Neumanns vor seinem Beitritt in den Alldeutschen Verband im Jahr 1902 ist wenig bekannt. Es liegt nahe, dass er bereits lange vor seinem Eintritt den Ideen dieses völkischen Agitationsverbandes nahegestanden hatte. 1891 durch den Afrika-Forscher und rassistischen Kolonialisten Carl Peters ins Leben gerufen, gehörte der Verband zur radikalsten Fraktion der politischen Rechten im Kaiserreich. Hier versammelten sich völkische Pangermanen, Beschützer des Deutschtums, militaristische Expansionisten, rassistische Kolonialisten und extreme Antisemiten. Während des Ersten Weltkriegs war der AV treibende Kraft der Befürworter des sogenannten Siegfriedens und fand insbesondere in den Feldmarschällen Hindenburg und Ludendorff prominente Unterstützer.

Die näheren Beweggründe Neumanns, diesem politischen Agitationsverband beizutreten, sind nicht mehr zu rekonstruieren, doch scheint ihn dessen Weltbild wohl angezogen zu haben. Der AV um die Jahrhundertwende war ein Exponent der geistigen Haltung, die sich im Spannungsfeld eines völkischen Nationalismus mit kolonialen Expansionsansprüchen einerseits und eines Bekenntnisses zur Staatsnation und damit zur Reichsregierung andererseits verorten lässt.[18] Seine Mitglieder entstammten einem überwiegend höheren sozialen Milieu: Politiker, Geschäftsleute, hohe Beamte, Universitätsprofessoren. Neben dem ehemaligen Reichskanzler Otto von Bismarck zählten Wissenschaftler wie der Geograf Friedrich Ratzel oder der Historiker Karl Lamprecht zu den Gründungsmitgliedern. Ratzel und Lamprecht gehörten zum Leipziger Kreis von Universitätsprofessoren, die, wie Wilhelm Ostwald und Wilhelm Wundt, um die Jahrhundertwende ein umstrittenes „monistisches" Wissenschaftsprogramm betrieben, das die Einheit der Natur- und Geisteswissenschaften anstrebte. Der Kreis verfolgte dabei einen radikalen positivistischen Darwinismus, u. a. in Anlehnung an Ernst Haeckel in Jena, der später in mancherlei Hinsicht die völkisch-biologistische Sichtweise der Nationalsozialisten beeinflusste.[19]

Zum Zeitpunkt von Neumanns Beitritt befand sich der Verband am Ende einer Transformationsphase, in der sich die völkisch-nationalistische gegenüber der staatlich-autoritären Strömung immer mehr durchsetzen konnte.[20] Zunächst erschien der AV als eine Bewegung des bürgerlichen Establishments, eine Professoren-Partei, die eine kritische Haltung zur Reichspolitik einnahm, sich aber noch nicht in offener Opposition befand. Ab 1903 begann der rechte Flügel der Partei um den völkischen Antisemiten Heinrich Claß die Politik der Reichsregierung und den Kaiser selbst zu attackieren.[21] Mit der Wahl von Claß zum Vorsitzenden des AV 1908 setzten sich die Falken des Verbandes vollends durch, die

---

18 Chickering (1984): 44.

19 Ringer (1969); Gasman (1971): xiv; Gould (1977): 77f.; Weikart (2004); dagegen sehen andere Historiker keine Verbindungen zwischen dem Sozialdarwinismus Haeckels und dem Nationalsozialismus, siehe etwa Richards (2008): 448-453.

20 Vgl. hierzu Chickering (1984): 44-73.

21 Sitzung des AV vom 11.9.1903, zit. n. Leicht (2012): 114.

eine aggressivere Außenpolitik des Reichs insbesondere gegen das Habsburgerreich, die koloniale Expansion nach Osten sowie eine Intensivierung der imperialen Bestrebungen in Afrika und dem Orient forderten. Gruppierungen wie der Verein für das Deutschtum im Ausland, der Flotten- und Wehrverein, die Deutsche Kolonialgesellschaft oder der Reichsverband gegen die Sozialdemokratie gehörten in das institutionelle Organisationsgefüge dieser ideologischen Bewegung. Wie Johannes Leicht gezeigt hat, besaß Claß bis in die Zeit der Weimarer Republik großen Einfluss auf die politische Führung im Reich. 1917 erwog er im Gespräch mit Ludendorff eine Militärdiktatur („Kabinett in Feldgrau“) und die Beseitigung der parlamentarischen Regierungskontrolle. Dabei schlug er dem Feldmarschall vor, Männer ohne parteipolitische Bindung als Kern des Diktaturkabinetts einzusetzen: Alfred Hugenberg, den damals mächtigsten Medienunternehmer des Reiches, als für die Gesamtpolitik und Wirtschaftsfragen zuständig und Neumann für innenpolitische Belange.[22]

Neumanns Berücksichtigung bei solchen Plänen zeigt an, dass die rechtsgerichteten Kreise um Claß ihn für einen engen Verbündeten hielten. Bereits 1904, kurz nach seinem Beitritt, war Neumann in den Vorstand des Verbandes aufgerückt und galt als enger Freund des späteren Vorsitzenden. 1913 lobte Neumann diesen in den höchsten Tönen: „Claß“, so schreibt er in einem Brief an dessen Vertrauten Carl Cäsar Eiffe, „stelle Wesen und Ziele des A.D.V. meisterlich dar und bekämpfe sehr geschickt die landläufigen Angriffe und Einwendungen gegen den Verband“.[23]

Während des Ersten Weltkriegs, als der AV seine Blütezeit erlebte, wurde Neumann vom Lübecker Senat 1917 in das neu eroberte Riga als Verwaltungsreferent des Gouvernements Livland entsandt.[24] Hier sah er sich insbesondere verantwortlich für die deutsche Minderheit, die er den Kolonialisierungsplänen des AV entsprechend förderte. Während des Krieges stand Neumann dem Verband auch finanziell zur Seite. So stellte er, wie auch Emil Possehl, 50.000 Mark für den Kauf der national-konservativ und völkisch ausgerichteten „Deutschen Zeitung“ zur Verfügung.[25] Im April 1916 brachte er sich außerdem für die Leitung der von Hugenberg initiierten Hanseatischen Treuhandgesellschaft ins Gespräch. Diese gehörte mit 1,6 Millionen Mark zu den größten Anteilseignern im Scherl-Verlag, einem Medienhaus konservativ-monarchistischer Ausrichtung des Berliner Großunternehmers August Scherl, das 1916 von Hugenberg übernommen wurde.[26]

Nach Kriegsende 1918 verblieb Neumann im AV, trat dann aber mit seiner Wahl zum Bürgermeister am 1. Dezember 1920 aus. Der Grund war nicht politischer, sondern formaler Natur: Der Senatsvorsitzende war in der Lübecker Verfassungstradition nach einer ungeschriebenen Regel parteilos bzw. gehörte

22 Leicht (2012): 241; Stegmann (2013): 58f.

23 BA-B R 8048/246: Neumann an Eiffe, 6. Juli 1913, zit. n. Leicht (2012): 168f.

24 Herbrand (2018).

25 Leicht (2012): 231; Stegmann (2013): 56.

26 Leicht (2012): 241.

wie in diesem Fall keinem Interessensverband an. Seine Kontakte zum AV, der in der Hansestadt zahlreiche einflussreiche Mitglieder hatte, blieben aber bestehen und waren, wie im Folgenden zu zeigen sein wird, letztlich Ursache für seinen Sturz als Bürgermeister.[27]

„Dr. Neumann oder Dr. Leber"

Folgt man den Äußerungen der bürgerlichen Presse in Lübeck, galt Neumann in der allgemeinen öffentlichen Wahrnehmung nicht als rechter Radikaler.[28] In der Kommunalpolitik erarbeitete er sich den Ruf eines moderaten Bürgerlichen, der durchaus auf Konsens zwischen den sozialen Gruppierungen und den politischen Parteien in der Hansestadt bedacht war. Neumann kam sowohl bei den Bürgern als auch bei den alten Arbeiterführern der Sozialdemokratischen Partei (SPD) gut an.[29] Als Bürgermeister stand er einem Koalitionssenat vor. Hier verfügten die Vertreter der bürgerlichen Kräfte und der SPD jeweils über sechs Sitze. Senat und Bürgerschaft übten nach der neuen Verfassung von 1920 gemeinsam die Staatsgewalt aus. Die Bürgerschaft fungierte als Parlament, in dem „die starke Position der Sozialdemokraten" kennzeichnend war; „ihr Stimmanteil war seit Anfang 1919 zurückgegangen, doch blieb er dann etwa gleichbleibend und erwies sich als ein Faktor der Stabilität."[30] Neumann war auf die sozialdemokratischen Senatsmitglieder angewiesen und suchte politisch kompromissbereit die Zusammenarbeit mit ihnen. Im Großen und Ganzen waren daher die politischen Verhältnisse in der Stadt ruhig, auch wenn in den ersten Nachkriegsjahren bis zum Ende der Inflationszeit 1923 sporadisch Hungerunruhen, die zum Teil blutig verliefen, ausbrachen.[31] Neumann setzte hier in gewisser Weise die von seinem Amtsvorgänger Fehling bei Kriegsende geübte Politik fort und erwarb sich Anerkennung, auch wenn Arbeitslosigkeit und Not in der Stadt nach 1918 weiterhin groß waren.[32]

Der Burgfrieden endete allerdings mit der Ankunft einer politischen Persönlichkeit in Lübeck, die dem scheinbaren Frieden der Konsenspolitik ein Ende setzte. Julius Leber, geboren 1891 in Biesheim im Elsass, wurde am 15. März 1921 der neue Chefredakteur des „Lübecker Volksboten", einer der SPD nahe-

---

27 Zum Ortsverband des AV in Lübeck und seiner Sozialstruktur siehe Hering (2013).

28 Zur Lübecker Presselandschaft gehörten der „Lübecker General-Anzeiger", dem Oddey bis Anfang der 1930er Jahre eine „gewisse parteipolitische Unabhängigkeit" attestiert, und die „Lübeckischen Anzeigen", beide für eine bürgerliche Leserschaft, sowie der „Lübecker Volksbote", der im Wesentlichen Positionen der Sozialdemokratie vertrat. Zur Ausrichtung der Lübecker Zeitungen, die mit Ausnahme des „Volksboten" 1930/31 auf einen deutschnationalen Kurs einschwenkten: Oddey (2006): 45-48, 323f. und 326f.

29 Beck (1983): 46f.

30 Meyer (2008): 702 (Zitat); zu den wirtschaftlichen Verhältnissen in Lübeck siehe ebd., 696-703.

31 Freche (2019): 66-70.

32 Zur politischen Situation in Lübeck in diesen Jahren ausführlich Freche (2019) passim.

stehenden Zeitung. Leber gilt heute als eine der großen politischen Persönlichkeiten der Weimarer Republik. Er wurde 1924 Reichstagsabgeordneter und war vor und nach 1933 ein entschiedener Gegner des Nationalsozialismus. Nach der Machtübernahme der Nationalsozialisten schloss er sich dem Kreisauer Kreis an, der Gruppe der Verschwörer gegen Hitler. 1944 von der Gestapo verhaftet und in einem Schauprozess zum Tode verurteilt, wurde er am 5. Januar 1945 in Plötzensee ermordet.

Der Kontrast zwischen Neumann und Leber war ein scharfer, der die politische Spaltung der deutschen Gesellschaft auf idealtypische Weise repräsentiert. Der intellektuelle und leidenschaftliche Demokrat Leber, der für die humanistischen Werte der Republik einstand, auf der einen Seite; auf der anderen der reaktionäre bürgerliche Monarchist, der einer chauvinistischen Ideologie anhing. Das war die Konfliktlage, die sich nach der Ankunft Lebers in Lübeck zwischen beiden Männern herausbildete. Für Leber waren diese Jahre „Kampfjahre", wie seine Biografin Dorothea Beck schreibt.[33] Neumann hingegen muss diese Zeit als Krisenjahre empfunden haben, die, wie sich später zeigen sollte, das Ende seiner erfolgreichen Karriere im bürgerlichen Lübeck einleiteten. Die Auseinandersetzung zwischen Neumann und Leber darf durchaus im Kontext des demokratischen Parlamentarismus der Weimarer Republik verstanden werden: Hier trafen politische Gegner aufeinander und lieferten sich mitunter polemisch geführte Debatten vor den Augen der Öffentlichkeit. Gegner erschienen dabei als feindlicher gesinnt, als sie es vielleicht in ihrem persönlichen Verhältnis zueinander waren.

Doch betrachten wir den Hergang der Ereignisse. Es gelang Leber schnell mittels seiner politischen und journalistischen Agitation, die alten Arbeiterführer zu verdrängen. Als Bühne nutzte er dafür den Lübecker Volksboten ebenso wie die Sitzungen der Bürgerschaft, deren Mitglied er war. Nachdem er sich 1923 mit seiner „kämpferischen Konfliktstrategie" gegen die kompromissbereite Gruppe innerhalb der Lübecker Sozialdemokratie durchgesetzt hatte, begann er seinen Kampf gegen Neumanns Koalitionssenat.[34] Als Folge des Drucks, den Lebers SPD auf die Bürgerlichen ausübte, schlug der Senat eine Verfassungsänderung vor. Danach sollte ein Misstrauensvotum gegen Mitglieder des Senats durch die Bürgerschaft ausreichen, anstatt einer Zweidrittelmehrheit mit einer einfachen Mehrheit. Als Gegenleistung erhielt der Senat die Möglichkeit der Anrufung eines Volksentscheides als Revisionsinstanz.[35]

Diese Verfassungsänderung ermöglichte den Kritikern des Senats einen leichteren Kampf mit parlamentarischen Waffen.[36] Als die Verfassungsänderung beschlossen worden war, folgte am 12. November 1923 der geplante Misstrauensantrag der SPD gegen den gesamten Senat.[37] In der Bürgerschaft erhielt die-

33 Beck (1983): 36.

34 Beck (1983): 43f.

35 Beck (1983): 45; Freche (2019): 70f.

36 Vgl. Christern (1928): 197.

37 Beck (1983): 45.

ser Antrag die notwendige Mehrheit und es kam daraufhin zum Beschluss eines Volksentscheids, der für den 6. Januar 1924 festgesetzt wurde. Was folgte, war ein intensiver Wahlkampf, der unter dem Motto „Dr. Neumann oder Dr. Leber“ ausgefochten wurde. Die Wahlwerbung der bürgerlichen Parteien stellte den „bewährten Bürgermeister“ dem „landfremden Dr. Leber“ gegenüber.[38] Der Volksentscheid führte dann zu einer deutlichen Niederlage für die SPD Lebers. Sechzig Prozent der Wähler stimmten bei 88 Prozent Wahlbeteiligung am 6. Januar 1924 für den Verbleib Neumanns im Amt.[39] Hinzu kam eine weitere Wahlschlappe für die Sozialdemokraten in der nachfolgenden Bürgerschaftswahl. Neumann dagegen wurde als Bürgermeister wiedergewählt und sah seine bürgerliche Politik gegen die Gefahr eines „Leber-Senats“ bestätigt.[40]

Der „Claß-Putsch“

Dem Erfolg Neumanns 1924 folgte zwei Jahre später sein jäher Sturz. Am 26. Mai 1926 wurde in der Lübecker Bürgerschaft ein Misstrauensantrag angenommen, der sich gegen Bürgermeister Neumann richtete. In zweiter Lesung fiel am 3. Juni dann die endgültige Entscheidung; 43 Mitglieder stimmten für seine Abwahl, 32 dagegen. Was war geschehen?

Zwei Wochen zuvor, am 12. Mai 1926, war ein Extrablatt des „Lübecker Volksboten“ mit der Sensationsmitteilung erschienen, dass der Lübecker Bürgermeister in einen Putschversuch von Rechtsextremisten verwickelt sei, die ihn zum Reichskanzler hätten machen wollen.[41] Spiritus rector dieser Umsturzpläne war Heinrich Claß. Bei der Durchsuchung seines Berliner Hauses hatte die preußische Polizei die Kopie eines Schreibens von Claß an Neumann gefunden, in welchem er ihm anbot, in einer von Putschisten eingesetzten Regierung das Amt des Reichskanzlers zu übernehmen. Der spätere Vorsitzende der DNVP, Hugenberg, war darin als Finanzminister vorgesehen.

Die Sozialdemokraten forderten den Rücktritt Neumanns, allein schon deswegen, weil er wegen seiner engen Verbindungen zu berüchtigten Republikfeinden als Oberhaupt des Lübecker Stadtstaates untragbar sei. Julius Leber attackierte Bürgermeister Neumann im „Lübecker Volksboten“ am 15. Mai scharf und warf ihm sogar „Hoch- und Landesverrat“ vor.[42] Der medialen Kampagne gegen den Bürgermeister folgte am 3. Juni ein gegen ihn gerichteter Misstrauensantrag der SPD in der Bürgerschaft. Der Antrag wurde mit knapper Mehrheit angenommen. Neumann verzichtete auf einen Volksentscheid, der ihm nach der

---

38 Leber, Lübecker Volksbote, 10.12.1923.

39 Meyer (2008): 702.

40 Leber, Lübecker Volksbote, 27.12.1923, sowie Lübecker Volksbote, 7.1.1924.

41 Meyer (2008): 702f. Bereits am Morgen des 12. Mai hatte der amtliche Preußische Pressedienst einen Sonderbericht ausgegeben. Darin wurden die Namen der involvierten Personen des „Claß-Putsches“ genannt: Claß, Hugenberg und Neumann. Vgl. dazu auch Leicht (2012): 354-359, Sinner (2008): 178f., Osterroth (1973): 58; Frey (1973): 150f. und Braun (1949): 99f.

42 Lübecker Volksbote, 15.5.1926.

Verfassung zugestanden hätte, legte den Senatsvorsitz nieder und trat aus dem Senat aus.

Die Erschütterungen dieses „organisierten Putschismus" (Philipp Scheidemann) waren gewaltig.[43] Das Komplott der Alldeutschen hatte das Zeug für einen handfesten Skandal auch auf Reichsebene. Nicht nur Claß, sondern auch zahlreiche Vertreter der rheinischen Schwerindustrie waren betroffen.[44] Die schwersten politischen Folgen hatte die Affäre indes für Neumann, der von den Ereignissen im Mai und Juni 1926 förmlich überrollt wurde. Der Bürgermeister war zu dieser Zeit gesundheitlich angeschlagen und weilte der Hansestadt fern auf einem Kuraufenthalt in Karlsbad. Leber gelang es so, die Dynamik des Skandals zu seinen Gunsten ohne direkte Gegenrede voranzutreiben. Neumann reagierte am 15. Mai in einem Extrablatt des „Lübecker General-Anzeigers", und veröffentlichte den Wortlaut einiger Zeilen von ihm an Claß, die er am 25. April 1926 verfasst habe:

„Lieber Freund! Herzlichen Dank für Ihre freundlichen Zeilen vom 23. d. M., die ich sogleich beantworten muß, weil ich fürchte, daß Sie sonst das *suaviter in modo* meines ersten Briefes mißverstehen. Ich möchte also bitten, meine zurückhaltenden Aeußerungen nicht irgendwie nach der positiven Seite deuten zu wollen. Inzwischen habe ich erneut erfahren, daß ich mit meiner jetzigen kleinen Aufgabe oft mehr zu tun habe als mir lieb ist. Und hier liegt doch die nächste Pflicht. Herzlich Ihr Ihnen stets getreuer Neumann."[45]

Den Gegendarstellungen Neumanns in der Presse und einem Strafantrag gegen den „Volksboten" wegen Verleumdung folgte dann eine Rede vor der Bürgerschaft am 27. Mai 1926. Seine Verteidigungslinie bestand im Wesentlichen aus drei Argumenten: Claß habe, erstens, seine ablehnenden Antworten wegen der vorgebrachten Pläne falsch gedeutet, es sei, zweitens, in den Gesprächen und Briefen nur um verfassungskonforme Ideen gegangen und, drittens, sei das ihn entlastende Material, darunter seine ablehnenden Schreiben an Claß, während der polizeilichen Durchsuchung nicht aufgetaucht.[46]

Vor der Bürgerschaft erklärte Neumann, dass er Anfang April des Jahres Justizrat Claß, „mit dem ich seit 25 Jahren persönlich bekannt bin und freundschaftliche Beziehungen unterhalte", zu einer „mündlichen Rücksprache" gelegentlich eines kurzen Aufenthalts auf dessen „Durchreise" am Hamburger

43 Scheidemann (1926).

44 Leicht (2012): 348.

45 AHL, 5.5. Neumann, Nr. 26 (Extra-Blatt des Lübecker General-Anzeigers, 15.5.1926): Neumann an Claß, Karlsbad, 25. April 1926.

46 AHL 5.5. Neumann, Nr. 26 (Rede vom 27. Mai 1927 vor der Lübecker Bürgerschaft, abgedruckt im „Lübecker General-Anzeiger"). Diese Behauptung bestätigte Claß in seinem Brief an Neumann vom 16. Mai 1926, S. 3: „Auf Grund der Mitteilung meiner Kinder, die bei der Durchsuchung beigewohnt haben, teile ich mit, daß Ihr Brief vom 17. April trotz allen nachherigen Suchens nicht gefunden wurde – ob er beschlagnahmt ist oder bei der durch die Haussuchung veranlassten Unordnung verlegt oder in Verlust geraten ist, konnte ich nicht feststellen." (AHL, 5.5. Neumann, Nr. 24).

Hauptbahnhof getroffen zu haben.[47] Von dem Gegenstand dieser Unterhaltung sei ihm im Vorhinein nichts bekannt gewesen.[48] Was Claß gegenüber Neumann vorgebracht habe, waren Überlegungen, „daß man bei einer Regierungsneubildung vielleicht einmal wieder den Versuch machen würde, eine parlamentarisch nicht abgestempelte Persönlichkeit für die Kabinettsumbildung heranzuziehen“. Claß habe dann „unvermittelt“ an ihn die Frage gerichtet, „ob ich bereit sein würde, mich für eine solche Eventualität als Reichskanzler in Vorschlag bringen zu lassen“.[49]

Neumann argumentierte ferner: „Ich [...] war mir aber vom ersten Augenblick an darüber klar, daß das für mich gar nicht in Frage kommen könnte. […] Meine Gründe waren überwiegend persönlicher Natur. Ich dachte garnicht [sic] daran, meinen hiesigen, mir lieb gewordenen Wirkungskreis mit unsicheren Chancen im Reichdienst zu vertauschen.“[50] Zu seiner Verteidigung führte der Bürgermeister aus, dass sich aus dem ganzen Gang des Gesprächs „kein Umstand“ ergeben habe, „aus dem irgend jemand [sic] hätte schließen können, daß es sich um etwas anderes als um eine völlig legale verfassungsmäßige Kabinettsumbildung handle“.[51] Claß selbst schilderte den Inhalt des Gesprächs mit Neumann in seinen Erinnerungen später ähnlich. Er habe ihn gebeten, sich „dringend [...] bei etwaigem Regierungswechsel […] für ein leitendes Amt, sei es das des Kanzlers, sei es das des Reichsinnenministers, zur Verfügung zu stellen“; dabei sei nur von einer verfassungsgemäßen Regierungsumbildung die Rede gewesen.[52]

Der Bürgermeister ging schließlich darauf ein, dass Claß auch über seine Absicht gesprochen habe, „den auch mir bekannten Abgeordneten“ und Medienunternehmer Hugenberg auf seinem Gut Rohbraken in Westfalen „in der gleichen Absicht aufsuchen“ zu wollen, um seine Bereitschaft zur Übernahme der hohen Ämter zu prüfen.[53] Was Neumann entweder nicht wusste oder vorgab nicht zu wissen, war, dass dieser bereits zugesagt hatte. Durch seinen Zugang zum Reichspräsidenten Hindenburg hatte Hugenberg diesem bereits Anfang 1923 den Plan zur Errichtung einer Diktatur unterbreitet.[54] Hindenburg lehnte wohl Hugenberg als möglichen Reichskanzler ab, worauf Claß erst danach Neumann, „ein ihm seit Jahren eng verbundener Alldeutscher und Mitglied verschiedener Leitungsgremien des Hugenberg-Konzerns“, ins Gespräch brachte.[55]

---

47 AHL, 5.5. Neumann, Nr. 26 (Rede vom 27. Mai 1927 vor der Lübecker Bürgerschaft).

48 Ebd.

49 Ebd.

50 Ebd.

51 Ebd.

52 Claß (1932): 100.

53 AHL, 5.5. Neumann, Nr. 26 (Rede vom 27. Mai 1927 vor der Lübecker Bürgerschaft).

54 Leicht (2012): 348.

55 Ebd.

Weiter ging seine Verteidigung gegen die Vorwürfe, mit den Putschisten verbunden zu sein, nicht. Die Verbindung zu Claß war offensichtlich und Neumann leugnete sie nicht. Eine Verurteilung der Putschpläne vernahm man ebenfalls nicht.

Damals wie heute waren zur Beurteilung der Abläufe und Hintergründe des Vorfalls zum einen die zwischen Claß und Neumann ausgetauschten Briefe von großer Bedeutung. Immer wieder wurde aus ihnen zitiert, von Neumann selbst oder von anderen, andere wurden als verloren oder absichtlich unterschlagen angegeben. Nach der Authentizität der Briefe wurde zwar gefragt, aber niemand beantwortete diese Fragen. Die Originale der Korrespondenzen, die für Neumanns Position, dass er sich nicht an etwas Verfassungswidrigem beteiligt habe, so wichtig gewesen wären, wurden nicht vorgelegt, was auch Leber im „Volksboten" problematisierte.[56] Bis heute sind die beiden angeblich entlastenden Briefe Neumanns nicht aufgetaucht. Lediglich zwei Originalbriefe aus der Feder von Claß an Neumann liegen im Archiv der Hansestadt Lübeck, das seit kurzem Teile des Neumann'schen Nachlasses besitzt, vor. Im Brief vom 16. Mai 1926, also nach Aufdeckung der Putschpläne, stellte Claß seinem Freund Neumann „an Eidesstatt" einen Persilschein aus; unter anderem bestätigte er, dass in der erwähnten Unterhaltung am Hamburger Hauptbahnhof nur „von dem Falle einer verfassungsmäßigen Neu- oder Umbildung der Reichsregierung die Rede gewesen" sei.[57]

Ob die Briefe allerdings tatsächlich von entscheidender Relevanz für eine Beurteilung der Vorgänge waren bzw. sind, darf bezweifelt werden. Denn davon unabhängig war die persönliche und inhaltliche Nähe Neumanns zu Claß deutlich erkennbar. Bezeichnend ist auch, dass Neumann keine Verurteilung von verfassungsfeindlichen Ideen verlautbarte. Das alles lässt darauf schließen, dass Neumann die Aufregung um die Affäre für wenig gerechtfertigt hielt. Es mag auch sein, dass Neumann die Angriffe gegen sich als reine Agitation seines sozialdemokratischen Gegners interpretierte. Hoffte er, sich gegen ihn in der Bürgerschaft durchzusetzen? Dagegen spricht, dass es ihm schon 1923 nicht gelungen war, die Verfassungsänderung zugunsten einer leichteren Abwahl des Senats abzuwehren. Ebenso wenig schien Neumann auf das Ergebnis einer möglicherweise für ihn günstigeren Volksabstimmung zu vertrauen, da er auf eine solche, wie bereits erwähnt, verzichtete.

Neumanns Hauptgegner Leber versuchte, dessen persönliches Fehlverhalten in dieser Affäre auf tieferliegende gesellschaftspolitische Ursachen zurückzuführen. Ihm ging es bei seiner Kampagne im „Volksboten" – wie man in Anbetracht der früheren Ereignisse annehmen mag – nicht oder nicht an erster Stelle um Genugtuung für die Niederlage in der Volksabstimmung von 1924. Dorothea Beck glaubt, dass Leber nicht den persönlichen Triumph anstrebte, sondern

56 Siehe den Leitartikel „Wo sind die anderen Briefe?" von Julius Leber im Lübecker Volksboten, 15.5.1926: „Wir sind davon absolut überzeugt, daß Dr. Neumann ebenso wie den zweiten auch den ersten Brief im Besitz hat."

57 AHL, 5.5. Neumann, Nr. 24. Claß an Neumann, 16.5.1926. Zu den Briefen auch Schildt (2019): 144f.

viel Grundsätzlicheres thematisieren wollte: Wie konnte es dazu kommen, „dass hohe Beamte der Republik wie Neumann sich in solche Pläne wie die von Claß einbinden ließen“?[58] Für Leber war das ein Grundproblem der Weimarer Republik. Wie recht er damit hatte, zeigt der Umstand, dass selbst der Reichspräsident von den Putschplänen wusste, was den Zeitgenossen jedoch nicht bekannt war. Es waren außerordentlich einflussreiche Putschisten, die sich hier gegen die Republik verschworen hatten.

Leber beschrieb Neumann im „Lübecker Volksboten“ als einen Menschen, der einerseits von sich behauptete, „loyal gegen die Verfassung“ zu sein. Andererseits würde jemand wie Neumann die Verfassung überall da sabotieren, wo es nur irgend möglich sei. Er verfolge in diesem Sinne „monarchistische Propaganda“, bekenne sich zu „Schwarz-weiß-rot“ und schimpfe auf „Demokratie und Parlament“. Lebers Philippika gegen Neumann fällt jedoch milder aus, als man erwarten könnte. Anstatt auf dessen alldeutsche Vergangenheit zu verweisen, wo man mit Recht die Spuren der Republikfeindlichkeit hätte nachweisen können, übt er Nachsicht. Neumann sei nur, wie viele andere Amtsträger auch, ein Opfer der historischen Umstände. Er sei „innerlich zwischen den beiden Ideen Monarchie und Republik zerrieben“ worden, sei die „Verkörperung einer Zeiterscheinung, die in dem tiefsten geschichtlichen Geschehen ihre Wurzeln hat“. Man könne daher Neumann ein „gewisses Maß an Mitgefühl nicht versagen“.[59]

Der Fall Neumann entbehrt tatsächlich nicht einer gewissen menschlichen Tragik. Der Bürgermeister wurde einen Tag vor Beginn der Feierlichkeiten zum 700-jährigen Jubiläum der Reichsfreiheit „seiner“ Stadt, mit deren Geschichte er sich stark identifizierte, abgewählt. Doch erscheint dies letzten Endes bedeutungslos in Anbetracht der republikfeindlichen Verschwörung, in deren Dunstkreis Neumann sich aufhielt. Ihm muss vollkommen klar gewesen sein, dass „sein alter Freund“ Claß vor nichts zurückschreckte, um die Weimarer Republik und das parlamentarische System zu stürzen. Ob und inwieweit Neumann tatsächlich bereit war, den Umsturz der Republik mit herbeizuführen, bleibt angesichts der schwierigen Quellenlage unklar. Ob er einen Putsch aktiv mittragen wollte und eine autoritäre Umformung anstrebte, lässt sich aus den vorhandenen lückenhaften Quellen vermuten, aber nicht direkt belegen.

Unzweifelhaft ist aber, dass Neumann sich deswegen nicht klarer von den Putschplänen distanzierte, weil er sie im Rahmen seiner autoritären Gedankenwelt als kleineres Übel hat hinnehmen können. Warum sonst erschien er zwei Mal – 1917 und 1926 – ganz oben auf einer Liste eines möglichen Umsturz-Kabinetts? Sein nachhaltiges Engagement im Alldeutschen Verband spricht für die demokratiefeindliche Einstellung Neumanns. Der Austritt 1920 war vermutlich rein formaler Natur. Die Kontakte zu Claß zeigen, dass er weiterhin als Förderer für die alldeutsche Sache zur Verfügung stand. Neumann war beides

58 Beck (1983): 101.

59 Alle Zitate aus Leber, Lübecker Volksbote, 26.5.1926, vgl. auch die übrigen Artikel Lebers zum Fall Neumann: Lübecker Volksbote, 14.5.1926, 15.5.1926, 17.5.1926, 3.6.1926; s. auch Beck (1983): 101f.

zugleich: Ein weithin respektierter Politiker und Bürgermeister einer ehrwürdigen Hansestadt und gleichzeitig ideeller und finanzieller Unterstützer des AV und der mit dem rechtsradikalen Milieu verbundenen Unternehmen.

Zusammenfassend lässt sich sagen, dass Neumann nach 1920 weiter der alldeutschen, republikfeindlichen außerparlamentarischen Opposition im Reich angehörte. Sein lokales Wirken als Bürgermeister blieb von diesen Haltungen zwar weitgehend unbeeinflusst. In diesem Sinn war seine politische Haltung charakteristisch für das allgemeine Klima der Weimarer Republik und die Haltung von großen Teilen der sozialen, politischen und wirtschaftlichen Eliten.

Kurzes Nachspiel und Tod

Neumanns Ausscheiden aus dem Senat bewirkte bedeutende Veränderungen in der politischen Landschaft Lübecks. Sein Nachfolger als Bürgermeister wurde der Lübecker Sozialdemokrat Paul Löwigt (1873-1934). Die Gründung des „Hanseatischen Volksbunds" (HVB) 1926 gehört ebenfalls zum Nachbeben der erzwungenen Demission Neumanns. Ein Großteil der bürgerlichen Parteien und Gruppen in Lübeck schloss sich zu dieser Einheitsliste zusammen, um der stärksten politischen Kraft in Lübeck, der SPD, als Block entgegenzutreten. Es gelang dem Volksbund, große Teile des Bürgertums hinter sich zu versammeln, von Deutschnationalen bis hin zu den bürgerlichen Parteien und Interessenvertretern, mit Ausnahme der Linksliberalen und der Anhänger des Zentrums. Aus dem Stand konnte der HVB bei der Wahl zur Lübecker Bürgerschaft am 14. November 1926 die SPD überflügeln und wurde stärkste Fraktion. Letztendlich aber sollte dieser Block in der Weltwirtschaftskrise Ende der 1920er Jahre seinen starken Rückhalt bei den bürgerlichen Wählern verlieren.

Im Oktober 1927 wurden die Verfahren gegen Claß wegen Hochverrats eingestellt und auch Neumann, der allerdings nie angeklagt wurde, wurde in diesem Zuge entlastet.[60] Allerdings hingen ihm seine finanziellen Verbindungen zum Konzern Hugenbergs weiterhin nach. Am 5. April 1928 erschien auf der Titelseite des „Volksboten" ein Artikel Lebers, in dem die Verwicklungen Neumanns in den Scherl-Verlag, den Düsseldorfer „Deutschen Verlagsverein" sowie Nebeneinkünfte durch seine Aufsichtsratsmitgliedschaft in der „Gewerbehaus A.-G." dargelegt wurden. Neumann, so Lebers Vorwurf, habe 1923 zu demselben Kurs wie 1914 und 1916 Anteile von 175 000 Reichsmark am Scherl-Verlag erworben, die ihm bei einer jährlichen Rendite von 12 % einen beträchtlichen Profit beschert hätten.[61] Leber verdächtige Neumann, verfassungswidrig einen lukrativen Aufsichtsratsposten im ihm, Leber, verhassten „hugenbergische[n] Verein" angenommen zu haben. Neumann hatte sich dagegen bereits in einer Stellung-

---

60 AHL, 5.5 Neumann, Nr. 26: Lübeckische Anzeigen, 31.10.1927: „Zur Klarstellung". Der Antrag des Oberreichsanwalts an das Reichsgericht vom 13.7.1927 wegen Einstellung des Verfahrens von Claß wird hier zitiert; dieser folgte im Wesentlichen der Verteidigungsrede Neumanns vor der Bürgerschaft vom 27.5.1926.

61 Leber, „Neumann und Hugenberg. Woher die 175 000 Mark stammten!", Lübecker Volksbote, 5.4.1928.

nahme vom 31. Oktober 1927 zum Kauf der Anteile „während der Inflationszeit" gewehrt und die Vorwürfe eines Interessenkonflikts zurückgewiesen.[62]

Zwei Tage nach dem Erscheinen des Artikels im „Volksboten", am Morgen des 7. April 1928, erlag Johann Martin Andreas Neumann den Folgen eines Schlaganfalls. Damit wurde aus dem gefallenen Bürgermeister für die nationalen Kreise, deren „Symbolfigur" er gewesen war,[63] ein tragischer Held. Der konservativ-bürgerliche „Lübecker General-Anzeiger" klagte denn auch über die „Hetze und den Haß", die Neumann „bis in die letzten Lebensstunden" verfolgt hätten. Leber und dem „Volksboten" wurden aufgrund des Artikels vom 5. April 1928 und der nach dem plötzlichen Tod Neumanns geäußerten Würdigungen Heuchelei vorgeworfen. Zwar wolle man keinen „ursächlichen Zusammenhang" „zwischen dem Volksboten-Angriff und dem Schlaganfall" sehen. Dennoch hätten aber „die zwei Jahre lang an seinem Lebensmark gezehrt [...], immer wieder vor dem engsten Kreise seiner Mitbürger als ein Hochverräter, ein nach Vermögensvorteilen Geizender hingestellt zu werden, daß vor allem jenes Hinausdrängen aus dem Rathaus am schönsten Feiertage seiner Vaterstadt ihn aufs tieffste [sic!] getroffen".[64]

Der „Volksbote" entgegnete dem „General-Anzeiger", dass man den lebenden Neumann zwar „aufs schärfste bekämpft", den Kampf aber mit dessen Tod für beendet halte. Man bleibe dabei, „die politische Schuld von dem Menschen, der sie auf sich lud – vielleicht auf sich laden mußte", scharf voneinander zu trennen. Neumann, so verwies der Artikel auf die Einschätzung des unterlegenen Gegners aus dem Jahr 1926, könne „man eine gewisse menschliche Anteilnahme nicht versagen", man sei gegenüber der Tragik seines Schicksals „verpflichtet auch zu tieferem menschlichen Verstehen und menschlichen Mitgefühl."[65]

Die Zerknirschtheit aufseiten der sozialdemokratischen und die Verbitterung aufseiten der rechtskonservativen Presse sind deutlich vernehmbar. Zwar war der politischen Linken ein Sieg gegen einen prominenten Vertreter der bürgerlichen Rechten, der man die Nähe zu republikfeindlichen Milieus unterstellte, gelungen. Die Vorwürfe, die in Richtung einer fundamentalen Kritik an den zugrunde liegenden wirtschaftlichen und politischen Verbindungen zwischen dem bürgerlichen Lager und der außerparlamentarischen Opposition gegen die demokratische Verfassung gingen, blieben jedoch folgenlos. Zudem zeigte sich Leber als redegewandtes Sprachrohr der Lübecker Sozialdemokratie empfindlich gegenüber dem Vorwurf der rechten Presse, er hätte sich zum politischen Gegner menschlich unangemessen verhalten. Ging es Leber hier um die Einhaltung der Etikette politischer Kultur, die selbst in den polemischen Gefechten der Weimarer Zeit von beiden Seiten bemüht wurde?

---

62 Neumann, „Zur Klarstellung. Die Angriffe des ‚Volksboten' gegen Bürgermeister Dr. Neumann. Ein letztes Wort", Lübeckische Anzeigen, 31.10.1927.

63 Freche (2019): 338.

64 „Wie der Wahlkampf nicht geführt werden darf", Lübecker General-Anzeiger, 15.4.1928.

65 „Soll der Wahlkampf so geführt werden?": Lübecker Volksbote, 16.4.1928.

Fazit

Abb. 3: Bank im Westerauer Gehölz zur Erinnerung an Bürgermeister Neumann (aus: Vaterstädtische Blätter, Nr. 17 (1929/30), Ausgabe vom 24. Mai 1930).

Zwei Jahre nach seinem Ableben wurde im Park des Herrenhauses in Westerau, das Neumann öfter als Sommersitz nutzte, eine Bank aus Granit ihm zu Ehren errichtet. Sie zeugt von der andauernden bürgerlichen Bewunderung für den Bürgermeister.[66] Neumann war lange Zeit Vorsteher der Westerauer Stiftung, einer auf das Mittelalter zurückgehenden Gründung, die in dem kleinen Ort ein Lübecker Beamtenerholungsheim errichtete. Noch heute existiert dieses Denkmal, wesentlich intakt, überwuchert vom Gehölz, das bei seiner Errichtung angelegt wurde, aber längst in Vergessenheit geraten.[67]

Um die Bedeutung Neumanns im Kontext der politischen Kultur der Weimarer Republik besser verstehen zu können, hilft der Rückgriff auf Erkenntnisse der politischen Kommunikationsforschung. Wie Gasteiger am Beispiel des DNVP-Vorsitzenden Westarp, der durchaus vergleichbare biografische Elemente wie Neumann aufwies, gezeigt hat, war für dessen „Selbst- und Fremdwahrnehmung [...] der beständige Beweis konservativer Authentizität in Bezug auf seine Person eine politische Überlebensnotwendigkeit".[68] Besonders für Angehörige der politischen Rechten galt ein Abweichen von Prinzipien und Grundsätzen als verpönt und wurde als wetterwendisch und charakterlos gebrandmarkt. In der Reaktion Neumanns auf die Putsch- und Bereicherungsvorwürfe tritt diese authentizitätsbewusste Haltung deutlich zutage. Der Bürgermeister galt als standhaft und ihm lag offensichtlich viel daran, dass er in den Augen der Öffentlichkeit weiterhin als glaubhafter Politiker wahrgenommen wurde. In den Nachrufen auf Neumann klingt denn so auch nicht das Motiv eines tragischen Akteurs an, das Leber gerne aufrief, sondern eines Mannes, der „an seiner politischen Ehre gekränkt" wurde, letztlich aber die Angriffe seiner Gegner ausgestanden hätte. „Aufrecht, unerschrocken und treu", so zeichnete Max Lenz 1928 in seiner Rede vor den Angehörigen des Hansischen Geschichtsvereins das he-

66 Ehrung für Herrn Bürgermeister D. Dr. Neumann †, in: Vaterstädtische Blätter, Nr. 17 (1929/30), Ausgabe vom 24. Mai 1930.

67 Ich danke Frau Martina Wegener (Rostock) für den Hinweis auf den heutigen Zustand der Anlage.

68 Gasteiger (2018): 9.

roische Bild des verstorbenen Bürgermeisters.[69] Die rühmenden Worte mögen als Beleg für eine gelungene Identitätspolitik gelten, dass Neumann trotz seines Sturzes als konservativer Politiker wahrgenommen wurde, der aus Sicht des Lübecker Bürgertums seine Stadt auch in bewegten Zeiten als sicherer Steuermann habe führen und gleichzeitig seinen alldeutschen Verbündeten als glaubwürdige nationale Identifikationsfigur hatte erscheinen können.

Leber hatte in seinen Jahren als Gegner Neumanns dessen politische Qualität als prinzipientreu wirkender Politiker durchaus erkannt. Es ist schwierig einzuschätzen, inwieweit sich die politischen Langzeitfolgen des Sturzes des Bürgermeisters auf die Geschichte der Stadt Lübeck und die nationale Entwicklung im Reich ausgewirkt haben. Zwar konnte sich die Sozialdemokratie in Lübeck bis 1933 gegenüber dem bürgerlichen HVB als stärkste Kraft etablieren. Lebers Ziel aber, die Fassade des „Lübecker Spießertums“ zu brechen, die Stadt aus dem Bannkreis bürgerlicher rechtskonservativer Kräfte zu ziehen und die parlamentarische Demokratie gegen die Feinde der Republik zu stabilisieren, wurde nicht erreicht. Bald kehrte der Chefredakteur des „Volksboten“ der Stadt Lübeck den Rücken, um sein Reichstagsmandat in Berlin wahrzunehmen. Dass sich Leber während seiner Zeit im Kreisauer Kreis des Widerstands gegen Hitler mit dem Decknamen „Neumann“ tarnte, entbehrt nicht einer gewissen Ironie, gibt vielleicht aber auch politische Anerkennung gegenüber dem gefallenen Bürgermeister zu erkennen.[70]

Neumann, so kann man resümieren, war, mehr noch als sein Verbündeter und Freund Heinrich Claß, ein „Übergangsmensch“ (Martin Doerry) zwischen zwei Epochen. Einerseits inszenierte er sich erfolgreich als wilhelminischer, deutschnational eingestellter Konservativer, der andererseits gegenüber Angehörigen des verfassungsfeindlichen Milieus in der Weimarer Republik nicht auf Distanz ging. In Neumann als Bürgermeister einer altehrwürdigen Hansestadt und langjährigem alldeutschen Bündnisgenossen sahen Claß und Hugenberg ein gutes Aushängeschild für ihre Putschpläne. Die vergeblichen Versuche Neumanns, sich vor der Öffentlichkeit als unabhängiger Stadtpolitiker darzustellen, der nichts mit den Plänen für eine rechte Diktatur zu tun hatte, zeigen aber vor allem auch, dass ihm die Repräsentation seines bürgerlichen Habitus nach außen hin letztlich wichtiger war, als sich an den vagen Umsturzplänen seiner alldeutschen Freunde zu beteiligen.

69 Lenz (1928): o. S. Das vollständige Zitat lautet: „Daß ein solcher Mann an seiner politischen Ehre gekränkt werden durfte, ist wahrlich bitter genug; wie schwer es ihn getroffen, hat er auch seinen nächsten Amtsgenossen nicht verraten; er hat es in seinem Innersten verschlossen. Aber die Pfeile, die seine Gegner gegen ihn ausgeschüttet, sind ja längst stumpf geworden, sie sind auf die Schützen selbst zurückgefallen; die Nebel der Verleumdung, die sie über ihn ausgegossen, sind verschwunden wie flüchtiges Gewölk. Und so wird das Bild dieses Führers unseres Bundes allezeit bei uns wie bei der Nation so bestehen, wie er im Leben vor uns stand: aufrecht, unerschrocken und treu.“

70 Mommsen (1985): 15.

Ungedruckte Quellen

Archiv der Hansestadt Lübeck (AHL), 5.5: Neumann, Johann Martin Andreas.
Bundesarchiv, Berlin (BA-B), R 8048: Alldeutscher Verband, 246.
Nationalarchiv, Den Haag (NA), Nationalarchiv Surinam, NAS, Sklavenregister 26, 39.
Privatarchiv (PA) Steiner, Neustadt in Holstein, Nachlass Neumann.

Periodika

Deutsche Zeitung (DZ), Jahrgang 1926.
Hamburger Echo, Jahrgang 1926.
Hamburger Fremdenblatt, Jahrgang 1926.
Hamburger Nachrichten, Jahrgang 1926.
Hamburgischer Correspondent, Jahrgang 1926.
Lübecker General-Anzeiger, Jahrgänge 1926-1928.
Lübecker Volksbote (LV), Jahrgänge 1923-1928.
Lübeckische Anzeigen, Jahrgang 1926.

Literatur

Beck (1983)
Dorothea Beck, Julius Leber. Sozialdemokrat zwischen Reform und Widerstand, Berlin 1983.

Bouteiller (o.J.)
Michael Bouteiller, Der Leber-Neumann-Konflikt der 1920er Jahre im Freistaat Lübeck, URL: https://michaelbouteiller.de/wp-content/uploads/2021/07/Leber-Neumann-Konflikt-1.pdf.

Braun (1949)
Otto Braun, Von Weimar zu Hitler, Hamburg 1949.

Breuer (2001)
Stefan Breuer, Ordnungen der Ungleichheit – die deutsche Rechte im Widerstreit ihrer Ideen. 1871-1945, Darmstadt 2001.

Breuer (2008)
Stefan Breuer, Die Völkischen in Deutschland, Darmstadt 2008.

Chickering (1984)
Roger Chickering, We Men Who Feel Most German: A Cultural Study of the Pan-German League, 1886-1914, Boston 1984.

Christern (1928)
Hermann Christern, Art. Neumann, Johann Martin Andreas, in: Deutsches Biographisches Jahrbuch, Bd. 10, Berlin 1928, S. 187-201.

Claß (1932)
Heinrich Claß, Wider den Strom. Vom Werden und Wachsen der nationalen Opposition im alten Reich, Leipzig 1932.

Cordua (1996)
Theodor Cordua, Von Mecklenburg nach Übersee. Mitteilungen aus dem Leben eines Kaufmanns und Reeders, 1796-1857, hg. v. Ursula Feldkamp, Hamburg 1996.

Doerry (1986)
Martin Doerry, Übergangsmenschen. Die Mentalität der Wilhelminer und die Krise des Kaiserreichs, Weinheim 1986.

Freche (2019)
Julian Freche, Milieus in Lübeck während der Weimarer Republik (1919-1933), Kiel 2019.

Frey (1968)
Richard Frey, Stärke und Schwäche der Weimarer Republik, in: Walter Tormin (Hg.), Die Weimarer Republik, Hannover 1968, S. 133-185.

Gasman (1971)
Daniel Gasman, The Scientific Origins of National Socialism: Social Darvinism in Ernst Haeckel and the German Monist League, New Brunswick 1971.

Gasteiger (2018)
Daniela Gasteiger, Kuno Westarp (1864-1945). Parlamentarismus, Monarchismus und Herrschaftsutopien im deutschen Konservatismus, München 2018.

Gould (1977)
Stephen Jay Gould, Ontogeny and Phylogeny, Cambridge, MA 1971.

Herbrand (2018)
Maria Theresa Herbrand, Krieg und Karriere. Senator Johann Martin Andreas Neumann als Verwaltungsfunktionär im besetzten Riga während des Ersten Weltkrieges, in: Zeitschrift für Lübeckische Geschichte 98, 2018, S. 219-247.

Hering (2003)
Rainer Hering, Konstruierte Nation. Der Alldeutsche Verband 1890 bis 1939 (Hamburger Beiträge zur Sozial- und Zeitgeschichte, Darstellungen 40), Hamburg 2003.

Hering (2013)
Rainer Hering, Alldeutsche Hansa? Zur Sozialstruktur des Alldeutschen Verbands in Lübeck, in: Detlev Kraack/Martin Rheinheimer, Aus der Mitte des Landes. Klaus-Joachim Lorenzen-Schmidt zum 65. Geburtstag, Neumünster 2013, S. 451-461.

Jungcurt (2016)
Uta Jungcurt, Alldeutscher Extremismus in der Weimarer Republik. Denken und Handeln einer einflussreichen bürgerlichen Minderheit, Berlin 2016.

Korinman (1999)
Martin Korinman, Deutschland über alles. Le Pangermanisme 1890-1945, Paris 1999.

Leicht (2012)
Johannes Leicht, Heinrich Claß 1868-1953. Die politische Biographie eines Alldeutschen, Paderborn 2012.

Lenz (1928)
Max Lenz, Johann Martin Andreas Neumann (1865-1928). Worte des Gedächtnisses, gesprochen in der gemeinschaftlichen Sitzung des Hansischen Geschichtsvereins und des Vereins für niederdeutsche Sprachforschung in Stralsund am 29. Mai 1928, Sonderdruck.

Mergel (2002)
Thomas Mergel, Parlamentarische Kultur in der Weimarer Republik. Politische Kommunikation, symbolische Politik und Öffentlichkeit im Reichstag, Düsseldorf 2002.

Mergel (2003)
Thomas Mergel, Das Scheitern des deutschen Tory-Konservatismus. Die Umformung der DNVP zu einer rechtsradikalen Partei 1928-1932, in: Historische Zeitschrift 276 (2003), S. 323-368.

Meyer (2008)
Gerhard Meyer, Vom Ersten Weltkrieg bis 1996: Lübeck im Kräftefeld rasch wechselnder Verhältnisse, in: Antjekathrin Graßmann (Hg.), Lübeckische Geschichte, Lübeck, 4. verbesserte und ergänzte Auflage 2008, S. 687-778.

Mommsen (1985)
Hans Mommsen, Der 20. Juli 1944 und die deutsche Arbeiterbewegung. Vortrag am 19. Juli 1985 im Otto-Braun-Saal der Staatsbibliothek Preußischer Kulturbesitz in Berlin (Beiträge zum Widerstand 1933-1945, 28), Berlin 1989.

Oddey (2006)
Markus Oddey, Unter Druck gesetzt. Presse und Nationalsozialismus in Schleswig-Holstein. Struktur-Wahrnehmung-Herrschaftsakzeptanz, Eutin 2006

Osterroth (1973)
Franz Osterroth, Chronik der Lübecker Sozialdemokratie, 1866-1972, Lübeck 1973.

Pritzkoleit (1957)
Kurt Pritzkoleit, Wem gehört Deutschland, Wien, München, Basel 1957.

Ringer (1969)
Fritz K. Ringer, The Decline of the German Mandarins. The German Academic Community, 1890-1933, Cambridge, MA 1969.

Richards (2008)
Robert J. Richards, The Tragic Sense of Live: Ernst Haeckel and the Struggle over Evolutionary Thought, Chicago 2008.

Scheidemann (1926)
Philipp Scheidemann, Organisierter Putschismus, in: Vorwärts, 18. Februar 1926, Nr. 81.

Schildt (2019)
Axel Schildt, Possehl. Geschichte und Charakter einer Stiftung. Mit Inserts von Marc Winkelmann, Freiburg i.Br. 2019.

Sinner (2008)
Karl-Ernst Sinner, Tradition und Fortschritt. Senat und Bürgermeister der Hansestadt Lübeck 1918-2007 (Veröffentlichungen zur Geschichte der Hansestadt Lübeck, hg. vom Archiv der Hansestadt, Reihe B, 46), Lübeck 2008.

Stegmann (2013)
Dirk Stegmann, Radikalisierung des Lübecker Bürgertums nach rechts. Alldeutscher Verband und Deutsche Vaterlands-Partei 1912-1918, in: Demokratische Geschichte. Jahrbuch für Schleswig-Holstein 24 (2013), S. 39-62.

Stegmann (2021)
Dirk Stegmann, Emil Possehl und seine alldeutschen Kollegen in Lübeck. Ein Beitrag zum völkischen Antisemitismus vor 1918, in: Demokratische Geschichte. Jahrbuch für Schleswig-Holstein 31 (2021), S. 77-103.

Vrij (2004)
Jean Jacques Vrij, A Poestice Burgomaster from Lubeck, in: Wi Rutu, July 2004, 66-73, übers., zusammengefasst und kommentiert v. Egmond Codfried, URL: https://www.tapatalk.com/groups/surinaamsegenealogie/cordua-neumann-hoeufft-hoeft-codfried-hoft-mosanto-t1271.html.

Abkürzungen

AHL	Archiv der Hansestadt Lübeck
AV	Alldeutscher Verband
BA-B	Bundesarchiv Berlin
DZ	Deutsche Zeitung
NA	Nationalarchiv
PA	Privatarchiv

Anschrift des Autors:
Dr. Benjamin Steiner
Glauburgstr. 58
60318 Frankfurt am Main
E-Mail: benjamin.n.o.steiner@gmail.com

Arnold Brecht (1884-1977). Hanseat, Demokrat und transatlantischer Mittler[1]

Michael Ruck

I. Einleitung: Arnold Brecht – ein preußischer Hanseat und Weltbürger

An der Schwelle zum neunten Lebensjahrzehnt blickte Arnold Brecht von Ferne mit sentimentalem Pathos auf seine Heimatstadt am Mare Balticum:

„Neben mir steht in meinem New Yorker Arbeitszimmer vor den Büchern meiner Handbibliothek eine große farbige Luftaufnahme von Lübeck. Nie ist mir irgendwo die einzigartige Lage und Gestalt Lübecks so sichtbar geworden wie hier. Mein Blick schweift immer wieder hinüber, und ich wandere auf dieser Karte alle Wege immer wieder, die ich in Lübeck gegangen bin. [...] Der Lübecker Junge spricht noch heute in mir, nach so vielen Jahren: ‚Jeder Deutsche ist in Lübeck willkommen, sogar jeder Schleswig-Holsteiner, aber nur, wenn er sich in Ehrerbietung naht.'"[2]

Nach dieser emphatischen Selbstverortung als genuiner Hanseat haderte Brecht 1965 in einem kurzen Beitrag für das Lübeckische Jahrbuch „Der Wagen" sodann in gekonnter Sentimentalität mit dem Schicksal der ruhmreichen Travestadt:

„Der Verlust der Eigenstaatlichkeit Lübecks im vierten Jahre der nationalsozialistischen Herrschaft, die Eingliederung der freien Stadt in eine preußische Provinz, die Bestätigung dieser Neuordnung nach dem Ende des zweiten Weltkrieges [...], ja die verstärkte Mediatisierung durch die Erhebung Schleswig-Holsteins zu einem Lande, sind Ereignisse der jüngsten Geschichte, an die sich wenige alte Lübecker mit Freude erinnern. [...] Diesen Schmerz fühle ich als Lübecker Kind selber mit, obwohl ich schon im Jahre 1905 als Referendar preußischer Beamter wurde, nur noch vorübergehend im Jahre 1910 sieben Monate lang in Lübeck als Hilfsrichter tätig war, in den letzten sechs Jahren der Weima-

1 Dieser Aufsatz geht zurück auf einen Vortrag im Rahmen der Veranstaltungsreihe „Das Politische im Denken bedeutender Lübecker" der Bundeskanzler Willy Brandt Stiftung – Willy Brandt Haus Lübeck in der Lübecker Gemeinnützigen am 27.03.2014; vgl. Ein Mann für die Geschichtsbücher. Wer war Arnold Brecht? Demokrat in der Weimarer Republik. Und Lübecker. Das Brandt-Haus erinnert an ihn, in: Lübecker Nachrichten, LN-Online, 22.03.2014. URL: https://www.ln-online.de/Nachrichten/Kultur/Kultur-im-Norden/Ein-Mann-fuer-die-Geschichtsbuecher [19.11.2020]; Arnold Brecht – Demokrat, Republikaner und ein großer Sohn der Stadt, in: Lübecker Nachrichten, LN-Online, 29.03.2014. URL: https://www.ln-online.de/Nachrichten/Kultur/Kultur-im-Norden/Arnold-Brecht-Demokrat-Republikaner-und-ein-grosser-Sohn-der-Stadt [19.11.2020]. Der Beitrag knüpft an frühere Überlegungen an, die dort ausführlicher formuliert und belegt wurden: Ruck (1998); (2000); (2006); (2011). Außer Zitatnachweisen und Schriften Brechts wird deshalb nur auf unmittelbar einschlägige Neuerscheinungen verwiesen.

2 Brecht (1965): 84-86.

rer Republik sogar hohe Ämter in Preußen bekleidete und schließlich seit 1933 [...] nun in Amerika lebe. [...]

Ich habe mir nachträglich manchmal Vorwürfe darüber gemacht, dass ich durch meine privaten und amtlichen Arbeiten an der sogenannten ‚Reichsreform' [...] an der Mediatisierung Lübecks mitschuldig geworden bin. [...] Aber zwischen dem damaligen Plan und dem tatsächlichen Schicksal Lübecks gibt es zwei gewaltige Unterschiede. [...] Die Lübecker sind immer reichstreu gewesen. Aber auf die Zugehörigkeit zu Einheiten unterhalb der Reichsinstanzen haben sie niemals Wert gelegt. Die vom Verfassungsausschuss vorgeschlagene Regelung wäre daher für Lübeck annehmbarer gewesen, als es die jetzige ist."

„Seinem inneren Wesen nach ist Lübeck, ähnlich wie Frankfurt und manche andere historische Stätte Deutschlands, eine Reichs- oder Bundesstadt geblieben und keine bloße Landesstadt geworden. Es muss nun seine Selbstständigkeit auf geistiger und kultureller Grundlage bewahren und durchsetzen, und tut das ja wohl. [...] Non enim est mediatisabilis Lubeca – Lubeca nostra, Lubeca vera."[3]

Abb. 1: Arnold Brechts Elternhaus in Lübeck, Moislinger Allee 22 (frühe 1930er Jahre)

Diese Reminiszenzen an den Ort seiner Geburt und Schulzeit waren durchaus ehrlich empfunden. Oft und gerne hat der großbürgerliche Absolvent des Katharineums auf seine Herkunft verwiesen. Andererseits ließ Arnold Brecht – gleich anderen großen Söhnen Lübecks – niemals einen Zweifel daran, dass sein persönlicher Horizont und seine professionellen Ambitionen schon frühzeitig weit darüber hinausgewiesen hatten. So schrieb er im November 1946 an einen als Rechtsanwalt daheim gebliebenen Schulfreund:

3 Ebd.: 83-85; lat. Zitat (85): „Denn Lübeck ist nicht mediatisierbar – unser Lübeck, das wahre Lübeck."

„Meine Heimat war das Reich, und das gibt es nicht mehr oder noch nicht wieder. Und wenn es wieder aufgebaut wird, wird es von unten, den Ländern und Provinzen her geschehen, nicht von oben. Ich war in keinem Land und in keiner Provinz zuhause; Lübeck war nur ein Kinderland für mich, und ein innerer Begleiter, aber niemand weiß dort von Joseph mehr, ich hatte keine politische Verbindung dort."[4]

Abb. 2: Arnold Brecht privat, wohl in Berlin (frühe 1920er Jahre)

II. Arnold Brecht als zeithistorischer Akteur

Wie von ihm selbst angedeutet, ist das Wirken Arnold Brechts eng mit den drei Hauptepochen deutscher Geschichte im kurzen 20. Jahrhundert verknüpft. Zunächst mit dem vergeblichen Unterfangen, das demokratische Regime 1932/33 in Preußen und im Reich mit juristischen Mitteln vor dem Zugriff Papens, Hugenbergs und Hitlers zu bewahren. In den Jahren zuvor hatte er sich als Verwaltungserneuerer und Reichsreformer einen Namen gemacht. Seine zweite Karriere als Verwaltungs- und Politikwissenschaftler startete Brecht unfreiwillig Ende 1933, nur wenige Wochen vor seinem 50. Geburtstag, in Amerika. Von dort aus warb er beharrlich für den Wiederaufbau eines demokratischen Rechts- und Verfassungsstaates in Deutschland und dessen Rückführung in den Kreis der westlichen Staatengemeinschaft. Nach dem Krieg begleitete Arnold Brecht die Bundesrepublik von der Formierung des deutschen Weststaates[5] bis in die 1970er Jahre hinein mit persönlichen Initiativen. Ob er sich für die Modernisierung des deutschen Berufsbeamtentums und die Etablierung der Politikwissenschaft in Heidelberg und anderenorts einsetzte oder die deutsche Wie-

4 Brecht, New York, an Rechtsanwalt Dr. Emanuel Benda, Klingberg bei Pönitz, 15.11.1946 (Bundesarchiv Koblenz [BAK], N 1089 [NL Arnold Brecht], Bd. 16); vgl. fast wortgleich Brecht an Ferdinand Friedensburg, Berlin, 14.11.1946 (ebd., Bd. 18). Vgl. Burmeister (2006).

5 Brecht (1967: 357-362) hat diese Aktivitäten selbst knapp geschildert.

dervereinigung schon frühzeitig durch eine Deeskalation des Kalten Krieges in Mitteleuropa anzubahnen versuchte[6] – im Mittelpunkt stand dabei jederzeit das Bestreben, die Zweite Republik vor der Katastrophe des Weimarer Versuchs zu bewahren.

Brecht trug selbst tatkräftig mit dazu bei, seinen Namen dauerhaft in die Zeitgeschichte einzuschreiben. Beginnend mit seiner 1906 erschienenen Dissertation hat er als Jurist, Verwaltungsmann und Politikwissenschaftler, später auch als engagierter Zeitgenosse über sieben Jahrzehnte hinweg bis zu seinem Tod in Eutin am 11. September 1977 eine große Zahl von Büchern und Aufsätzen veröffentlicht.[7] Darunter sind, neben einem Standardwerk zur Politischen Theorie,[8] mehrere autobiographische Schriften, aus denen nach wie vor gerne zitiert wird, aber auch ein Gedichtband.[9] Seine weit gespannte, umfangreiche Korrespondenz dokumentiert darüber hinaus jenen nachhaltigen Eindruck, welchen Brecht mit seinem persönlichen Auftreten und Wirken auf viele Weggefährten und Mitarbeiter, auf Studenten und Hörer seiner zahllosen Vorträge hinterlassen hat.

In besonderem Maße gilt das augenscheinlich für manchen derjenigen, die während der 1920er und frühen 1930er Jahre mit dem dynamisch-selbstbewussten Ministerialdirektor in näheren Kontakt gekommen waren. So erhielt der „liebe und aufrichtig verehrte Herr Brecht“, mittlerweile im 88. Lebensjahr stehend, Mitte August 1971 ein privates Handschreiben des Ersten Bürgermeisters der Freien und Hansestadt Hamburg. Darin bekannte der Sozialdemokrat Herbert Weichmann:

„Ich wiederhole, was ich Ihnen schon mündlich gesagt habe: Sie waren ein Vorbild, an dem ich mich geformt habe und Sie bleiben es bis heute! Ihr Beamtenethos und ihre charakterliche Gradlinigkeit sind meine Erbmasse aus der Zeit im Preussischen Staatsministerium. Ihre unbedingte [?] Sachlichkeit und Gründlichkeit hat mich erzogen.“[10]

Auch offizielle Gratulanten fanden immer wieder außerordentliche Worte der Anerkennung für Brechts Persönlichkeit und Lebenswerk. Zu seinem 90. Geburtstag übermittelte ihm der baden-württembergische Ministerpräsident Hans Filbinger (CDU) als Präsident des Bundesrates im Januar 1974 ein längeres Glückwunschschreiben, in dem es hieß: „Ihre fundierten Diskussionsbeiträge zum Aufbau der föderativen Struktur der Bundesrepublik waren hilfreich und von großem Wert.“[11] In solchen Formulierungen fand der viel Geehrte sich

---

6 Brecht (1957); vgl. (1967): 364-368.

7 Bibliography of Books and Articles by A. Brecht, in: Forkosch (1954): 161-178; Arnold Brecht – Schriften 1906-1978, in: Krohn/Unger (2006): 213-222; Bibliographie von Arnold Brecht, in: Bethke (2013): 371-383.

8 Brecht (1961); vgl. Söllner (2006); Bethke (2013): 282-353.

9 Brecht (1948); (1949a); (1966); (1967).

10 Schreiben v. 18.08.1971 (BAK, N 1089, Bd. 27).

11 Präsident des Bundesrates (gez. Dr. Hans Filbinger) an Brecht, Staatssekretär a.D., New York, 16.01.1974 (ebd., Bd. 18).

durchaus wieder. Erst wenige Jahre zuvor hatte er dies in seinen Memoiren zu Protokoll gegeben.[12]

Im Folgenden wird Arnold Brecht als demokratischer Verwaltungsmann und Wissenschaftler sowie als transatlantischer Vermittler skizzenhaft porträtiert. Eingangs werden Person und Werdegang Brechts kurz vorgestellt, sodann die Entwicklung seines Selbstverständnisses in den Vereinigten Staaten beleuchtet. Es folgen Blicke auf die Schwerpunkte seiner persönlichen Einwirkungen auf den demokratischen Wiederaufbau und die Wiedervereinigung Deutschlands bis hin zu seiner Unterstützung für die Entspannungspolitik Willy Brandts. Abschließend wird Arnold Brecht als Hanseat, als Demokrat und als Politikberater zeitgeschichtlich eingeordnet.

III. Arnold Brechts Weg vom kaiserlichen Staatsdiener zum demokratischen Verwaltungsreformer und Anwalt der Republik

Arnold Brecht wurde am 26. Januar 1884 in Lübeck als zweiter Sohn des ehemals preußischen Verwaltungsjuristen Walther Brecht (1841-1909) geboren.[13] Sein Vater war 1878 als Technischer Direktor der privaten Lübeck-Büchener Eisenbahn in die Freie Hansestadt gekommen, hatte 1888 den Vorstandsvorsitz übernommen und bald auch eine führende Rolle in der nationalliberalen Honoratiorenschaft gespielt.[14] Nach dem Jurastudium in Bonn, Berlin und Göttingen promovierte Brecht 1906 in Leipzig. Anschließend veröffentlichte er in kurzer Folge mehrere juristische Abhandlungen. Sie brachten ihm das Angebot ein, als Privatdozent in die Juristische Fakultät der Marburger Philipps-Universität einzutreten. Das Kolloquium am 4. August 1914 fand umständehalber nicht statt. Die wissenschaftliche Karriere des kaiserlichen Beamten hatte sich damit erledigt. Ein erstes Mal nahmen die Weltläufte unmittelbar lenkenden Einfluss auf den weiteren Werdegang Arnold Brechts.

Nach glänzenden Staatsprüfungen war Brecht 1910 als Hilfsarbeiter ins Berliner Reichsjustizamt einberufen worden. Vom Kriegsdienst blieb er aus gesundheitlichen Gründen verschont. Stattdessen versuchte er mit anonym verfassten Propagandabroschüren die deutsche Sache im Ausland zu unterstützen.[15] Kurz nach seiner Ernennung zum Regierungsrat im Reichswirtschaftsamt wurde Brecht Ende Oktober 1918 als Protokollführer des Reichskabinetts in die Reichskanzlei abgeordnet. Dort avancierte er im Frühjahr 1919 zum Geheimen Regierungsrat und Vortragenden Rat. Seine weitergehenden Ambitionen blieben jedoch unerfüllt. Daraufhin übernahm Brecht Ende 1921 die Leitung der

12 Brecht (1967): 358f.

13 Zur Biographie vgl. Reichshandbuch (1931); Forkosch (1954): 11-20; Friedrich (1954); Eschenburg (1974 [1987]); (1991); Seiffert (1974); Biographisches Hb. Emigration (1980); DBE (1995); Weber (1997); Bethke (2010); Ruck (2022); Art. „Arnold Brecht". URL: https://de.wikipedia.org/wiki/Arnold_Brecht [29.11.2020].

14 Seebacher (2011); Art. „Walther Brecht (Jurist)". URL: https://de.wikipedia.org/wiki/Walther_Brecht_(Jurist) [29.11.2020].

15 Brecht (1917); (1918).

Ausweis

für Herrn Regierungsrat

Brecht

wohnhaft zu Berlin-Steglitz,

Dijonstr. 10

über dienstliche Entsendung nach Weimar für die Zeit der Tagung der Nationalversammlung – vom 3. Februar 1919 ab

Zweck der Entsendung:

im Dienste der Reichsregierung

Berlin, den 17. Februar 1919

Reichskanzlei.

, Bürodirektor.

Abb. 3: Arnold Brechts Dienstausweis der Reichskanzlei für die Tagung der deutschen Nationalversammlung in Weimar (17. Februar 1919)

Abteilung für Verfassung, Verwaltung und (seit 1924) Beamtentum im Reichsministerium des Innern. Im April 1927 versetzte der deutschnationale Ressortchef Walter von Keudell ihn in den Wartestand. Wenig später holte Ministerpräsident Otto Braun (SPD) den republikanischen Spitzenbeamten demonstrativ ins Preußische Staatsministerium und ins Preußische Finanzministerium.[16]

Im Anschluss an einen mehrmonatigen Aufenthalt in Großbritannien und Frankreich zum vergleichenden Studium der dortigen Verwaltungsverhältnisse[17] übernahm der Ministerialdirektor sein neues Amt als Preußischer Hauptbevollmächtigter im Reichsrat. In der Ländervertretung trat Brecht als Generalberichterstatter für den Reichshaushalt und für den Young-Plan hervor.[18] Als führendes Mitglied des Verfassungsausschusses der Länderkonferenz setzte sich Brecht in

---

16 Zu Brechts Amtstätigkeiten von 1921 bis 1933 vgl. auch Holste (2006): 55-82; Bethke (2013): 46-87.

17 Dazu später Brecht (1940); (1941b).

18 Brecht (1930); (1932a); vgl. Kähler (2006).

den Jahren 1928 bis 1931 ebenso engagiert wie vergeblich für eine territoriale Reichsreform ein.[19] Daneben pflegte er seine wissenschaftlichen Neigungen als Lehrbeauftragter an der Berliner Hochschule für Politik.[20]

Abb. 4: Arnold Brecht als Ministerialbeamter in Berlin (um 1925)

Nach dem preußischen Staatsstreich am 20. Juli 1932 vertrat Brecht die abgesetzte Regierung Braun-Severing vor dem Staatsgerichtshof.[21] Seine kurzzeitige Entlassung wurde im November 1932 durch Gerichtsbeschluss wieder aufgehoben. Freilich blieb er weiterhin kaltgestellt, bis ihn Reichskommissar Franz von Papen am 10. Februar 1933 formell vom Dienst suspendierte. Den unmittelbaren Anlass dafür bildete wohl eine couragierte Gegenrede Brechts auf die erste Ansprache des frisch ernannten Regierungschefs Hitler im Reichsrat am 2. Februar 1933.[22] Wenig später entließ ihn der preußische Ministerpräsident Göring gemäß § 4 des so genannten „Berufsbeamtengesetzes“ (BBG) vom April 1933 wegen „nationaler Unzuverlässigkeit“ aus dem preußischen Staatsdienst. Sein ruhendes Dienstverhältnis beim Deutschen Reich hingegen wurde am 16. November 1933 „auf Antrag“ unter Verlust jeglicher Pensionsansprüche aufgehoben.

Politisch ist Brecht nach eigener Aussage bis in den Ersten Weltkrieg hinein indifferent gewesen. Erst gegen Kriegsende will er sich der Mehrheitssozialdemokratie innerlich angenähert haben, ohne ihr jemals beizutreten. In der öffentlichen Wahrnehmung dürfte er eher den Deutschen Demokraten (DDP) zugeordnet worden sein. Eigentlicher Fluchtpunkt seiner politischen Loyalitäten waren und blieben nicht die Programmatik und Politik einer bestimmten Partei, sondern das Deutsche Reich und dessen parlamentarisch-rechtsstaatliche Verfassungsordnung. Im „Bewusstsein des ursächlichen Zusammenhangs zwischen den früheren undemokratischen Verfassungszuständen und dem Ausbruch des

19 Brecht (1931a-c); (1932b), abgedr. in: ders. (1967): 431-435.

20 Vgl. allgemein Wollkopf (1983): 10: „Die Verbindungen zu den amerikanischen Stiftungen erleichterten [es] vielen Dozenten der DHP, ihre politologische Tätigkeit im Ausland fortzusetzen.“

21 Brecht (1933); vgl. (1948); (1967): 220ff.; Bethke (2013): 88-183.

22 So jedenfalls die Darstellung von Brecht (1967): 276ff. Vgl. dazu und zum Folgenden Bethke (2013): 184-197; Blöcker (2013). Die denkwürdige Szene ist – ausgerechnet – dokumentiert durch ein Foto des NS-Organs „Völkischer Beobachter“ v. 02.02.1933; abgedr. in: Krohn/Unger (2006): Bildtafel 4 nach 127.

Krieges und seinem Verlust“[23] setzte Brecht sich mit beharrlichem Nachdruck dafür ein, die offenkundigen Unzulänglichkeiten der Weimarer Verfassungswirklichkeit schrittweise auszuräumen.[24]

Die Schwerpunkte der Brechtschen Reformarbeiten im Reichsinnenministerium lagen von 1921 bis 1927 auf den Feldern Beamtenrecht, Reichsverwaltungsgerichtsbarkeit und Wahlrecht.[25] Die angestrebte Umstellung vom Verhältnis- auf das Mehrheitswahlrecht kam allerdings ebenso wenig voran wie alle übrigen Vorhaben. Zumindest erste Teilerfolge konnte Brecht hingegen auf dem Feld der so genannten „Büroreform“ oder „technischen Verwaltungsreform“ verbuchen. Charakteristisch für seine Arbeit war weniger die Formulierung grundlegender Reformziele und Reformkonzeptionen, als deren beharrliche politisch-administrative Umsetzung.

Nach seinem Abgang aus dem Reichsinnenministerium verlor der Ministerialdirektor seit Mitte 1927 als preußischer Reichsratsbevollmächtigter rasch den unmittelbaren Kontakt zur Verwaltungspraxis. Seine Anstrengungen richteten sich nun in erster Linie auf die territoriale Reichsreform. Brechts Ansehen in Politik, Verwaltung und interessierter Öffentlichkeit wuchs beträchtlich, obwohl ihm auch hier greifbare Erfolge nicht beschieden waren. Die schließlich angestrebte Aufteilung Preußens im Rahmen einer umfassenden Neugliederung des Deutschen Reiches in wirtschaftlich wie politisch einigermaßen gleichgewichtige Länder bei gleichzeitiger Stärkung der Reichsgewalt erwiesen sich Anfang der 1930er Jahre auf politischer Ebene als undurchsetzbar.

IV. Arnold Brechts verzögerte Ankunft in den Vereinigten Staaten

Ausgerechnet am 9. November 1933 schiffte sich das kinderlose Ehepaar Brecht nach New York ein.[26] Dort hatte der entlassene Beamte durch Vermittlung aus dem Kreise bisheriger Mitarbeiter der Hochschule für Politik eine Gastprofessur an der Graduate Faculty der New School for Social Research angeboten bekommen. Zwanzig Jahre lehrte er hier Staats- und Finanzwissenschaft, unterbrochen nur von Gastprofessuren in Harvard und Yale (1937-1940). Sein professionelles Ansehen, das er sich nach Jahren schwieriger Eingewöhnung zusehends erwarb, wurde 1946 durch die Wahl zum 3. Vizepräsidenten der American Political Science Association unterstrichen.

Dass der entlassene Spitzenbeamte im November 1933 überhaupt mit offizieller Genehmigung des Auswärtigen Amtes als Gastprofessor nach New York reisen konnte, hatte er neben prominenten Fürsprechern aus den Reihen der konservativen Bündnispartner Hitlers in erster Linie seinem einstmaligen Ver-

---

23 Brecht (1966): 260; vgl. 139ff.

24 Brecht, Konzept [für Rechtfertigungsschriftsatz], o.D. [wohl Anfang September 1933] (BAK, N 1089, Bd. 3).

25 Vgl. Brecht (1966): 433ff.; vgl. (1925).

26 Brecht (1967): 327ff.

fassungsreferenten im Reichsinnenministerium zu verdanken.[27] Hans-Heinrich Lammers war nun Hitler als Staatssekretär in der Reichskanzlei zu Diensten, doch dem Korpsgeist der höheren Ministerialbeamtenschaft tat das zumindest in diesem Fall keinen Abbruch.

Mit Rücksicht auf seine in Deutschland verbliebene Verwandtschaft, aber auch aus seiner etatistisch-patriotischen Grundhaltung heraus war Brecht erkennbar darum besorgt, den vorläufigen Charakter seiner Amerikabesuche zu dokumentieren. So behielt er seinen Berliner Wohnsitz bei, in New York lebte er mit seiner Frau Clara, geb. Berg (1876-1970) im Hotel, und in den Jahren 1934 bis 1937 sowie 1939 kehrten die beiden jeweils über die Sommermonate nach Deutschland zurück. Während dieser regelmäßigen Heimataufenthalte besuchte er zweimal auch seine Geburtsstadt Lübeck.[28]

An der neu errichteten Graduate Faculty der New School for Social Research waren in den 1930er/40er Jahren überwiegend renommierte Wissenschaftler tätig, die aus Deutschland und Italien hatten fliehen müssen. In ihrem Kreise erwarb sich Brecht fachliche Wertschätzung als hervorragender Experte vor allem auf den Gebieten der internationalen Verwaltungswissenschaft und der Politischen Theorie.[29] Seine hartnäckige Weigerung jedoch, sich mit allen Konsequenzen als Emigrant zu verstehen, isolierte ihn immer spürbarer von seinen Kollegen.[30] Erst als ihn sein Präsident Alwin Johnson auf dem Höhepunkt ihrer regelmäßigen Querelen im Sommer 1938 ultimativ aufforderte, nun entweder auf Dauer in New York zu bleiben oder nicht mehr von der geplanten Heimatfahrt zurückzukehren, unterbrach Brecht seine Besuchskontakte.[31]

In den Vereinigten Staaten hatte sich Brecht zu dieser Zeit bereits einen guten Namen als Wissenschaftler erworben. Seit 1941 wurde er oftmals von der US-Administration als Experte für deutsche Angelegenheiten und für die amerikanische Verwaltungsreform herangezogen.[32] Außerdem beteiligte er sich an der Schulung amerikanischer Soldaten und Offiziere für deren Einsatz im europäischen Kriegstheater und im besetzten Deutschland. Von allen Aktivitäten deutscher Emigranten-Gruppen hingegen hielt sich Brecht über das Kriegsende hin-

27 Die einschlägige Korrespondenz (BAK, N 1089, Bd. 3; Bundesarchiv Berlin-Lichterfelde [BABL], R 1501 PA [Reichsinnenministerium – Personalakten], Bd. 5282, Bl. 49ff.) ist teilweise abgedr. in: Brecht (1967): 457-461; vgl. 326f.

28 Brecht, New York an Rechtsanwalt Erich Boettcher, Lübeck, 26.08.1951 (BAK, N 1089, Bd. 16). Der Adressat war ein ehemaliger Mitschüler am Katharineum und Fechtkamerad Brechts.

29 Zu seinem Wirken in New York siehe eingehend Krohn (1987); (2006). Vgl. Krohn/Unger (2006): Bildtafeln 5-9 nach 127; Bethke (2013): 198-233.

30 Vgl. Prof. Dr. Hans Neisser an Brecht, 26.01.1949 (BAK, N 1089, Bd. 36).

31 Brecht erinnerte gelegentlich an die Besuche bei Freunden in Deutschland während der Vorkriegsjahre; vgl. etwa seine Briefe an Rechtsanwalt Erich Boettcher, Lübeck, v. 26.08.1951 (BAK, N 1089, Bd. 16) u. Ferdinand Friedensburg v. 06.02.1970 (ebd., Bd. 18); vgl. auch Brecht (1967): 346-349.

32 Brecht (1941a); (1942) (vollständiger Briefwechsel: BAK, N 1989, Bd. 96).

aus konsequent fern.[33] Sämtlichen Appellen, sich ihren Aufrufen anzuschließen, erteilte er regelmäßig eine Absage.[34] Typisch dafür ist sein schroffer Brief an den früheren preußischen Innenminister Albert C. Grzesinski – ehemals Sozialdemokrat, dann in der französischen Emigration Volksfrontbefürworter und nunmehriger Präsident der „Association of Free Germans“ (AFG) in New York – von Ende August 1942:[35]

„Aus der Tatsache, dass ich persönlich mich von jeder Form der Organisierung hier ferngehalten habe, und auch in diesem Falle so verfahren werde, bitte ich Sie nicht zu schliessen, dass ich dieselbe Praxis auch für andere für richtig halte. Aber für mich gilt noch heute wie früher, dass ich das was ich möglicherweise zur Rettung beitragen kann, besser in ungebundener Form tun kann. Das ist bedingt durch Besonderheiten meiner Arbeitsweise, und keineswegs eine allgemeine Maxime, die ich auch anderen empfehle. Mein eigenes Programm ist ziemlich erschöpfend umschrieben mit dem Worte ‚Wiederherstellung der Achtung vor der Menschenwürde‘. Daraus folgt die Forderung nach dem, was wir Rechtsstaat nennen, und vieles andre. Aber es folgt daraus nicht notwendig alles, was die Association of Free Germans in ihr Programm aufzunehmen durch politische Rücksichten gezwungen war. [...] Es ist schade, dass wir niemals Gelegenheit gehabt haben uns einmal ausführlicher zu unterhalten. Eine allgemeine Müdigkeit gegenüber solchen Gesprächen ist wohl mehr der Grund gewesen als irgend etwas andres. Vielleicht holen wir das im Herbst nach, wenn Sie sich überhaupt noch mit Nichtmitgliedern unterhalten wollen.“

Wie stets agierte Brecht hier im Geiste jener „klassische(n) Haltung“ des liberal-distanzierten, vor allem aber etatistischen Intellektuellen, die Ralf Dahrendorf als typisch für dessen deutsche Ausprägung im 19. und 20 Jahrhundert wie auch für einen Teil der Zwangsemigranten der 1930er Jahre bezeichnet hat.[36] Immer wieder suchte Brecht unter Verweis auf seine „überparteiliche“ Rolle als Verwaltungsbeamter und Wissenschaftler das Ohr der (vermeintlich) Mächtigen, ohne sich dabei jemals auf politisch-organisatorische Bindungen einzulassen.

Augenscheinlich ging die Distanz Brechts zu jeglicher Vergemeinschaftung innerhalb der deutschen Emigration in den frühen 1940er Jahren auf andere Ursachen zurück als im vorausgegangenen Jahrzehnt. Bis 1939 hatte er sich als deutscher Gastwissenschaftler in den Vereinigten Staaten sehen wollen und sich entsprechend verhalten. Erst nach Kriegsausbruch kamen die Brechts mental wirklich in ihrem Gastland an. Ende 1944/Anfang 1945 entschlossen sie sich, demnächst die US-Staatsbürgerschaft zu beantragen. Vieles hatte zu die-

33 Zur Begründung vgl. besonders dezidiert Brechts Schreiben an Prof. Dr. Ferdinand Hermens, University of Notre Dame, Ind. v. 31.12.1945 (BAK, N 1089, Bd. 32).

34 Eine Ausnahme bildete Arnold Brechts Rede auf der Gedächtnisfeier zum 20. Todestag des früheren Reichspräsidenten Friedrich Ebert in New York am 2. März 1945; abgedr. in: Richter (1995): 39-45.

35 Brecht an Grzesinski, 23.08.1942 (BAK, N 1089, Bd. 28).

36 Dahrendorf (1967): 311f., 315.

sem Sinneswandel beigetragen: zunächst wohl der gemeinsame Freitod seiner Schwester Gertrud (geb. 1885) und ihres jüdischen Ehemannes, des bekannten Violinisten Ossip Schnirlin (geb. 1874), im Sommer 1939;[37] dann der Kriegseintritt der USA am 11. Dezember 1941 und die niederdrückenden, bald versiegenden Nachrichten von Verwandten und Freunden über die Lage in Deutschland; schließlich die Informationen über die Judenvernichtung und Hitlers Racheexzesse nach dem gescheiterten Attentat vom 20. Juli 1944.

Unmittelbar vor der deutschen Kapitulation stellten die Brechts diesen Schritt nochmals zurück.[38] Erst nach einer monatelangen Phase zweifelnd-depressiven Schwankens[39] entschieden sie sich, alsbald Amerikaner zu werden und vorerst nicht – wie eigentlich geplant – nach Deutschland zu reisen, sondern die desolate Situation in der Heimat von den USA aus helfend zu beobachten.

V. Der Remigrationsverweigerer als Ratgeber und transatlantischer Mittler – Arnold Brecht in der verfassungspolitischen Arena nach dem Zweiten Weltkrieg

Nach außen rechtfertigte Brecht diese Entscheidung immer wieder mit den Nachwirkungen einer schweren Erkrankung.[40] Tatsächlich war ein ganzes Bündel von Gründen dafür verantwortlich, dass er sich allen Rückkehrappellen und -angeboten beharrlich verschloss:[41] etwa die wenig ermutigenden Kunde von den chaotischen Lebensverhältnissen in Deutschland und der dort weit verbreiteten Reserve gegenüber Emigranten;[42] die Verbitterung Brechts darüber, dass der ältere Bruder Gustav (1880-1965) jahrelang nicht aus amerikanischer Inter-

---

37 Vgl. Brecht, z.Z. Bad Wiessee, an Maria Weltner (geb. Reuter), Ratzeburg, 08.08.1952 (BAK, N 1089, Bd. 27); Brecht (1967): 348f.

38 Brecht an Prof. Franklin L. Burdette, American Political Science Association, Butler University, Indianapolis, 06.05.1945 (BAK, N 1089, Bd. 28).

39 Besonders deutlich in Brecht an Prof. Dr. Egon Ranshofen Wertheimer, State Department, Washington, D.C., 31.12.1945 (BAK, N 1089, Bd. 37).

40 Brecht, z.Z. Klobenstein bei Bozen, an Reichstagspräsidenten a.D. Paul Löbe, (durch den Vorstand der SPD), 27.08.1964 (BAK, N 1089, Bd. 21); vgl. Brecht (1967): 355.

41 Brecht, New York an Ferdinand Friedensburg, Berlin-Nikolassee, 14.11.1946 (BAK, N 1089, Bd. 18). In der umfangreichen Korrespondenz (1946-1972) brach der scharfe Gegensatz in der Remigrationsfrage zwischen den beiden Beamtenkollegen aus Weimarer Zeiten noch Jahrzehnte später wieder auf.

42 Vgl. etwa einen Brief Brechts an den ehemaligen Leiter der Kommunalabteilung im Reichsinnenministerium, Victor von Leyden, Bombay, 05.11.1947 (BAK, N 1089, Bd. 21); ferner die – namentlich auf Thomas Mann gemünzten – Bemerkungen Friedensburgs (23.08.1946) und Brechts zurückhaltend-skeptische Reaktion darauf, 14.11.1946 (ebd., Bd. 18); vgl. auch sein aufschlussreiches Antwortschreiben an seinen seinerzeitigen Ressortchef und Mitstreiter in Sachen Reichsreform, den früheren preußischen Finanzminister und nachmaligen ersten Präsidenten des 1951 errichteten Bundesverfassungsgerichts Dr. Hermann Höpker-Aschoff (DDP, DStP, FDP), Bielefeld, 11.06.1947 (ebd., Bd. 20). Vgl. dazu Bethke (2013): 233-282.

nierungshaft frei zu bringen war;[43] die mangelnde Bereitschaft, seine mühsam aufgebaute, nach wie vor prekäre berufliche, materielle und persönliche Position in Amerika wieder preiszugeben – verstärkt durch die völlig ungeklärte Frage künftiger deutscher Pensionsansprüche;[44] nicht zuletzt auch die emotionale Bindung an die Metropole New York und die tiefe Abneigung dagegen, sich irgendwo in der deutschen Provinz fernab der von sowjetischen Truppen umschlossenen Reichshauptstadt zu betätigen. Zwanzig Jahre später hat Arnold Brecht diese Entscheidung in seinen Memoiren nochmals begründet:

„In Deutschland (sah ich) als Deutscher keine großen Aufgaben vor mir. Mit nunmehr 62 Jahren war ich dicht an die Altersgrenze für Beamte herangerückt. Berlin, mein alter Wirkungsort, war geteilt. Meine alten Arbeitsstätten, die Wilhelmstraße und Unter den Linden, gehörten der Sowjetzone an. Für eine führende politische Rolle in Westdeutschland würden mir als Lübecker und Berliner die tieferen Wurzeln in den dortigen Volkskreisen fehlen. Meine Arbeit in Amerika und unsere dort gewonnenen Freundschaften [...] hatten uns inzwischen eng mit Amerika verknüpft. In New York fühlte ich mich mehr zu Hause als in irgendeiner deutschen Stadt außerhalb Berlins. Auch für eine vernünftige Behandlung Deutschlands konnte ich mein in Amerika erworbenes Ansehen am besten von dort aus einsetzen, im beiderseitigen Interesse der Vereinigten Staaten und Deutschlands."[45]

So nahm Brecht denn auch die Initiative des sozialdemokratischen Bürgermeisters Max Brauer, ihn im Sommer 1947 als Vertreter Hamburgs beim Wirtschaftsrat der Bizone in Frankfurt zurückzuholen, nicht ernsthaft auf. Zwar bedankte er sich für den ehrenvollen „Ruf, die alte Hansestadt Hamburg, von Jugend auf bewunderte große Schwester meiner alten Heimat Lübeck" im Ringen „um Deutschlands innere und äußere Wiedergeburt" zu repräsentieren.[46] Doch stattdessen richtete Brecht seine Bemühungen nun verstärkt darauf aus, in der Wahlheimat für die Belange Deutschlands zu werben und von dort aus Einfluss auf den demokratischen Wiederaufbau zu nehmen.

Dazu meinte Brecht in doppelter Hinsicht berufen zu sein. Zum einen mit Blick auf seine mittlerweile gefestigten Zugangsmöglichkeiten zu relevanten Politikern und Mitgliedern der US-Administration und des Kongresses. Zum

---

43 Vgl. Brechts Klage gegenüber Friedensburg, 14.11.1946, und dessen teilnehmend-relativierende Antwort, 14.12.1946 (BAK, N 1089, Bd. 18). Während seines Deutschlandaufenthalts im Sommer 1948 traf Brecht einen „nun völlig rehabilitierten und von Amerikanern und Deutschen mit neuen Aufgaben bedachten Bruder"; Brecht an Prof. Dr. Edwin Redslob, Berlin, 31.12.1948 (ebd., Bd. 24); vgl. Friedensburg an Brecht, 07.12.1948 (ebd., Bd. 18).

44 Vgl. Brechts Schreiben an seinen Neffen Prof. Dr. Adalbert Erler, Prodekan an der Universität Mainz, 10.12.1946 (BAK, N 1089, Bd. 21) und an den befreundeten Rechtsanwalt Georg Pfuhl in Berlin, 15.11.1946 u. 15.04.1950 (ebd., Bd. 23).

45 Brecht (1967): 355; vgl. Brecht an Friedensburg, 14.11.1946 (BAK, N 1089, Bd. 18).

46 Brecht, New York an Bürgermeister Max Brauer (SPD), Hamburg, 14.07.1947 (BAK, N 1089, Bd. 16); vgl. dazu Brecht (1967): 356f.

anderen im Vertrauen auf seine weit verzweigten Verbindungen in Deutschland aus der Zeit bis 1933 beziehungsweise 1939. Immerhin war Brecht nicht nur mit wichtigen Protagonisten des demokratischen Wiederaufbaus bis hin zu Konrad Adenauer und Theodor Heuss persönlich bekannt.[47] Er pflegte auch freundschaftliche Beziehungen sowohl zu überlebenden Mitgliedern des bürgerlichen Widerstands wie Ferdinand Friedensburg oder Theodor Steltzer[48] als auch zu sozialdemokratischen Führungspersönlichkeiten.[49]

Es fiel denn auch schon bald Brechts Name, als in Washington und Frankfurt darüber nachgedacht wurde, welche zivilen Verwaltungsfachleute als Mitarbeiter der Militärregierung rekrutiert werden könnten. Anfang März 1946 bot ihm das War Department einen Posten als „consultant in government structures" beim OMGUS an.[50] Doch für Brecht kam eine feste Tätigkeit im Solde der Besatzungsmacht grundsätzlich nicht in Betracht. Zum einen hielt er sich persönlich zugute, in der alten Heimat bislang nicht als ein so genannter „Morgenthau-Boy" diskreditiert zu sein. Zum anderen trat hier nur einmal mehr seine tief verwurzelte Abneigung gegen irgendwelche Bindungen und Abhängigkeiten zutage. Brecht verstand sich Zeit seines Lebens als intellektueller Einzelkämpfer und als liberaler Geist zwischen den politischen und weltanschaulichen Lagern.

Als solcher war Arnold Brecht für die Amerikaner höchst interessant, als er sich Anfang Januar 1948 bei General Clay für eine dreimonatige Tätigkeit in Deutschland anbot.[51] Im Vorfeld der angestrebten Weststaatsgründung wurden ungebundene Persönlichkeiten gesucht. Sie sollten nicht nur ausloten, welche Vorstellungen auf Seiten der widerstrebenden Westdeutschen über die institutionelle Ausgestaltung des Teilstaates überhaupt existierten. Zugleich war ihnen die Aufgabe zugedacht, in der Bizone einen Elitendiskurs über grundlegende konstitutionelle Fragen in Gang zu bringen, um ihn möglichst im Sinne der alliierten Zielsetzungen zu moderieren.

Diese Offerte war mit dem Rollenverständnis Brechts als eines transatlantischen Brückenbauers zum Wohle seiner alten Heimat vereinbar,[52] zumal ihm volle Unabhängigkeit zugesichert wurde. Von Anfang Juni bis Anfang Juli 1948 bereiste er als Mitglied einer fünfköpfigen Expertengruppe die amerikanische

---

47 Korrespondenz mit Dr. Konrad Adenauer (CDU), 1948-1964 (BAK, N 1089, Bd. 15); Korrespondenz mit Bundespräsident Theodor Heuss (FDP), 1950-1966 (ebd., Bd. 20); teilweise abgedr. in: Brecht (1967): 470f.; vgl. 357; vgl. auch BAK, N 1221 (NL Heuss).

48 Korrespondenz mit Theodor Steltzer (CDU), 1947-1961 (BAK, N 1089, Bd. 26).

49 Korrespondenz mit Dr. Walter Menzel (SPD), 1946-1952 (ebd., Bd. 22).

50 Telegr. an Brecht, 08.03.1946 (ebd., Bd. 99).

51 Telegr. Brecht an General Lucius D. Clay, Office of Military Government U.S. (OMGUS), 02.01.1948 (BAK, N 1089, Bd. 99).

52 Vgl. etwa Brecht an Brauer, 10.09.1947 (BAK, N 1089, Bd. 99) sowie (offenbar danach) Brecht (1967): 355. Vgl. dazu und zum Folgenden auch Unger (2006).

Besatzungszone.[53] Während in den Hauptstädten der sechs beteiligten Westmächte über die „Londoner Empfehlungen" ihrer Außenminister vom 7. Juni 1948 beraten wurde, diskutierte man mit herausgehobenen Vertretern des öffentlichen Lebens in Frankfurt, Wiesbaden, Heidelberg, Stuttgart und München über die zentrale Frage der territorialen Reorganisation des kommenden Weststaates.[54]

Neben der Informationsbeschaffung und der Werbung für das alliierte Weststaatsprojekt fiel Brecht dabei eine Sonderaufgabe zu. In der Pariser Nationalversammlung drohten die Londoner Empfehlungen zu scheitern. Brecht setzte deshalb alles daran, seinem französischen Kommissionskollegen drastisch vor Augen zu führen, dass die Aufspaltung Deutschlands in eine Anzahl quasi-souveräner Staaten in den Westzonen keinerlei tragfähige Unterstützung finden würde.[55] Tatsächlich gaben am 1. Juli 1948 alle drei westlichen Militärgouverneure mit dem „Frankfurter Dokument Nr. 1" endgültig eine Verfassung „föderalistischen Typs" in Auftrag, die ausdrücklich auch eine „angemessene Zentralinstanz" vorsehen sollte. Das entsprach jenen Vorgaben der Londoner Empfehlungen, denen sich die Expertenkommission am 28. Juni 1948 angeschlossen hatte.[56]

Am 1. September 1948 nutzte Brecht die Eröffnungssitzung des Parlamentarischen Rates in Bonn,[57] um nochmals für die amerikanischen, aber auch für seine persönlichen Erwartungen an die neue Konstitution zu werben. Ganz im Stile seiner Weimarer Reforminitiativen versorgte er außerdem alle Beteiligten mit einer ausführlichen Synopse der vorliegenden Verfassungsentwürfe.[58] In der folgenden Zeit hielt Brecht Rundfunkvorträge über Demokratie, Intellektuelle und Parteien. Daneben suchte er schriftlich und in vielerlei Gesprächen Einfluss auf die Verfassungsdebatten des Parlamentarischen Rates zu gewinnen.[59] Überdies

53 Vgl. dazu Brechts Report General Nature and Results of my Visit to Germany as an Expert to the Secretary of the Army, Bremen, 13.09.1948 mit diversen Anlagen (BAK, N 1089, Bd. 99); ferner Brecht (1967): 357-360.

54 Diese Konferenzen sind außerhalb des Brecht-Nachlasses (BAK, N 1089, Bd. 99) nur spärlich belegt; vgl. aber die ausführlichen Protokolle (21 Ms.-Seiten) der Besprechungen in München am 24./25.06.1948 (Bayerisches Hauptstaatsarchiv München [BayHStA], NL Anton Pfeiffer, Bd. 204).

55 Discussion on Federalism conducted by a group of experts in the American Zone, June 1948. Special Report by Arnold Brecht, 08.07.1948 (BAK, N 1089, Bd. 99); abgedr. in: Boberach (1999), Dok. 25: 143-149. Vgl. Brecht (1967): S. 358f.

56 Report of the Federal Group, 28.06.1948 (BAK, N 1089, Bd. 99).

57 Vgl. etwa Ruck (2008).

58 Vergleich der Verfassungsentwürfe (16 Ms.-S.) mit hs. Vermerk Brechts: „Verteilt in Bonn bei der Eröffnung des Parlamentarischen Rates" (BAK, N 1089, Bd. 99). Vgl. etwa das Dankschreiben des Leiters der Bayerischen Staatskanzlei und Vorsitzenden der CDU/CSU-Fraktion im Parlamentarischen Rat, Staatsminister Dr. Anton Pfeiffer (BVP, CSU), München, an Brecht, OMGUS, Civil Administration Division (CAD), Frankfurt am Main, 19.10.1948 (ebd., Bd. 23).

59 Die Bände „Korrespondenzpartner in Deutschland A-Z" im Nachlass Brechts enthalten eine Reihe entsprechender Schreiben und Hinweise (BAK, N 1089, Bd. 15-27). Gelegentlich bezogen sich Mitglieder des Parlamentarischen Rates ausdrücklich auf Gespräche mit dem – vielen aus Weimarer Zeiten wohlbekannten – Verfassungs- und Verwaltungsexperten.

verfasste Brecht Konzepte zur Neuordnung des Öffentlichen Dienstes, in denen er auf der Grundlage seiner Weimarer Vorschläge und der seitdem im Ausland gesammelten Erfahrungen eine moderate Reformperspektive entwarf. Diese Thematik sollte im Mittelpunkt seiner zweiten Deutschlandmission stehen, die er im Sommer 1950 auf Einladung des US-Hochkommissars unternahm, um den amerikanischen Vorstellungen doch noch Geltung zu verschaffen. Ein Erfolg blieb ihm dabei versagt.[60]

In der publizistischen Arena wie in seinem nichtöffentlichen Wirken orientierte sich Arnold Brecht in diesen Nachkriegsjahren vor allem an zwei Maximen: Wahrung der staatlichen Einheit Deutschlands nach außen und Etablierung einer rechtsstaatlichen, liberaldemokratischen Ordnung im Innern. Je schärfer sich die Konfrontation des Kalten Krieges zuspitzte, desto mehr verschoben sich Brechts konstitutionelle Prioritäten gegen Ende der 1940er Jahre weg von der föderalen Neuordnung hin zur Wahrung der individuellen Freiheitsrechte und zur Sicherung des demokratischen Rechtsstaates gegen autoritär-totalitäre Anfechtungen. Das wurde deutlich, als er unmittelbar nach der Gründung der Bundesrepublik in den Vereinigten Staaten für das Grundgesetz warb. Im Kern gehe es darum, die demokratische Regierungsweise dauerhaft in einem Land zu etablieren, dessen demokratische Mehrheit – wie schon zu Weimarer Zeiten – von starken antidemokratischen Flügelkräften unter Druck gehalten werde.[61] Das Grundgesetz habe deshalb in erster Linie an der existentiellen Herausforderung ausgerichtet werden müssen, die demokratische Zentralgewalt gegen totalitäre Anfechtungen von links und rechts abzuschirmen – ohne freilich darüber die bürgerlichen Grundrechte maßnahmestaatlichem Durchgriff auszuliefern.[62]

Mit Ausnahme des Verzichts auf das Mehrheitswahlrecht entsprach das Bonner Verfassungswerk für Brecht jenen institutionellen Schlussfolgerungen, welche aus der eingeschränkten Demokratiefähigkeit des deutschen Volkes einstweilen zu ziehen waren. Ganz durchdrungen von seinen Weimarer Traumatisierungen setzte Brecht vor dem Hintergrund des Ost-West-Konflikts vor allem anderen auf die möglichst lückenlose verfassungs-„technische" Abschirmung der demokratischen Zentralstaatsgewalt gegen Usurpationen der politischen oder territorialen Peripherie. Von diesem Geist sah er das Grundgesetz hinreichend geprägt.[63]

Der Verfassungs- und Verwaltungsreformer Arnold Brecht schwankte immer wieder zwischen aktivistischer Selbstüberschätzung und der realistischen Einsicht in die äußerst beschränkten Möglichkeiten einzelner Persönlichkeiten, auf die amerikanische Deutschlandpolitik wie auf die innere Entwicklung seines Heimatlandes nach dem Krieg auch nur punktuell Einfluss zu gewinnen. Im

---

60 Dazu finden sich diverse Unterlagen im Nachlass (BAK, N 1089, Bd. 96 u. 101). Vgl. Brecht (1947); (1950a); (1950b); (1951a); (1951b); (1953); vgl. schon Brecht/Glaser (1940). Zur Bilanz dieser Initiativen vgl. Brecht (1967): 361f. Zur allgemeinen Einordnung vgl. (mit weiteren Hinweisen) Ruck (1997/98); Unger (2003).

61 Brecht (1949b): 428f., 431ff.

62 Ebd., S. 436f., 457-464.

63 Ebd.

Grunde wusste er nur allzu gut, dass die selbst gewählte Rolle eines transatlantischen Moderators ihn ständig überforderte und zusehends isolierte.[64] Tatsächlich wurden seine Vorschläge in den USA zumeist mit freundlichem Desinteresse quittiert.[65] Und in der alten Heimat blieb er ein Außenstehender, dessen Ratschläge mit gebührendem Respekt, vor allem aber mit – mehr oder minder – unterschwelligen Vorbehalten gegen den hartnäckigen „Remigrationsverweigerer“ entgegengenommen und abgelegt wurden.[66] Überdies machten maßgebliche Akteure der westdeutschen Staatsgründung wie Konrad Adenauer (CDU) oder der liberale Ministerpräsident in Stuttgart, Reinhold Maier, gar keinen Hehl aus ihrer tief verwurzelten Reserve gegen die Berliner Zentralbürokratie traditioneller Provenienz. Arnold Brecht sah sich nicht nur selbst als deren – republikanischen – Prototyp. Er wurde auch von ihnen als Mann der „Wilhelmstraße“ wahrgenommen und auf freundlich-respektvoller Distanz gehalten.

Im Übrigen waren bereits wichtige Vorentscheidungen gefallen, bevor Brecht unmittelbaren Einfluss auf konstitutionelle Formierung des deutschen Weststaates zu nehmen versuchte. Gleichwohl dürften seine Wortmeldungen 1948/49 nicht gänzlich ohne Wirkung geblieben sein – besonders was die föderale Ordnung anbelangt.

VI. Wiedervereinigung durch Entspannung – Arnold Brecht als deutschland- und ostpolitischer spiritus rector

Im Vorfeld und während der Beratungen des Parlamentarischen Rates räumte Brecht der nationalen Frage höchste Priorität ein. Aus diesem Blickwinkel nahm er das Bonner Grundgesetz lediglich als zweckmäßiges, wenngleich verbesserungsfähiges Organisationsstatut eines westdeutschen Teilgebildes ein, nicht etwa als endgültige Verfassung des wieder zu errichtenden deutschen Nationalstaates.[67] Als Zwischenstufe auf dem Weg dorthin schlug er nun eine deutsch-deutsche Konföderation vor, die im Rahmen einer europäischen Sicherheitszone („safety belt“) einen entmilitarisierten Status erhalten müsse. Darüber solle die Bundesregierung unverzüglich direkte Verhandlungen mit den Regie-

---

64 Vgl. für vieles Brecht an Friedensburg, 08.08.1946 (BAK, N 1089, Bd. 18); Brecht an Höpker Aschoff, 11.06.1947 (ebd., Bd. 20). Vgl. auch die Andeutung bei Brecht (1967): 364.

65 Im Nachlass Brechts finden sich zahlreiche Belege dafür in den Bänden „Korrespondenzpartner in Amerika A-Z“ (BAK, N 1089, Bd. 28-39). Vgl. Brechts Schreiben an Dr. Edward H. Litchfield, vormals CAD-Leiter bei OMGUS, nun Professor an der Cornell University, School of Business and Public Administration, Ithaca, N.Y., 22.04.1950 (ebd., Bd. 33).

66 In diesem Sinne, wenn auch freundlich-zurückhaltend, etwa das Dankschreiben des nunmehrigen Bundesministers Jakob Kaiser für den Aufsatz „The New German Constitution“ (Brecht 1949b) v. 12.04.1950 (BAK, N 1089, Bd. 21). Auch im wissenschaftlichen Umgang war eine gewisse Distanz deutlich spürbar, etwa in einem Brief von Prof. Dr. Ernst Topitsch, Institut für Soziologie und Ethnologie der Universität Heidelberg, 09.10.1961 (BAK, N 1089, Bd. 26).

67 Brecht, New York an Friedensburg, Berlin-Nikolassee, [19.08.1949] (hs. Konzept) (BAK, N 1089, Bd. 18).

renden in Ost-Berlin aufnehmen. Als Übergangslösung schwebte Brecht ein gesamtdeutsches Mehrebenensystem vor: oberhalb der Länder in West- und Ostdeutschland sollten zwei Bundesregierungen zum einen den föderalen Zusammenhalt ihres Territoriums sichern, zum anderen „auf der höheren gemeinsamen Ebene“ institutionelle Strukturen schaffen, denen zunächst die Bearbeitung einzelner Aufgabenfelder übergreifenden Charakters wie Handel, Verkehr und Kommunikation zu übertragen wäre. Die gesamtnationale Geltung sämtlicher Bestimmungen des Bonner Grundgesetzes hielt Brecht nicht für erforderlich. Umso größeren Wert legte er darauf, Berlin zur „Hauptstadt für diese, das ganze Deutschland umfassende Bundesrepublik“ auszurufen.[68]

Abb. 5: Arnold Brecht auf einem Deutschlandbesuch bei seinem Bruder Gustav in Bad Wiessee (wohl Sommer 1957)

Mit dieser Konzeption fand Brecht zwar Gehör bei Kurt Schumacher wie auch bei Ferdinand Friedensburg, Jakob Kaiser und anderen parteiinternen Widersachern der Westintegrationspolitik Adenauers.[69] Politische Wirkung konnte er mit dieser Mindermeinung während der 1950er Jahre weder in Bonn noch in Washington erzielen. Erst im Laufe der 1960er Jahre kamen sozialdemokratische Protagonisten der Entspannungspolitik wie Herbert Wehner und Willy Brandt wieder darauf zurück.[70] Beide schätzten Arnold Brecht als einen Fürsprecher ihres Einsatzes für einen deutschland- und ostpolitischen Paradigmenwechsel.

So gab Herbert Wehner, kurz bevor er Anfang Dezember 1966 zum Bundesminister für Gesamtdeutsche Fragen im Kabinett der Großen Koalition vereidigt wurde, dem Journalisten Günter Gaus sein deutschlandpolitisches Credo zu Protokoll.[71] Ob nun eine dauerhafte „Konföderation“ beider Teilstaaten oder

---

68 Ebd.; vgl. andeutungsweise Brecht (1949b): 472f.

69 Vgl. die Korrespondenzen mit Brandt (1957-1974) und Wehner (1963-1971) (BAK, N 1089, Bd. 16 u. 27).

70 Brecht, z.Z. Heidelberg, an den SPD-Vorsitzenden Dr. Kurt Schumacher, 26.06.1952 (BAK, N 1089, Bd. 25). Zum anschließenden Gespräch in Bonn vgl. Brecht (1967): 363. Friedensburg an Brecht, 29.08.1949 u. 04.09.1961 (BAK, N 1089, Bd. 18). Kaiser an Brecht, z.Z. Heidelberg, 21.06.1955 u. 03.07.1956 (BAK, N 1089, Bd. 21).

71 Interview des Programmdirektors des Südfunks Günter Gaus mit dem stellvertretenden SPD-Vorsitzenden Herbert Wehner am 19.10.1966, in: AdG (2000): 4102-4105 (19.10.1966), hier 4103; Auszug abgedr. in: Siegler (1968), Dok. 212: 192-196, 193; Meissner (1970), Dok. 64: 149-157, 154f.

deren nationalstaatliche „Wiedervereinigung“ als Fernziel angestrebt werde – gegenwärtig gehe es „unabdingbar“ um „das Wohlergehen der Menschen“ und auf staatlicher Ebene darum, die Möglichkeit offen zu halten, „den Gedanken einer Deutschen Wirtschaftsgemeinschaft oder auch eines Deutschen Bundes als eines noch weitergehenden Aufeinanderzukommens“ schrittweise praktisch zu verwirklichen:

„Ich denke an Vorschläge von Arnold Brecht, dem früheren preußischen Staatssekretär, der in seinen Schriften die Möglichkeit geprüft und bejaht hat, für Jahre und sogar Jahrzehnte bestimmte unterschiedliche Formen, auch Wirtschaftsformen, nebeneinander existieren zu lassen unter der Voraussetzung, dass es eine übereinstimmende Verhaltensweise zu den Grundrechten der Menschen gibt. Das ist das Entscheidende.“

Bereits 1958 hatte sich Wehner im Bundestagsplenum, auf dem Stuttgarter Parteitag und später vor der SPD-Fraktion ausdrücklich auch auf die einschlägigen Wortmeldungen Arnold Brechts berufen. Im Frühjahr 1967 schrieb Wehner an den „Staatssekretär a. D.“: „Sie wissen, mit welcher Anteilnahme ich Ihr Wirken verfolgte und welchen Respekt ich der Klarsicht gegenüber empfand, mit der Sie schon vor vielen Jahren Ihre Gedanken zum Schicksal unseres geteilten Landes niederlegten.“[72] Und zu dessen 85. Geburtstag übermittelte er ihm im Januar 1969 „meinen Respect und meine Zuneigung [...] und Dank für das, was Sie getan und wie Sie darüber geschrieben haben“.[73]

Mit Willy Brandt stand Brecht seit 1957 in gelegentlichem Briefkontakt. Doch erst als der SPD-Vorsitzende zum Regierungschef avanciert war, während sein bisheriger Ansprechpartner Wehner als neuer Fraktionsvorsitzender aus der Exekutive ausschied, trug er seine Beratungsangebote Mitte November 1969 in einem längeren Gratulationsschreiben offensiv an ihn heran:[74]

„Sie wissen, dass ich den Führern der Sozialdemokratie von Ebert bis Otto Braun, Hermann Müller, Löbe, Sollmann, Radbruch, persönlich nahegestanden und auch weiterhin an dem Schicksal Deutschlands und der Sozialdemokratie engsten Anteil genommen habe. Ausserdem bin ich, wie Sie, in Lübeck geboren und aufgewachsen. [...] Mein Glückwunsch (gilt) besonders der Tatsache, dass Sie ähnlich unorthodoxe Gedanken wie ich über die gegenüber der DDR ratsame Politik vertreten und nun amtlich verkündet haben. Ich hoffe, dass Sie sich durch die Anhänger der alten, längst steril gewordenen Politik darin nicht irre machen lassen, obwohl es nicht leicht sein wird. Meine eigenen Anregungen

72 Bundesminister für gesamtdeutsche Fragen an Staatssekretär a.D. Brecht, z.Z. München, 07.04.1967 (BAK, N 1089, Bd. 27).

73 Telegramm Bundesminister Wehner an Brecht, New York, 25.01.1969 (BAK, N 1089, Bd. 27). Vgl. ebd. (hinter „Wildenmann“) mehrere undatierte Weihnachtskarten Wehners an Brecht; darauf u.a. dieser Text: „Sehr verehrter, lieber Herr Brecht! Zu den größten Freuden dieses Jahres gehört Ihre Karte mit Ihren Weihnachts- und Neujahrswünschen. Herzlich grüßt Sie Ihr dankbarer Herbert Wehner.“

74 Brecht, New York, an Bundeskanzler Willy Brandt, 10.11.1969 (BAK, N 1089, Bd. 16).

Abb. 6: Arnold Brecht bei der Verleihung der Ehrendoktorwürde der New School of Social Research an den Regierenden Bürgermeister Berlins und SPD-Vorsitzenden Willy Brandt in New York (19. April 1965)

dazu finden Sie auf S. [3]64/[3]67 meiner Lebenserinnerungen, 2. Band [...]. Ob Sie sich diese Seiten noch einmal vorlegen lassen? Sie und Ihre Mitarbeiter sind wahrscheinlich hierbei [?] schon weiter vorgedrungen, aber es lohnt sich oft unabhängige Gedanken zu vergleichen.“

Vier Jahre später, Ende Oktober 1973, richtete Brecht nochmals aufmunternde Zeilen an den wankenden Friedensnobelpreisträger im Kanzleramt:

„Sie (warfen) im Jahre 1970 zusammen mit Walter Scheel entschlossen das Steuer der Ostpolitik herum zugunsten einer Orientierung, für die ich seit 25 Jahren eingetreten war und auf deren rechtzeitige Verwirklichung zu hoffen ich fast aufgegeben hatte. Ihre grosse geschichtliche Tat habe ich hier und drüben verteidigt gegen kleinliche Angriffe von vorne und von hinten. [...] Ich war entsetzt, in Deutschland so etwas wie eine neue Dolchstosslegende vorzufinden, von Mund zu Mund verbreitet, über ‚diesen Brandt', der halb Deutschland verschenkt habe, begleitet von schnell heruntergeraspelten Hinweisen auf Frankreich, das nie auf Elsass-Lothringen, auf Dänemark, das nie auf Nordschleswig, Polen, das nie auf eine eigene Nation verzichtet habe. Die haben es alles wiederbekommen. Aber ‚dieser Brandt' habe verzichtet. Nun, die andern haben das Verlorene nicht deshalb wiederbekommen, weil sie nie verzichtet haben, sondern weil sie in einem nicht von ihnen angefangenen Weltkrieg auf der gewinnenden Seite waren, und Sie, Willy Brandt, haben nur darauf verzichtet, dass Deutschland einen Krieg gegen die Sowjet Union anfangen werde, was Selbstmord wäre. Und so weiter.“[75]

75 Brecht, New York, an Brandt, 31.10.1973 (Persönlich!) (BAK, N 1089, Bd. 16).

„Ihr Brief [...] hat mich tief berührt", antwortete ihm ein „dankbar ergebener" Willy Brandt:

„Er fand mich in einer Auseinandersetzung mit den schwierigen Problemen, die Sie so gut kennen wie ich. [...] Ermutigungen wie die Ihren empfinde ich als eine große Hilfe. [...] Wir werden es wohl weiter schwer haben, damit haben Sie Recht. Wenn man einer Begleitung wie der Ihren sicher sein kann, macht man sich entschlossener auf den Weg."[76]

Auch nach seinem Sturz als Kanzler ließ Willy Brandt den persönlichen Briefkontakt nicht abreißen. So antwortete er dem „liebe(n) Arnold Brecht", der ihm aus Gronenberg bei Pönitz geschrieben hatte, Ende Juli 1976:

„Es war gut, von Ihnen zu hören und die Nähe zu Lübeck zu spüren. Ich schicke Ihnen mein Buch, in dem ich über Begegnungen und Einsichten der letzten fünfzehn Jahre berichte. An dem, was davor liegt – Lübeck eingeschlossen – will ich in den nächsten beiden Jahren arbeiten."[77]

Und auf dessen prompte Rückmeldung schrieb der SPD-Vorsitzende Anfang September erneut nach Ostholstein:

„Haben Sie vielen Dank für Ihren Brief vom 12. August 1976, über den ich mich sehr gefreut habe. Es ist mir eine besondere Genugtuung, dass Sie an meinem Buch Gefallen gefunden haben und sich Ihr Eindruck von manchen der angesprochenen Persönlichkeiten mit dem meinigen deckt. Sie werden sich vorstellen können, lieber Herr Brecht, wieviel Arbeit in ein solches Buch hineingesteckt werden musste und wie dankbar man daher für eine solche Ermunterung ist."[78]

Der greise Adressat dieser Zeilen hatte sich – wie seit jeher konsequent seiner gouvernementalen Grundausrichtung folgend – inzwischen schon wieder an den nächsten Träger der obersten Exekutivgewalt gewandt. Nach ihrer ersten persönlichen Begegnung in der Frankfurter Paulskirche versicherte Brecht dem neuen Bundeskanzler Helmut Schmidt (SPD), dass er dessen „erfolgreichen Kampf mit sich selbst und mit anderen, mit Zeit und Aufgaben von Ferne mit grosser Bewunderung verfolgt habe und noch verfolge". Ohnehin, so fügte er mit einer von ihm seit Jahrzehnten verwendeten Formel hinzu, „(kann man) von Amerika aus Schmidt und Brandt, Kohl und Carstens zugleich lieben als Vertreter der alten Heimat. Ich wollte, dass etwas von diesem Gemeinsamkeitsgefühl auch die schroffe Freund-Feind-Einstellung innerhalb Deutschlands rosig bestrahlte."[79]

Im Übrigen ließ Brecht, wie schon so oft, einen „bescheidene(n) Rat" folgen, der „wohl ohnedies Ihre eigene Auffassung ist, nämlich zähe an der Entspannungspolitik sowohl gegenüber der Sowiet Union [sic!] als auch Ostdeutschland

76 Handschreiben Brandt an Brecht, 20.11.1973 (ebd.).

77 Handschreiben Brandt an Brecht, 26.07.1976 (ebd.).

78 Brandt an Brecht, Gronenberg bei Pönitz, 02.09.1976 (ebd.).

79 Brecht an Bundeskanzler Helmut Schmidt, 31.05.1976 (BAK, N 1089, Bd. 24).

gegenüber festzuhalten – unbeirrt durch Enttäuschungen immer weiter, immer wieder ehrlich zu verhandeln. Es ist der einzige Weg. Die Ehrlichkeit muss Euch dabei aus dem Gesicht leuchten."[80]

Abb. 7: Arnold Brecht auf dem Empfang der New School of Social Research New York zu seinem 90. Geburtstag (Anfang 1974)

VI. Resümee

Arnold Brecht gab sich zwar stets auch als bekennender Hanseat, vor allem aber war er ein preußisch-deutscher Patriot, der sich bedingt durch die biografischen Rückwirkungen der Zeitläufte im „Jahrhundert der Extreme" (Eric Hobsbawm) in seinen späteren Jahren mehr und mehr zum transatlantischen Weltbürger entwickelte.

Ursprünglich war Arnold Brecht ein nationalliberaler Vertreter des obrigkeitlichen Rechtsstaates – sei dieses Staatswesen nun patrizisch, republikanisch und föderal oder monarchisch, bürokratisch und zentralistisch geprägt. Unter dem Eindruck von Kriegsniederlage und Revolution wandelte sich Brecht 1918/19 in der Reichshauptstadt Berlin ohne Zögern zum konsequenten Vernunftrepublikaner. Persönliche Liberalität, professionelle Loyalität und beruflich-gesellschaftlicher Ehrgeiz ließen den selbstbewussten Elitebeamten rasch zu einem der wichtigsten administrativen Zuarbeiter des parlamentarisch-pluralistischen Parteien- und Verbändestaates von Weimar aufsteigen. Als individualistischer Bildungsbürger, als Angehöriger der administrativen Funktionselite und als Politikwissenschaftler von Rang wahrte er Zeit seines Lebens sorgsam Distanz zu allen parteipolitischen Vergemeinschaftungen. Gleichwohl war sein eindrucksvoller Werdegang in Berlin, dann in den USA und später im transatlantischen Raum durchweg der demokratisch-pluralistischen Staatsordnung gewidmet.

Am gleitenden Ende der Nachkriegszeit hat der liberale Sozialwissenschaftler, Politiker und Publizist Ralf Dahrendorf 1965 in seinem vielbeachteten Buch „Gesellschaft und Demokratie in Deutschland" mit nüchternem Blick angemerkt, das Verhalten der deutschen (Verwaltungs-)Juristen in den vorausgegangenen Jahrzehnten biete zuhauf Belege dafür, „dass auch dieselben Leute zu verschiedenen Zeiten nicht dieselben sind".[81]

Zwar scheint auch Arnold Brechts Werdegang an manchen Schnittstellen diese ambivalente Feststellung tendenziell zu bestätigen. Dessen ungeachtet hat

80 Brecht, z.Z. in Deutschland, an Bundeskanzler Helmut Schmidt, 31.05.1976 (BAK, N 1089, Bd. 24).

81 Dahrendorf (1967): 280; vgl. 278.

dieser preußisch-deutsche Patriot mit hanseatischen Wurzeln über ein langes Leben hinweg weder im persönlichen noch im professionellen Bereich jemals ernsthafte Zweifel an seiner menschlichen Integrität oder seiner demokratischen Loyalität aufkommen lassen. Damit steht der exzellente Verwaltungsjurist, der renommierte Staatswissenschaftler und der respektierte Politikratgeber Arnold Brecht in der vordersten Reihe jener vorbildhaften Persönlichkeiten des 20. Jahrhunderts, an die sich ihre Herkunftsstadt Lübeck mit ungebrochenem Stolz erinnern darf und derer sie immer wieder angemessen gedenken sollte.[82]

---

82 Zum 25. Todestag richteten das Theater Lübeck und das Kulturforum Burgkloster in Kooperation mit dem Radiosender NDR Info am 18.09.2002 im Lübecker Burgkloster eine Abendveranstaltung aus, auf der u.a. aus seinen Texten gelesen und das Feature „Für das Vaterland zu wirken, werde ich nicht aufhören … – Arnold Brecht – Demokrat, Denker, Menschenfreund" von Ursula Voß aufgeführt wurde; URL: http://luebeck.de/aktuelles/presse/pressedienstarchiv/view/2002/9/020657lk/ [10.09.2015; am 26.11.2020 nicht mehr verfügbar]. Am 18.01.2016 wurde in Lübeck am einstmaligen Wohnhaus der Familie Brechts in der Moislinger Allee 22 (vgl. oben, Abb. 1) eine Gedenktafel enthüllt; vgl. https://www.ozd-luebeck.de/index.php/386-johannes-meier-q2bio-enthuellt-gedenktafel-fuer-den-luebecker-buerger-arnold-brecht [19.11.2020] sowie Tessmer 2016. Eine weitere Gedenktafel befindet sich in Göttingen am Gebäude Untere Karspüle 5, wo Brecht 1904/05 als Student gewohnt hat; vgl. http://www.stadtarchiv.goettingen.de/personen/brecht.htm [19.11.2020].

Literatur

AdG (2000)
Archiv der Gegenwart [AdG]. Deutschland 1949 bis 1999, Bd. 5: Oktober 1966 - April 1970, Sankt Augustin 2000.

Bethke (2010)
Hannah Bethke, Arnold Brecht, in: Rüdiger Voigt/Ulrich Weiß (Hrsg.), Handbuch Staatsdenker, Stuttgart 2010, S. 64-66.

Bethke (2013)
Hannah Bethke, Das politische Denken Arnold Brechts. Eine transatlantische Ideengeschichte des 20. Jahrhunderts, Berlin 2013.

Biographisches Hb. Emigration (1980)
Biographisches Handbuch der deutschsprachigen Emigration nach 1933, Bd. 1: Politik, Wirtschaft, Öffentliches Leben, Leitung/Bearbeitung Werner Röder/Herbert A. Strauss u.a., München u.a. 1980.

Blöcker (2013)
Karsten Blöcker, Vor achtzig Jahren: Arnold Brecht belehrt Hitler, in: Lübeckische Blätter 178, 2013, H. 3, S. 33-34.

Boberach (1999)
Heinz Boberach (Hrsg.), Exilpolitiker zur staatlichen Neuordnung nach Hitler. Texte aus den Jahren 1940 bis 1949, Hamburg 1999.

Brecht (1917)
Anonymus [d.i. Arnold Brecht], „Also sprachen Belgiens Diplomaten. Politische Urteile der belgischen Gesandten und Geschäftsträger [...] in ihren Berichten an das Ministerium des Äußern von 1905 bis 1914“, Bern 1917.

Brecht (1918)
Arn. Br. Hanson [d.i. Arnold Brecht], „Geheimdiplomatie“, Bern 1918 (in mehreren Sprachen).

Brecht (1925)
Arnold Brecht, Verwaltungsreform und die Mitarbeit der Beamtenschaft daran. Eröffnungsvortrag des Ministerialdirektors Dr. Brecht in der Verwaltungswissenschaftlichen Woche der Verwaltungsakademie Berlin, in: Monatsblätter des Bezirksverbandes Hannover des Bundes Deutscher Steuerbeamter 2, Juni 1925, S. 81-91.

Brecht (1930)
Arnold Brecht, Die Ausgaben von Reich, Ländern und Gemeinden, Berlin 1930.

Brecht (1931a)
Arnold Brecht, Preußen und Bayern, in: Der Ring. Konservative Wochenschrift 3, 1931, Nr. 47, Monatsbeil. Nr. 3, 20.11.1931, S. 40-42.

Brecht (1931b)
Arnold Brecht, Reichsreform. Warum und wie? Berlin 1931.

Brecht (1931c)
Arnold Brecht, Verhältnis des Reichs zu den Ländern. Denkschriften vom Mai und Juni 1928 für den Verfassungsausschuß der Länderkonferenz, Berlin o.J. (1931).

Brecht (1932a)
Arnold Brecht, Internationaler Vergleich der öffentlichen Ausgaben, Leipzig/Berlin 1932.

Brecht (1932b)
Arnold Brecht, Stationen der Reichsreform, in: Vossische Zeitung, Nr. 401, 21.8.1932; abgedr. in: ders. (1967), S. 431-435.

Brecht (1933)
Preußen contra Reich vor dem Staatsgerichtshof. Stenogrammbericht der Verhandlungen vor dem Staatsgerichtshof in Leipzig Oktober 1932, Vorwort Arnold Brecht, Berlin 1933.

Brecht (1940)
Arnold Brecht, The Relevance of Foreign Experience, in: Fritz Morstein Marx (Hrsg.), Public Management in the New Democracy, New York 1940, S. 107-129.

Brecht (1941a)
Arnold Brecht, Smaller Departments, in: Public Administration Review 1, 1941, S. 363-373.

Brecht (1941b)
Arnold Brecht, Three Topics in Comparative Administration – Organization of Government Departments, Government Corporations, Expenditures in Relation to Population, in: Public Policy 2, 1941, S. 289-318.

Brecht (1942)
Arnold Brecht, Organization for Overhead Management. Correspondence between Paul H. Appleby and Arnold Brecht, in: Public Administration Review 2, 1942, S. 61-66.

Brecht (1947)
Arnold Brecht, Civil Service Reform in Germany. Problems and Suggestions, in: Personnel Administration 9, 1947, Nr. 3, S. 1-8, 11.

Brecht (1948)
Arnold Brecht, Vorspiel zum Schweigen. Das Ende der deutschen Republik, Wien 1948 (engl. 1944).

Brecht (1949a)
Arnold Brecht, Föderalismus, Regionalismus und die Teilung Preußens, Bonn 1949 (engl. 1945).

Brecht (1949b)
Arnold Brecht, The New German Constitution, in: Social Research 16, 1949, S. 425-473.

Brecht (1950a)
Arnold Brecht, German Civil Service Today, Frankfurt 1950 (Ms. vervielf.).

Brecht (1950b)
Arnold Brecht, Reestablishing German Government, in: The Annals of the American Academy of Political and Social Science 267, 1950, S. 28-42.

Brecht (1951a)
Arnold Brecht, Welche Änderungen im deutschen Beamtenwesen sind erforderlich und zugleich mit der in Art. 33 des Grundgesetzes vorgeschriebenen „Berücksichtigung der hergebrachten Grundsätze des Berufsbeamtentums“ vereinbar?, in: Neues Beamtentum. Beiträge zur Neuordnung des Öffentlichen Dienstes. [Arbeitstagung am 2./3. Dezember 1951 in Weinheim an der Bergstraße], Hrsg. Institut zur Förderung öffentlicher Angelegenheiten, Frankfurt 1951.

Brecht (1951b)
Arnold Brecht, What Is Becoming of the German Civil Service? In: Public Personnel Review 12, 1951, S. 83-91.

Brecht (1953)
Personnel Management, in: Edward H. Litchfield (Hrsg.), Governing Postwar Germany, Ithaca, N.Y./London 1953, S. 263-293.

Brecht (1957)
Arnold Brecht, Wiedervereinigung. Drei Vorlesungen, gehalten auf Einladung der Juristischen Fakultät an der Universität Heidelberg im Juli 1957, München 1957.

Brecht (1961)
Arnold Brecht, Politische Theorie. Die Grundlagen politischen Denkens im 20. Jahrhundert, Tübingen 1961 (amerik.: 1958).

Brecht (1965)
Arnold Brecht, Lübeck in der Reichsreform, in: Der Wagen. Ein Lübeckisches Jahrbuch 1965, S. 83-87.

Brecht (1966)
Arnold Brecht, Aus nächster Nähe. Lebenserinnerungen 1884-1927, Stuttgart 1966.

Brecht (1967)
Arnold Brecht, Mit der Kraft des Geistes. Lebenserinnerungen. Zweite Hälfte. 1927-1967, Stuttgart 1967.

Brecht/Glaser (1940)
Arnold Brecht/Comstock Glaser, The Art and Technique of Administration in German Ministries, Cambridge, Mass. 1940.

Burmeister (2006)
Barbara Burmeister, Von Lübeck nach Berlin. Brechts Kindheit und Jugend, in: Krohn/Unger (2006), S. 45-53.

Dahrendorf (1967)
Ralf Dahrendorf, Gesellschaft und Demokratie in Deutschland, 29.-32. Tsd., München 1967 (zuerst 1965).

DBE (1995)
Deutsche Biographische Enzyklopädie (DBE), Bd. 2, hrsg. von Walther Killy, München u.a. 1995.

Eschenburg (1987)
Theodor Eschenburg, Arnold Brecht - zwischen Verwaltung und Wissenschaft (1974), in: ders., Spielregeln der Politik. Beiträge und Kommentare zur Verfassung der Republik, Stuttgart 1987, S. 186-189.

Eschenburg (1991)
Theodor Eschenburg, Arnold Brecht (1884-1977), in: Kurt A. Jeserich/Helmut Neuhaus (Hrsg.), Persönlichkeiten der Verwaltung. Biographien zur deutschen Verwaltungsgeschichte 1648-1945, Stuttgart u.a. 1991, S. 397-401.

Forkosch (1954)
M[orris]. D. Forkosch (Hrsg.), The Political Philosophy of Arnold Brecht. Essays by Arnold Brecht, New York 1954.

Friedrich (1954)
Carl J. Friedrich, Arnold Brecht: Jurist and Political Theoretist, in: Social Research 21 (1954), S. 107-109.

Holste (2006)
Heiko Holste, Zwischen Reichsreform und „Preussenschlag". Ministerialbeamter im Dienst der Republik, in: Krohn/Unger (2006), S. 55-82.

Kähler (2006)
Jürgen Kähler, Das Brecht'sche Gesetz der Staatsausgaben, in: Krohn/Unger (2006), S. 83-106.

Krohn (1987)
Claus-Dieter Krohn, Wissenschaft im Exil. Deutsche Sozial- und Wirtschaftswissenschaftler in den USA und die New School for Social Research, Frankfurt/New York 1987.

Krohn (2006)
Claus-Dieter Krohn, „Refugee scholar" an der New School for Social Research in New York nach 1933, in: Krohn/Unger (2006), S. 107-127.

Krohn/Unger (2006)
Claus-Dieter Krohn, Corinna R. Unger (Hrsg.), Arnold Brecht: 1884-1977. Demokratischer Beamter und politischer Wissenschaftler in Berlin und New York (Transatlantische historische Studien 27), Stuttgart 2006.

Meissner (1970)
Boris Meissner (Hrsg.), Die deutsche Ostpolitik 1961-1970. Kontinuität und Wandel, Köln 1970.

Reichshandbuch (1931)
Reichshandbuch der deutschen Gesellschaft. Das Handbuch der Persönlichkeiten in Wort und Bild, Hrsg. Deutscher Wirtschaftsverlag, Bd. 1, Berlin o.J. (1931).

Richter (1995)
Ludwig Richter (Hrsg.), Rückbesinnung und Neubeginn. Eine Gedenkfeier zu Ehren Friedrich Eberts am 2. März 1945 in New York. Eine Dokumentation, Heidelberg 1995.

Ruck (1997/98)
Michael Ruck, Beharrung im Wandel. Neuere Forschungen zur deutschen Verwaltung im 20. Jahrhundert (I/II), in: Neue Politische Literatur 42 (1997), S. 200-256; 43 (1998), S. 67-112.

Ruck (1998)
Michael Ruck, Patriotischer Institutionalismus und bürokratische Modernisierung. Arnold Brecht als Verwaltungsreformer in der Weimarer Republik, in: Eberhard Laux/Karl Teppe (Hrsg.), Der neuzeitliche Staat und seine Verwaltung. Beiträge zur Entwicklungsgeschichte seit 1700, Stuttgart 1998, S. 177-202.

Ruck (2000)
Michael Ruck, Arnold Brecht und die Verfassungsentwicklung in Westdeutschland, in: Claus-Dieter Krohn/Martin Schumacher (Hrsg.), Exil und Neuordnung. Der Einfluss von Emigranten auf die verfassungspolitische Entwicklung im Nachkriegsdeutschland, Düsseldorf 2000, S. 207-229.

Ruck (2006)
Michael Ruck, Wider den „unvollkommenen Alternativismus". Arnold Brechts Empfehlungen zur Deutschland- und Entspannungspolitik nach 1945; in: Krohn/Unger (2006), S. 151-195.

Ruck (2008)
Michael Ruck, „Abschied vom Pathos" – Beginn eines „Mythos". Die visuelle Gründungskonstruktion der Bundesrepublik, in: Gerhard Paul (Hrsg.), Das Jahrhundert der Bilder. II: 1949 bis heute, Göttingen 2008, S. 40-47.

Ruck (2011)
Michael Ruck, Deutsch-amerikanische Perspektiven. Der politische Intellektuelle Arnold Brecht als transatlantischer Mittler im Kalten Krieg; in: Alexander Gallus/Axel Schildt (Hrsg.), Rückblickend in die Zukunft. Politische Öffentlichkeit und intellektuelle Positionen in Deutschland um 1950 und um 1930, Göttingen 2011, S. 359-384.

Ruck (2022)
Michael Ruck, Art. „Brecht, Arnold Walter Rudolf. 1884–1977. Verwaltungsjurist, Politikwissenschaftler", in: NDB-online, veröffentlicht am 23.3.2022, URL: https://www.deutsche-biographie.de/118673645.html#dbocontent.

Seebacher (2011)
Hedwig Seebacher, Art. „Brecht, Walther", in: Biographisches Lexikon für Schleswig-Holstein und Lübeck, Bd. 7, Neumünster 2011, S. 31-32.

Seiffert (1974)
Helmut Seiffert, Republikanischer Staatsbeamter und Politologe. Arnold Brecht zum 90. Geburtstag, in: Neue Züricher Zeitung, Nr. 42, 26.1.1974; abgedr. (z.T. gekürzt) in diversen anderen Zeitungen.

Siegler (1968)
Heinrich von Siegler (Hrsg.), Wiedervereinigung und Sicherheit Deutschlands. Eine dokumentarische Diskussionsgrundlage, Bd. 2: 1964-1967, Bonn u. a. 1968.

Söllner (2006)
Alfons Söllner, Zwischen Wissen und Glauben? Ein Versuch über Arnold Brechts „Politische Theorie“, in: Krohn/Unger (2006), S. 197-212.

Tessmer (2016)
Hans-Joachim Tessmer, Rede zur Einweihung der Gedenktafel für Arnold Brecht am 18. Januar 2016, in: Der Wagen. Lübecker Beiträge zur Kultur und Gesellschaft 2016, S. 199-204.

Unger (2003)
Corinna R. Unger, Vom Beamtenrecht zur politischen Kultur. Die Vorschläge Brechts zur Reform des öffentlichen Dienstes der Bundesrepublik, in: Kritische Justiz 36 (2003), S. 82-94.

Unger (2006)
Corinna Unger, Wissenschaftlicher und politischer Berater der US-Regierung im und nach dem Zweiten Weltkrieg, in: Krohn/Unger (2006), S. 129-150.

Weber (1987)
Klaus D. Weber, Art. „Brecht, Arnold“, in: Manfred Asendorf/Rolf von Bockel (Hrsg.), Demokratische Wege. Deutsche Lebensläufe aus fünf Jahrhunderten, Stuttgart/Weimar 1997, S. 95-97.

Wollkopf (1983)
Roswitha Wollkopf, Zur politischen Konzeption und Wirksamkeit der Deutschen Hochschule für Politik (1920-1933), 2 Bde., Diss. Berlin (O) 1983 (Typoskr. vervielf.).

Abkürzungen

BAK	Bundesarchiv Koblenz
BABL	Bundesarchiv Berlin-Lichterfelde
BayHStA	Bayerisches Hauptstaatsarchiv München
BVP	Bayerische Volkspartei
CAD	Civil Administration Division (OMGUS)
CDU	Christlich-Demokratische Union
CSU	Christlich-Soziale Union
DDP	Deutsche Demokratische Partei
DStP	Deutsche Staatspartei
FDP	Freie Demokratische Partei
NL	Nachlass
OMGUS	Office of Military Government U.S.
SPD	Sozialdemokratische Partei Deutschlands

Abbildungsnachweis
Abb. 1-6: Copyright Bildarchiv Tessmer-Brecht, Lübeck (alle Rechte vorbehalten); Abb. 7: Copyright The New School Communications and External Affairs photographs, The New School Archives and Special Collections, The New School, New York, NY (alle Rechte vorbehalten).

Anschrift des Autors:
Prof. Dr. Michael Ruck
Moltkestr. 60
24105 Kiel
E-Mail: ruckmichaelpowizg@gmx.de

Hans-Heinz Schütt (1908-1984): Ein Lübecker Täter im Rahmen der NS-Krankenmorde und der „Aktion Reinhardt“

Anders Otte Stensager/Christian Rathmer

Während der nationalsozialistischen Gewaltherrschaft in Deutschland zwischen 1933 und 1945 wurden Menschen in unvorstellbarer Zahl ausgegrenzt, verfolgt und ermordet. Zu den Menschheitsverbrechen gehören der Mord an den europäischen Juden und neben vielen weiteren Opfergruppen der an Menschen mit Behinderungen und psychischen Erkrankungen. 1941 wurde von einer im Auftrag der „Kanzlei des Führers“ gegründeten Tarnorganisation, deren Zentral-Dienststelle sich in der Tiergartenstraße 4 in Berlin befand, im Rahmen der nach dieser Adresse bezeichneten „Aktion T4“ die systematische Tötung der Menschen in Heil- und Pflegeanstalten im Deutschen Reich organisiert. Allein aus Lübeck wurden im September 1942 mehr als 600 Menschen aus den Vorwerker Heimen und aus der Heil- und Pflegeanstalt Strecknitz deportiert und ermordet.[1] Nach der Einstellung der Krankenmorde im Reich zog das Personal der Tötungsanstalten weiter in den Osten Europas und setzte ihr blutiges Handwerk dort fort. Im von der Wehrmacht besetzten Polen richtete die deutsche Besatzungsmacht im sogenannten „Generalgouvernement“ unter dem Namen „Aktion Reinhardt“ in Belzec, Sobibor und Treblinka drei Vernichtungslager ein, in denen insgesamt etwa 1,5 Millionen Juden ermordet wurden, insgesamt mehr als in Auschwitz.[2]

Die Hauptverantwortlichen für diesen Massenmord, zu denen an führender Stelle Heinrich Himmler und Reinhard Heydrich gehörten (nach letzterem wurde diese Mordaktion benannt), sind weitestgehend bekannt und ihre Taten erforscht; doch wer waren die vielen weiteren, vielfach unbekannten Akteure? Die Biografien der Täter in der „zweiten Reihe“ der sogenannten „Euthanasie“-Morde und der Morde an den europäischen Juden wurden bislang in der Forschung nur wenig beleuchtet. Es handelte sich um eine Tätergruppe, die nicht per se aus ideologischen Gründen mordete oder später angab, nicht gewusst zu haben, worauf sie sich einließ, die aber gleichwohl freiwillig und mit großem Einsatz ihre Mordtaten begingen.[3] Diese Täter präsentierten sich häufig in den Nachkriegsprozessen als unschuldig und behaupteten, keine andere Wahl gehabt zu haben, als Befehle zu befolgen. Mehrere Täter wurden insbesondere während des Belzec-Prozesses in München und des Sobibor-Prozesses in Hagen in der 1960er Jahren von jeglicher Schuld freigesprochen. Die Prozessunterlagen der Nachkriegszeit sind heute eine einzigartige Quelle und dienen auch für diese Untersuchung als wichtige Grundlage.[4]

Als Angeklagter des Grafeneck- und Sobibor-Prozesses gehört Hans-Heinz Schütt zu den weniger bekannten Tätern, obwohl er im Lager Sobibor durchaus

1 Jenner (1990): 169-204 und Delius (1989).

2 Lehnstaedt (2021).

3 Rieß (2004): 239-251.

4 Friedländer (1997); Rückerl (1977) und Mildt (1996).

eine Schlüsselposition innehatte. Wie viele andere wurde auch er freigesprochen. Sein Fall wurde bisher noch nicht von der Forschung dargestellt. Der vorliegende Artikel widmet sich seiner Person als Täter der „Euthanasie"-Morde und der „Aktion Reinhardt". Der Fall Schütt ist insofern bemerkenswert, als es ihm gelang, sich von seinem Einsatz im Rahmen der „Aktion T4" entbinden zu lassen. Dieses Beispiel wurde vom Gericht in Hagen gegen die anderen Angeklagten verwendet, die nicht aktiv versucht hatten, ihrem Dienst in den Vernichtungslagern zu entkommen.

Hans-Heinz Friedrich Karl Schütt wurde am 6. April 1908 in Dummersdorf im damaligen Lübecker Landgebiet geboren. Sein Vater, Paul Schütt, war Bezirksschullehrer und seine Mutter Helene Johanna Sofie, geborene Jenssen, als Hausfrau tätig. Seit dem Beginn des 18. Jahrhunderts hatte die Familie seiner Mutter vor allem auf Fehmarn gelebt und war von dänischer Abstammung. Außer Hans-Heinz Schütt hatten die Eltern einen weiteren Sohn, der Seemann wurde. Der Vater Paul fiel 1918 während des Ersten Weltkrieges; trotz des Verlustes des Hauptverdieners konnte Hans-Heinz seine Schulausbildung fortsetzen und besuchte bis 1923 das Gymnasium Johanneum in Lübeck. Er musste die Schule jedoch ohne Reifeprüfung verlassen, um in die Lehre zu gehen; seine Mutter konnte die Familie alleine nicht ernähren. Hans-Heinz machte daher eine kaufmännische Ausbildung bei der Lübecker Baumaterialienfirma Theodor Lüders & Hintz, die unter anderem mit Kohle, Eisen, Wandplatten, Fußböden und Dachziegeln handelte. Danach begann eine etwas bunte Karriere mit Anstellungen in vielen verschiedenen Unternehmen und Organisationen.

1927 war Schütt als Verkäufer bei Oskar A. Dosda beschäftigt, dem Inhaber der bekannten Lübecker Verkehrs-Bücherei und Bahnhofsbuchhandlung, die unter anderem beliebte Postkarten veröffentlichte, 1928 arbeitete er dann als Lagerist beim Lübecker Holzproduktgroßhändler Lutema. 1931 wechselte er den Arbeitsplatz und fand eine Anstellung beim Deutschnationalen Handlungsgehilfen-Verband (DHV) in Lübeck, dessen Geschäftsführung 1933 nach Hamburg verlegt und kurz darauf in die Deutsche Arbeitsfront überführt wurde. Hier war Schütt als Sekretär des Gauvorstehers im Gau Nordmark tätig. Seit 1934 wohnte er in Berlin; hier arbeitete er bei der Deutschen Arbeitsfront (DAF) im Amt für Berufserziehung und war damit beauftragt, die Ortsgruppenkassen zusammenzuführen. 1935 wurde er Gaukassenleiter des Amtes für Berufserziehung in Königsberg. Ende 1935 kehrte er nach Berlin zurück, aber wegen einer Auseinandersetzung mit der DAF und dessen Leiter Dr. Robert Ley, schied er aus dem Dienst bei der DAF aus und war anschließend zwei Jahre beim Institut für Schwingungsforschung an der Technischen Hochschule Berlin als Verwaltungsangestellter beschäftigt. Danach arbeitete er ein Jahr bei der Reichsstelle für Getreide in Berlin, wo er in den Jahren 1938 bis Ende 1939 als hauptamtlicher Sturmbann- und Verwaltungsführer beim SS-Oberabschnitt Spree II/6 in Berlin eingesetzt war. Mit dieser Einheit nahm Schütt aktiv an den staatlich gelenkten antijüdischen Terrormaßnahmen in der Nacht vom 9. auf den 10. November 1938 teil, wo er nach eigenen Angaben „zur Aufrechterhaltung der Ordnung zusammen mit einer Hilfspolizeieinheit in der Nähe des Alexanderplatzes auf den Straßen im stündlichen Wechsel Streife ging". Bei dem SS-Oberabschnitt Spree verblieb er, bis er als Dienstverpflichteter Ende

1939 in das Columbushaus am Potsdamer Platz in Berlin wechselte, wo sich die Büroräume der Tarnorganisationen für die Durchführung der nationalsozialistischen Krankenmorde, der „Aktion T4", befand. Hier wurden die Krankenmorde im Deutschen Reich organisiert, Schütt kam in der Folge nach Grafeneck.[5]

Schütt heiratete im November 1935 seine Frau Gertrud, geb. Wiczorke (geb. 1909 in Berlin). Zusammen hatten sie drei Kinder. Im Juli 1929, im Alter von 21 Jahren, wurde er Mitglied der NSDAP (Mitgliedsnr. 141.674), engagierte sich aber nicht aktiv parteipolitisch. Bereits im März 1931 gab er sein Mitgliedsbuch zurück; am 1. Mai 1937 wurde er dann erneut Mitglied der Partei (Mitgliedsnr. 4.578.062). Im Juni 1933 trat er in die allgemeine SS ein (Mitgliedsnr. 169.099), wo er zuletzt den Rang eines Oberscharführers einnahm. Des Weiteren gehörte er der Nationalsozialistischen Volkswohlfahrt (NSV) als Mitglied an. Zu Beginn des Krieges rechnete er damit, wie er nach dem Krieg in einer Gerichtsvernehmung aussagte, wie einige seiner Kameraden zur Wehrmacht einberufen zu werden. Er erhielt nach eigenen Angaben auch den Bescheid, dass er sich in seiner Wohnung bereithalten solle. Nach etwa vier Tagen wurde er jedoch in das Columbushaus in Berlin vorgeladen. Hier erhielt er den Auftrag, sich mit einem Fahrzeug mit Zentralheizungsgeräten nach Ingolstadt, zu der dortigen Gauleitung, in Marsch zu setzen. Er wurde dazu angehalten, in Zivil zu fahren, nicht in seiner SS-Uniform, und sollte zudem eine Verpflichtungserklärung über die Geheimhaltung seines Auftrages unterschreiben, wie er aussagte. In Ingolstadt bekam er von der Gauleitung den Auftrag, nach Schloss Grafeneck bei Münsingen zu fahren und sich dort zu melden. In Grafeneck wurde er vom Leiter der Anstalt, Dr. Horst Schumann, empfangen, der ihm seinen Auftrag erklärte und ihm auch mitteilte, dass Grafeneck eine „Euthanasie"-Anstalt wäre, in der „geistesschwache Menschen" getötet würden.[6]

Abb. 1: Porträt von Hans-Heinz Schütt aus seiner Karteikarte in der NSDAP-Mitgliederkartei 1937 (Foto: BArch Berlin, R 9361 VII, Kartei/21540199).

5 Aussage Hans-Heinz Schütt, Stuttgart 19.05.1948 (Grafeneck Prozess, Staatsarchiv Sigmaringen Wü 29/3 T 1 Nr. 1758/03/12, S. 1f); JuNSV, Band 25, Lfd. Nr. 642a, S. 187f; Vernehmung Hans-Heinz Schütt, Sobibor Verfahren, Soltau 07.06.1961 (BArch Ludwigsburg, B 162/4428, S. 2, Blatt 659); Vernehmung Hans-Heinz Schütt, Sobibor Verfahren, Soltau 22.11.1962 (BArch Ludwigsburg, B 162/4432, S. 1, Blatt 1644).

6 Aussagen Hans-Heinz Schütt, Stuttgart 19.05.1948 (Grafeneck Prozess, Staatsarchiv Sigmaringen Wü 29/3 T 1 Nr. 1758/03/12, S. 2f); Vernehmung Hans-Heinz Schütt, Soltau 07.06.1961 (BArch Ludwigsburg, B 162/4428, S. 1ff, Blatt 658ff); NSDAP-Mitgliederkartei, Hans-Heinz Schütt (BArch Berlin, R 9361-VIII Kartei/21540199); Fragebogen zur Erlangung der Verlobungsgenehmigung, Hans-Heinz Schütt, Königsberg 08.06.1935 (Rasse- und Siedlungshauptamt SS, BArch Berlin, R 9361-III/186472).

Wie Schütt tatsächlich für die „Aktion T4“ rekrutiert wurde, ist unklar, aber es besteht Grund zu der Annahme, dass seine Zugehörigkeit zum SS-Oberabschnitt Spree in Berlin den Weg dafür ebnete. Es besteht wohl kein Zweifel, dass er aufgrund seiner ideologischen Haltung für diese Mordaktion zum Mithelfer auserkoren wurde. In einem Brief an seinen jüngeren Stiefbruder Jürgen Burmeister vom 4. März 1940 bejahte er auch die „Euthanasie“:

„Lieber Jürgen!

Vielen Dank für Deine Zeilen. Ich habe mich über Deine Einladung zu Deiner Konfirmation gefreut… Ich bin nun sehr viel in Süddeutschland unterwegs und will deshalb diese Zeilen auch gerne benutzen, um Dir zu Deiner Konfirmation, die ja in diesem Monat nun stattfindet, etwas von meinen Gedanken zu dieser christlichen Handlung zu schreiben. Du hast das grosse Glück, lieber Jürgen, in eine Zeit hineinzuwachsen, die noch nie zuvor ein Deutscher erlebt hat. Du wirst einmal Deinen Mann stehen müssen aber nie auf dem Schlachtfeld des Krieges, sondern nur auf dem Felde der Arbeit. Du magst noch so alt werden, nie wirst Du erleben, dass Deutschland jemals wieder sein Schwert ziehen muss, um sein Leben zu verteidigen.

Mögen die Opfer dieses Krieges auch schwer sein, sie werden sich tausendfältig lohnen. Es gibt nur einen Sieger, und dieser Sieger wird in Zukunft die Gestaltung Europas ja der ganzen Welt bestimmen. Und dieser Sieger heisst Adolf Hitler! Vielleicht wirst Du Dich fragen, warum ich Dir dieses schreibe. Sicherlich habt Ihr in der Schule oder im Jungvolk diese Gedanken schon viele Male durchgesprochen. Ich tue es nur um Dich zu bitten, dass Du in dem Augenblick, wo du vor dem hölzernen Altar kniest und Deinen Segen von einem garantiert zugelassenen Stellvertreter Gottes empfängst weiter denkst. Glaube mir, es ist bei all diesen christlichen Handlungen sehr vieles schlecht. Ich selbst habe sicherlich auch lange gebraucht, ehe ich mit der Kirche vollständig gebrochen habe. Denke daran, dass uns der Führer die Welt so anschauen lehrte, wie Gott sie geschaffen hat und nicht, wie die Priester uns lehrten! Und dass unsere Weltanschauung richtig ist, beweist der Segen Gottes, der auf allen Taten des Führers ruht. Wir gehen in ein grosses, neues Deutschland mit Gottes Segen aber ohne die Gebete der Pfaffen. Man baut sich eben kein Haus mit Gebeten, sondern durch Mut und wenn es sein muss durch das Schwert.

Ich selbst bin im Augenblick in einem Sonderkommando, von dem vielleicht im grossen Deutschland 100 Menschen wissen. Du kannst Dir sicherlich denken, dass ich glücklich und stolz bin, nachdem mir jede Möglichkeit an die Front zu kommen genommen wurde, in diesem Sonderkommando mitarbeiten zu dürfen. Ich werde ja auch eines Tages hierüber zu Euch sprechen können. Erst dann wirst Du das, was ich Dir in den vorhergehenden Zeilen gesagt habe, voll verstehen können.

Denke immer daran, dass Eure Generation die Verantwortung trägt für den Erhalt dessen, um das jetzt die besten deutschen Männer ihr Leben lassen! Das lieber Jürgen, wollte ich Dir zu dem Tage sagen, an dem Du beginnen musst, Dich mit all diesen Dingen auseinanderzusetzen.

Nun bleibe ich mit vielen Grüssen an Dich, Mutti und Kapt.

Dein Hans-Heinz.“[7]

In Zusammenhang mit den Grafeneck-Prozessen erklärte Schütt damals, dass seine Rolle bei der Organisation und Durchführung der „Euthanasie“-Mordaktion von geringerer Bedeutung gewesen sei, als die, die er in seinem Brief an seinen

7 JuNSV, Band 25, Lfd. Nr. 642a, S. 188f.

Stiefbruder zum Ausdruck gebracht habe. Sicher sei er Teil eines geheimen Sonderkommandos gewesen, gab er zu, dabei aber nach seiner Darstellung während des gesamten Betriebes der Tötungsanstalt lediglich in der Verwaltung tätig und dort für die Beschaffung von Lebensmitteln und Medikamenten, den Postverkehr und den Einkauf der persönlichen Dinge für das Personal zuständig gewesen. Mit anderen Worten, Schütt behauptete damals, nur in untergeordneter, allgemeiner Funktion dort in der Verwaltung, als Fahrer und Kurier für das Lager gedient zu haben. Schütt selbst beschrieb seinen Alltag auf die folgende Weise:

„Jeden Morgen etwa um 8 Uhr nach dem Frühstück holte ich im Wirtschaftsgebäude die für Münsingen zur Ablieferung bestimmte Milch, holte auf dem Büro die für die Post bestimmten privaten und dienstlichen Ausgänge. Dann setzte ich mich in meinen Wagen und fuhr nach Münsingen, lieferte in der Molkerei die Milch ab, gab am Postamt die Post auf und leerte das für Grafeneck bestimmte Postfach. Hierbei sei auch erwähnt, dass ich die von Angehörigen angeforderten Aschenurnen ebenfalls zum Postamt mitnahm, soweit solche zum Versand vorhanden waren.[8] Vom Postamt fuhr ich dann zu den einzelnen Geschäftsleuten in Münsingen und gab bei diesen meine Bestellungen für die Küche auf […] Ich fuhr dann nach Grafeneck zurück, lieferte dort alles ab, ass zu Mittag und fuhr dann nachmittags, um die übrigen Besorgungen zu erledigen […] Bei diesen Fahrten erledigte ich die unendlich vielen privaten Wünsche des gesamten Personals von Grafeneck. Da auf Grafeneck keine Möglichkeit für das Personal bestand, die Dinge des täglichen Bedarfs zu kaufen, musste ich dies alles besorgen, ob es sich nun z. B. um Lockenwickler oder um Bücher, um Strumpfhalter oder um Schreibpapier handelten. Ich musste kurz um alles was ein Mann oder eine Frau brauchte, besorgen. Dazumal vor allem zu Anfang dem Personal jegliches Verlassen von Grafeneck verboten war und ausserdem infolge der schlechten Verkehrsverhältnisse auch ein Wegkommen fast ausgeschlossen war. Mit der Erledigung derartiger vieler privater und auch sonstiger dienstlicher Aufträge verging dann der Nachmittag. Ich kam regelmässig abends spät nach Grafeneck zurück und nach dem Abendessen sass ich dann meistens auf dem Büro und machte die Abrechnungen.“[9]

Schütt erklärte mehrmals, sowohl während des Grafeneck-Prozesses als auch im Zusammenhang mit den Sobibor-Verfahren in den 1960er Jahren, dass er nichts mit den Morden an „Geisteskranken“ und „Behinderten“ zu tun gehabt habe. Er wusste jedoch sehr gut, was dort geschah, da Dr. Schumann[10] ihm den Zweck der Anstalt erklärt hatte und auch, dass die Patienten in einer speziellen Anlage mit Gas getötet wurden, die in einem ehemaligen Schuppen eingerichtet worden war. Schütt sagte bereits während des ersten Verhörs in Stuttgart im Jahre 1948 aus, er habe selbst nie eine Vergasung gesehen, da er, wie er behauptete,

---

8 Die sterblichen Überreste der in den Tötungsanstalten ermordeten Insassen konnten unter bestimmten Umständen von ihren Angehörigen auf deren Kosten in den jeweiligen Heimatort überführt werden. Auch in Lübeck gibt es auf dem Vorwerker Friedhof eine Anzahl von Urnengräbern, in denen Opfer aus Konzentrationslagern bestattet sind.

9 Aussagen Hans-Heinz Schütt, Stuttgart 19.05.1948 (Grafeneck Prozess, Staatsarchiv Sigmaringen Wü 29/3 T 1 Nr. 1758/03/12, S. 13f).

10 Dr. Horst Schumann, Jahrgang 1906, ehemaliger Direktor der Landespflegeanstalt Grafeneck, initiierte federführend die Einrichtung der dortigen Tötungsanstalt. Er arbeitete später in der Tötungsanstalt Pirna-Sonnenstein und war schließlich ab 1942 einer der berüchtigtsten Lagerärzte im Vernichtungslager Auschwitz-Birkenau. Er starb unbehelligt 1983 in Frankfurt am Main im Alter von 77 Jahren.

den ganzen Tag „von Grafeneck weg war". Er habe zu keinem Zeitpunkt die Ankunft der Busse mit den Opfern beobachtet; er gab lediglich zu Protokoll, dass er im September 1940 einen Transport gesehen habe, der aus etwa 60 „schwer erziehbaren", nicht aber „geisteskranken" oder „schwachsinnigen Kindern" bestanden habe, die zur Vernichtung bestimmt gewesen seien. Schütt stellte fest, dass er von diesem Tag an die „Euthanasie" nicht mehr habe billigen können, und versucht habe, von der „Aktion T4" freigestellt zu werden.[11]

Schütt war tatsächlich jedoch nicht nur als Kurier und Fahrer tätig. Die 1918 in Fellbach geborene Ruth B., die in Grafeneck als Schreibkraft arbeitete, sagte 1961 hierzu Folgendes aus: „Ich meldete mich bei der NS-Frauenschaft und fragte nach einer Betätigung, nachdem ich gehört hatte, dass es dort eine Stelle gäbe. Man hiess mich wiederkommen und da verhandelte mit mir ein Herr, den ich später in Grafeneck als Herrn Schütt kennenlernte. Er erklärte mir, dass man für eine geheime Sache jemand für Küchen- und Verpflegungsfragen brauche. Als er aber erfuhr, dass ich Schreibmaschine und Stenografie könne, meinte er, ich könne dann auch dort im Büro arbeiten."[12] Darüber hinaus sagte Schütt, dass er auch dafür gesorgt habe, dass neuen Mitarbeitern und Mitarbeiterinnen ihr Zimmer zugewiesen wurde. Er selbst lebte ebenso wie die anderen Mitarbeiter in Grafeneck. Schütt war damit sowohl in allgemeinen Verwaltungs- als auch in untergeordneten Personalangelegenheiten tätig.

Abb. 2: Die ehemalige Euthanasie-Mordanstalt Schloss Grafeneck, die heute als Gedenkstätte eingerichtet ist (Foto: wikimedia commons CC-BY-SA, 2016).

11 Aussagen Hans-Heinz Schütt, Stuttgart 19.05.1948 (Grafeneck Prozess, Staatsarchiv Sigmaringen Wü 29/3 T 1 Nr. 1758/03/12, S. 4-8 und S. 17); JuNSV, Band 25, Lfd. Nr. 642a, S. 189.

12 Zitiert nach Stöckle (2020): 71.

Nach der Auflösung der Tötungsanstalt Grafeneck zum Jahreswechsel 1940/41 kam ein großer Teil des Personals in die Anstalt Hadamar bei Mönchberg in Hessen. Schütt blieb noch kurz in der Verwaltung Grafenecks und half bei der Abwicklung der Tötungsanstalt und der Übergabe des Schlosses an die vorher dort befindliche Anstaltsleitung. In Hadamar hatte Schütt praktisch nur Handlangerdienste für die Verwaltung ausgeführt. Er sei zum Beispiel nach Limburg gefahren und habe dort die Post und die Verpflegung abgeholt und Ähnliches. Nach Aussage Schütts füllte die Arbeit ihn keineswegs aus und er stellte dann nach etwa sechs Monaten einen Antrag auf Aufhebung seiner Stellung. Anschließend wurde Schütt in das Hauptquartier der Organisation in der Tiergartenstraße 4 in Berlin versetzt, wo er bis Anfang 1942 mit Aufgaben der Hausverwaltung und dem Einkauf von Büromaterialien beschäftigt war. Ferner war er im Winter 1941/42 beim Einsatz der „T4"-Angehörigen damit betraut, für diese das Ausrüstungsmaterial aus den Winterhilfsspenden der Organisation Todt (OT) zusammenzustellen. Von einer Freistellung Schütts von der „Aktion T4" kann also kaum die Rede sein, vielmehr wurde er wie die meisten Beteiligten an den Krankenmorden nach deren Stopp für die nächsten Mordaktionen eingeteilt.

Von den Tötungsanstalten im Deutschen Reich zu den Vernichtungslagern in Polen

Im Frühjahr 1942 traf ein Kommando mit etwa 14 SS-Männern aus Österreich in Berlin ein. Schütt wurde diesem nach seinem Anführer benannten „Kommando Stangl" zugeordnet und diente als Verwaltungsführer in Lublin, danach befand er sich im Rang eines SS-Oberscharführers in Sobibor als Angehöriger des Sonderkommandos „Aktion Reinhardt". Der aus Österreich stammende SS-Mann Franz Stangl wurde bei seiner Ankunft in Lublin zum Kommandanten des Vernichtungslagers Sobibor und später auch des Lagers Treblinka ernannt.[13] Schütt erklärte nach dem Krieg, dass er nicht gewusst habe, wohin das Kommando ging und welche Aufgabe sie ausführen sollten; da er aber auf Personen aus Grafeneck in dem Transport traf, dürfte ihm klar gewesen sein, dass auf alle wiederum eine Tätigkeit ähnlicher Art wie in Grafeneck zukommen würde. Schütt erklärte in seiner Vernehmung 1961 weiter: „Nach einer Übernachtung [in der Julius Schreck Kaserne, Lublin] fuhren wir weiter nach Cholm. Dort wurden wir feldgrau eingekleidet […] Auch in Cholm erfuhren wir noch nichts über unsere künftigen Aufgaben. Nach etwa 2 Tagen fuhren wir weiter nach Sobibor. In Sobibor kamen wir in ein Lager, welches offensichtlich noch im Aufbau begriffen war. Wir wurden in einem Forsthaus und in einem Wohngebäude, welches vermutlich vorher von polnischen Eisenbahnern bewohnt gewesen war, eingewiesen. Jüdische Häftlinge waren auch schon dort […] Nach unserem Eintreffen wurde von Stangl die Leitung des Lagers übernommen. Nach dem Eintreffen wurden wir dann auch unterrichtet, dass wir das Stammpersonal eines Judenvernichtungslagers waren. Stangl klärte uns genauestens auf, dass wir das Lager nicht verlassen durften…".[14]

---

13 Vernehmung Hans-Heinz Schütt, Soltau 07.06.1961 (BArch Ludwigsburg, B 162/4428, S. 4, Blatt 661); Stensager (2020): 187.

14 Vernehmung Hans-Heinz Schütt, Soltau 07.06.1961 (BArch Ludwigsburg, B 162/4428, S. 6f, Blatt 663f).

Dass die Mannschaftsgrade nicht im Voraus darüber informiert wurden, welche Aufgabe sie auszuführen hatten, geht auch aus mehreren Aussagen anderer Angeklagten hervor, so der des Verwaltungsführers des Lagers Sobibor Alfred Ittner während des Sobibor-Prozesses.[15] In der Dienststelle des SS- und Polizeiführers im Distrikt Lublin des Generalgouvernements unter Odilo Globocnik, dem Leiter der „Aktion Reinhardt" zur Vernichtung der Juden im Generalgouvernement mit den Vernichtungslagern Belzec, Sobibor und Treblinka, wurde er von SS-Hauptsturmbannführer Hermann Höfle, Leiter der Hauptabteilung „Aktion", auf strenge Geheimhaltung verpflichtet. Die Verpflichtungserklärung, die inhaltlich im Wesentlichen gleichlautend auch schon bei ihrer Dienstverpflichtung zur „Euthanasie"-Aktion abzugeben gewesen war, lautete unter anderem: „1. … dass ich unter keinen Umständen an Personen, die außerhalb des Kreises der Mitarbeiter am „Einsatz Reinhardt" stehen, irgendwelche Mitteilungen über den Verlauf, die Abwicklung oder die Vorkommnisse bei der Judenumsiedlung [d.h. Vernichtung] mündlich oder schriftlich zukommen lassen darf. 2. darüber, dass die Vorgänge bei der Judenumsiedlung Gegenstand einer „Geheimen Reichssache" […] sind […] 4. über ein ausdrückliches Photographier-Verbot in den Lägern des „Einsatzes Reinhard" […] Ich verspreche, sie nach bestem Wissen und Gewissen wahrzunehmen. Mir ist bekannt, dass die Pflicht der Geheimhaltung auch nach meinem Ausscheiden aus dem Dienst weiterbesteht."[16] Es bestand also kein Zweifel daran, dass jeder über die Geschehnisse schweigen musste. Verstöße dagegen hätten geahndet werden können, obwohl wahrscheinlich niemand deshalb bestraft worden ist. Es ist zum Beispiel bekannt, dass Fotos der beiden SS-Männer Johann Niemann und Kurt Franz innerhalb des Lagergeländes Sobibor und Treblinka gemacht wurden.[17]

In Sobibor wurde Schütt wiederum als Verwaltungsführer eingesetzt. Seine Aufgabe war es, die von den ankommenden Juden mitgebrachten Wertsachen anzunehmen und zu registrieren. In der Nähe des Sammelplatzes, nicht weit von den Ankunftsrampen, saß Schütt in einem provisorischen Kassenhäuschen und nahm die Wertgegenstände der jüdischen Deportierten vor ihrem Gang in die Gaskammer entgegen. Schütt war damit als „Kassenwart" oder „Rechnungsführer" in Sobibor tätig und spielte eine zentrale Rolle bei der Ausplünderung der Juden. Schütt behauptete jedoch in seiner Vernehmung, dass er ständig für mehrere Tage vom Lager abwesend gewesen sei, weil er in Cholm und Lublin Verpflegung habe einkaufen müssen. Er behauptete sogar, dass er während der gesamten Zeit seines Aufenthaltes in Sobibor von April bis September 1942 nur mit dem Einkauf von Verpflegung und Sonstigem beschäftigt gewesen sei. Es ergibt sich aus dem Gesamtzusammenhang, dass Schütt genaue Kenntnis von der Vergasung von Häftlingen im Lager hatte. Dass er selbst direkt weder an den Tötungen noch an den Gewaltmaßnahmen beteiligt war, wurde später

15 Strafsache gegen Georg Michalsen, Vernehmung Jakob Alfred Ittner, Kulmbach 31.10.1962 (Staatsarchiv Hamburg, 213-12/0036 Band 12, S. 1-3, Blatt 4749-4751).

16 JuNSV, Bd. 45, Lfd. Nr. 885b, S. 657.

17 Cüppers und Kahrs (2020); Fotoalbum Kurt Franz „Schöne Zeiten" (Landesarchiv Nordrhein-Westfalen, RWB-18244a).

während der Sobibor-Prozesse in Hagen in den 1960er Jahren von mehreren überlebenden Juden bezeugt. Die meisten verbanden mit seinem Namen und seiner Tätigkeit die Funktion eines „Handelsmannes", wie sie ihn nannten, aber eine Belastung Schütts ergab sich daraus für das Gericht nicht. Die Angaben anderer Mitangeklagten, wie z. B. des SS-Oberscharführers Erich Bauer und des SS-Unterscharführers Hubert Gomerski, konnten Schütt in Bezug auf sein Verhalten gegenüber den Juden nicht weiter belasten. Zusammenfassend stellte das Landgericht in Hagen fest, dass Schütt an der Abwicklung von ankommenden Transporten nicht beteiligt gewesen sei, er habe keine Peitsche getragen und man konnte schließlich auch nicht feststellen, dass er Juden geschlagen und misshandelt oder eigenhändig getötet habe.[18]

Abb. 3: Übersicht über Lager I und das Vorlager (im Hintergrund) in Sobibor, Frühsommer 1943. In der Verlängerung der Umzäunung ist das helle Dach das Bahnhofsgebäudes sichtbar, an dem die Häftlingstransporte ankamen (Foto: USHMM, „Niemann Sammlung").

Ein Anklagepunkt wurde jedoch besonders hervorgehoben und vom Landgericht erörtert: Schütt wurde in der Voruntersuchung unter anderem vom Mitangeklagten Bauer vorgeworfen, dass er „rassenschändliche" Verhältnisse mit zwei jüdischen Lagerhäftlingen aus Österreich gehabt habe. In dem von ihm im Lager bewohnten Forsthaus, so die Aussage, hätten die beiden Jüdinnen in einem hinter seinem Zimmer gelegenen Raum gewohnt. Schütt habe mehrmals im Zimmer der beiden Jüdinnen „gemütliche Zusammenkünfte" gehabt. Der Mitangeklagte Bauer behauptete zudem, dass Schütt als „Schürzenjäger" im Lager bekannt gewesen sei und dass er sich außerdem an jüdischem Vermö-

18 Vernehmung Hans-Heinz Schütt, Soltau 07.06.1961 (BArch Ludwigsburg, B 162/4428, S. 7ff, Blatt 664ff); Urteil LG Hagen 20.12.1966 (BArch Ludwigsburg, B 162/14239, S. 309-315).

gen bereichert habe. Weiterhin beschuldigte er Schütt, eine der Jüdinnen missbraucht zu haben; diese sei dann von ihm schwanger gewesen. Es konnte jedoch im Verfahren nicht nachgewiesen werden, dass Schütt tatsächlich eine intime Beziehung zu den jungen Frauen gehabt hatte.[19]

Es lässt sich darüber spekulieren, ob zwischen einer vermuteten verbotenen sexuellen Beziehung zu einer Jüdin und dem Weggang Schütts aus Sobibor im Sommer 1942 ein Zusammenhang bestand. Während eines Urlaubs im Sommer 1942 wandte sich Schütt an das Hauptquartier in der Tiergartenstraße 4 in Berlin und bat den Leiter der Personalabteilung, Friedrich Haus, um die Aufhebung seiner Stellung und Abberufung aus Sobibor. Diesem Wunsch gab die Personalabteilung in Berlin statt. Als er von seinem Urlaub zunächst an seine Dienststelle in Sobibor zurückkehrte, wurde er vom Inspektor der drei Vernichtungslager der „Aktion Reinhardt", SS-Sturmbannführer Christian Wirth, vorgeladen und deutlich zurechtgewiesen. Wirth warf ihm vor, dass hinter seinem Wunsch der Versetzung „Drückebergerei" stehe. Schütt wurde mit sofortiger Wirkung zurück nach Berlin beordert; dort meldete er sich als Freiwilliger zur Waffen-SS.[20] Diese Episode trug zweifellos dazu bei, dass einige der Mittäter, wie z. B. Erich Bauer, den Vorfall im Nachhinein nutzten, um Schütt zu diskreditieren. Aus der Sicht seiner SS-Kameraden hatte Schütt die Lagergemeinschaft verlassen. Das Gericht sah darin einen Beweis dafür, dass das Lagerpersonal der SS die Möglichkeit gehabt hätte, sich dem Dienst in Sobibor zu entziehen.

Abb. 4: Hans-Heinz Schütt in SS-Uniform, ca. 1940 (Foto: BArch Koblenz, B 162, Bild 08069).

Man kann Schütts Entlassung vom Dienst im Vernichtungslager Sobibor aber auch vor dem Hintergrund sehen, dass er mit der Kameradschaft im Lager gebrochen hatte, von der seine SS-Kameraden Franz Stangl, Erich Bauer und Gustav Wagner als einem „verschworenen Haufen" gesprochen hatten. Zu diesem gehörte es, dass seine Mitglieder Fingerringe mit SS-Runen trugen, die ein Zeichen ihrer Verbundenheit darstellten, einer Gemeinschaft auf gegenseitigem Schutz und gegenseitiger Treue, ja, einer Bruderschaft, die man im Leben

19 Strafsache gegen Kurt Bolender u.a., Sobibor-Verfahren, Hagen 23.08.1963 (BArch Ludwigsburg, B 162/4434, S. 34, Blatt 2103); Ermittlungssache gegen Becker u.a., Aussage Erich Bauer, Berlin 13.12.1962 (Österreichisches Staatsarchiv Wien, Bundesministerium für Inneres, Aktenzahl 54.864-18/71, S. 33f, Blatt 1696f); Urteil LG Hagen 20.12.1966 (BArch Ludwigsburg, B 162/14239, S. 318).

20 Vernehmung Hans-Heinz Schütt, Soltau 07.06.1961 (BArch Ludwigsburg, B 162/4428, S. 10, Blatt 667); Urteil LG Hagen 20.12.1966 (BArch Ludwigsburg, B 162/14239, S. 323); JuNSV, Band 25, Lfd. Nr. 642a, S. 189.

nicht verließ.[21] Letztlich kann über Schütts tatsächliche Beweggründe für seinen Versetzungsantrag zu diesem Zeitpunkt keine gesicherte Aussage gemacht werden. Seine anschließende Tätigkeit war unabhängig davon ebenfalls gekennzeichnet von schlimmster Gewalt und abscheulichsten Kriegsverbrechen.

Als Freiwilliger bei der 16. SS-Panzergrenadier-Division, einer dem Reichsführer SS unmittelbar unterstellten „Eliteeinheit“, traf Schütt im Oktober 1942 in Warschau in der Hohenstaufen-Kaserne ein.[22] Hier wurde er als Rekrut neu eingekleidet und machte zunächst eine militärische Grundausbildung. Die weitere Ausbildung erfolgte auf dem Truppenübungsplatz Arys in Ostpreußen. Im Frühjahr 1943 kam Schütt nach Frankreich in den Einsatz. Später kämpfte er auch auf Korsika, in Italien, Ungarn und an der Ostfront, wo er leicht verwundet wurde, bis er gegen Ende des Krieges in Tangermünde für einen Monat in amerikanische Gefangenschaft geriet. Über die Massaker an der Zivilbevölkerung, an denen die 16. SS-Panzergrenadier-Division beteiligt war, vor allem in den Jahren 1943/44 in Italien,[23] berichtet Schütt nichts und dies wurde auch in dem Verfahren gegen ihn nicht thematisiert. Man kann fragen, ob Schütt die Mitgliedschaft in dieser SS-Division als Herausforderung und nächsten Karriereschritt für sich empfunden hat.

Schütts Weg zurück in ein bürgerliches Leben

Nach seiner Entlassung aus der amerikanischen Kriegsgefangenschaft kam Schütt wegen seiner Zugehörigket zur Waffen-SS im Juni 1945 in englische Internierungshaft in Sandbostel bei Bremervörde, aus der er erst am 23. Dezember 1947 entlassen wurde. In einem Spruchkammerverfahren[24] war er am 6. November 1947 vom Spruchgericht in Stade wegen Zugehörigkeit zu einer für verbrecherisch erklärten Organisation (SS) zu drei, durch die zweieinhalbjährige Internierungshaft abgegoltenen Monaten Gefängnis verurteilt worden. Seine Beteiligung an den Kriegsverbrechen seiner SS-Einheit kam dabei nicht zur Sprache. Nach seiner Entlassung arbeitete Schütt bei einem Bauern in Oese, Kreis Bremervörde, in der Landwirtschaft. Die staatsanwaltlichen Ermittlungen wegen seiner Tätigkeit in Grafenenck führten am 16. März 1948 zu seiner erneuten Verhaftung.[25]

---

21 Über Rolle und Verhalten Stangls im Vernichtungslager Treblinka (Simon Wiesenthal Archiv Wien, 4829, Mappe Franz Stangl Nr. 3, 5. Teil des Plädoyers des Oberstaatsanwaltes im Strafverfahren gegen Stangl 12/1970, S. 17).

22 Cüppers (1995).

23 Gentile (2003): 136-146.

24 Spruchkammerverfahren waren Verfahren der Alliierten mit dem Ziel der Entnazifizierung, die nach Ende des Nationalsozialismus in den drei westlichen Besatzungszonen Deutschlands durchgeführt wurden.

25 Aussagen Hans-Heinz Schütt, Stuttgart 19.05.1948 (Grafeneck Prozess, Staatsarchiv Sigmaringen Wü 29/3 T 1 Nr. 1758/03/12, S. 2); Vernehmung Hans-Heinz Schütt, Soltau 07.06.1961 (BArch Ludwigsburg, B 162/4428, S. 11, Blatt 668); Urteil LG Hagen 20.12.1966 (BArch Ludwigsburg, B 162/14239, S. 305); JuNSV, Band 25, Lfd. Nr. 642a, S. 189.

Schütts Frau Gertrud und seine Kinder, die in Berlin lebten, hatten nach der Besetzung durch die Alliierten ihre eigenen Herausforderungen zu bewältigen. Während Schütt in englischer Gefangenschaft war, wohnte die Familie in Berlin-Oberschöneweide in der Wilhelm-Firl-Straße Nr. 23a. Zuvor mussten sie aus ihrer Wohnung in der Zeppelinstraße 125 ausziehen und kamen damit in einen Stadtbezirk, der der sowjetischen Militärverwaltung unterstand. Aufgrund der Zugehörigkeit Schütts zu einer verbrecherischen Organisation unterlag die Familie den besonderen Bestimmungen über die Beschlagnahme von Vermögen und Eigentum gemäß Befehl Nr. 124 der Sowjetischen Militär-Administration vom 30. Oktober 1945. Wenn man laut diesem Befehl „früher dem Hitler-Staat und seinen Militärbehörden, Vereinen, Klubs und Vereinigungen, die von dem Sowjetischen Militär-Kommando verboten und aufgelöst“ worden waren, angehört hatte, war der persönliche Besitz als sowjetisches Eigentum anzusehen und konnte eingezogen und das Mobiliar weiterverkauft werden.[26]

Die Wohnung in der Zeppelinstraße galt somit als „SS-Wohnung“, wurde beschlagnahmt und die Möbel verkauft bzw. an die Nachbarn übergeben. Das Sparkonto wurde ebenfalls gesperrt und das Vermögen von fast 1.800 Reichsmark eingezogen. Aus der Korrespondenz mit den Behörden geht hervor, dass die Familie nicht viel besaß. Da alles beschlagnahmt worden war, einschließlich eines Kinderbetts, forderte Schütts Ehefrau mehrmals dessen Rückgabe und anderer dringend benötigter Gegenstände. Laut des Attests eines Arztes litt einer der Söhne, Hans-Jürgen, an einer Hilusdrüsenerkrankung sowie an einer Lymphdrüsenschwellung. Ein konsultierter Heilpraktiker attestierte: „da dem Kind nach Aussagen der Mutter nicht einmal ein Bett zur Verfügung steht, obwohl dieselben infolge Beschlagnahme erreichbar sind, ist es dringend erforderlich, um den Gesundheitszustand zu bessern, für geeignete Unterkunft und Schlafmöglichkeit Sorge zu tragen.“[27]

Was die Ehefrau zu diesem Zeitpunkt über die verbrecherischen Tätigkeiten ihres Mannes in Grafeneck und Sobibor wusste, ist schwer zu beurteilen. Im vorliegenden Quellenmaterial sind keine Informationen darüber erhalten. Schütt wurde aufgrund eines Haftbefehls vom 22. September 1947 im März 1948 von der Polizei festgenommen. Bei seiner Vernehmung im Grafeneckverfahren verschwieg er, dass er im Lager Sobibor eingesetzt gewesen war. Es wurde eine Voruntersuchung gegen ihn eröffnet, doch wurde diese bereits im Juli 1948 eingestellt und keine Anklage erhoben; als Grund gab die Staatsanwaltschaft an, dass ein Aktenband des Grafeneck-Prozesses verschwunden sei. Schütt blieb dadurch von weiterer Strafverfolgung wegen seiner Aktivitäten in der Tötungsanstalt Grafeneck verschont.[28] Er wurde am 15. Juli 1948 aus der Unter-

---

26 Befehl Nr. 124 der Sowjetischen Militär-Administration betreffend Auferlegung der Sequestration und Übernahme in zeitweilige Verwaltung einiger Vermögenskategorien vom 30. Oktober 1945.

27 Brief von Heilpraktiker Eduard W. Otto betr. Hans-Jürgen Schütt, Berlin 27.03.1947 (Landesarchiv Berlin, betr. Hans-Heinz Schütt, C Rep. 105 Nr. 11258).

28 Bryant (2014): 277 Fußnote 89.

suchungshaft entlassen und verließ das Untersuchungsgefängnis als freier und voll rehabilitierter Mann.[29] Aber damit war die Aufarbeitung seiner Beteiligung an der Tötungsmaschinerie des NS-Staates noch nicht abgeschlossen, wie unten zu zeigen sein wird.

„...von Idealismus und persönlicher Einsatzbereitschaft gekennzeichnetes Engagement!" – Hans-Heinz Schütts Leben nach dem Holocaust als anerkannter Volksvertreter und Ehrenmann

Nach der Entlassung aus der Untersuchungshaft lebte Schütt mit seiner Familie in Schwalingen in der Lüneburger Heide zunächst in äußerst ärmlichen Verhältnissen, weil, wie er selbst erklärte, sein Vermögen und seine Wohnung in Berlin beschlagnahmt worden seien. In Schwalingen wurde Schütt Flüchtlingsbetreuer nachdem er eine Flüchtlingsversammlung besucht hatte. Er arbeitete zunächst in der Landwirtschaft, dann bei den britischen Streitkräften, wo er von 1949 bis 1960 als Leiter der Kraftfahrzeugeinsatzstelle und zuletzt im Bekleidungsamt tätig war. 1952 wurde er in den Gemeinderat in Schwalingen gewählt und 1956 auch Kreistagsabgeordneter und Stadtverordneter sowie Stadtrat in Soltau. Er bekleidete zahlreiche Ehrenämter, wie u.a. das des Vorsitzenden der Landsmannschaft Berlin-Mark Brandenburg in Soltau, war Vorstandsmitglied des Kreisheimatbundes, stellvertretender Vorsitzender des Kreiskuratoriums Deutschland und Kreisvorsitzender des deutschen paritätischen Wohlfahrtsverbandes in Soltau. Seit 1960 war er außerdem Vertreter einer Baugesellschaft, die Reiheneigenheime für Flüchtlinge baute.[30]

Schütt geriet im Zusammenhang mit den 1959 begonnenen Voruntersuchungen zum Sobibor-Prozess wieder in das Rampenlicht der Öffentlichkeit. Im Material zum Untersuchungsverfahren von 1960 wird Schütt mehrfach erwähnt, unter anderem mit Bezug auf den Prozess gegen einen anderen SS-Angehörigen des Vernichtungslagers, Hubert Gomerski. Auch sein ehemaliger SS-Kamerad Erich Bauer belastete Schütt und warf diesem vor, wie oben geschildert, „Rassenschande" begangen und jüdisches Eigentum gestohlen zu haben. 1960 gelang es dem Untersuchungsgericht jedoch aufgrund der unzureichenden Faktenlage noch nicht festzustellen, was Schütt in Sobibor genau getan hatte, sondern konnte ihn nur mit den Tötungsanstalten Grafeneck und Hadamar in Verbindung bringen. Im Sommer 1961 wurde Schütt zum ersten Mal von der Polizei in Soltau verhört, wo er zugab, bereits 1948 im Zusammenhang mit dem Grafeneck-Prozess verschwiegen zu haben, in Sobibor gedient zu haben. In seiner Erklärung konnte Schütt über den Aufbau des Lagers, die anderen Komplizen

---

29 Aussagen Hans-Heinz Schütt, Stuttgart 19.05.1948 (Grafeneck Prozess, Staatsarchiv Sigmaringen Wü 29/3 T 1 Nr. 1758/03/12); Bryant (2014): 158f.

30 Vernehmung Hans-Heinz Schütt, Soltau 07.06.1961 (BArch Ludwigsburg, B 162/4428, S. 11, Blatt 670); Urteil LG Hagen 20.12.1966 (BArch Ludwigsburg, B 162/14239, S. 306f).

und die Verantwortlichen für die verschiedenen Bereiche des Lagers berichten.[31] Es folgten mehrere Verhöre, die damit endeten, dass im Sommer 1963 zwölf ehemalige SS-Angehörige des Vernichtungslagers Sobibor wegen Verbrechen gegen die Menschlichkeit angeklagt und wegen Mordes und Beihilfe zum Mord verurteilt wurden. Unter den Angeklagten war auch Schütt.

In der Anklageschrift legte man ihm zur Last, zwischen April und September 1942 als Mitglied der Wachmannschaft des Vernichtungslagers Sobibor „zu der aus niedrigen Beweggründen, heimtückisch und grausam begangenen Tötung einer unbestimmten Anzahl von Menschen wissentlich Hilfe geleistet zu haben." Schütt, so die Anklage, sei in Sobibor als Rechnungsführer tätig gewesen und habe die Angehörigen des deutschen Lagerpersonals verwaltungsmäßig betreut. Weiter habe er bei der Ankunft von Judentransporten an der Entladung teilgenommen, die Entkleidung der zur Vergasung bestimmten Juden in Lager II beaufsichtigt und dadurch zusammen mit anderen Beschuldigten der Wachmannschaft des Lagers Sobibor bei der Tötung einer Vielzahl Juden Hilfe geleistet. Die zweite und letzte Anklage betraf seine vermutete Beziehung zu einem jüdischen Mädchen.[32]

Zu diesem Zeitpunkt war Schütt noch auf freiem Fuß. Erst im September 1964 wurde er in Untersuchungshaft genommen und musste seine offiziellen Ämter in Soltau niederlegen. Aus einem an die Staatsanwaltschaft Dortmund gerichteten Schreiben des damaligen Stadtdirektors der Stadt Soltau geht hervor, dass Schütt schon mit Schreiben vom 23. März 1964 gegenüber dem Ratsvorsitzenden den Verzicht auf die Mitgliedschaft im Rat erklärt hatte. Im Protokoll der öffentlichen Ratssitzung vom 24. März 1964 wird festgehalten, dass der damalige Bürgermeister Lindloff den Rat hierüber informierte. Weiter heißt es im Protokoll: „Bürgermeister Lindloff würdigt die von Idealismus und persönlicher Einsatzbereitschaft gekennzeichnete Mitarbeit des Beigeordneten Schütt in den kommunalen Gremien mit anerkennenden Worten und spricht ihm seinen aufrichtigen Dank aus." In der folgenden Ratssitzung vom 12. Mai 1964 teilte Bürgermeister Lindloff mit, dass nach Schütts Ausscheiden Ergänzungswahlen für jene Ausschüsse vorzunehmen seien, denen er angehört habe, nämlich dem Bau-, Kultur-, Schul-, Werk-, Wohnungs- und Verwaltungsausschuss.[33] Die Mitgliedschaft des Beigeordneten Schütt war damit beendet.

---

31 Voruntersuchung, Sobibor-Verfahren, Ludwigsburg 31.08.1960 (BArch Ludwigsburg, B 162/4427, S. 7f, Blatt 491f); Vernehmung Hans-Heinz Schütt, Soltau 07.06.1961 (BArch Ludwigsburg, B 162/4428, S. 1-14, Blatt 658-671); Vernehmung Hans-Heinz Schütt, Soltau 22.11.1961 (BArch Ludwigsburg, B 162/4432, S. 1-6, Blatt 1644-1649).

32 Haftsache, Sobibor-Verfahren, Dortmund 10.07.1963 (BArch Ludwigsburg, B 162/4434, S. 55f, Blatt 2034f); Eröffnungs-Verfügung, Sobibor-Verfahren, Hagen 22.08.1963 (BArch Ludwigsburg, B 162/4434, S. 34, Blatt 2103).

33 Protokoll über die öffentliche Ratssitzung am 24.03.1964 im Sitzungssaal des Rathauses (Stadt Soltau, Protokoll 200806-081335-2108, 24.03.1964).

Abb. 5: Schütt und andere Angeklagte im Gerichtssaal in Hagen, September 1965. 1. Reihe von links: Erich Fuchs, Karl Frenzel, Werner Dubois, Kurt Bolender. 2. Reihe von links: Franz Wolf, Heinrich Unverhau, Hans-Heinz Schütt, Erwin Lambert, Erich Lachmann (Foto: Ullstein Bild).

Ein Stadtrat vor Gericht – Freispruch auf Grund des sogenannten „Befehlsnotstandes"

Der eigentliche Prozess, in dem Schütt und die elf anderen Beschuldigten vor dem Gericht in Hagen angeklagt wurden, begann 1965. Als die Richter das Urteil im Dezember 1966 über die elf verbliebenen Angeklagten[34] verkündeten, wurden sechs wegen „Befehlsnotstands" freigesprochen. Unter den Freigesprochenen war auch Schütt, obwohl er, wie die Anklageschrift festhielt, gemeinsam mit anderen ehemaligen Angehörigen der Wachmannschaft des Vernichtungslagers Sobibor bei der Tötung von mindestens 86.000 Juden Hilfe geleistet habe. Das Hauptargument für den Freispruch bestand darin, dass Schütt und die fünf anderen Angeklagten, die ebenfalls freigesprochen worden sind, „... in einem unverschuldeten tatsächlichen Irrtum angenommen [haben], ihnen drohe aus der Person des Inspekteurs [Christian] Wirth oder von anderen höheren Vorgesetzten der „Aktion Reinhardt" unmittelbare Gefahr für Leib oder Leben, wenn sie entgegen dem Befehl bei der Vernichtung der Juden in Sobibor nicht mitgewirkt hätten [...]." Das Schwurgericht ging davon aus, „dass Schütt nur mitgemacht habe, weil er glaubte, bei einer Weigerung mit dem Tode oder der Verbringung in ein KZ bestraft zu werden, und dass er alles ihm sinnvoll Erscheinende getan hat, sich dieser ihm abgenötigten Tätigkeit sobald als möglich zu entziehen, was ihm auch schon nach vier Monaten gelungen ist."[35]

---

34 Kurt Bolender wäre wahrscheinlich auch verurteilt worden, wenn er nicht während des Prozesses Selbstmord begangen hätte.

35 Urteil LG Hagen 20.12.1966 (BArch Ludwigsburg, B 162/14239, S. 402f und S. 406).

Unterschiedliche Rechtsprechung in den Nachkriegsprozessen[36]

Wenn man die Entscheidungen der Sobibor-Prozesse in Hagen mit den Entscheidungen der Belzec-Prozesse in München vergleicht,[37] sind sie in Bezug auf die Anzahl der Freisprüche überraschend ähnlich. Hier wurden sieben von zwölf Angeklagten freigesprochen. Die Belzec-Prozesse endeten im Januar 1965 und der einzige Verurteilte war Wirths Adjutant, Josef Oberhauser.[38] Die anderen Beschuldigten wurden aufgrund mangelnder Beweise oder fehlender Belastungszeugen gar nicht erst angeklagt.[39] Jedoch kamen fünf von ihnen später im Sobibor-Prozess in Hagen vor Gericht. Bei den drei Treblinka-Prozessen in Frankfurt und Düsseldorf, bei denen nur einer der Angeklagten freigesprochen wurde, war das Resultat hingegen anders. Bei allen Gerichtsverfahren legten die Richter aber entscheidenden Wert auf die Frage, ob die Angeklagten trotz Drohungen mit KZ oder Todesstrafe aktiv und freiwillig versucht hatten, von ihrem Dienst fortzukommen. Nach damals geltender Rechtsauffassung mussten die Gerichte für eine Verurteilung den subjektiven Täterwillen nachweisen. Erkannte das Gericht, wie im Sobibor-Verfahren in Hagen, einen Befehlsnotstand, wie unter dem Vorgesetzten und Inspekteur der drei Vernichtungslager SS-Sturmbannführer Christian Wirth, erließen die Richter, wie im Fall Schütt, einen Freispruch. Die meisten Täter nutzten diese Handlungsspielräume des Strafrechts, sich in ihren Aussagen als „kleines Rad in einer Maschine“ oder, wie es der Verteidiger Stangls 1970 formulierte, als „Schachfiguren in einem gnadenlosen Spiel“ darzustellen. Dieses war auch bei Schütt der Fall. „In Prozessen wegen nationalsozialistischer Gewaltverbrechen haben die Angeklagten daher immer wieder vorgebracht, sie hätten nur Befehle ausgeführt, deren Verweigerung mit dem Tod oder mindestens der Einweisung in ein Konzentrationslager bedroht gewesen sei. Diese Behauptung eines so genannten Befehlsnotstandes hat bisher in keinem einzigen Fall der Nachprüfung standgehalten. Es hat bei Befehlsverweigerung niemals Gefahr für Leib und Leben bestanden. Kein Soldat oder Polizist, kein Funktionär des NS-Staates, kein KZ-Wächter wurde gegen seinen eigenen Willen zu verbrecherischen Handlungen gezwungen.“[40]

Die Soziologin Sara Berger vom Fritz-Bauer-Institut in Frankfurt weist auf verschiedene Entscheidungsverläufe der Nachkriegsprozesse hin und kommt zu dem Schluss, dass eine Vielzahl von Zeugen, wie in dem Sobibor-Verfahren in Hagen und dem Treblinka-Verfahren in Düsseldorf, entscheidenden Einfluss

---

36 Freudiger (2002).

37 Prozess gegen die Angehörigen der SS-Wachmannschaft des Vernichtungslagers Belzec (LG München I, 21.01.1965 - 110 Ks 3/64).

38 SS-Oberscharführer Josef Oberhauser, geboren am 20.9.1915 in München-Riem, verheiratet, Schenkkellner, wurde wegen des Verbrechens der Beihilfe zum gemeinschaftlichen Mord in 300.000 Fällen und wegen fünf weiterer Verbrechen der Beihilfe zum gemeinschaftlichen Mord in je 150 Fällen zu einer Gesamtstrafe von vier Jahren und sechs Monaten Zuchthaus verurteilt.

39 JuNSV, Bd. 20, Lfd. Nr. 585, S. 626-644.

40 Bundeszentrale für politische Bildung (https://www.bpb.de/themen/antisemitismus/dossier-antisemitismus/504206/befehlsnotstand/).

auf die Urteilsfindung hatte.[41] So wurde zum Beispiel im Treblinka-Prozess nur einer der Angeklagten freigesprochen. Wenn dagegen keine Zeugen geladen wurden, wie während des Belzec-Prozesses[42] in München, hatte dies einen entscheidenden Einfluss auf die Urteile. Zweitens ist sie der Ansicht, dass die Gerichte in München und Hagen zu dieser Zeit keine Erfahrung mit der strafprozessualen Verfolgung und Beweisführung gegen das Dienstpersonal der „Aktion Reinhardt" hatten.[43]

Fazit

Zusammenfassend kann man sagen, dass der Lübecker Hans-Heinz Schütt eine zwar untergeordnete, für das Funktionieren des Vernichtungslagers Sobibor aber gleichwohl wichtige Rolle gespielt hat. Er war der tatsächlich Ausführende bei der Beraubung der Juden im Lager. Sein Freispruch erscheint aus heutiger Sicht unangemessen, nicht „gerecht"; erklärlich wird er nur aus dem Kontext des damaligen rechtlichen und gesellschaftlichen Kontextes. Die Richter verfügten durchaus über ausreichendes, belastendes Material, als die Mannschaften aus den drei Vernichtungslagern der „Aktion Reinhardt" vor Gericht standen; sie berücksichtigten das Beweismaterial jedoch nur in sehr begrenztem Umfang bei ihrer Urteilsfindung, weil viele Richter den Angeklagten die Dogmatik des Befehlsnotstandes zubilligten.

Schütts Bereitschaft, diese Gräueltaten zu begehen und Beihilfe zum Mord zu leisten, wurde bereits während seiner Tätigkeit im Rahmen der „Euthanasie"-Morde in Grafeneck begründet. Man kann anhand seines Beispiels auch erkennen, wie sich die Verantwortlichen im Ausmaß ihrer Verbrechen gegen die Menschlichkeit kontinuierlich steigerten.

Einsicht in seine Schuldhaftigkeit oder gar Reue vermag man bei Hans-Heinz Schütt nicht zu erkennen; bei seinen Richtern den Willen, ein „gerechtes" bzw. angemessenes Urteil zu fällen, ebenso wenig. Schütt wurde von der bundesdeutschen Nachkriegsjustiz dreimal angeklagt und trotz erdrückender Beweislast dreimal freigesprochen. Das Ausmaß seiner Verbrechen wurde der Öffentlichkeit nicht bekannt. Schütt gab in jedem seiner Prozesse nur das zu, was über seine Taten zu dem Zeitpunkt ohnehin bereits bekannt war, und verteidigte sich stets damit, dass er nicht an den Tötungen selbst beteiligt gewesen sei. Und seine Initiative, sich mit der freiwilligen Meldung zu einer SS-Division einem anderen „Mordkommando" anzuschließen, nutzte er, um sich von der Verantwortung für den Mord an den Juden im Generalgouvernement freizusprechen. Nach dem Ende der nationalsozialistischen Gewaltherrschaft kehrte Schütt in

---

41 Berger (2009): 28f.

42 Der Belzec-Prozess vor dem Landgericht München I Mitte der 1960er Jahre richtete sich gegen acht ehemalige SS-Angehörige des Vernichtungslagers Belzec. Fünf Beschuldigte waren sowohl in diesem Verfahren als auch im anschließenden Sobibor-Prozess angeklagt. In beiden Prozessen kamen die Massenvernichtungsverbrechen der „Aktion Reinhardt" zur Sprache. Insgesamt wurden 14 Zeugen vernommen.

43 Berger (2009): 28f.

ein ziviles Leben zurück und ließ sich auch von den juristischen Verfolgungen seiner Taten nicht aus den ruhigen Bahnen seines neuen Lebens werfen. Und als einziger der in den Prozessen gegen die Verantwortlichen in den drei Vernichtungslagern der „Aktion Reinhardt" angeklagten Personen gelang es ihm, in der Öffentlichkeit weitestgehend unbekannt zu bleiben.[44] Hans-Heinz Schütt ist am 22. Februar 1984 in Soltau verstorben.[45]

44 Eine anschauliche Darstellung zum 60. Jahrestag des Sobibor-Prozesses gibt: Heike Kleffner, Miriam Rürup, Das vergessene Vernichtungslager Sobibor: Überblick über die juristische Verfolgung der NS-Täter und die Wahrnehmung in der Öffentlichkeit, in: Frankfurter Rundschau vom 7. November 2003.

45 Stadtarchiv Soltau, Standesamt, Sterberegister 74/1984.

Quellen- und Literaturverzeichnis

Quellen

Bundesarchiv Berlin R 9361-VIII Kartei/21540199; R 9361-III/186472
Bundesarchiv Ludwigsburg B 162/4427; B 162/4428; B 162/4432; B 162/4434; B 162/14239
Landesarchiv Berlin, betr. Hans-Heinz Schütt, C Rep. 105 Nr. 11258
Landesarchiv Nordrhein-Westfalen RWB-18244a
Landgericht München I, 21.01.1965 - 110 Ks 3/64
Österreichisches Staatsarchiv Wien, Bundesministerium für Inneres 54.864-18/71
Simon Wiesenthal Archiv Wien, 4829, Mappe Franz Stangl Nr. 3, 5
Simon Wiesenthal Archiv Wien, Teil des Plädoyers, Strafverfahren gegen Stangl 12/1970
Staatsarchiv Hamburg 213-12/0036 Band 12
Staatsarchiv Sigmaringen Wü 29/3 T 1 Nr. 1758/03/12
Stadt Soltau, Protokoll 200806-081335-2108

Literatur

Berger (2009)
Sara Berger, NS-Prozesse gegen Personal der Vernichtungslager der „Aktion Reinhardt", Einsicht. Bulletin des Fritz Bauer Instituts Nr. 02, Frankfurt am Main 2009.

Bryant (2014)
Michael S. Bryant, Eyewitness to Genocide. The Operation Reinhard Death Camp Trials, 1955-1966, Knoxville 2014.

Cüppers (1995)
Martin Cüppers, Wegbereiter der Shoa. Die Waffen-SS, der Kommandostab Reichsführer-SS und die Judenvernichtung 1939-1945 (Veröffentlichungen der Forschungsstelle Ludwigsburg der Universität Stuttgart), Darmstadt 1995.

Cüppers und Kahrs (2020)
Martin Cüppers und Andreas Kahrs (et al.), Fotos aus Sobibor. Die Niemann-Sammlung zu Holocaust und Nationalsozialismus, hrsg. vom Bildungswerk Stanisław Hantz e. V. und von der Forschungsstelle Ludwigsburg der Universität Stuttgart, Berlin 2020.

Delius (1988)
Peter Delius, Das Ende von Strecknitz. Die Lübecker Heilanstalt und ihre Auflösung, Berlin 1988.

Freudiger (2002)
Kerstin Freudiger, Die juristische Aufarbeitung von NS-Verbrechen, Tübingen 2002.

Friedländer (1997)
Henry Friedländer, Der Weg zum Genocid. Von der Euthanasie zur Endlösung, Berlin 1997.

Gentile (2003)
Carlo Gentile, Marzabotto, in: Gerd R. Überschär (Hrsg.), Orte des Grauens. Verbrechen im Zweiten Weltkrieg, Darmstadt 2003.

Jenner (1990)
Harald Jenner, Das Kinder- und Pflegeheim Vorwerk in Lübeck in der NS-Zeit, in: Theodor Strohm und Jörg Thierfelder (Hrsg.), Diakonie im „Dritten Reich". Neuere Ergebnisse zeitgeschichtlicher Forschungen (Veröffentlichungen des Diakoniewissenschaftlichen Instituts an der Universität Heidelberg 3), Heidelberg 1990, S. 169-204.

Lehnstaedt (2021)
Stephan Lehnstaedt, Der Kern des Holocaust. Belzec, Sobibór, Treblinka und die Aktion Reinhardt, München 2021.

Mildt (1996)
Dick de Mildt, In the name of the People: Perpetrators of Genocide in Reflection of their Post-War Prosecution in West Germany. The „Euthanasia" and „Action Reinhardt" Trial Cases, Den Haag 1996.

Rieß (2004)
Volker Rieß, Christian Wirth – Der Inspekteur der Vernichtungslager, in: Klaus-Michael Mallmann und Gerhard Paul (Hrsg.), Karrieren der Gewalt. Nationalsozialistische Täterbiographien, Darmstadt 2004.

Rückerl (1977)
Adalbert Rückerl (Hrsg.), NS-Vernichtungslager im Spiegel deutscher Strafprozesse. Belzec. Sobibor. Treblinka. Chelmno, München 1977.

Stensager (2020)
Anders Otte Stensager, Franz Stangl – fra eutanasi til jødeudryddelse, København 2020.

Stöckle (2020)
Thomas Stöckle, Grafeneck 1940: „Euthanasie"-Verbrechen in Südwestdeutschland, Tübingen 2020.

Abkürzungen

BArch	Bundesarchiv
JuNSV	Justiz und NS-Verbrechen, Sammlung deutscher Strafurteile wegen nationalsozialistischer Tötungsverbrechen
USHMM	United States Holocaust Memorial Museum, Washington

Anschriften der Autoren:
Magister Anders Otte Stensager
Bredgade 67
1260 Kopenhagen K
Dänemark
E-Mail: gfq477@alumni.ku.dk

Christian Rathmer M.A.
Kulturstiftung Hansestadt Lübeck
die Lübecker Museen
Industriemuseum Geschichtswerkstatt Herrenwyk
Kokerstraße 1-3
23569 Lübeck
E-Mail: christian.rathmer@luebeck.de

Kleine Geheimnisse, große Schätze – eine einzigartige Überlieferung privater Quellen: Familienarchive und Nachlässe im Archiv der Hansestadt Lübeck

Kerstin Letz

Ausgehend von einem der umfangreichsten Familienarchive im Archiv der Hansestadt Lübeck (AHL), dem FA Hach, soll an dieser Stelle ein Überblick über sämtliche hier vorhandene Familienarchive und Nachlässe[1] gegeben, eine Auswahl herausragender Bestände vorgestellt und abschließend einige neuerworbene Kleinode präsentiert werden.

Seit Veröffentlichung der überarbeiteten Beständeübersicht des AHL im Jahr 2005[2] ist einiges geschehen: diverse Neuerwerbe bereichern nunmehr den Bestand der Familienarchive und Nachlässe. Welchen Sammlungsansatz verfolgte und verfolgt dabei das AHL? Ist das nichtamtliche Schriftgut nach wie vor nur als Ergänzung zum Behördenschriftgut zu sehen? Die seit einigen Jahren wieder verstärkt durch die Archivwissenschaft ins Visier genommenen Dokumentationsprofile weisen hier in eine neue Richtung: Sie sehen die Aufgabe eines Kommunalarchivs darin, die gesamte lokale Gesellschaft und Lebenswirklichkeit angemessen abzubilden. Ereignisse, Besonderheiten, Strukturen und handelnde Personen sind zu dokumentieren, um der Gesamtheit und den Zusammenhängen des politischen, wirtschaftlichen, sozialen und kulturellen Geschehens gerecht zu werden.[3] Dem AHL nun liegt eine breit gefächerte Sammlung von Familienarchiven und Nachlässen aus dem gesamten Spektrum der städtischen Lebenswirklichkeit der Hansestadt vor; viele Nachlässe wurden dem Archiv angeboten, andere wurden erbeten oder in Einzelfällen käuflich erworben.[4]

Dank des fleißigen Einsatzes vieler, auch ehrenamtlicher Helfer konnten die meisten dieser Unterlagen umfassend geordnet sowie archivisch erschlossen werden. Sie sind nun für die Allgemeinheit zugänglich, zur Freude der Wissenschaftler, aber auch der breiten Öffentlichkeit, denn in den Familienarchiven finden sich ganz einzigartige Schätze, nicht zu vergleichen mit den eher „trockenen“ Behördenakten.

Private Schriftennachlässe von Einzelpersonen und Familien mit ihren Memoiren, Tagebüchern, Privatkorrespondenzen, Reiseberichten, Fotosammlungen, Gedichten und Geschichten, aber auch wissenschaftlichen Materialsamm-

---

1 Die Gesamtheit aller Materialien (Werke, Arbeitspapiere, Korrespondenzen, Dokumente und Sammlungen), die sich zu Lebzeiten bei einer Person zusammengefunden haben, wird hier als Nachlass bezeichnet. Teilbestände mehrerer Familienmitglieder bzw. gleichrangige Bestände mehrerer Generationen werden zu einem Familienarchiv zusammengefasst.

2 Graßmann (2005).

3 Über die Erstellung von Dokumentationsprofilen für Kommunalarchive und ihren Nutzen kann man sich informieren in: Becker (2009): 122-131.

4 Eine ausführliche Darstellung zu Nachlässen in Kommunalarchiven bringt: Löffelmeier (2015): 187-201.

lungen erfreuen sich in der historischen Forschung und selbstverständlich bei Familienforschern, Publizisten und Heimatforschern großer Beliebtheit. Privates Schriftgut bietet im Gegensatz zu Amtsakten Hintergrundinformationen in ungeschminkter und lebendiger Darstellung. Die subjektive Sicht auf Dinge erlaubt den Historikern individuelle Blicke hinter die Kulissen.

Zu den weitaus umfangreichsten Familienarchiven im AHL gehört das FA Hach (AHL, 05.5-143 FA Hach). 1916/17 vom Archiv erworben, war der Aktenbestand fast ein Jahrhundert nur durch einen von Ernst Wilhelm Eduard Hach (1841-1917)[5] angelegten Registranden zugänglich, erst 2015 wurde dieser einer gründlichen Revision unterzogen.[6] Er umfasst die Nachlässe mehrerer Generationen der Hachs vom 18. bis Anfang des 20. Jahrhunderts und kann folglich ein vielschichtiges Bild des Lübecker Bildungsbürgertums, seiner Forschungen und Interessen, seines beruflichen und gesellschaftlichen Engagements, aber auch seiner persönlichen Geschichten und familiären Verquickungen widerspiegeln. Neben zahlreichen Stammtafeln, Personenregistern und Stammbüchern der weit verzweigten Familie ragen größere Bestände einiger Familienmitglieder hervor. Zu den umfassendsten zählt, neben den Schriftstücken des schon erwähnten Eduard Hach, Jurist, Senatssekretär und Historiker[7], der Bestand seines Großvaters Johann Friedrich Hach (1769-1851). Dieser Aktenbestand bildete u. a. einen zentralen Ausgangspunkt der Forschungen des Lübecker Historikers Michael Hundt zu dem Ratsherrn und späteren Oberappellationsrichter Johann Friedrich Hach. „Die Basis dieses Wissens [über Hach, Anm. der Verf.] stellt an erster Stelle der Nachlaß Hachs im Archiv der Hansestadt Lübeck dar, ...“[8] bemerkt Hundt eingangs. Mit diesem Hinweis auf die genutzten Quellen des Historikers im AHL zeigt sich beispielhaft der hohe Wert, welchen Nachlässe für die Geschichtsforschung haben.

Der unglaublich rege Hach, welcher nach dem Besuch des Katharineums Theologie und Recht in Jena und Göttingen studierte, war zu Beginn seiner Karriere als Anwalt tätig, wurde 1805 in den Rat gewählt und stellte dort sein diplomatisches Geschick für einige Jahre vor allem in der Außenpolitik unter Beweis. Mit Errichtung des Oberappellationsgerichtes 1820 wechselte er in das Amt eines der wenigen Oberrichter und schied aus dem Senat aus. Seine Interessen waren vielfältig, sie galten v. a. dem Lübischen Recht, der Geschichte Lübecks und Lübecker Einrichtungen, zu welchen er viele Vorträge im Rahmen der Gesellschaft zur Beförderung gemeinnütziger Tätigkeit hielt. Sein Engagement zur Bildung eines „Historischen Ausschusses“ führte zur Gründung des heute noch bestehenden Vereins für Lübeckische Geschichte im Jahr 1821.[9] Geehrt mit der „Bene Merenti“ in Gold durch seine Vaterstadt für seine vielseitig

5 Über ihn findet sich eine Biographie in: Graßmann (2009a): 269-271.

6 AHL, Findbuch zum Bestand 05.5-143 FA Hach, bearbeitet von Carmen Rave, Lübeck 2015.

7 Neben den persönlichen Unterlagen in diesem Aktenbestand befindet sich unter der Signatur „AHL, 05.5-144 Hach, Eduard“ zudem ein wissenschaftlicher Nachlass von Eduard Hach, enthaltend v.a. seine Materialien aus der Arbeit im Staatsarchiv Lübeck.

8 Hundt (2001): 249.

9 Graßmann (2009b): 272-276.

geleistete Arbeit, setzte ihm auch die Johann Friedrich Hach-Stiftung mit ihrer Namensgebung ein Andenken, wie es in deren Satzung eingangs heißt.

Der Teilbestand Johann Friedrich Hach (insgesamt 103 Akteneinheiten) umfasst bedeutende Arbeiten Hachs zur Lübeckischen Rechts- und Verfassungsgeschichte, Unterlagen aus seiner Tätigkeit als Ratsherr und Richter am Oberappellationsgericht, Materialsammlungen insbesondere zur Rechtsgeschichte, staats- und philosophische Arbeiten, Reden und Vorträge u. a. gehalten in der Gesellschaft zur Beförderung gemeinnütziger Tätigkeit, Tagebücher, Briefe von Reisen, Belletristik und Prosa, Autobiographisches sowie weitere persönliche Schriftstücke und Fotografien.

Abb. 1: AHL, 05.5-143 Familienarchiv Hach, Nr. 245: Johann Friedrich Hach (1769-1851), sitzend seine Töchter Sophia Friederike Goedeke geb. Hach (1807-1872) und Emilie Hach (1803-1885), stehend Therese Holste.

Der gegenwärtige Bestand der Familienarchive und Nachlässe im AHL (2022)

In den vergangenen 20 Jahren ist der Gesamtbestand der Familienarchive und Nachlässe beachtlich angewachsen, das spricht für unser Archiv. Denn die Lübecker Bürgerinnen und Bürger nehmen das Stadtarchiv als ihr Gedächtnis wahr und vertrauen diesem ihre Schätze an, wohlwissend, dass ihre Vergangenheit hier vor dem Vergessen bewahrt werden kann. Der persönlichen Identifizierung der Lübeckerinnen und Lübecker mit ihrer Geschichte ist es zu verdanken, dass viele private Unterlagen den Weg in unser Stadtarchiv finden. So steht nach der Übernahme des privaten Schriftgutes natürlich das Archiv in der Verantwortung, diese Schätze konservatorisch richtig zu verwahren, zu ordnen, zu verzeichnen und damit der Allgemeinheit zugänglich zu machen.

Aufgrund der stetig anwachsenden Bestände in den letzten 20 Jahren musste eine umfassende Revision und Änderung der Lagerungsstruktur erfolgen. Sämtliche Familienarchive und Nachlässe wurden aufgrund der unterschiedlichen Ansprüche an die Lagerung in zwei Gruppen geteilt: „Bestände über 0,1 lfm“[10] und „Bestände bis zu 0,1 lfm“[11] = K (Kleinbestand). Die Grenzen sind zugegebenermaßen manchmal fließend, nicht immer war diese klare Abtrennung einzuhalten, in Einzelfällen wurden spätere Ablieferungen den vorhandenen Beständen hinzugefügt.

Der Gesamtbestand der Familienarchive und Nachlässe umfasst derzeit rund 200 Regalmeter!

Anzahl der Bestände insgesamt, Stichtag 1.7.2022: 353

Bestände über 0,1 lfm	204 Bestände
Kleinbestände (bis zu 0,1 lfm):	134 Bestände
Unbearbeitet:	15 Bestände

Die „Bestände über 0,1 lfm“ beinhalten 35 wissenschaftliche Nachlässe, sämtlich oder in Teilen bestehend aus Materialsammlungen. Abgegeben wurden diese Unterlagen vor allem von Historikern und Archivaren[12]. Daneben umfassen die Nachlässe das Schriftgut vor allem folgender Berufsgruppen: Architekten, Ärzte, Geographen, Heimatforscher, Ingenieure, Juristen, Kaufleute, Künstler (Bildhauer, Grafiker, Kunsthandwerker, Maler, Musiker), Militär, Pädagogen, Philosophen, Politiker (Bürgermeister, Senatoren, Konsuln, Stadtpräsidenten), Publizisten, Theologen sowie Direktoren städtischer Einrichtungen. Insgesamt finden sich in den „Beständen über 0,1 lfm“ 61 Familienarchive.

Aufgliederung der „Bestände über 0,1 lfm“ nach Größe:

1 - 10 Akteneinheiten	55 Bestände
11 - 50 Akteneinheiten	95 Bestände
51 - 100 Akteneinheiten	22 Bestände
101 - 200 Akteneinheiten	18 Bestände
größer als 200 Akteneinheiten	14 Bestände

10 Im Anhang findet sich in Verzeichnis 1 die Auflistung sämtlicher Familienarchive und Nachlässe über 0,1 lfm mit Signatur, Namen und Laufzeit der Unterlagen bzw. bei Nachlässen Lebensdaten und Beruf.

11 In Verzeichnis 2 findet sich die Auflistung der Kleinbestände mit Signatur, Namen, Beruf und Laufzeit der Archivalien.

12 Aus Platzgründen wird bei den Berufsbezeichnungen nur die männliche Form verwendet.

Welche Schätze verbergen sich hinter diesen nüchternen Zahlen? Nachfolgend werden einige Familienarchive und Nachlässe näher beleuchtet, sie sollen womöglich das Forschungsinteresse wecken und die Vielgestaltigkeit dieses Aktenbestandes aufzeigen.

05.5-003 Ernst Altstaedt: Diese 1984 dem Archiv übergebenen Unterlagen stehen beispielhaft für einen medizinischen Nachlass.[13] Ernst Altstaedt, geb. 1885 in Siegburg, gestorben 1953 in Lübeck, war ein deutscher Internist und erlangte traurige Berühmtheit durch das Lübecker Impfunglück. 1913 kam er nach seiner Ausbildung in Hamm und am Eppendorfer Krankenhaus in Hamburg nach Lübeck und wurde 1914 Oberarzt im Allgemeinen Krankenhaus und Leiter der physikalischen Abteilung. Unter großem Einsatz bemühte er sich um die Tuberkulosefürsorge in Lübeck. Seit 1928 war er als Physikus und Fachbeamter des hiesigen Gesundheitsamtes tätig. Das ab 1921 von dem französischen Arzt Calmette erprobte Schluck-Impfungsverfahren gegen Tuberkulose wurde seit 1929 auch in Lübeck anfangs erfolgreich angewandt. Von den vom 24. Februar bis 26. April 1930 mit dem Impfstoff behandelten 244 Neugeborenen starben jedoch 70, andere trugen bleibende Schäden davon. Die Erkenntnis des Zusammenhangs zwischen den Krankheitsfällen und den Impfungen kam erst sehr spät, ein Abbruch der Impfungen erfolgte erst nach zwei Monaten. Dr. Altstaedt als Chef des Gesundheitsamtes, zwei Chefärzte des Allgemeinen Krankenhauses und der Kinderklinik sowie die mit der Wartung der Impfkulturen betraute Schwester wurden daraufhin wegen Fahrlässigkeit angeklagt. Von Oktober 1931 bis Februar 1932 währte der Prozess vor der II. Großen Strafkammer des Landgerichts der Freien und Hansestadt Lübeck und des oldenburgischen Landesteils Lübeck. Dr. Altstaedt wurde zu einer Gefängnisstrafe von einem Jahr und drei Monaten verurteilt, allerdings nach sieben Monaten begnadigt. Der Prozess führte in die Grenzgebiete ärztlicher Verantwortung und richterlicher Kompetenz und hat deutschlandweit und im Ausland Beachtung erfahren. Für Altstaedt ergriffen viele seiner Kollegen Partei. Vollständig rehabilitiert, hat er ab 1934 bis 1953 wieder als Internist frei praktiziert und sein Leben als angesehener Arzt in Lübeck beschlossen. Sein Nachlass, der v.a. Unterlagen über den Prozess umfasst, ist eher klein, aber doch inhaltlich für Forschungen zur Medizingeschichte so aufschlussreich, dass er im Lesesaal des Archivs häufig benutzt wird. Im Ergebnis sind einige wissenschaftliche Arbeiten entstanden.[14]

05.5-203 Paul Brockhaus: In jüngerer Zeit, im Jahr 2017, wurden die Unterlagen des Pädagogen und Schriftstellers Paul Brockhaus dem AHL als Schenkung überlassen.[15] Brockhaus, 1879 in Godesberg geboren, studierte nach dem Abitur Theologie in Bonn und Tübingen. Nach Abschluss seines Examens wechselte er in den Schuldienst und wurde 1911 zum Oberlehrer an der Oberrealschule zum

---

13 AHL, Findbuch zum Bestand 05.4-003 Ernst Altstaedt, bearbeitet von Antjekathrin Graßmann, Lübeck 1984.

14 Hingewiesen sei an dieser Stelle auf zwei Dissertationen: Katrin Kießling, Der Lübecker Ärzteprozess 1931/32 in der zeitgenössischen Diskussion, Diss. Universität Hamburg, 2008; Hanna Elisabeth Jonas, Das Lübecker Impfunglück 1930 in der Wahrnehmung von Zeitzeuginnen und Zeitzeugen, Diss. Universität Lübeck, 2017.

15 AHL, Findbuch zum Bestand 05.5-203 Paul Brockhaus, bearbeitet von Antjekathrin Graßmann, Lübeck 2019.

Dom in Lübeck ernannt. Von Anfang an beeinflusste er aktiv das Lübecker Kulturleben, gleich 1911 trat er in die Gesellschaft zur Beförderung gemeinnütziger Tätigkeit ein und übernahm 1923 die Schriftleitung der „Lübeckischen Blätter“. Von 1919 an gab er die „Lübecker Heimatkalender“ im Auftrag der Vereinigung für volkstümliche Kunst heraus, später umbenannt in „Der Wagen. Ein lübeckisches Jahrbuch“. Mit der Einrichtung der Freilichtbühne förderte er das Laienspiel und war tätig an der Deutschen Bühnengemeinde, der Deutschen Jugendbühne und im Bundesvorstand des Bühnenvolksbundes. Sein Anliegen war es, Kunst und Kultur in allen Schichten des Volkes zu verankern. Von 1934 bis zum Ende des Zweiten Weltkrieges arbeitete er am Katharineum. Seine anfangs wohl positive Einstellung zum Nationalsozialismus wird in der Literatur recht vorsichtig erwähnt, sicherlich können Forschungen in seinem Nachlass mehr Aufschluss darüber geben. 1965 starb Brockhaus in Lübeck.[16] Die vielseitigen Unterlagen illustrieren seinen Lebenslauf und sein Lebenswerk, d. h. seine Tätigkeit in der Gemeinnützigen sowie für das Theater und Lübecks Kultur. Sie spiegeln sein umfangreiches dichterisches Schaffen wider und enthalten zudem Briefwechsel mit Persönlichkeiten der lokalen Kulturszene. Ergänzt wird der Bestand durch persönliche Fotografien. Zur Geschichte Lübecks in den ersten zwei Dritteln des 20. Jahrhunderts und das Wirken dieses die Kultur der Hansestadt prägenden Mannes kann der Historiker hier eine reichhaltige Quelle finden.

05.5-026 Lilly Dieckmann: Dieser Briefnachlass wurde 1958 durch das gemeinsame Testament der Eheleute Reinhard Dieckmann und Frau Lilly dem Archiv überwiesen.[17] Die Pianistin Lilly Dieckmann, geb. 1882 als Tochter des Archivrates Dr. Ernst August Theodor Diestel und seiner Frau Theodora geb. Souchay in Dresden, heiratete 1903 den Kaufmann Reinhard Dieckmann. Gemeinsam zogen sie nach Lübeck, ihr Mann wurde Teilhaber des Lübecker Handelshauses Charles Petit & Co sowie dänischer Konsul. Als Konsulin Dieckmann führte sie einen einflussreichen musikalischen und literarischen Salon in ihren Häusern in der Parkstraße in Lübeck und in Groß Sarau am Ratzeburger See. Maßgeblich förderte sie verschiedene Künstler, wie Ida Boy-Ed und Wilhelm Furtwängler. Sie starb 1958 in Lübeck. Ihr Nachlass beleuchtet auf einzigartige Weise das gesellschaftlich-künstlerische Leben Lübecks in der ersten Hälfte des 20. Jahrhunderts. Neben dem Briefwechsel zwischen den Eheleuten enthält er den Schriftwechsel zwischen Lilly Dieckmann und ihrer Mutter, Tagebücher und reich illustrierte Reisetagebücher ihrer Auto-Reisen nach Italien und in die Schweiz in den 1920er und 30er Jahren. Das Material erzählt von einer sehr lebendigen und vielfältig interessierten Frau. Die im Nachlass vorhandenen Gästebücher und Briefe von Persönlichkeiten aus der Kunstszene, u. a. von Fritz Behn, Edwin Fischer, den Furtwänglers, Hans Egon Holthusen und Thomas Mann stellen zudem eine äußerst vielversprechende Quelle zum Kunst- und Kulturgeschehen Lübecks, doch auch weit über seine Grenzen hinaus dar. Allein das Gästebuch der Dieckmanns von 1904 bis 1982 birgt mit den enthaltenen reich bebilderten Grüßen, kleinen Geschichten und Zeichnungen bekannter Persönlichkeiten ungeahnte Schätze.

---

16 Carstens (2009): 59-61.

17 AHL, Findbuch zum Bestand 05.5-026 Lilly Dieckmann, o. D.

Abb. 2: AHL, 05.5-026 Nachlass Lilly Dieckmann, Nr. 39: Lilly Dieckmann in Italien am Gardasee 1934.

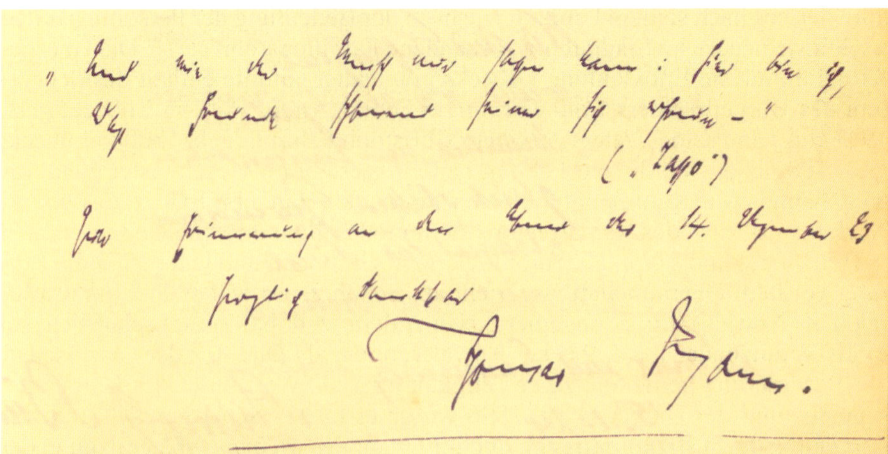

Abb. 3: AHL, 05.5-026 Nachlass Lilly Dieckmann, Nr. 60: Dankesgruß im Gästebuch der Dieckmanns von Thomas Mann vom 14. Dezember 1923.

05.5-031 Abram B. Enns: Als Vorlass gelangte dieser Aktenbestand in den Jahren 1981 bis 1989 in das AHL.[18] Der Schriftsteller Abram B. Enns wurde 1887 in der Mennonitenkolonie Altonau in der Ostukraine geboren. Nach dem Abitur in Basel studierte er in Marburg, Berlin, München, Lausanne und Kiel Germanistik, Romanistik, Philosophie und Kunstwissenschaft. Nach Lübeck hatte es ihn schon zu Kriegszeiten gezogen, 1919 ließ er sich mit seiner Familie in Eckhorst bei Lübeck nieder. Seit 1921 lehrte er u. a. an der Volkshochschule, er gab Gedichte heraus und schrieb für den „Lübecker General-Anzeiger", die „Lübeckischen Blätter" und „Der Wagen". Für einige Jahre war er Mitarbeiter

18 AHL, Findbuch zum Bestand 05.5-031 Abram B. Enns, bearbeitet von Gerhard Ahrens und Antjekathrin Graßmann, Lübeck 2016.

in der Handweberei von Alen Müller-Hellwig. In den Jahren 1938 bis 1940 arbeitete er in einem Münchner Antiquariat, in den Kriegsjahren danach wurde er als russischer Dolmetscher im Berliner Auswärtigen Amt eingesetzt. Nach dem Krieg lehrte Enns am Katharineum und an der Oberschule zum Dom Deutsch und Russisch, seine weiteren Interessen richteten sich hauptsächlich auf die Kunstkritik mit dem Schwerpunkt Kunstgewerbe. 1978 konnte nach langjähriger finanzieller Förderung durch die Kulturverwaltung sein Buch „Kunst und Bürgertum“ über die kontroversen 1920er Jahre in Lübeck erscheinen.[19] Schon 1976 war das Ehepaar Enns aus gesundheitlichen Gründen in das Heiligen-Geist-Hospital gezogen, wo seine Frau 1984 und er 1990 starben.[20] Einen Schwerpunkt dieses Bestandes bilden die Briefwechsel mit der zahlreichen Familie, überdies enthält er vielfältiges Material von und den Schriftverkehr mit Künstlern und Kunsthandwerkern, fast das gesamte letzte Jahrhundert umfassend.

05.5-034 FA Fehling: Beispielgebend für eines der über 60 Familienarchive soll dieser Bestand näher betrachtet werden. Wann genau er in das AHL gekommen ist, schrieb Olof Ahlers (im Archivdienst von 1948 bis 1978) leider nicht, wies aber im Vorwort zum Findbuch wie folgt auf die hohe Wertigkeit hin: „Dieses nach seinem Umfang wie nach der Bedeutung der Persönlichkeiten wichtigste neuere im Stadtarchiv vorhandene Familienarchiv…“.[21] Die Überlieferung dieser die Entwicklung Lübecks prägenden Familie enthält das Schrifttum des Bürgermeisters Emil *Ferdinand* Fehling (geb. 1847 in Lübeck, gest. 1927 ebd.) und seines Vaters *Johannes* Christoph Fehling (geb. 1800 in Lübeck, gest. 1882 ebd.). Ferdinand Fehling hatte insgesamt elf Geschwister. Sein Vater Johannes war Kaufmann und erster Präses der Handelskammer zu Lübeck. Nach dem Besuch des Katharineums studierte Ferdinand Rechtswissenschaften in Heidelberg und Leipzig, er promovierte in Göttingen und legte 1869 die Prüfung vor dem Oberappellationsgericht ab. Schon zeitig war F. Fehling erfolgreich als Anwalt tätig, er engagierte sich zudem recht bald gesellschaftlich, sei es als Vorsitzender des Lübecker Anwaltvereins, als Direktor der Gesellschaft zur Beförderung gemeinnütziger Tätigkeit oder als Wortführer des Bürgerausschusses und der Bürgerschaft. 1896 wurde er in den Senat gewählt und war dort erst in der Justizkommission und im Finanzdepartement, später dann in der Kommission für Reichs- und Auswärtige Angelegenheiten aktiv. In den Jahren 1917 bis 1920 wirkte er als Bürgermeister der Stadt Lübeck und engagierte sich für eine neue Landesverfassung. Mit Eintritt in den Ruhestand 1920 wandte sich Fehling verstärkt seinen vielfältigen historischen Studien zu. Er starb 1927 in Lübeck, vielfach geehrt für sein umfassendes Lebenswerk in der Politik und für seine biographischen Arbeiten.[22] Eines seiner Hauptwerke war die „Lübeckische Ratslinie“ in zwei Fassungen.[23]

---

19 Enns (1978).

20 Wagen (1988): 5.

21 AHL, Findbuch zum Bestand 05.5-034 FA Fehling, bearbeitet von Olof Ahlers, o.D.

22 Ahrens (2009): 118-121. Sinner (2008): 81-82.

23 Fehling (1925).

Der Teilbestand zu Johannes Fehling umfasst umfangreiche familiäre Briefsammlungen, aber auch geschäftliche und gesellschaftliche Beziehungen werden reflektiert. Für den seinen Sohn betreffenden Teil gilt ähnliches, zusätzlich enthält er Unterlagen über die Vermögensverwaltung und spiegelt seine wissenschaftliche sowie seine amtliche Tätigkeit umfassend wider. Mit fast 350 Akteneinheiten, ergänzt durch eine einmalige Fotosammlung, gehört dieser Bestand zu den ausnehmend großen Familienarchiven Lübecks. Erweitert wurde es 2016 durch eine Fotosammlung der Familie Fehling-Witting, enthaltend zahlreiche Portraits, Cartes de Visite und Aufnahmen Lübecker Bauten.

Abb. 4: AHL, 05.5-034 Familienarchiv Fehling, Nr. I, A, 29 a: Emil Ferdinand Fehling mit Ehefrau Ada Marie geb. Geibel und Kindern 1876.

05.5-201 Erich Klahn: Erst im Jahr 2018 gelangte dieser kleine spannende Teilnachlass durch eine Schenkung in das AHL. Der Künstler Erich Klahn wurde 1901 in Celle als Sohn des Versicherungskaufmanns Erich Klahn geboren, ein Jahr später zog die Familie nach Lübeck. Nach Abschluss des Johanneums besuchte er die Malschule von Willibald Leo von Lütgendorff-Leinburg und erlernte die Glasmalerei bei Carl Berkentien. Von 1920 bis 1921 studierte Klahn Malerei in München und erhielt bald darauf seinen ersten größeren Auftrag von der Luthergemeinde in Lübeck. In den 1920er Jahren unternahm er viele Studienreisen, war aber auch am Lübecker Stadttheater tätig. Seit 1929 arbeitete er mit der Teppichwerkstatt von Carlotta Brinckmann in Celle zusammen. Seine künstlerische Tätigkeit war vielfältig, von den Teppichentwürfen über Altararbeiten hin zu den Ulenspiegel-Illustrationen, Gemäldeserien und Emaillearbeiten seien hier nur einige genannt. Klahn starb 1978 in Celle, ein eindrucksvolles Werk hinterlassend.[24] Die ins AHL gelangte Schenkung umfasst mit rund 250 Briefen eine umfangreiche Korrespondenz zwischen Carlotta Brinckmann und Erich Klahn zwischen 1929 und 1940.[25] Sie ist Teil des schriftlichen Gesamtnachlasses von Erich Klahn, verwahrt bei der Familie in Weimar, wo sich insgesamt ca. 1.800 Briefe befinden, sowie im Kloster Mariensee[26]. Dieser Briefnachlass, auch einige farbige Entwürfe für Teppiche und Kirchenfenster enthaltend, ist eine große Bereicherung für die Erforschung kunst- und kulturhistorischer Entwicklungen in einer spannungsgeladenen Zeit.

05-5-154 FA Mühsam-Landau: Die Unterlagen zur Geschichte der Familien Landau und Mühsam hat die Erich-Mühsam-Gesellschaft Lübeck 2009 von einem Nachfahren in Israel angekauft und dem Archiv der Hansestadt Lübeck als Depositum übergeben. Das Familienarchiv beinhaltet Materialien zu Siegfried Seligmann Mühsam, Leo Landau, Charlotte Landau, geb. Mühsam, und in kleinem Umfang zu Erich Mühsam.[27] Es reflektiert in einmaliger Weise das Leben einer jüdischen Familie Ende des 19./Anfang des 20. Jahrhunderts. Der Apotheker Siegfried Seligmann Mühsam, geboren 1835 in Berlin, zog 1878 nach Lübeck und gründete im selben Jahr die St. Lorenz-Apotheke (später Linden-Apotheke). Mühsam war von 1887 bis zu seinem Tod 1915 Mitglied der Lübecker Bürgerschaft. Seine Tochter Charlotte (geb. 1881) besuchte in Lübeck die Ernestinenschule und anschließend die Kunstschule von Willibald Leo von Lütgendorff-Leinburg. Später setzte sie ihr Studium der Bildenden Kunst in Bremen und Hamburg fort. Neben ihrem sozialen Engagement war Charlotte im Israelitischen Frauenverein zu Lübeck tätig und von 1919 bis 1921 als Mitglied der Deutschen Demokratischen Partei eine der ersten weiblichen Abgeordneten in der Lübecker Bürgerschaft.[28] Verheiratet war sie seit 1908 mit dem 1880 in New York geborenen Leo Landau. Dieser war von 1908 bis 1933 als Rechtsanwalt in Lübeck tätig. Unmittelbar nach dem Boykott jüdischer Geschäfte und Einrichtungen verließen die Landaus Anfang April 1933 Lübeck und emigrierten nach Haifa. Der bekannte Bruder Charlottes, der Schriftsteller Erich Müh-

24 Bastek (2015): 9-36.

25 AHL, Findbuch zum Bestand 05.5-201 Erich Klahn, bearbeitet von Susanne Mill, Lübeck 2018.

26 Dort befand sich bis 2018 der Sitz der Klahn-Stiftung.

27 AHL, Findbuch zum Bestand 05.5-154 FA Mühsam-Landau, bearbeitet von Jan Lokers, Lübeck 2010.

28 Schreiber (2010): 18-28.

sam, geb. 1878 in Berlin, lebte von 1879 bis 1900 in Lübeck und machte hier seine Apothekerlehre. Bis zu seinem Tod im Jahr 1934 im KZ Oranienburg war er politisch aktiv.[29] Das Familienarchiv ist vielgestaltig, es bildet das Wirken der jüdischen Familie in der Bürgerschaft und in vielen sozialen Bereichen des städtischen Lebens ab. Daneben finden sich zahlreiche Briefe, Postkarten und Familienpapiere unterschiedlichster Art, auch über die Zeit der Auswanderung aus Deutschland. Überdies bereichern Fotos und Skizzenbücher den Bestand und illustrieren so die schriftlichen Dokumente. Die Materialien stellen eine herausragende Quelle zur jüdischen Geschichte dar.

05.5-172 Alen Müller-Hellwig: Der äußerst umfangreiche schriftliche Nachlass der Kunsthandwerkerin wurde in zwei Ablieferungen in den Jahren 1991 und 2012 an das AHL abgegeben.[30] Der Gesamtumfang mit 496 (!) Akteneinheiten beläuft sich auf 12 lfm. Alen (eigentlich Magdalene) Hellwig, geb. 1901 in Lauenburg/Pommern, kam 1919 mit ihrer Familie nach Lübeck. Durch familiäre Einflüsse fand sie Interesse am Webhandwerk, besuchte in Hamburg eine Webklasse und legte 1923 die Gesellenprüfung für das Stickerhandwerk ab. Anschließend verbrachte sie drei Semester an der Kunstgewerbeschule in München und bestand 1925 die Meisterprüfung des Stickerhandwerks in Hamburg. 1926 eröffnete sie in Lübeck eine eigene Werkstatt für Weberei und Stickerei im Haus ihrer Eltern Hüxterdamm 22. Schon im Jahr darauf folgte der künstlerische Durchbruch mit der Teilnahme Müller-Hellwigs an der Leipziger Messe. Ihre Meisterprüfung für das Webhandwerk legte sie 1928 ab, es folgten zahlreiche nationale und internationale Ausstellungen. Der Lübecker Abram B. Enns (zu ihm siehe oben) stand ihr von 1927 bis 1937 geschäftlich und künstlerisch zur Seite, er knüpfte u. a. die Kontakte zu Alfred Mahlau, nach dessen Entwürfen sie ca. 60 Wandbehänge herstellte. Müller-Hellwig zog 1934 mit ihrer Werkstatt in das Lübecker Burgtorhaus, hier konnten Hoch- und Flachwebstühle aufgestellt werden sowie Flächen für Spinnerei und Wollwäschen eingerichtet werden. Neben Behängen und Teppichen wurden in der wachsenden Werkstatt auch Kleiderstoffe gewebt, die Aufträge von Architekten, kirchlichen Einrichtungen und Privatleuten waren vielfältig. Die Kunsthandwerkerin übernahm daneben Funktionen in berufsständischen Gremien und kümmerte sich um die Ausbildung des Nachwuchses. 1937 heiratete sie den Geigenbaumeister Günther Hellwig (1903-1986), der seine Werkstatt ebenfalls im Burgtor einrichtete. Auch nach dem Krieg arbeitete Müller-Hellwig produktiv weiter.[31] Ende des Jahres 1991 verließ sie das Burgtor und zog in ein Altersheim, wo sie zwei Jahre später verstarb. Der wertvolle Briefnachlass dokumentiert den Aufschwung der Werkstatt in der Weimarer Zeit und während des Nationalsozialismus, die wirtschaftlichen Schwierigkeiten während des 2. Weltkrieges und in der Nachkriegszeit sowie die Veränderung des Stellenwerts des Weberhandwerks seit den 1970er Jahren bis zur Ein-

---

29 Zu ihm findet sich eine Biographie in: Alwast (2009): 449-454.

30 AHL, Findbuch zum Bestand 05.5-172 Alen Müller-Hellwig, bearbeitet von Antjekathrin Graßmann und Gerhard Ahrens, Lübeck 2020.

31 Ebd., S. IV.

Abb. 5: AHL, 05.5-172 Nachlass Alen Müller-Hellwig, Nr. 5: Alen Müller Hellwig um 1930.

stellung des Betriebs in den 1980er Jahren. Im Weiteren finden sich im Bestand ausführliche Familienunterlagen. Wie im Findbuch im Vorwort vorangestellt, bieten „Die Unterlagen ... einen Spiegel der Zeit von 1900-1980: Ausbildung eines jungen Mädchens aus guter Familie, vorgezeichnet durch Mutters Freundschaft mit den Hamburger Weberpionierinnen, den Brinckmann-Töchtern, Gründung einer Handweberfirma mit künstlerischen Ambitionen, dies vor dem Hintergrund der zeitbedingten Entwicklungen, allmähliches Wieder-Tritt-Fassen nach dem 2. Weltkrieg und langsames Abklingen des Kundeninteresses. Grundsätzlich: Der Bestand ist ein Quellenreservoir für die Lübecker, aber auch teilweise für die deutsche Kulturgeschichte am Beispiel Kunsthandwerk."[32]

05.5-170 Otto Passarge: Der Hauptteil dieses Aktenbestandes eines Lübecker Politikers aus dem 20. Jahrhundert wurde 1994 vom Kreisverband Lübeck der SPD zusammen mit anderen Akten der Partei an das AHL abgegeben, Bruchstücke aus anderen Beständen wurden in den Nachlass eingeordnet.[33] Als Sohn eines Schuhmachers wurde Otto Passarge 1891 in Lübeck geboren und ergriff zunächst den Maurerberuf. Schon zeitig wandte er sich dem politischen Geschehen zu, 1908 begründete er die sozialistische Jugendbewegung in Lübeck mit und 1910 trat er in die SPD ein. Nach Militär- und Kriegsdienst wurde Passarge 1920 in die Lübecker Bürgerschaft gewählt und gehörte dort bis 1933 verschiedenen Ausschüssen an. In den folgenden Jahren hatte er den Fraktionsvorsitz der SPD und den Vorsitz des Ältestenrates inne. Auf die Machtübernahme durch die Nationalsozialisten folgten viele Jahre der Verfolgung und mehrfache Inhaftierungen. Nach dem Kriegsende engagierte sich Passarge erneut in der Politik und beim Wiederaufbau der Stadt. Als politisch unbelastete Person wurde er im August 1945 von der Britischen Militärregierung zum Polizeipräsidenten Lübecks ernannt, 1946 dann zum ehrenamtlichen Bürgermeister. Von 1950 bis 1956 wirkte Passarge als hauptamtlicher Bürgermeister, sein Augenmerk lag dabei vor allem auf der Lösung des akuten Flüchtlingsproblems und des Wohnungsnotstandes sowie auf dem Wiederaufbau der zerstörten Stadt. Lübeck hatte mit seinen bis zu

32 Ergänzend dazu findet sich ein von Müller-Hellwig verfasster Bericht über ihre Werkstatt in: Graßmann (2016): 191-206.

33 AHL, Findbuch zum Bestand 05.5-170 Otto Passarge, bearbeitet von Dagmar Hemmie, Lübeck 2004.

100.000 Flüchtlingen und Vertriebenen in schleswig-holsteinischem Vergleich die Hauptlast der Unterbringung und Versorgung von Flüchtlingen zu tragen. Nachdrücklich bemühte sich Passarge zudem um die Wiederherstellung von wirtschaftlichen und kulturellen Kontakten zu den skandinavischen Ländern. Auch nach seinem Ausscheiden aus der Politik blieb er aktiv und war in verschiedenen Funktionen, u. a. in Aufsichtsräten, tätig. Passarge starb 1976 in Lübeck.[34] Sein umfassender Nachlass ist Spiegelbild seines öffentlichen Wirkens, er bezeugt die problematische Nachkriegszeit in Lübeck ganz hervorragend. Inhaltliche Schwerpunkte des Bestandes bilden Passarges Tätigkeit als Bürgermeister und Mitglied des Lübecker Senats, seine Parteiarbeit für die SPD und die Tätigkeiten für verschiedene Aufsichtsgremien. Für die Einsichtnahme in den Bestand ist eine Nutzungserlaubnis des SPD-Kreisverbandes Lübeck erforderlich.

05.5-110 Fritz Rörig: Stellvertretend für viele wissenschaftliche Nachlässe im AHL sei hier der 1952 dem AHL übergebene Nachlass des Historikers und Archivars Fritz Rörig angeführt.[35] Geboren 1882 in St. Blasien/Schwarzwald, aufgewachsen in Barmen, studierte Rörig Geschichte und Nationalökonomie an den Universitäten Leipzig und Tübingen. Nach einigen Jahren als Archivassistent in Metz war er von 1911 bis 1918 als Archivar im Staatsarchiv Lübeck tätig. Hier begann er sein Quellenstudium zur Geschichte des deutschen Städtewesens und der Hanse, diese Forschungsinteressen prägten und begleiteten ihn lebenslang. Für Rörig galt die Hanse als einer der Motoren des spätmittelalterlichen Wirtschaftssystems. Seinen Neigungen folgend, gehörte Rörig ab 1925 dem Vorstand des Hansischen Geschichtsvereins an. Nach seiner Anstellung in Lübeck erhielt er verschiedene Professuren in Leipzig, Kiel und Berlin. In den 1930er Jahren unternahm Rörig viele Vortragsreisen und wurde 1936 überdies in den Vorstand der Nord- und Ostdeutschen Forschungsgemeinschaft berufen. Mit Beendigung des Krieges konnte er, da er der NSDAP nicht beigetreten war, 1946 seine Lehrtätigkeit an der späteren Humboldt-Universität in Berlin wiederaufnehmen. Seit 1948 leitete er die Dienststelle der Monumenta Germaniae Historica bei der Berliner Akademie. Zu den vielen von ihm betreuten Dissertationen gehörte u. a. die des späteren Lübecker Archivdirektors Ahasver von Brandt. Rörig starb 1952 in Berlin.[36] Der Nachlass Rörigs ist von den Erben in die Verwahrung des AHL gegeben worden, weil der Schwerpunkt seines wissenschaftlichen Wirkens in der hansisch-lübischen Geschichte gelegen hat. Er wurde möglichst weitgehend für eine wissenschaftliche Nutzung erschlossen. Das Material birgt eine reichhaltige Stoffsammlung nicht nur für die hansische und lübische Geschichte, sondern auch für die Reichs-, Verfassungs- und Wirtschaftsgeschichte. Überdies haben die Archivalien als personen-, geistes- und zeitgeschichtliche Quellen hohen Rang.[37]

34 Sinner (2008): 186-189.

35 AHL, Findbuch zum Bestand 05.5-110 Fritz Rörig, bearbeitet von Ahasver von Brandt, Klaus Friedland, Alena Maaß und Antjekathrin Graßmann, Lübeck 1952, 2017, 2018.

36 Pauler (2003): 736.

37 Eine Analyse von Rörigs wissenschaftlichem Wirken, auch unter Zugrundelegung des Nachlasses, findet sich bei: Noodt (2007): 155-180.

05.5-K108 Hans Schönherr: Als herausragendes Bespiel eines Kleinbestandes gilt das schon häufiger bei Archivführungen und in Ausstellungen präsentierte Fotoalbum des Redakteurs Hans Schönherr. Der 1912 in München geborene Schönherr lebte seit 1919 in Lübeck und besuchte hier das Johanneum. Danach studierte er in Hamburg Philosophie, Literaturwissenschaft und Pädagogik und trat in den Schuldienst ein. Seit 1938 war er als Journalist tätig, u. a. als Schriftleiter des „Lübecker Volksboten". 1949 begann Schönherr seine Tätigkeit in der Redaktion der „Lübecker Nachrichten" und übernahm 1952 das Ressort Kommunales. Hier setzte er sich zahlreiche Jahre für das kommunale Geschehen ein. 1979 wurde er als Schriftleiter der „Lübeckischen Blätter" berufen, im Jahre 1981 starb er. In Anerkennung seiner journalistischen Leistungen erhielt er viele Ehrungen, u. a. das Bundesverdienstkreuz.[38] Das von ihm hinterlassene Fotoalbum enthält eine Vielfalt von Aufnahmen aus seiner Zeit als LN-Lokalredakteur, aber auch private Aufnahmen. Anschaulich dokumentiert es die Lübecker Nachkriegszeit vor allem der Bereiche Politik und Wiederaufbau. Es ist bedauerlich, dass sein Nachlass im AHL nicht umfassender ist.

Ein Blick auf einige neu erworbene Schätze soll diese nicht unbedingt repräsentative, aber hoffentlich anschauliche Auswahl aus dem reichen Quellenfundus an Familienarchiven und Nachlässen im AHL abrunden.

Sehr persönliche Unterlagen der Familie Edener *(05.5-029 FA Edener)* gelangten 2016 in das AHL, zu verdanken einem Sammlungsaufruf der Lübecker Museen und des Archivs zur 100. Wiederkehr des Kriegsbeginns 1914.[39] Enthalten sind eine eindrucksvolle Sammlung von Feldpostbriefen, Tagebuchaufzeichnungen und Abbildungen der Familie, deren Wurzeln im Magdeburgischen lagen. Friedrich Edener, aus einer Handwerkerfamilie nahe Magdeburg stammend, wurde nach einer Müllerlehre, Dienst beim Militär und in der Lübecker Schutzmannschaft 1895 als Gerichtsvollzieher in Lübeck angestellt. Im Ersten Weltkrieg wurden vier von seinen fünf Söhnen eingezogen, zwei von ihnen fielen an den Fronten in Polen und Flandern.[40] Die zahlreichen privaten Briefe der jungen Männer an ihre Eltern, Freunde und Verwandte berühren und spiegeln die Härten des Krieges eindrücklich wider. Sie können eine hervorragende Quelle für die bildungspolitische Arbeit Lehrender sein.[41]

Abschließend sei auf die Dokumente einer außergewöhnlichen Lebensgeschichte hingewiesen, welche 2019 an das AHL übergeben wurden. Es handelt sich um die Lebenserinnerungen des Oberbootsmannsmaats Paul Schütt (*05.5-205 Paul Schütt*). Schütt, 1873 in Lübeck geboren, fuhr seit 1888 zur See, zuerst als Schiffsjunge. 1895 wurde er zur Marine eingezogen, 1900 zum Bootsmannsmaat

38 AHL, 04.1-0 Hauptamt, Nr. 450.

39 AHL, Findbuch zum Bestand 05.5-029 FA Edener, bearbeitet von Kerstin Letz, Lübeck 2019.

40 AHL, 05.5-029 FA Edener, Nr. 1.

41 Eine Feldpostkarte des ältesten Sohnes Wilhelm, gefallen 1915 in Polen, wurde im Rahmen der Ausstellung „a BRIEF history" präsentiert, siehe dazu: Letz (2020): 18-21.

befördert und 1904 zum Oberbootsmannsmaat. Aus der Marine entlassen, trat er 1907 seinen Dienst als Schleusenwärter bei der Krummesser Schleuse am Elbe-Lübeck-Kanal an. Während des Ersten Weltkrieges wurde er wieder eingezogen, 1930 dann in den Ruhestand versetzt. Paul Schütt starb um 1950 in Lübeck. Er dokumentierte seine Lebenserinnerungen genauestens, allein seine abenteuerlichen Jahre auf See umfassen mehr als 400 Seiten eines reich mit eigenen Fotografien und Postkarten illustrierten Manuskriptes. Detailliert beschreibt Schütt das harte Leben an Bord, aber vor allem seine erstaunlichen Eindrücke fremder Länder und Kulturen (sei es in Japan, Shanghai, Malaysia, Afrika oder Amerika). Der Apotheker Bernhard Stolle hat übrigens Schütts handschriftliche Manuskripte abgetippt und erleichtert damit die Benutzung dieses fesselnden kleinen und ungewöhnlichen Bestandes, an dem auch Völkerkundler Interesse haben dürften.

Abb. 6: AHL, 05.5-205 Paul Schütt, Nr. 1: Matrosen der „Seeadler“ auf der Insel Sawei im Südpazifik mit Indigenen 1900.

Abb.7: AHL, 05.5-205 Paul Schütt, Nr. 1: Paul Schütt (oben links) auf See um 1900.

Ein Dank zum Abschluss

Die Aufarbeitung dieses einmaligen und vielschichtigen Aktenbestandes konnte nur mittels großartiger Unterstützung gelingen, gedankt sei an dieser Stelle zahlreichen Praktikantinnen und Praktikanten, Mitarbeitenden in Maßnahmen zur beruflichen Rehabilitation und ehrenamtlichen Helferinnen und Helfern. Um die gründliche archivische Erschließung vieler Nachlässe und Familienarchive haben sich insbesondere Frau Prof. Antjekathrin Graßmann und Prof. Gerhard Ahrens verdient gemacht, ihnen gebührt höchster Dank!

Nun hofft das AHL auf eine vielseitige Nutzung der abwechslungsreichen Unterlagen, denn: „Wir beschäftigen uns mit ihr [der Geschichte – Anm. der Verf.], um unseren Horizont zu erweitern und zu erkennen, dass unsere gegenwärtige Situation weder unvermeidlich noch unveränderlich ist, und dass wir mehr Gestaltungsmöglichkeiten haben, als wir uns gemeinhin vorstellen.“[42]

42 Harari (2013): 294.

Anhang

Verzeichnis 1: Familienarchive und Nachlässe über 0,1 lfm

Signatur	**Name**	**Inhalt**	**Berufsstand**[43]	**Lebensdaten**[44]	**Akten-anzahl**
05.5 - 001	Aereboe, Albert	WN, MS	Maler	1889-1970	1
05.5 - 002	Ahrens, Carl Heinrich		Oberstleutnant	1795-1880	12
05.5 - 003	Altstaedt, Ernst		Arzt	1885-1933	26
05.5 - 004	Anthes, Otto		Schriftsteller	1867-1954	265
05.5 - 005	Behn		Fam.archiv	19. Jh.	27
05.5 - 006	Behncke, Heinrich Leo		Konsul	1819-1914	159
05.5 - 192	Beutin, Ludwig		Historiker	1903-1958	42
05.5 - 007	Blohm		Fam.archiv	19., 20. Jh.	25
05.5 - 157	Bock, Paul		Politiker	1890-1968	13
05.5 - 008	Boehm-Tettelbach, Arthur		Berufsoffizier	1875-1952	1
05.5 - 009	Boldemann, Friedrich		Kaufmann	1788-1865	33
05.5 - 010	Böse		Fam.archiv	19. Jh.	21
05.5 - 011	Brandt, Ahasver v.	WN, MS	Archivar	1909-1977	7
05.5 - 012	Brehmer, Wilhelm	WN, MS	Bürgermeister und Historiker	1828-1905	12
05.5 - 013	Brehmer/Müller		Fam.archiv	19., 20. Jh.	25
05.5 - 014	Bringmann, Fritz		Arbeiter, Widerstandskämpfer	1918-2011	15
05.5 - 203	Brockhaus, Paul		Pädagoge, Publizist	1879-1965	113
05.5 - 015	Brokes, Christian v.		Ratsherr	1747-1802	1
05.5 - 016	Brömbsen/Brömse		Fam.archiv	14.-18. Jh.	20
05.5 - 017	Bromme, Paul		Politiker	1906-1975	20
05.5 - 018	Bruhns		Fam.archiv	18., 19. Jh.	30
05.5 - 169	Bruns, Alken	MS	Wissenschaftler, Publizist	1944-2021	419
05.5 - 151	Bruns, Friedrich	WN, MS	Historiker	1862-1945	243
05.5 - 019	Buchwald		Fam.archiv	19., 20. Jh.	17
05.5 - 177	Burmester, Gerhard		Politiker	20. Jh.	3

43 Nur bei Nachlässen oder Hinweis auf ein Familienarchiv (= Fam.archiv).

44 Soweit bekannt und nur bei Nachlässen, bei Familienarchiven Angabe der Laufzeit der Archivalien.

Signatur	Name	Inhalt	Berufsstand[43]	Lebensdaten[44]	Akten-anzahl
05.5 - 020	Carstens		Fam.archiv	16.-20. Jh.	150
05.5 - 158	Cassebaum		Fam.archiv	20. Jh.	10
05.5 - 021	Christern, Friedrich Wilhelm		Buchhändler	1816-1891	5
05.5 - 022	Coleman-MacGregor of Inneregny		Fam.archiv	19., 20. Jh.	218
05.5 - 023	Crome, Friedrich		Justizrat	1821-1883	4
05.5 - 024	Curtius		Fam.archiv	19., 20. Jh.	118
05.5 - 025	Deditius		Fam.archiv	19., 20. Jh.	16
05.5 - 148	Deecke		Fam.archiv	19., 20. Jh.	428
05.5 - 026	Dieckmann, Lilly		Pianistin	1882-1958	75
05.5 - 027	Duhn, Ernst v.		Fam.archiv	19. Jh.	25
05.5 - 028	Edelhoff, Julius		Chirurg	1913-1989	50
05.5 - 029	Edener		Fam.archiv	20. Jh.	12
05.5 - 208	Ehrtmann, Franz		Theologe	geb. 1923	29
05.5 - 030	Engel, Joh. Friedrich		Schauspiel-direktor	1801-1875	9
05.5 - 031	Enns, Abram B.		Schriftsteller	1887-1990	157
05.5 - 032	Eschenburg		Fam.archiv	19., 20. Jh.	95
05.5 - 033	Ewers, Ludwig		Schriftsteller	1870-1946	16
05.5 - 034	Fehling		Fam.archiv	19., 20. Jh.	347
05.5 - 035	Fey, Hermann	MS	Musikdirektor	1886-1964	12
05.5 - 036	Fink, Georg		Archivar	1884-1960	61
05.5 - 037	Franke, Otto		Ingenieur	1883-1956	6
05.5 - 188	Frensdorff, Ferdinand	WN, MS	Historiker	1833-1931	44
05.5 - 038	Funk		Fam.archiv	18.-20. Jh.	209
05.5 - 039	Gaedertz		Fam.archiv	19., 20. Jh.	233
05.5 - 040	Gaul, Gerhard		Stadtpräsident	1909-1982	36
05.5 - 041	Gercken, Erich		Heimatforscher	1900-1989	57
05.5 - 042	Gille, Alfred		Rechtsanwalt	1901-1971	18
05.5 - 043	Grammann		Fam.archiv	19., 20. Jh.	134
05.5 - 044	Groenewold, Eberhard		Journalist	1913-1986	13
05.5 - 045	Grossheim, von		Fam.archiv	19., 20. Jh.	24
05.5 - 046	Groth, Rodolfo		Kaufmann	1881-1985	27
05.5 - 047	Gütschow		Fam.archiv	18., 19. Jh.	12
05.5 - 159	Guttkuhn, Peter		Pädagoge	1935-2015	106
05.5 - 048	Haase, Richard		Lithograph	1880-1945	25

Signatur	Name	Inhalt	Berufsstand[43]	Lebensdaten[44]	Akten-anzahl
05.5 - 143	Hach		Fam.archiv	18.-20. Jh.	418
05.5 - 144	Hach, Eduard	WN	Historiker	1841-1917	121
05.5 - 145	Hach, Theodor	WN	Kunsthistoriker	1846-1910	190
05.5 - 184	Hagedorn, Bernhard	WN	Historiker	1882-1914	64
05.5 - 049	Hahn, Georg Carl		Kaufmann	1822-1895	33
05.5 - 050	Hanneken, Meno		Superintendent	1595-1671	44
05.5 - 180	Harder-Gersdorff, Elisabeth	WN	Historikerin	1932-2005	67
05.5 - 051	Harms, Meint		Seefahrtlehrer	1897-1974	11
05.5 - 052	Hasse, Paul	WN	Historiker	1845-1907	11
05.5 - 181	Hauschild, Wolf-Dieter	WN	Historiker	1941-2010	36
05.5 - 053	Havemann, Michael		Familien-forscher	gest. 1954	11
05.5 - 054	Heise, Carl Georg		Museumsdirektor	1890-1979	8
05.5 - 055	Hennings, Johannes	WN	Heimatforscher	1867-1955	13
05.5 - 056	Hersen, August		Prokurist	1865-1935	9
05.5 - 057	Heyke		Fam.archiv	19., 20. Jh.	46
05.5 - 058	Heyland		Fam.archiv	19. Jh.	13
05.5 - 059	Hinzpeter, Erwin und Bernhard		Fam.archiv	20. Jh.	17
05.5 - 185	Hofmeister, Adolf		Historiker	1883-1956	4
05.5 - 187	Höhlbaum, Konstantin	WN	Historiker	1849-1904	24
05.5 - 060	Hude, Bernhard Heinrich von der		Pastor	1765-1828	26
05.5 - 061	Hünicke		Fam.archiv	19., 20. Jh.	26
05.5 - 062	Hüsing, Waldemar		Architekt	1909-1979	10
05.5 - 063	Huuß, Christian August		Bierbrauer	Ende 18., Anfang 19. Jh.	5
05.5 - 064	Johansen, Paul	WN	Historiker	1901-1965	138
05.5 - 065	Jürgens, Wolfgang		nicht bekannt	20. Jh.	2
05.5 - 191	Kalkbrenner, Georg		Senator, Historiker	1875-1956	5
05.5 - 066	Kannt, Hans S.		Werftdirektor	1917-2006	15
05.5 - 067	Karstedt		Fam.archiv	19., 20. Jh.	13
05.5 - 068	Keibel		Fam.archiv	19., 20. Jh.	6
05.5 - 201	Klahn, Erich		Künstler	1901-1978	16
05.5 - 069	Klöcking, Johannes	WN, MS	Heimatforscher	1883-1951	9

Signatur	Name	Inhalt	Berufsstand[43]	Lebensdaten[44]	Akten-anzahl
05.5 - 071	Klügmann, Karl Peter		Jurist	1835-1915	6
05.5 - 160	Knaack, Ernst		Architekt	20. Jh.	19
05.5 - 194	Knüppel, Robert	Vorlass, MS	Bürgermeister	geb. 1931	90
05.5 - 161	Kock, Werner		Bürgermeister	1920-1997	5
05.5 - 070	Kollmann		Fam.archiv	18., 19. Jh.	39
05.5 - 072	Kretzschmar, Johannes	WN, MS	Archivar	1864-1947	17
05.5 - 207	Krüger, Heinz-Georg		Amateurboxer	geb. 1931	2
05.5 - 073	Krüger, Daniel Christian Friedrich		Generalkonsul, Minister	1819-1896	56
05.5 - 074	Kruse, Wilhelm	WN, MS	Historiker	20. Jh.	1
05.5 - 075	Kugler-Weiemann, Heidemarie	Vorlass	Pädagogin, Historikerin	geb. 1951	13
05.5 - 076	Kulenkamp		Fam.archiv	19. Jh.	87
05.5 - 077	Kunkel, Johann H.		Ingenieur	1891-1972	20
05.5 - 186	Kunze, Karl	WN, MS	Historiker	1863-1927	29
05.5 - 153	Lamprecht		Fam.archiv	18., 19. Jh.	98
05.5 - 078	Lange		Fam.archiv	20. Jh.	22
05.5 - 079	Lehnert, Bernhard		Politiker	20. Jh.	12
05.5 - 080	Leider, Kurt	WN, MS	Philosoph	1902-1988	98
05.5 - 195	Lichtenstein/ Koepcke		Dreher/ Schiffsingenieur	20. Jh.	6
05.5 - 081	Lichtwark, Karl		Organist	1859-1931	9
05.5 - 082	Link, Hermann		Präsident des Landesarbeits-amtes	1879-1964	20
05.5 - 178	Lund, Heinz		Senator	1925-2017	13
05.5 - 083	Lütgendorff-Leinburg, Willibald Leo von		Kunsthistoriker	1856-1937	15
05.5 - 084	Mahlau, Alfred		Grafiker	1894-1967	31
05.5 - 085	Mann		Fam.archiv	19., 20. Jh.	31
05.5 - 202	Mantzel, Otto		Bildhauer	1882-1968	16
05.5 - 086	Meier, Adolph		Pädagoge, Schuldirektor	1808-1894	83
05.5 - 087	Meßmer, Joseph Anton	WN, MS	Kunsthistoriker	1829-1879	22

Signatur	Name	Inhalt	Berufsstand[43]	Lebensdaten[44]	Akten-anzahl
05.5 - 162	Meyer, Hans	MS	Verlagsleiter	1931-2020	182
05.5 - 088	Mieder, Horst		Verwaltungs-leiter	1914-2003	2
05.5 - 089	Milde, Carl Julius	WN, MS	Maler	1803-1875	78
05.5 - 090	Mollwo		Fam.archiv	18.-20. Jh.	43
05.5 - 154	Mühsam-Landau		Fam.archiv	19., 20. Jh.	92
05.5 - 091	Müller, Ludwig		Fam.archiv	18., 19. Jh.	137
05.5 - 172	Müller-Hellwig, Alen		Kunsthand-weberin	1901-1993	496
05.5 - 093	Neumann, Gerhard	WN, MS	Historiker	1908- 1980	7
05.5 - 092	Neumann, Johann Martin Andreas		Bürgermeister	1865-1928	23
05.5 - 094	Niendorf, Helmuth		Senator, Stadtpräsident	1896-1972	20
05.5 - 095	Nölting		Fam.archiv	18., 19. Jh.	63
05.5 - 096	Nordmann, Klaus	WN, MS	Historiker	1908-1942	21
05.5 - 163	Oertling, Peter		Stadtpräsident	geb. 1937	8
05.5 - 097	Ohnesorge, Wilhelm	WN, MS	Historiker	1855-1943	10
05.5 - 098	Osterroth, Franz		Politiker, Autor	1900-1986	7
05.5 - 099	Overbeck		Fam.archiv	18., 19. Jh.	102
05.5 - 170	Passarge, Otto		Bürgermeister	1891-1976	365
05.5 - 100	Pegelau		Fam.archiv	18., 19. Jh.	28
05.5 - 101	Penners-Ellwart		Fam.archiv	20. Jh.	12
05.5 - 164	Pieper		Fam.archiv	20. Jh.	38
05.5 - 196	Pieske, Christa	MS	Historikerin	1919-2010	10
05.5 - 102	Plessing		Fam.archiv	18.-20. Jh.	268
05.5 - 103	Prange, Max		Geograph, Studienrat	1891-1979	6
05.5 - 200	Rahtgens, Hugo		Bauingenieur, Historiker	1872-1946	32
05.5 - 104	Reeh, Friedrich Julius		Oberstudienrat	1890-1965	13
05.5 - 105	Rehder, Peter		Oberbaudirektor	1843-1920	106
05.5 - 106	Reimpell, Almuth	WN, MS	Namens-forscherin	20. Jh.	1
05.5 - 176	Rettich		Fam.archiv	19. Jh.	3
05.5 - 107	Reuter		Fam.archiv	18.-20. Jh.	27
05.5 - 108	Rieckmann, Georg		Kaufmann	20. Jh.	35

Signatur	Name	Inhalt	Berufsstand[43]	Lebensdaten[44]	Akten-anzahl
05.5 - 109	Roeck, Karl Ludwig		Bürgermeister	1790-1869	16
05.5 - 204	Röhl, Heinz	Vorlass	Heimatforscher	geb. 1937	8
05.5 - 193	Röhl, Uwe		Organist, Landeskirchen-musikdirektor	1925-2005	318
05.5 - 189	Ropp, Goswin von der	WN, MS	Historiker	1850-1919	13
05.5 - 110	Rörig, Fritz	WN, MS	Archivar	1882-1952	241
05.5 - 175	Rosenthal, Georg		Pädagoge, Studiendirektor	1874-1934	6
05.5 - 152	Sander, Rolf		Richter	1911-2009	191
05.5 - 111	Schlözer		Fam.archiv	18., 19. Jh.	43
05.5 - 165	Schmalenbach, Fritz		Museums-direktor	1909-1984	60
05.5 - 150	Schmidt, Friedrich-Wilhelm		Oberstudien-direktor	geb. 1892	4
05.5 - 112	Schmidt, Georg Philipp		Schriftsteller	1766-1849	9
05.5 - 113	Schmidt, Otto	WN, MS	Bauingenieur	geb. 1904	6
05.5 - 114	Schmidt, Walter	WN, MS	nicht bekannt	20. Jh.	42
05.5 - 183	Schmidt-Römhild, Georg		Verleger	1883-1952	44
05.5 - 115	Schneider, Gerhard		Senator	1904-1988	163
05.5 - 156	Schomaker, Karl		Pädagoge	geb. 1914	41
05.5 - 116	Schön, Ernst		Bürgermeister	1843-1908	12
05.5 - 182	Schultz		Fam.archiv	19., 20. Jh.	68
05.5 - 205	Schütt, Paul		Oberboots-mannsmaat	1873-1951	8
05.5 - 147	Schwarz, Sebald	WN, MS	Landesschulrat	1866-1934	44
05.5 - 117	Siemsen, Arni		Konsul	geb. 1888	8
05.5 - 118	Siercks, Paul		Stadtkassen-direktor	1896-1986	9
05.5 - 206	Sievers		Fam.archiv	19., 20. Jh.	33
05.5 - 166	Sommer, Ingeborg		Stadtpräsidentin	1923-2001	17
05.5 - 119	Spethmann, Hans	WN, MS	Geograph	1885-1957	27
05.5 - 155	Stellbrink, Karl Friedrich		Theologe	1894-1943	74
05.5 - 179	Stern, Hildegard		Publizistin	geb. 1892	2

Signatur	Name	Inhalt	Berufsstand[43]	Lebensdaten[44]	Akten-anzahl
05.5 - 120	Stier, Wilhelm	WN, MS	Schulrat, Heimatforscher	1893-1987	126
05.5 - 121	Stolterfoht		Fam.archiv	18.-20. Jh.	62
05.5 - 122	Stooß		Fam.archiv	18.-20. Jh.	32
05.5 - 123	Struck		Fam.archiv	19., 20. Jh.	55
05.5 - 124	Strunck		Fam.archiv	19., 20. Jh.	19
05.5 - 125	Techen, Friedrich	WN, MS	Historiker	1859-1936	89
05.5 - 126	Thomsen, Gustav Adolf Ludwig		Prediger	1820-1893	12
05.5 - 127	Trockenbrodt/von Calsow		Fam.archiv	19., 20. Jh.	4
05.5 - 128	Türk		Fam.archiv	19., 20. Jh.	60
05.5 - 129	Uffhausen		Fam.archiv	19., 20. Jh.	16
05.5 - 197	Virck		Fam.archiv	20. Jh.	42
05.5 - 130	Voss, Jean Friedrich Arnold		Theologe	1895-1988	2
05.5 - 131	Währer, Georg		Politiker, Rechtsanwalt	1893-1941	2
05.5 - 132	Warendorf, Bruno		Kaufmann	17. Jh.	2
05.5 - 133	Wehrmann, Carl Friedrich		Archivar	1809-1898	6
05.5 - 167	Wellmann, Johann		Fischer, Volksdichter	1828-1910	9
05.5 - 134	Weltner		Fam.archiv	18., 19. Jh.	26
05.5 - 168	Wessel, Jürgen		Verleger	1923-2006	111
05.5 - 135	Westphal, Bruno	WN, MS	Heimatforscher	20. Jh.	20
05.5 - 136	Wiegers, Heinz		Arzt	geb. 1918	7
05.5 - 137	Wiehmann, Otto		Archivar	1939-2006	4
05.5 - 138	Wilcken		Fam.archiv	20. Jh.	1
05.5 - 199	Wilckens, Ulrich	Vorlass	Theologe	1928-2021	9
05.5 - 190	Willmann	WN, MS	Historiker	19. Jh.	5
05.5 - 139	Winterfeld, Sigrid, geb. Mühly		nicht bekannt	20. Jh.	6
05.5 - 140	Wiswe		Fam.archiv	19., 20. Jh.	15
05.5 - 141	Wodrig, Henny		Ärztin	1886-1973	26
05.5 - 149	Woisin/Dedeke		Fam.archiv	20. Jh.	21
05.5 - 142	Wolpmann		Fam.archiv	19., 20. Jh.	50
05.5 - 174	Zimmermann, Jan	Vorlass, MS	Historiker	geb. 1965	21

Verzeichnis 2: Kleinbestände (Familienarchive und Nachlässe bis 0,1 lfm)

Signatur	**Name**	**Berufsstand**[45]	**Laufzeit der Archivalien**
05.5-K001	Ahlers, Johann Heinrich Eduard	Lehrer	1831-1843
05.5-K002	Albert, Eduard Ernst	Theaterdirektor	1924-1935
05.5-K003	Alvensleben, Clara v.		1828
05.5-K004	Beckmann-Rossow	Militär	1802-1876
05.5-K005	Behrens, Georg	Studiendirektor	1952-1965
05.5-K006	Behrens, Jacob	Kaufmann, Senator	1840-1841
05.5-K007	Berens, Volraht		1651
05.5-K008	Biester, Johann Erich	Bibliothekar	1798
05.5-K009	Bilderbeck	Fam.archiv	1798-1815
05.5-K010	Bippen, v.	Fam.archiv	1865-1908
05.5-K012	Böhme, Georg Edward	Pächter	1813-1842
05.5-K013	Borries. Fritz von	Verwaltungsjurist	20. Jh.
05.5-K014	Boy-Ed, Ida	Schriftstellerin	1913-1925
05.5-K015	Brandes, Johann Friedrich	Pastor	1785-1790
05.5-K016	Bremerkamp, Bernhard Kaspar Richard	Kaufmann	1913-1914
05.5-K017	Brocken, Pauline v.		1879-1885
05.5-K018	Burchardi	Fam.archiv	1584-1920
05.5-K019	Busekist, Johann Hinrich	Weinhändler	1800-1817
05.5-K020	Calm	Fam.archiv	1842-1925
05.5-K021	Capelle, Moritz	Bäcker	1653-1664
05.5-K022	Claudius	Fam.archiv	1811-1885
05.5-K023	Coht, Johann Christoph	Kaufmann, Senator	1811-1815
05.5-K024	Croll, Johann Wilhelm		1803-1807
05.5-K025	Danielsson, Rudolf und Senta		1894-1980
05.5-K026	David, Johann Claus Friedrich	Kaufmann	1861-1909
05.5-K027	Derlien, Gustav		um 1945
05.5-K028	Dimpker, Hinrich	Jurist	1981
05.5-K029	Dreckmann, Matthias Heinrich	Hufschmied	1830-1843
05.5-K030	Dummer, Ida		1929
05.5-K031	Enslen	Fam.archiv	1836-1907
05.5-K032	Evers, Gustav	Lehrer	1829-1856
05.5-K033	Evers, Nikolaus Heinrich	Jurist	1760

45 Soweit bekannt und nur bei Nachlässen, ansonsten Hinweis auf ein Familienarchiv (= Fam.archiv).

Signatur	Name	Berufsstand[45]	Laufzeit der Archivalien
05.5-K132	Ewers, Dieter		20. Jh.
05.5-K034	Ewers, Hans	Senator	1929
05.5-K035	Falke, Gustav	Schriftsteller	1894-1949
05.5-K036	Franck, Carl Hermann Heinrich	Kaufmann	1859-1867
05.5-K037	Ganslandt	Fam.archiv	1774-2006
05.5-K038	Gevers, Henrich		1612
05.5-K039	Gloxin, David	Ratssyndikus, Bürgermeister	1647-1691
05.5-K040	Groß, Jakob	Zollinspektor	1871-1880
05.5-K041	Groth	Fam.archiv	1918-1936
05.5-K042	Grüttner, Heinrich Georg Abraham	Töpfermeister	1815-1820
05.5-K043	Hach, Arnold	Jurist	1900-2006
05.5-K044	Hacks, Peter		1558-1674
05.5-K045	Harms, Amalia Elisabeth	Kaufmannsfrau	19. Jh.
05.5-K046	Hasse, Joachim	Schiffer	1799-1847
05.5-K047	Helms, Emil	Oberstadtdirektor	1884-1955
05.5-K048	Helsing	Fam.archiv, Goldschmiede	1781-1890
05.5-K049	Herrmann	Fam.archiv, Musiker	1801-1901
05.5-K059	Heyse, Hugo		1936-1949
05.5-K050	Hock, Alexander	Schauspieler	1836-1926
05.5-K051	Holm, Adolf	Lehrer	1874-1894
05.5-K052	Hunaeus, Georg	Arzt	1899-1911
05.5-K053	Jacobj	Fam.archiv	um 1800
05.5-K054	Jappe, Asmus	Ratsherr	1618-1624
05.5-K055	Jappe, Heinrich	Ingenieur, Genealoge	1720-1931
05.5-K056	Kaeselau	Fam.archiv	1747, 1797
05.5-K057	Kähler, Wilhelm	Kaufmann	1838-1895
05.5-K058	Karll, Gerhard Matthias	Jurist	1786
05.5-K060	Knappe, Wolfgang	Heimatforscher	2013
05.5-K061	Köhler	Fam.archiv	1517-1653
05.5-K062	Kohpeis	Fam.archiv	1760-1830
05.5-K063	Kühl, Gustav	Schriftsteller	1897-1906
05.5-K064	Ladewig	Fam.archiv	1646-1863
05.5-K065	Landmesser	Fam.archiv	1939-1948

Signatur	Name	Berufsstand[45]	Laufzeit der Archivalien
05.5-K066	Lang, Christina Elisabeth	Hausfrau	1758-1765
05.5-K067	Lang, Johann Heinrich	Militär	1813-1814
05.5-K068	Langenbuch	Fam.archiv	18., 19. Jh.
05.5-K069	Leithoff, Matthias	Orthopäde	1807-1841
05.5-K070	Lübbers	Fam.archiv	1764-1832
05.5-K071	Lunau, Benjamin Heinrich	Pianofabrikant	1794-1851
05.5-K072	Lunau, Hinnerk	Techniker	1948-1952
05.5-K073	Lüneburg	Fam.archiv	1581-1744
05.5-K134	Lütjohann, Anna		1808
05.5-K074	Malskat, Lothar	Maler	1976-1977
05.5-K075	Marckmann, Franz	Schornsteinfeger	1832-1865
05.5-K076	Marquart, Otto Christoph		1670
05.5-K077	Marr, Gustav	Kirchenvorstand	1930-1937
05.5-K078	Matz, Friedrich d.Ä. und d.J.	Kaufleute	1801-1974
05.5-K079	Mauermann/Dreessen	Fam.archiv	1889-1918
05.5-K080	Meinecke-Valentin	Fam.archiv	1861-1915
05.5-K081	Meißner, Wilhelm	Militär	1917-1918
05.5-K082	Melle, Jacob von	Historiker	1672-1738
05.5-K083	Meyer, Wilhelm		20. Jh.
05.5-K084	Möller, Lorenz	Bürgermeister	1635-1652
05.5-K136	Niebour, August	Senator	1916-1930
05.5-K085	Nölck, Maria Elisabeth Friederike	Hausdame	1842-1890
05.5-K086	Oldenburg	Fam.archiv	1839-1889
05.5-K135	Pagels, Hermann Joachim	Bildhauer	1900-1950
05.5-K087	Paulig	Fam.archiv, Gärtnerei	1847-1930
05.5-K088	Petersen, Annie	Genealogin	20. Jh.
05.5-K089	Petersen, Hans	Ratsherr	1618-1619
05.5-K090	Petersen, Ingwer	Gewürzkrämer	1790-1809
05.5-K091	Petersen, Peter	Kaufmann	1672
05.5-K092	Pfaff, Carl August	Apotheker	1863
05.5-K093	Pincier v.	Fam.archiv	1738-1743
05.5-K094	Platzmann, Conrad	Kaufmann	1798-1799
05.5-K095	Rahlff, Matthias Heinrich	Krämer	1782-1857
05.5-K096	Reeps, Ferdinand	Oberbaurat	1875-1933
05.5-K097	Rehbein, Thomas	Ratsherr	um 1613

Signatur	Name	Berufsstand[45]	Laufzeit der Archivalien
05.5-K098	Rehbenitz, Marcus Christian	Gutsinspektor	um 1797, 2013
05.5-K102	Rehder, John		1890-1924
05.5-K099	Reusner, Nicolaus		1581
05.5-K100	Riegel, Wanda		1931
05.5-K101	Rodde	Fam.archiv	1716-1889
05.5-K103	Rothschild	Fam.archiv	1909-1996
05.5-K104	Sanmann, Gesche, geb. Burmeister		1730
05.5-K105	Sartori, August	Lehrer	1856-1880
05.5-K106	Schlüter, Elly		1921-1922
05.5-K107	Schnoer, Joh. Hermann	Kaufmann	1829-1844
05.5-K108	Schönherr, Hans	Lokalredakteur	1919-1953
05.5-K109	Schöss	Fam.archiv, Architekten	1880-1920
05.5-K110	Schröder, Hermann	Historiker	1779-1831
05.5-K111	Seelen, Joh. Heinrich v.	Rektor	1741-1760
05.5-K131	Severin	Fam.archiv	1852-1974
05.5-K112	Siemssen	Fam.archiv	1863-1864
05.5-K114	Souchay	Fam.archiv	1810-1834
05.5-K115	Stahl, Nicolaus Wilhelm	Schiffer	1838-1851
05.5-K116	Starky	Fam.archiv	1830-1841
05.5-K117	Suhden, Catharina Margaretha v.		1731
05.5-K118	Tegtmeyer	Fam.archiv	1692-1887
05.5-K119	Tesdorpf	Fam.archiv	1813-1932
05.5-K120	Volger, Rudolf	Polizeibeamter	1891-1957
05.5-K133	Walter, Harald		1980
05.5-K121	Warncke	Fam.archiv	1827-1879
05.5-K122	Wennberg	Fam.archiv	19. Jh.
05.5-K123	Wetken, v.	Fam.archiv	1712
05.5-K124	Wickede	Fam.archiv	1500-1790
05.5-K125	Wildgans	Fam.archiv	1934-1936
05.5-K126	Wittenborg, Johann	Kaufmann	(1331)
05.5-K127	Wohlert	Fam.archiv	1821-1833
05.5-K128	Zaan, Peter	Schiffer	1766
05.5-K129	Zerrenner-Stooß	Fam.archiv	19. Jh.
05.5-K130	Zuhr	Fam.archiv	1861-1867

Literatur

Ahrens (2009)
Gerhard Ahrens, Fehling, Emil Ferdinand, in: Lübecker Lebensläufe aus neun Jahrhunderten, Neumünster 1993, Neudruck 2009, S. 118-121.

Alwast (2009)
Angelika und Jendris Alwast, Mühsam, Erich, in: Neue Lübecker Lebensläufe, Neumünster 2009, S. 449-454.

Bastek (2015)
Alexander Bastek, Birgit Kümmel, Jochen Meiners (Hrsg.), Erich Klahn: Ulenspiegel 1901-1978, Petersberg 2015.

Becker (2009)
Irmgard Christa Becker, Arbeitshilfe zur Erstellung eines Dokumentationsprofils für Kommunalarchive. Einführung in das Konzept der BKK zur Überlieferungsbildung und Textabdruck, in: Archivar 62 (2009), S. 122-131.

Carstens (2009)
Richard Carstens, Brockhaus, Paul Wilhelm Gerhard, in: Lübecker Lebensläufe aus neun Jahrhunderten, Neumünster 1993, Neudruck 2009, S. 59-61.

Enns (1978)
Abram Enns, Kunst und Bürgertum. Die kontroversen zwanziger Jahre in Lübeck, Hamburg 1978.

Fehling (1925)
Emil Ferdinand Fehling, Lübeckische Ratslinie von den Anfängen der Stadt bis auf die Gegenwart (Veröffentlichungen zur Geschichte der Freien und Hansestadt Lübeck, hrsg. vom Staatsarchiv zu Lübeck, Bd. 7, H. 1), Lübeck 1925, Nachdruck 1978.

Graßmann (2005)
Antjekathrin Graßmann (Hrsg.), Beständeübersicht des Archivs der Hansestadt Lübeck (Veröffentlichungen zur Geschichte der Hansestadt Lübeck, hrsg. vom AHL, Reihe B, Bd. 29), 2. Aufl., Lübeck 2005.

Graßmann (2009a)
Antjekathrin Graßmann, Hach, Ernst Wilhelm Eduard, in: Neue Lübecker Lebensläufe, Neumünster 2009, S. 269-271.

Graßmann (2009b)
Antjekathrin Graßmann, Hach, Johann Friedrich, in: Neue Lübecker Lebensläufe, Neumünster 2009, S. 272-276.

Graßmann (2016)
Antjekathrin Graßmann (Bearb.), Die Handweberei von Alen Müller-Hellwig im Lübecker Burgtor 1926-1966, in: ZLG 96, 2016, S. 191-206.

Harari (2013)
Yuval Noah Harari, Eine kurze Geschichte der Menschheit, München 2013.

Hundt (2001)
Michael Hundt, Johann Friedrich Hach (1769-1851). Eine biographische Skizze, in: ZVLGA 81, 2001, S. 249-282.

Letz (2020)
Kerstin Letz, „Ich wundere mich oft, wie ich es immer noch aushalten kann“. Feldpostkarte von Wilhelm Edener an seine Verwandten (1915), in: a BRIEF history, hrsg. vom ZKFL und Brahms-Institut an der Musikhochschule Lübeck, Lübeck 2020, S. 18-21.

Löffelmeier (2015)
Anton Löffelmeier, Nichtamtliches Schriftgut in Kommunalarchiven: Nachlässe, in: Kommunalarchive – Häuser der Geschichte. Quellenvielfalt und Aufgabenspektrum, Würzburg 2015, S. 187-201.

Noodt (2007)
Birgit Noodt, Fritz Rörig (1882-1952): Lübeck, Hanse und Volksgeschichte, in: ZVLGA 87, 2007, S. 155-180.

Pauler (2003)
Roland Pauler, Rörig, Fritz, in: Neue Deutsche Biographie, 21. Bd., Berlin 2003, S. 736-737.

Schreiber (2010)
Albrecht Schreiber, „Daß du tust, was recht und gut ist“ – Lebensbilder vier jüdischer Frauen aus Lübeck (Kleine Hefte zur Stadtgeschichte, hrsg. vom AHL, H. 21), Lübeck 2010, S. 18-28.

Sinner (2008)
Karl-Ernst Sinner, Tradition und Fortschritt. Senat und Bürgermeister der Hansestadt Lübeck 1918-2007 (Veröffentlichungen zur Geschichte der Hansestadt Lübeck, hrsg. vom AHL, Reihe B, Bd. 46), Lübeck 2008.

Wagen (1988)
Der Wagen. Ein lübeckisches Jahrbuch, Lübeck 1988.

Abkürzungen

FA	Familienarchiv
lfm	Laufender Meter
MS	Materialsammlung
WN	Wissenschaftlicher Nachlass
ZKFL	Zentrum für Kulturwissenschaftliche Forschung Lübeck
ZLG	Zeitschrift für Lübeckische Geschichte
ZVLGA	Zeitschrift des Vereins für Lübeckische Geschichte und Altertumskunde

Sämtliche Abbildungen des Beitrags wurden dankenswerterweise gefertigt von Bettina Hagemann, AHL.

Anschrift der Autorin:
Dipl.-Archivarin Kerstin Letz
Archiv der Hansestadt Lübeck
Mühlendamm 1-3
23552 Lübeck
E-Mail: kerstin.letz@luebeck.de

Der 48. Tag der Landesgeschichte 2021 in Lübeck

Dominik Kuhn

Alljährlich veranstaltet der Gesamtverein der Deutschen Geschichts- und Altertumsvereine e.V. den Tag der Landesgeschichte in Zusammenarbeit mit wechselnden lokalen Gastgebern. Anlässlich der Feier des 200-jährigen Bestehens des Vereins für Lübeckische Geschichte und Altertumskunde, einem der Gründungsmitglieder des Gesamtvereins, fand der 48. Tag der Landesgeschichte in Lübeck statt. Gastgeber im Rathaus war neben dem Gesamtverein und dem VLGA das Archiv der Hansestadt Lübeck. Glück im Unglück: Zwar musste die Veranstaltung aufgrund der Pandemieauflagen vom Audienzsaal in die Große Börse verlegt und die Teilnehmerzahl beschränkt werden, doch war die Zusammenkunft und der persönliche Austausch erfreulicherweise möglich. Das folgende Tagungsprogramm stand unter dem Rahmenthema „Bürgerliches Engagement in Vereinen und Vereinigungen im langen 19. Jahrhundert".

Freitag, 29. Oktober 2021

14.00 Uhr Sitzung von Vorstand und Beirat des Gesamtvereins (intern)

16.00 Uhr Mitgliederversammlung des Gesamtvereins (intern)

19.00 Uhr Begrüßung der Öffentlichkeit
Dr. Johannes Mötsch, Vorsitzender des Gesamtvereins
Dr. Jan Lokers, Vorsitzender des VLGA

19.30 Uhr Grußwort des Bürgermeisters der Hansestadt Lübeck, Jan Lindenau

19.45 Uhr Verleihung der Karl-Lamprecht-Medaille an Prof. Dr. Antjekathrin Graßmann
Laudatio: Prof. Dr. Manfred Treml, Rosenheim

20.00 Uhr Festlicher Abendvortrag von Björn Engholm, Ministerpräsident a.D.

Der lange Weg zur Einheit. Anmerkungen zur Entwicklung der Arbeiterbewegung im 19. Jahrhundert

anschließend Empfang des Bürgermeisters im Ratskeller

Sonnabend, 30. Oktober 2021

9.00 Uhr Begrüßung

9.15 Uhr Prof. Dr. Antjekathrin Graßmann, Lübeck (Moderation: Dr. Jan Lokers)

„...daß sich hier ein Verein bilde, mit der Direction in Frankfurt in Correspondenz zu treten...". Die Anfänge des Lübecker Geschichtsvereins vor 200 Jahren

10.00 Uhr Dr. Sebastian Nickel, Erfurt (Moderation: Dr. Jan Lokers)

„Wohl kein Stamm des deutschen Volkes ist zu aller Zeit sangesfroher und gesangliebender gewesen als die Thüringer." Die Thüringer Männergesangvereine im Vormärz

11.15 Uhr Dr. Nicole Bickhoff, Stuttgart (Moderation: Dr. Dominik Kuhn)

Vom Altertumsverein zum Geschichtsverein. Der Württembergische Geschichts- und Altertumsverein in der Kaiserzeit

12.00 Uhr Dr. Markus Seemann, Augsburg (Moderation: Dr. Dominik Kuhn)

Weltpolitik im Vereinslokal. Die Kolonialbewegung in Augsburg und Regensburg 1882-1943

14.00 Uhr Prof. Dr. Klaus Neitmann, Berlin (Moderation: Prof. Dr. Konrad Elmshäuser)

Geschichtsverein und Historische Kommission. Äußere Bedingungen und inhaltliche Aufgaben der brandenburgischen Landesgeschichtsforschung in Weimarer Zeit

14.45 Uhr Dr. Gunnar B. Zimmermann, Hamburg (Moderation: Prof. Dr. Konrad Elmshäuser)

Deutsche Geschichtsvereine in der NS-Zeit und den ersten Nachkriegsjahren. Eine Themenfeldsondierung am Beispiel des Vereins für Hamburgische Geschichte

15.30 Uhr Schlussdiskussion (Moderation: Dr. Johannes Mötsch)

Die sechs wissenschaftlichen Vorträge des Sonnabends, die das äußerst breite und vielfältige bürgerliche Engagement natürlich nur beispielhaft abdecken und veranschaulichen konnten, werden traditionsgemäß in den Blättern für deutsche Landesgeschichte veröffentlicht, weshalb zu diesen Vortragsinhalten auf deren Band 158 (2022) verwiesen werden kann. Darüber hinaus sind kurze Zusammenfassungen davon bereits auf der Webseite des Gesamtvereins einzusehen: https://www.regionalgeschichte.net/fileadmin/Externe_Aktive/gesamtverein/Veranstaltungen/Tag_der_Landesgeschichte/48_TdL_2021/Rueckblick_48._TdL.pdf (letzter Zugriff: 14.7.2022).

Einen ersten Höhepunkt am Freitag, insbesondere aus Lübecker Perspektive, stellte die Verleihung der Karl-Lamprecht-Medaille an Prof. Dr. Antjekathrin Graßmann, Ehrenvorsitzende des VLGA und langjährige Direktorin des Archivs der Hansestadt Lübeck, dar. Prof. Dr. Manfred Treml würdigte sie in einer sehr persönlich gehaltenen Laudatio als „überzeugende Vertreterin moderner Regional- und Landesgeschichte, quellenorientiert und wissenschaftsversiert, aber zugleich nahe an Land und Leuten“, und als „Glücksfall“ für Lübeck, „die ihre Leidenschaft, die Geschichte, zum Hobby und zum Beruf gemacht hat und ein Leben lang mit ihrer Stadt verbunden und verwoben geblieben ist, beruflich und privat.“ Die vollständige Laudatio ist abrufbar unter https://www.gesamtverein.de/fileadmin/Externe_Aktive/gesamtverein/Veranstaltungen/Tag_der_Landesgeschichte/48_TdL_2021/Laudatio_Treml_fuer_Grassmann.pdf (letzter Zugriff: 14.7.2022).

Als leidenschaftlicher Vertreter Lübecks und seiner Geschichte erwies sich auch Bürgermeister Jan Lindenau, der den Gästen im Ratskeller Marzipan und Rotspon kredenzte und die Teilnehmer und Teilnehmerinnen aus der gesamten Republik durch das Rathaus führte und sich viel Zeit dafür nahm. Er sparte dabei die interessantesten hinteren Winkel des historischen Gebäudes nicht aus, es ging bis hinauf aufs luftige Dach hinter den Windlöchern der Marktfassade.

Abb. 1: Vorsitzender Johannes Mötsch, Preisträgerin Antjekathrin Graßmann und Laudator Manfred Treml. Foto: Antje Stubenrauch.

Der vorherige öffentliche Festvortrag von Ministerpräsident a.D. Björn Engholm beleuchtete eine Facette des Rahmenthemas der Tagung und bildete damit eine ausgezeichnete Hinführung und Ergänzung zu den Vorträgen des Folgetags. Nicht zuletzt eröffnete der abschließende Brückenschlag des Redners zu aktuellen gesellschaftlichen Fragen eine wertvolle Perspektive. Wegen des Interesses an diesem Vortrag, der außerhalb des engeren Tagungsprogramms stand, ist er im Folgenden von mir in einer ausführlichen Zusammenfassung auf der Basis des zur Verfügung gestellten Redemanuskripts wiedergegeben.

Abb. 2: Festredner Björn Engholm und Bürgermeister Jan Lindenau. Foto: Antje Stubenrauch.

Björn Engholm: Der lange Weg zur Einheit. Anmerkungen zur Entwicklung der Arbeiterbewegung im langen 19. Jahrhundert

Nach Eric Hobsbawm spannt sich das sog. lange 19. Jahrhundert von der Französischen Revolution 1789 bis zum Beginn des Ersten Weltkriegs 1914. Erweitern lässt sich dieser Zeitraum noch einerseits von der Amerikanischen Unabhängigkeitserklärung 1776 an und anderseits bis zur Revolution 1918 in Deutschland. Zu unterscheiden sind darin vier Phasen: die Revolutionsphase bis 1815; die Ära der Pentarchie (fragiles Gleichgewicht der fünf europäischen Großmächte) 1815-1871; die Phase des Imperialismus und der Hochindustrialisierung 1871-1914; die Urkatastrophe des 20. Jahrhunderts 1914-1918.

In den 125 Jahren des Kernzeitraums von 1789-1914 vollziehen sich elementare Veränderungen in politischer, gesellschaftlicher, sozialer und ökonomischer Hinsicht. Auf den geistigen Grundlagen der Aufklärung wird die absolute Macht von Monarchie und Adel sukzessive abgelöst und die revolutionären Ideen von den Rechten des Individuums (z. B. Rede-, Religions- und Versammlungsfreiheit), der Gewaltenteilung und der Unabhängigkeit der Justiz bereiten den Weg für demokratische Ordnungen und legitimierte Herrschaft. Der gesellschaftliche Wandel wird einerseits durch den Aufstieg des Bürgertums geprägt. Gebildete, kompetente, teils wohlhabende Bürger werden dabei zu einer tragenden Säule der neuen Zeit. Anderseits entsteht ein riesiges Prekariat und mit ihm der Boden für soziale Unruhen und revolutionäre Ideen. Die Einführung der Gewerbefreiheit und der Übergang vom Handwerk und semi-handwerklichen Manufakturen zur Industrie sowie vom Handels- zum industriellen Produktionskapitalismus bringt die Auflösung traditioneller gesellschaftlicher Bindungen mit sich. Die kurzen technisch-industriellen Innovationszyklen (u. a. Etablierung der Dampfmaschine 1780-1830; Erfindung von Stahl und Eisenbahn 1830-1880; Vormarsch von Elektrifizierung, Chemie und Verbrennungsmotor ab 1880) wälzen die Lebensbedingungen der darauf meist unvorbereiteten Menschen um. Die Bauernbefreiung löst einen Zustrom verarmter Bauern in die Städte und Industriezentren aus. Ein Großteil der arbeitenden Bevölkerung gerät so in nie gekannte wirtschaftliche Abhängigkeit, in Rechtlosigkeit und Existenznot. Hinzu kommt ein rasantes Bevölkerungswachstum. Die Folge ist eine massenhafte Verelendung, die sich darin ausdrückt, dass die Quote der existenziell Armen zwischen 1800 und 1850 auf 50 % wächst. Zunächst verfügen diese besitz- und rechtlosen Menschen nicht über ein gemeinsames Klassenbewusstsein. Doch unter dem ökonomischen und sozialen Druck sowie der staatlichen Repressionen beginnt sich langsam „eine Klasse für sich selbst“ (Marx), ein Proletariat, zu entwickeln, das von einem ignorierten zum politikbestimmenden Faktor wird.

Das Bürgertum löst sich früh aus den tradierten, ständischen Strukturen der alten Korporationen wie Zünften und Gilden. Stattdessen entwickelt sich ein freies Vereinswesen und schon im ersten Drittel des 19. Jahrhunderts setzt eine Welle von Vereinsgründungen ein: Kunst-, Konzert-, Lese-, Wissenschafts-, Geschichts-, Gewerbevereine, Freimaurerlogen, Salons, aber auch Wohltätigkeitsvereine zur Hilfe Schwacher. Ein neues, bürgerliches Selbstbewusstsein bricht sich darin Bahn, aber politisch nicht in eine Richtung, sondern mäandernd zwischen radikalliberal und reaktionär.

Die Unterteilung des politischen Spektrums in Links und Rechts geht zurück auf die Sitzordnung der Französischen Nationalversammlung von 1789 und der Französischen Abgeordnetenkammer von 1814. Wer vom Präsidenten aus gesehen rechts saß, war für die alte Ordnung, die Monarchie und gegen die Revolution und Reformen. Links saßen die für eine republikanische, eine veränderte Ordnung Eintretenden. In dieser heterogenen Gruppe fanden sich (Radikal-)Liberale, weltliche und christliche Reformer, frühe Sozialisten und Anarchisten. Sie alle einte kein politisches Programm, sondern ihre Überzeugung der Gleichheit der Menschen. Daran knüpften sie die Verpflichtung an zur Freiheit, besonders auch von Not, Elend und Rechtlosigkeit, sowie zur Solidarität (eine Verengung der Bezeichnung „links" für sozialdemokratische, sozialistische und marxistische Programmatiken erfolgte erst in der zweiten Hälfte des 19. Jahrhunderts).

Dieses heterogene „linke" Feld wird im 19. Jahrhundert zunächst getragen von kleinen, lokalen und regionalen berufsständischen Vereinen von Handwerkern. Vielfach werden diese durch rasante Mechanisierung und Industrialisierung ersetzbar und müssen ihre Arbeitskraft zu unwürdigen Bedingungen zur Verfügung stellen. Sie gründen Vereine zur Hilfe und Selbsthilfe, um ihre Existenznöte zu mindern und durch Bildung ihren gefährdeten Status zu stärken. Fast alle industriell bedrohten Berufsgruppen haben schon vor 1848 eigene Bildungs- und Hilfsvereine (z. B. 1823 die Kranken-, Sterbe- und Streikkasse der Hamburger Haartuchweber). Obrigkeitlich werden diese Vereine misstrauisch beäugt und oft verboten. Aber unaufhaltsam wächst diese Bewegung zu einem dichten Netzwerk zusammen. Zunächst sind sie eher sozial als politisch motiviert, auch von christlichen Werten bestimmt (z. B. Kolpings Katholischer Gesellenverein 1849). Aber zunehmend vertreten sie politische Ziele.

Eine spezifische Variante der Hilfsvereine sind die Genossenschaften. Kleinunternehmer, Händler, Handwerksmeister und Kleinbauern schließen sich zusammen, um durch gemeinschaftliches Produzieren, Handeln und Kreditbewirtschaften dem Druck durch Industrialisierung, Importe und Kostendumping zu widerstehen. Die Gründer (z. B. Hermann Schulze-Delitzsch, Friedrich Wilhelm Raiffeisen, Ferdinand Lasalle, Stefan Born) sind getragen von sozialliberalen und christlichen Motiven.

So werden Arbeitervereine und Genossenschaften zur ersten Säule der Arbeiterbewegung im langen 19. Jahrhundert und sichern Millionen von Menschen das Überleben und verleihen der Gesellschaft solidarische Züge bis sie 1933 alle gleichgeschaltet werden. Gleichzeitig bilden die Vereine, Hilfswerke, Unterstützungskassen und Genossenschaften ein Fundament, auf dem Gewerkschaften entstehen und linke Parteien ihre Mitglieder und Anhänger finden.

Die zweite Säule, die beruflich-ökonomische Arbeitsmarktsäule, stellen die Gewerkschaften. In den 1830er und 1840er Jahren nehmen die Existenznöte der Arbeitenden enorm zu. Angesichts unzumutbarer Arbeitsbedingungen (14 Std./Tag, 6 Tage/Woche), niedriger Einkommen, Arbeitslosigkeit, Wohnungsnot und Hunger werden die Proteste und Streiks härter. Die lokalen und regionalen Vereine erweisen sich dabei als zu schwach für den Kampf gegen die mit dem Staat verbündeten Unternehmer. Daher wächst der Wille, sich grenzübergreifend zu organisieren. Dabei leistet die publizistische und literarische Beschreibung des Aufstands der schlesischen Weber 1844 substanzielle Hilfe. So kommt es 1848 zur Gründung der zwei ersten, noch ständisch organisierten nationalen Gewerkschaften: dem Nationalen Buchdruckerverband und der Association der Zigarrenarbeiter. Zwar nimmt die Bewegung Fahrt auf (z. B. Verein Deutscher Lokomotivführer Anfang der 60er Jahre), doch erst 1892 formiert sich eine Generalkommission der Gewerkschaften (durch Carl Legien). Bis daraus ein Dachverband, der Allgemeine Deutsche Gewerkschaftsbund (ADGB), entstand, dauert es noch bis 1919.

Die dritte Säule der Arbeiterbewegung sind die politischen Parteien. Mit zunehmender sozialer Not und gleichzeitiger Repression wächst die Einsicht, dass es übergreifender Organisationsmuster und eines politisch-ideologischen Fundaments bedarf, um als Gemeinschaft der Recht- und Schutzlosen Durchsetzungskraft erreichen und die Übermacht der Unternehmer, gestützt durch den Staat, brechen zu können. Ab den 1830er Jahren findet ein zunächst zögerlicher, dann effektiver werdender Prozess der politischen Bewusstwerdung statt. Aus der Masse wird eine proletarische Klasse. Dieser Prozess wird befördert und kanalisiert durch intellektuelle Vordenker, die überwiegend linke, politische Parteigruppierungen ins Leben rufen. Vorläufer solcher Parteien ist der 1834 von emigrierten Handwerkern und Intellektuellen in Paris gegründete „Geheimbund der Geächteten“. Eine viel breitere politische Plattform entwickelt sich in der Reaktionsphase nach der Revolution von 1848/49. Mit dem Allgemeinen Deutschen Arbeiterverein (ADAV), gegründet 1863 durch Ferdinand Lasalle, und der Sozialdemokratischen Deutschen Arbeiterpartei (SDAP), gegründet von August Bebel und Wilhelm Liebknecht 1869, entstehen zwei sozialdemokratische Parteien, die sich nach der Lösung programmatischer Konflikte (klein- vs. großdeutsche Lösung, unabhängige vs. parteieigene Gewerkschaften) 1875 zur Sozialistischen Arbeiterpartei zusammenschließen. Daraus wird 1890 die Sozialdemokratische Partei Deutschlands – die erste klassische Massenpartei, die 1912, am Ende des langen 19. Jh.s, die stärkste Fraktion im Reichstag stellt. Sie wird zum politischen Kopf, zum politisch-parlamentarischen Arm der Mehrzahl der Arbeitervereine und Gewerkschaften.

Eine beachtliche Sonderrolle kommt der Frauenbewegung zu. Im langen 19. Jahrhundert haben Frauen keine eigene gesellschaftliche Rolle, sondern sie verbleiben im Privaten, im Bürgertum als Ehe- und Hausfrau und Mutter, in der Arbeiterschicht als zuverdienende Hilfskraft. Obschon lange vor der Französischen Revolution, z. B. durch Montesquieu und Helvétius, gleiche Rechte angemahnt werden, obwohl Frauen auf den Pariser Barrikaden stehen und 30-40 % der Mitglieder in Arbeitervereinen Frauen sind, macht der Ruf nach Freiheit und Gleichheit vor der Frauenrolle halt. Es ist der gebildeten Bürgerlichen und überzeugten Demokratin Louise Otto-Peters (1819-1895) zu verdanken, dass die Frauenrechte Thema im Bürgertum und in der Arbeiterschaft werden. Sie beginnt mit dem Aufbau von Frauenorganisationen, u. a. als Mitbegründerin des Allgemeinen Deutschen Frauenvereins, 1865, den sie fast drei Jahrzehnte leitet. Einen Schub erhält die Bewegung mit August Bebels Buch „Die Frau und der Sozialismus“ (1879). Es wird nach Erscheinen sofort verboten und damit populär. Bismarck sagt über das Buch: „Es trägt zur Vergiftung des gemeinen Mannes bei.“ Diese reaktionäre Haltung ist Wasser auf die Mühlen der linken Frauenrechtlerin in der Sozialdemokratie, Clara Zetkin (1857-1933). Sie vertritt zusammen mit ihrer Freundin Rosa Luxemburg die These, dass die volle Emanzipation erst mit Abschaffung des Kapitalismus möglich werde. 25 Jahre hat sie die Chefredaktion der SPD-Frauenzeitung „Gleichheit“, aber schließlich bricht sie mit ihrer Partei und schließt sich erst der USPD, dann 1919 der KPD an. Bis zu einem ersten Gesetz zur Gleichstellung dauert es noch bis 1957.

Den langen Weg zur Einheit der Arbeiterschaft kann ein beispielhafter Exkurs zum Druckgewerbe veranschaulichen. Dieses ist zwar nur bedingt proletarisch, aber ich habe es gewählt, weil ich selbst eine Lehre als Schriftsetzer gemacht habe und weil Lübeck schon im 16. Jahrhundert ein historisch bedeutendes Druckzentrum war, mit Druckern wie Steffen Arndes, Lucas Brandis und Johann Balhorn sowie dem Verlagshaus Schmidt-Römhild (Ratsprivileg von 1599). Die Organisationsgeschichte des Druckgewerbes beruht auf vier Pfeilern.

Erster Pfeiler und älteste Vereinigung des schwarzen Gewerbes ist die seit Gutenberg existente Vereinigung des Druckes. Über lange Zeit Zunft mit eigenem Brauchtum, eigenen Unterstützungskassen und zahlreichen eigenständigen Vereinen in der Fläche, finden sich die dezentral organisierten Drucker 1866 zum weiterhin standesbewussten Deutschen Buchdruckerverband zusammen. Dieser vertritt berufsspezifische Interessen, bleibt föderalistisch organisiert und hat nur ein zentralistisches Ziel: einen flächendeckenden Einheitstarif für Drucker. Dieses wird 1873 erreicht und 1896 folgt die Bildung einer paritätisch besetzten Tarifgemeinschaft als einer frühen Einrichtung der Sozialpartnerschaft.

Der zweite Pfeiler besteht aus dem Verband der Buchbinder und Papierverarbeiter, der ebenfalls zunächst zünftisch organisiert ist und seine Mitglieder durch kluge Konkurrenzbeschränkung schützt. Mit Aufhebung des Zunftzwangs und der Einführung der Gewerbefreiheit müssen sich Buchbinder den liberalen Marktverhältnissen anpassen. Zu ihrem Schutz und zur Stärkung gründen sie 1873 den Verband der Buchbinder und verwandter Berufszweige. Im Zuge der Sozialistengesetze entsteht daraus ein Unterstützungs-Kartellverband, dem Buchbinder, Album- und Etuimacher, Cartonnagenarbeiter, Liniierer und Hilfsarbeiter angehören. Ab 1893, nach den Sozialistengesetzen, sind nicht mehr die lokalen Vereine, sondern Einzelpersonen Mitglieder – Vorläufer einer modernen Gewerkschaft.

Den dritten Pfeiler stellen die Lithographen, Steindrucker und verwandte Berufe. Wiederum aus lokalen Vereinen und Hilfskassen heraus wird 1873 der Senefelder Bund als rein berufsständische Gewerkschaft gegründet, die sich während der Sozialistengesetze in einen Kranken-Sterbe-Invaliden-Hilfsverein umwandelt. 1890 entsteht als stärker politisch orientierte Konkurrenz der Verband der Lithographen, Steindrucker und Berufsgenossen. Er gewinnt weitere Berufsgruppen hinzu, wie Formstecher, Tapeten- und Wachstucharbeiter, Linienstecher, Chemiker, Fotografen, und verschmilzt 1905 mit dem Senefelder Bund, um sich dann auch den eigentlichen Proletariern und Hilfsarbeitern zu öffnen.

Da die drei genannten Berufsverbände zwar Hilfsarbeiter aufnehmen, aber deren Interessen bei Tarifkämpfen nicht einbeziehen, gründet sich 1898 als später vierter Pfeiler der Verband der grafischen Hilfsarbeiter und -arbeiterinnen. Er wird zur ersten Gewerkschaft, in der Frauen voll gleichberechtigt sind. Dass erst 1922 die Hilfsarbeiter und -arbeiterinnen vollwertige Mitglieder der Tarifgemeinschaft des Buchdruckgewerbes werden, wirft ein Licht auf die Männerdominanz und Standesdünkel der politisch eher linken Fachkräfte. Die hoch qualifizierten Meister und Gesellen betrachten sich als Stand, die Drucker und Setzer als Krone der schwarzen Zunft, weil sie der Sprache mächtig sind. Da ihre Kompetenzen gefragt sind und sie zu den bestbezahlten Fachkräften gehören, entwickeln sie erst spät ein proletarisches Bewusstsein. So nimmt es nicht Wunder, dass alle Versuche, einen Dachverband, eine einige Gewerkschaft für das gesamte Schwarz-Gewerbe zu schaffen, misslingen. Erst 1948 entsteht mit der IG Druck und Papier eine Einheitsgewerkschaft (die 2001 in VER.DI aufgeht).

Es ist ein langer, mühevoller, sehr differenzierter, opferreicher Weg linker Vereinigungen durch das lange 19. Jh., um die großen Ziele der Französischen Revolution und der unvollendeten Deutschen Revolution für das arbeitende Volk zu materialisieren, um Freiheit, Gleichheit und Gerechtigkeit greifbar und real zu machen, um aus rechtlosen Untertanen gleichberechtigte Bürger:innen werden zu lassen. Lokale Arbeitervereine, Bildungskartelle, Unterstützungskassen etc. werden Teil von Genossenschaften und Gewerkschaften, befördern Parteien und lassen ein Geflecht entstehen, aus dem alle wesentlichen Fundamente mit geschaffen wurden, die uns heute tragen: Rechtsstaat, Demokratie, Sozialstaat.

Wenn Willy Brandt seine Heimatstadt besuchte, kam er immer wieder auf zweierlei zu sprechen. Erstens auf den Wahlspruch am Holstentor, besonders dessen ersten Teil: „Concordia domi“. Die Eintracht im Inneren verstand er nicht als Zustandsbeschreibung, sondern als Ziel, auf das alle verpflichtet seien. Zweitens erzählte er uns Jüngeren von seinen Erinnerungen an das Arbeitermilieu unserer Stadt in den Jahren vor der NS-Barbarei, über die Einbettung der Mutter, des Stiefgroßvaters und seiner selbst in die zahlreichen Organisationen: Arbeiterjugend, Falken, Naturfreunde, Arbeiterturner, Kulturkartell mit Buch- und Lesekreis, Mandolinenclub und Sprechchor, Volksbühne, Arbeiterwohlfahrt, Bestattungs-Hilfsgemeinschaft, Konsum-Genossenschaft, Siedler-, Kleingärtner-, und Kleinzüchtervereine, SPD und SDAP, Gewerkschaften, dazu ein publizistisches Sprachrohr (der Lübecker Volksbote). In diesem unglaublich vielfältigen Netzwerk fand das einfache Volk solidarische Hilfe, bildete sich kulturell, sozialisierte sich politisch und entwickelte ein starkes Selbst- und Gruppenbewusstsein, wobei Entspannung und Vergnügen nie zu kurz kamen, wie Willy Brandt erzählte. Die Arbeiterbewegung schuf sich damit ein Stück Heimat, die sie in der bürgerlichen Gesellschaft kaum gefunden hatte. Auch wenn es eine eigene Welt war, fand mit und durch diese Welt Integration in das Gemeinwesen statt.

Der Soziologe Georg Simmel hat die intensiven sozialen Interaktionen, besonders in den Vereinen im 19. Jh., als „Akte der Vergesellschaftung“, „Wege der Sich-Selbst-Vergewisserung“ und „Statusstabilisierung“ beschrieben. In den freien Assoziationen hat demnach das Bürgertum nicht nur kulturelle Geselligkeit gepflegt, sondern auch seine Rolle und seinen Rang definiert, in sozialer, ökonomischer und politischer Hinsicht. Daran hat sich bei allem Wandel der Zeiten und Vereinsstrukturen wenig geändert. Mann/Frau aus Mittel- und gehobenen Schichten gesellt sich in schichtgemäßen Sportvereinen (Tennis, Hockey, Golf, Reiten, Segeln etc.), Serviceclubs, Genussgruppen, Auslands-, Geschichts-, Heimatpflegevereinen, Wissenschafts-, Hochschul-, Alumni-Organisationen, Umweltinitiativen, karitativen und humanitären Gemeinschaften, politischen Parteien.

Ganz anders sieht die Vereinslandschaft im „unteren“ Viertel (oder Drittel?) der Gesellschaft aus, das sich aus geringbezahlten Arbeitern und Angestellten, Verarmten und einem Prekariat zusammensetzt. Von der einst breitgefächerten Vereinsdichte der Arbeiterschaft ist wenig geblieben. Fast einzig Fußballvereine sind als letzte schichtübergreifende Vereine geblieben, AWO und Arbeitersamariter erfüllen inzwischen gesamtgesellschaftliche Funktionen, Gewerkschaften und linke Parteien bieten nur noch ein geschrumpftes Geselligkeits- und Bildungsangebot. Diese sind in aller Regel von gebildeten Bürgerlichen geführt und in den Parlamenten vertreten. Parlamente zeichnen sich heute durch eine personale Nicht-Repräsentation der Arbeiterschaft aus (87 % der Mitglieder haben einen akademischen Abschluss). Nahezu die gesamte Palette der linken Vereinigungen, in denen über ein Jahrhundert Selbstbewusstsein gelernt, Selbstvergewisserung ermöglicht und Selbstbestimmung praktiziert wurde, hat zu existieren aufgehört – und zwar ohne dass die Vereinigungen der „bürgerlichen Mitte“ sich real weit geöffnet hätten für diese kulturell heimatlos Gewordenen. Es ist eine Überlegung wert, ob das Verschwinden oder das Nichtersetzen der linken Vereine dazu beiträgt, die Integration des unteren Viertels (Drittels?) der sozialen Skala in die heutige Gesellschaft nachhaltig zu erschweren und ob somit die sozialen Spannungen mit ihren extrempolitischen Folgen auch hierin eine Ursache haben.

Anschrift des Autors:
Dr. Dominik Kuhn
Archiv der Hansestadt Lübeck
Mühlendamm 1-3
23552 Lübeck
E-Mail: dominik.kuhn@luebeck.de

Ein einzigartiger Fund der Lübecker Archäologie: Eine Torte aus dem Jahre 1942

Doris Mührenberg

Da die ganze Innenstadt ein Grabungsschutzgebiet ist, müssen die Lübecker Archäologinnen und Archäologen bei jedem Bodeneingriff vor Ort sein oder vorher sogar Untersuchungen bzw. Ausgrabungen durchführen. So geschah es auch bei einer Baumaßnahme, die im Frühjahr 2021 in der Alfstraße vorgenommen wurde. Die Alfstraße, gelegen im sogenannten Gründungs- oder Kaufleuteviertel, war in den vergangenen Jahrzehnten schon häufiger Gegenstand archäologischer Untersuchungen, so gleich nach dem Zweiten Weltkrieg im Zuge des Wiederaufbaus, dann aber auch bei groß angelegten Maßnahmen wie in den achtziger Jahren des letzten Jahrhunderts, als die „Jahrhundertgrabung" Alfstraße/Fischstraße stattfand[1]. Und letztlich bei der großen Ausgrabung in den Jahren 2009-2016[2]. Dieses Mal nun galt es, bei der Durchführung der Grundstücksentwässerung baubegleitend den Einbau eines Entwässerungsschachtes und die Abtiefung der Rohr- und Schachtgräben für die Trennentwässerung zu beobachten. Und deshalb war die Archäologin Lisa Renn im April 2021 mit einem Team vor Ort.

Fundsituation

Durch den Bombenangriff in der Palmsonntagnacht am 28./29. März 1942 wurde das Gründungs- bzw. Kaufleuteviertel in hohem Maße zerstört (Abb. 1). Deswegen hat sich die dortige Bebauung zwischen der Braun-, Fisch-, Alf- und Mengstraße nach dem Zweiten Weltkrieg völlig verändert, es stehen hier in der oberen Alfstraße keine giebelständigen Häuser mehr, sondern die zerstörten Gebäude wurden in den fünfziger Jahren durch Riegelbauten ersetzt (Abb. 2)[3]. Kennzeichnend und von ehemaligen Grabungen bekannt ist die Tatsache, dass die Keller der zerstörten Wohngebäude nach dem Angriff meistens nur verfüllt

---

1 Während beim Wiederaufbau nur punktuell untersucht wurde und Werner Neugebauer zumeist nur die Kloaken ausheben konnte, die aber bedeutende Funde zum alltäglichen Leben der Bewohnerinnen und Bewohner des Lübecker Gründungs- bzw. Kaufleuteviertels beinhalteten, vgl. Neugebauer (1951), erfolgte in den Jahren 1985 bis 1990 die Untersuchung von über zehn Grundstücken unterhalb von St. Marien. Befunde und Funde sorgten dafür, dass diese Arbeiten bald als „Jahrhundertgrabung" bezeichnet wurden, vor allem wegen komplett erhaltener hölzerner Keller von Gebäuden aus der Zeit Heinrichs des Löwen. Siehe hierzu Legant (2010) und Legant (2015).

2 Ein paar Jahrzehnte später folgte die unglaubliche Chance, an die Untersuchungen anzuknüpfen, mit einer weiteren „Jahrhundertgrabung", die nun aber im neuen Jahrtausend von 2009 bis 2016 stattfand, und bei der über 40 historische Grundstücke archäologisch untersucht werden konnten, vgl. Schneider (2019).

3 Zur Diskussion um Wiederaufbau, Riegelbauten und maßstabsprengende Schulen, heutige Bebauung auf den alten Parzellengrenzen, vgl. Brix (1975), Mührenberg (2019), Pieper (1946), Stimmann (1990).

wurden[4], und, wenn die neue Bebauung anders ausgerichtet wurde, zum Teil im Boden verblieben sind. So eine Situation erwies sich auch in der Alfstraße 18, dem untersuchten Grundstück. Man stieß auf Teile des Untergeschosses des ehemaligen Dielenhauses, und mit dem Grabungsabschnitt 2 stand die Archäologin mitten im Keller des Vorderhauses Alfstraße 18. Dessen älteste Phase zeigt noch mittelalterliches Mauerwerk, es handelt sich um die Brandwand zwischen den ehemaligen Häusern Nr. 18 und Nr. 20. Wohl im 19. Jahrhundert wird dieser Bereich umgebaut – auch die Fassade des Hauses ist schon nicht mehr mittelalterlich, sondern wurde klassizistisch überformt. Eine spätere Kalksteinmauer zeugt eventuell vom Ausbau als Luftschutzraum. Von der Zerstörung des Hauses in der Palmsonntagnacht 1942 zeugen Rußspuren, zusammengeschmolzene metallene Objekte und eine kompakte Masse aus geschmolzenem Glas, was auf große Hitzeeinwirkung hinweist[5]. Durchsetzt war die Füllmasse mit dem unterschiedlichsten Fundmaterial. Es waren deshalb auch verschiedene Phasen auszumachen, einerseits die unmittelbar von Brand und Zerstörung herrührenden Befunde, andererseits die wahrscheinlich später erfolgte Verfüllung des Kellers[6].

Dieses Material wird ausgeräumt, man findet neben Porzellanscherben auch Besteckfragmente, wie Löffel, Gabel, Teelöffel (Abb. 3), kleine Glasfläschchen, verschiedene Glasfragmente, die nicht mehr eindeutig Gegenständen zuzuordnen sind, blaue Glasscherben gehörten vielleicht zu Lampenschalen, einen großen metallenen Wasserkessel (Abb. 4), dessen Henkel allerdings abgebrochen ist, der Deckel sitzt aber noch fest auf der Öffnung, die Tülle ist vorhanden, aber stark beschädigt. Und in der Nordostecke des Kellers wird ein ganzer Turm von Schellackplatten entdeckt (Abb. 5)[7]. Man erkennt Beethovens Symphonie Nr. 9, „en ré mineur op 125 avec choeur" und seine Mondscheinsonate op. 27 Nr. 2[8]. Es gibt Porzellanscherben mit unterschiedlichem Dekor, doch zwei Kaffeekannen, Milchkännchen, Tassenscherben und Teile von Untertassen stammen von einem zusammengehörigen Service, dessen Form noch ins Art déco weisen könnte, und

---

4 So war dann letztlich der Anlass zur Wiederbebauung der als Parkplatz genutzten Fläche unterhalb von St. Marien ein Auto, das beim Parken in einen verfüllten Keller eingebrochen war, da sich nun, in den achtziger Jahren des 20. Jahrhunderts, das eingebrachte Füllmaterial gesetzt hatte. Daraufhin erfolgten die ersten Planungen einer Neubebauung, der die erste „Jahrhundertgrabung" der Lübecker Archäologie voranging.

5 Über die unerträgliche Hitze in den Kellern berichten auch diejenigen, die es erlebt haben, ein Beispiel in: von der Lippe (1992): 43.

6 Renn (2021).

7 Die Schellackplatten sind eindeutig zu erkennen, es könnte zwar sein, dass auch schon modernere Platten darunter sind, doch bei Wiederaufnahme der Produktion nach dem Zweiten Weltkrieg wurde, obwohl man Ende der 30er Jahre in den USA schon mit anderen Materialien experimentierte, die Schellack-Technik beibehalten, und wohl erst 1958 in den westlichen Ländern und 1961 in der DDR eingestellt, so dass man davon ausgehen kann, dass in einem Privathaushalt Schellack-Platten vorhanden waren. Auf etlichen der Schallplattenfragmente ist auch „Nipper", der Hund, der vor dem Grammophon sitzt, zu erkennen. „Nipper" war zunächst auf den Labels verschiedener Plattenfirmen zu sehen, bis er letztlich für „His Master's voice" stand.

8 Hier schließt sich ein Kreis, denn unter der Operation „Mondscheinsonate" flogen die Nazis ihren Angriff auf Coventry.

dessen Verzierung aus kleinen Herzchen besteht (Abb. 6). Diese sind heute überwiegend schwarz, aber auf der einen Untertassenscherbe zeigen sie eine rötliche Farbe. Es könnte also sein, dass auch hier die Hitze des Feuersturms zu einer chemischen Reaktion geführt und die Farbe sich von Rot in Schwarz verwandelt hat.

Der einzigartige Fund

Ein Fundstück, das zwischen den weiteren Funden für Irritationen sorgt, sieht aus wie eine Torte (Abb. 7). Und es ist eine Torte! Man erkennt, obwohl sie dunkel, rußgeschwärzt und verkohlt ist, Spritzverzierungen. Und spätere Analysen ergeben eindeutig, dass es sich um ein Lebensmittel handelt. Die Torte ist – noch teilweise – in ein Wachstuch eingeschlagen. Ein Krokantrand ziert sie. Die Torte ist 22,5 mal 19 cm groß und noch 4-5 cm hoch, also auf ein Bruchteil ihrer ursprünglichen Größe geschrumpft. Sie ist zwar unter Hitzeeinwirkung gewesen, befand sich aber nicht direkt in einem Brandherd, sonst wäre sie zerstört worden. Bis jetzt ist den Archäologen ähnliches nicht bekannt, und sie bezeichnen ihren Fund als Torte, nicht als Kuchen oder Gebäck, da die klassische Spritzverzierung erkennbar ist, die sich auf einfachen Kuchen im Allgemeinen nicht befindet. Diese Torte, die 79 Jahre nach ihrer Herstellung aus dem Lübecker Untergrund geborgen wird, weist auf einen besonders schrecklichen Tag und gleichzeitig eine Familiengeschichte hin:

Palmsonntagnacht in Lübeck 1942

Es war der 28. März 1942, ein Sonnabend, die Menschen in Lübeck gingen ihrem Wochenendvergnügen nach, obwohl es Krieg war. Noch gab es keine richtigen Auswirkungen vor Ort, es hatte zwar schon 200 Mal Fliegeralarm gegeben, aber dann ging man eben in die Keller, um sich vor herabfallenden Flaksplittern zu schützen. Warum auch sollte eine alte Kulturstadt das Ziel feindlicher Bomber werden, war der Tenor. Am darauffolgenden Tag war Palmsonntag, und so bereiteten viele Familien auch die Konfirmation ihrer Kinder vor. Viele Hotels waren belegt, wohl auch wegen der Konfirmationsfeierlichkeiten. Man hatte sich und die Kunstschätze der Stadt zwar schon in gewissem Maße geschützt, in St. Marien z. B. war die Astronomische Uhr mit Holzbalken und Stroh gegen Sprengbomben gesichert, die Darsow-Madonna war mit Backsteinen „eingemauert“, und für die Bevölkerung waren 1941 schon vier Bunker errichtet worden, derjenige an der Obertrave befand sich gerade im Bau. Und dann geschah in dieser Nacht etwas Schreckliches. Die Royal Air Force flog ihren bis dahin stärksten und längsten Angriff auf eine deutsche Stadt, es sollte ein flächendeckendes Bombardement eines Wohnviertels erprobt werden. Ziel war es, die Zivilbevölkerung zu treffen und moralisch zu schwächen. Am 14. Februar 1942 hatte das Kriegskabinett in London beschlossen: „… dass das Hauptziel unserer Operationen jetzt der Widerstandswille der Zivilbevölkerung des Feindes und vor allem der Industriearbeiter sein soll.“ Um 23.16 Uhr gab es Fliegeralarm, 234 Kampfflugzeuge warfen ihre Munition ab. Eine erste Bombenwelle sollte mit Hilfe von Brandbomben das Ziel für eine zweite Welle hochexplosiver Bomben vorbereiten. Es gab Angriffswellen aus verschiedenen Flughöhen, sowohl mit Brand- und Sprengbomben als auch mit Luftminen. Erst nach drei Stunden konnte Entwarnung gegeben werden, ein Feuersturm war durch die Stadt gezogen. Vor allem das Gründungs- oder Kaufleuteviertel war schwer getroffen, die Häuser in der Braun-, Fisch-, Alf- und Mengstraße standen in Flammen, St. Marien brannte, gegen vier Uhr nachts erreichte das Feuer die Türme, und bevor der Südturm sich neigte, begannen die Glocken zu läuten. Es herrschte große Hitze, glühende Flugasche wirbelte durch die Luft, das Durchkommen war wegen wegen brennender Balken und Mauerteile erschwert. Oft waren die Straßen durch Schuttmassen restlos versperrt, das Fernsprechnetz war ausgefallen, Wasservorräte gefroren und die Hauptwasserleitung in der Mühlenstraße wurde auch noch getroffen. War es vorher in den Kellern oft vergnüglich gewesen, da man sich viel zu erzählen wusste, war es in dieser Nacht auf schreckliche Weise anders… Über 300 Menschen hatten ihr Leben verloren, 136 waren schwer, 649 leicht verletzt, vier wurden vermisst. Ein Fünftel der Innenstadt bestand nur noch aus rauchenden Trümmern, über 15.000 Menschen wurden in dieser Nacht obdachlos.

Das Haus Alfstraße 18

In dieser Schicksalsnacht wurde auch das Haus Alfstraße 18 (Abb. 8) von Bomben getroffen. Es handelte sich um ein Gebäude mit klassizistischer Fassade, schlicht gehalten bis auf das Erdgeschoss, das Rustizierungen aufwies, ansonsten nur von geschossteilenden Gesimsbändern unterbrochen, die Fenster waren umrahmt, das Eingangsportal lag seitlich. Man kann davon ausgehen, dass im Inneren noch älteres Mauerwerk vorhanden war, denn zwei Häuser weiter nach Westen stand ein Gebäude mit einem Treppengiebel, daneben eins mit barockem Giebel, so dass auch hier in der Alfstraße fast alle Jahrhunderte mit ihren Ausdrucksformen vertreten waren. Bei den Ausgrabungen stieß man im Kellerbereich auf die spätmittelalterliche Brandmauer zwischen Alfstraße 18 und 20. Nachdem das Haus – wie die meisten anderen im Gründungsviertel – zerstört und unbewohnbar war (Abb. 9), beschloss die Stadtverwaltung sehr schnell, die Mauern der betroffenen Häuser abtragen und aufräumen zu lassen. So fuhren Lokomotiven, die 20 bis 25 Loren zogen, durch das ehemalige Kaufleuteviertel, und die noch stehenden Brandwände, die der Zerstörung getrotzt hatten, wurden eingerissen, die Keller verfüllt und die Flächen planiert. Noch jahrelang türmten sich die gesammelten Backsteine auf dem Volksfestplatz. Als die Hansestadt in den 1950er Jahren beginnt, die planierten Flächen zwischen Meng- und Alfstraße neu zu bebauen, werden die früheren Eigentümer der Grundstücke im Kaufleuteviertel mit ca. 50 Mark pro Quadratmeter entschädigt.

Familie Hitze

In glücklichen Tagen lebte hier im Haus Alfstraße 18 die Familie Hitze. Das waren Vater, Mutter und Tochter. Johann Christian Martin Hitze wurde am 20. Mai 1868 in Schwerin geboren, er heiratete im Jahre 1901 in St. Aegidien die Lübeckerin Dagmar Frieda Hermine Christiane Cathinka Poulsen, die am 28.12.1872 in Lübeck das Licht der Welt erblickt hatte. Ein Jahr nach der Hochzeit wurde Töchterchen Louise Marie Johanna geboren. Im Jahre 1906 erhielt Johann Hitze das Lübecker Bürgerrecht und die Staatsangehörigkeit (Abb. 10). Fotos zeigen eine gutbürgerliche Familie, die sehr großes Interesse an Musik und Literatur hatte. Oft saß man zusammen an der sonntäglichen Kaffeetafel. Wenige Bilder zeigen das eigentliche Haus, man weiß nur, dass es anscheinend eine Art Dachgarten bzw. Balkon besaß. Ob man von dort auf die mächtigen Mauern von St. Marien blickte? Auch wird erzählt, dass sich das „heimliche Gemach" auf dem Hof befand. Die Tochter war nun in diesen Kriegstagen schon verheiratet, am 28. Mai 1931 hatte sie Alfred Moritz Julius Ehrenberg in St. Marien ihr Ja-Wort gegeben. Zwei Kinder, Tochter Johanna, geboren 1932, und Sohn Gerhard, geboren 1933, vervollständigten die Familie, die in der Glockengießerstraße wohnte. Einige Möbel ihrer Eltern hatte Louise bei ihrem Auszug mitgenommen. Ihr Vater Johann Hitze war im Februar 1942 verstorben, er hat die Zerstörung seines Hauses nicht mehr miterlebt. Seine Witwe hatte dort noch weitere Mieter und Mieterinnen, die Witwen Elsa Mamerow und Helene Hartmann wohnten im zweiten Stock, die Bibliothekssekretärin Hanna Wegner und der Lagerverwalter Fritz Bode im dritten Obergeschoss. Und Dagmar Hitze war in dieser Nacht vor Palmarum in ihrem Haus – ob sie sich im Keller aufhielt, wohinein sich viele Lübecker und Lübeckerinnen in dieser Nacht retteten, da dort oftmals schon Luftschutzräume eingerichtet worden waren[9], können ihre Nachfahren nicht mehr sagen. Sie wussten aber zu berichten, dass die alte Dame in dieser Nacht, nur mit Nachthemd und Pelzmantel bekleidet, einen Karton mit wichtigen Dokumenten unter dem Arm, völlig aufgelöst bei ihrer Tochter in der Glockengießerstraße erschien.

Das Geheimnis der Torte

Die Torte an sich und ihr Zustand warfen eigentlich mehr Fragen auf als sie Antworten gaben. Wie konnte es sein, dass die Torte sich so erhalten hat? Untersuchungen ergaben eindeutig, dass es sich um ein Lebensmittel handelt, also kein Dekorationsstück war. Konserviert durch große Hitze, blieb sie anscheinend so stabil, dass sie im Erdreich inmitten des übrigen Schutts nicht zerdrückt wurde, sie war dadurch, dass sie fast nur noch aus Kohlenstoff besteht, anscheinend auch nicht interessant für kleine Tierchen oder Parasiten. Das Einzige, das ihr anhaftete, waren kleine Wurzelspuren. Deshalb bleiben auch Fragen: Woraus bestand sie genau? Welche Anteile von welchen Lebensmitteln waren vorhanden? Was gab es für die Lübeckerinnen und Lübecker noch, das sie auf Lebensmittelkarten erhalten konnten? Woraus bestanden die Spritzverzierungen? Garantiert nicht aus

9 Auch im Keller von Alfstraße 18 gab es Hinweise auf den Umbau zu einem Luftschutzkeller: Renn (2021).

Sahne oder Buttercreme, denn diese Lebensmittel wären in der Hitze unweigerlich geschmolzen. Vielleicht aus Marzipan? Oder „falschem Marzipan“?[10]

Die Einzigartigkeit dieses Fundstücks führt auch dazu, dass die restauratorische Bearbeitung, die Maßnahmen zu seiner Konservierung nicht klar auf der Hand liegen. Es gibt keine zeitgleichen Vergleichsfunde![11] Erhalten sind jedoch Brotüberreste aus früheren Jahrhunderten[12], und was hierzulande in einigen Museen noch zu finden ist, sind „Hungersemmel“ oder „Hungerbrote“[13]. Diese stammen zumeist aus den Jahren 1816 oder 1817, also aus der Zeit nach dem Ausbruch des Vulkans Tambora auf Java in Indonesien im Jahre 1815. Dieser verursachte in Mitteleuropa ein „Jahr ohne Sommer“, das durch starke Überschwemmungen und Schneefall in niedrigen Lagen bis in den Monat Juli hinein gekennzeichnet war. Das zog naturgemäß schlechte Ernten, Preisschwankungen und Hungersnöte nach sich. Diese gewaltigste Eruption, die die Menschheit bis dahin erlebt hatte, führte dazu, dass ein Schleier aus Staub in die nördliche Hemisphäre eindrang. Bis in den August 1816 gab es Hagelstürme und Schnee, und

10 „Falsches Marzipan“ oder auch „Kriegsmarzipan“ war ein gängiger Nahrungsmittelersatz und soll dem Original ziemlich ähnlich gewesen sein. Es sind mehrere Herstellungsarten überliefert, bei einer wird das „falsche Marzipan“ aus Kartoffeln oder Pellkartoffeln mit 500 gr Zucker, einem Esslöffel Wasser und ein paar Tropfen Bittermandelöl zubereitet. Nach dem Erkalten soll man etwas Puderzucker unterrühren. Nach anderen Rezepten wurde „Kriegsmarzipan“ aus gekochtem Grieß hergestellt, womit auch Torten verziert werden konnten: hierfür wurde Weizengrieß mit Wasser und Puderzucker in gezuckerter Kondensmilch mit Butter gekocht, hinzu kamen Bittermandelöl und Rosenwasser.

11 Allerdings sollen laut Berichten im Internet Stücke von Hochzeitstorten sowohl der Queen als auch von Prinz Charles und Prinzessin Diana konserviert und 66 bzw. 40 Jahre später versteigert worden sein. So wurden auf einer Auktion im englischen Cirencester im August 2021 für ein Stück einer Hochzeitstorte von Charles und Diana 2.000 Euro erzielt.

12 Es gibt mehrere Brote und Brotreste aus Pompeji und Herculaneum, die dort durch den Lavastrom konserviert wurden. Ein gänzlich erhaltenes Brot weist sogar noch den Namen des Sklaven und seines Besitzers auf. Ebenso gibt es interessante Forschungen zum Erhaltungszustand von prähistorischen Broten und Feingebäck, vgl. Währen (1990). Währen hat anhand der Brot- und Kuchenreste aus neolithischen und bronzezeitlichen Gräbern die Schrumpfungen im Gegensatz zum Originalzustand nachgewiesen und beschreibt auch, dass solche Brote nicht mit auf den Scheiterhaufen gegeben worden sein können, denn das Feuer hätten sie nicht überstanden. Vielmehr müssen sie später in die heiße Asche gelegt und auf diese Weise für Jahrtausende konserviert worden sein: Währen (1990): 221. In unseren Breiten ist der „Spitzwecken von Ovelgönne“, der 1952 gefunden wurde und noch zur Hälfte erhalten ist, das älteste überlieferte Kleingebäck Europas: Währen (1996).

13 Zutaten für „Hungerbrote“ sind z. B. Sägemehl, das den Geschmack angeblich nicht beeinträchtigt, dafür aber nur kurzfristig sättigt. Experimentiert wurde auch mit Stroh, Moos und Heu. „Hungersemmel“ findet man noch im Gerätemuseum Ahorn, beschriftet „von alter Hand“ mit „Semmel 1817 Von Bäcker Griebel“; im Historischen Museum Basel ein Basler „Zwei Batzen-Brötchen“ vom Juni 1817; in St. Michael in Schwäbisch-Hall steht ein Erntedankkasten mit vier semmelartigen „Hungerbroten“ aus dem Jahr 1816. In Schloss Friedenstein in Gotha befindet sich eine „Hungersemmel“ aus dem Jahre 1771 (Krabath (2022): 35). Für diese hat der unbekannte Bäckermeister sogar die Preissteigerung auf einem Zettel verewigt: Am 3. Juli kostete ein Scheffel 3,5 Reichstaler, am 13. Juli 4 Reichstaler und sechs Groschen (Krabath (2022): 35).

Tausende von Menschen starben an Hunger, auch wenn angeblich die Pferde geschlachtet und gegessen wurden. In diesem und dem folgenden Jahr wanderten 30.000 Europäer nach Amerika aus[14]. Die „Hungersemmel" oder „Hungerbrote" wurden also in Notzeiten gebacken, sie sind viel kleiner als üblich und entweder wurde das Mehl gestreckt, oder aber durch Sägemehl oder andere Stoffe, wie etwa Baumrinde in Skandinavien, ersetzt. Diese Backwaren haben eben einen anderen Ursprung, es sind eindeutige Beweise für die Klimaverschlechterungen in der Neuzeit[15].

Die Versorgungslage in Kriegszeiten

Allgemein war seit 1937 eine Lebensmittelrationierung vorgesehen, aber die guten Ernten der Jahre 1938 und 1939 sollen dazu geführt haben, dass bei Getreide, Kartoffeln, Zucker und Fleisch ein Selbstversorgungsgrad von 100 % beibehalten werden konnte. Die Zwangsrationierung setzte mit Kriegsbeginn am 1. September 1939 ein und wurde stufenweise erweitert: Fett, Fleisch, Butter, Milch, Käse, Zucker und Marmelade konnten nur noch auf Lebensmittelkarten bezogen werden, am Ende des Monats folgten auch Brot und Eier. Kritisch wurde im Jahr 1942 die Versorgung mit Fett, Restaurants und Gaststätten hatten zwei fleischfreie Tage einzuhalten und die Speisekarte auf fünf Gerichte zu beschränken[16]. Auch wurde an die Selbstversorgung appelliert: Obst und Tomaten sollten angebaut, Kleinvieh gehalten werden.

Konfirmation 1942

Da in Lübeck traditionell am Palmsonntag konfirmiert wurde, waren auch im Jahre 1942 die Vorbereitungen für den festlichen Anlass in den Familien mit Konfirmanden und Konfirmandinnen in vollem Gange[17]. Zeitzeugen berichten in mehreren Publikationen von erwarteten Gästen und Vorbereitungen, die vor allem das festliche Essen betrafen, da wird von Salaten, Frikadellen, Braten und Backwerk erzählt[18]. So freute sich auch eine junge Lübeckerin auf den kommenden Sonntag, an dem sie in St. Petri konfirmiert werden sollte. Nun, am vorherigen Nachmittag, hatte sie das Backen übernommen und war gerade dabei,

---

14 Schulz (2015).

15 Forscherinnen und Forscher versuchen zur Zeit anhand verschiedenster Quellengattungen die Klimaveränderungen der letzten 1000 Jahre zu ermitteln, denn schriftliche Aufzeichnungen hierzu sind nur selten überliefert. Es ist bekannt, dass es von 1050-1250 eine wärmere Periode gab, die um 1300 von einer „Kleinen Eiszeit", die bis ins 19. Jahrhundert andauerte, abgelöst wurde (Krabath (2022): 34). Während dieser Phase folgten auf lange Winter feuchte Sommer.

16 Schreiber (1983).

17 Da man dieses Datum in Lübeck kennt, kam auch bei den Archäologinnen und Archäologen der Gedanke auf, es könnte sich um eine Torte für eine Konfirmationsfeier handeln. Doch nach Recherchen und Gesprächen mit den Nachkommen ist diese Vermutung nicht zu halten.

18 Augenzeugen werden u. a. in folgenden Publikationen zitiert: von der Lippe (1989).

die letzten „Hanseaten" mit weißem und rotem Zuckerguss zu verzieren, als ihr Vater in die Küche stürzte mit den Worten: „Ihr seid hier noch beim Backen und halb Lübeck brennt!" Wie der doch wieder übertreibt, amüsierten sie und ihre Mutter sich[19]. So hatte man in den Familien anscheinend die Lebensmittelkarten der vorangegangenen Wochen aufgespart, um nun die Konfirmationen feiern zu können. Und es sollte ein schönes Fest für die jungen Menschen werden, und dann kam alles anders…[20]

Literatur

Albrecht (2008)
: Thorsten Albrecht, Lübeck in Farbe. Farbfotografien von 1928 bis 1943, Petersberg 2008.

Brix (1975)
: Michael Brix, Einbrüche in die Struktur der Lübecker Altstadt als denkmalpflegerisches Problem: Gründerzeit und Wiederaufbau nach 1945, in: Michael Brix (Hrsg.), Lübeck – Die Altstadt als Denkmal. Geschichte. Wiederaufbau. Gefährdung. Sanierung, München 1975, S. 22-46.

Krabath (2022)
: Stefan Krabath, Gerade erst vorbei: die „Kleine Eiszeit", in: Archäologie in Deutschland, Heft 3, 2022, S. 34-35.

Legant (2010)
: Gabriele Legant, Zur Siedlungsgeschichte des ehemaligen Lübecker Kaufleuteviertels im 12. und frühen 13. Jahrhundert – Nach den ältesten Befunden der Grabung Alfstraße – Fischstraße – Schüsselbuden, 1985-1990 (= Lübecker Schriften zu Archäologie und Kulturgeschichte 27), Rahden/Westfalen 2010.

Legant (2015)
: Gabriele Legant, 800 Jahre Stadtgeschichte auf dem Grundstück Fischstraße 14. Die archäologischen Befunde der Anschlussgrabung im ehemaligen Lübecker Kaufleuteviertel, 1994-1996, in: Lübecker Schriften zu Archäologie und Kulturgeschichte 28, 2015, S. 217-324.

Von der Lippe (1989)
: Helmut von der Lippe, „So haben wir es erlebt" – 1939-1949. Zeitzeugen berichten, Lübeck 1989.

Von der Lippe (1992)
: Helmut von der Lippe, „Diese Nacht vergesse ich nie" – Lübeck Palmarum 1942. Eine Stadt im Bombenhagel, Lübeck 1992.

---

19 Von der Lippe (1992): 27.

20 Einige Konfirmanden und Konfirmandinnen hatten Glück, teilweise wurde in unzerstörten Kirchen trotz oder gerade wegen dieser schrecklichen Ereignisse am Palmsonntag konfirmiert, die im Dom ausgefallene Konfirmation wurde eine Woche später in (der unzerstörten) Jakobikirche durchgeführt.

Mührenberg (2019)
Doris Mührenberg, Der Bombenangriff 1942, Spuren der Zerstörung und Wiederaufbau, in: Manfred Schneider (Hrsg.), Ausgrabungen im Lübecker Gründungsviertel I: Die Siedlungsgeschichte, Lübeck 2019, S. 782-807.

Neugebauer (1951)
Werner Neugebauer, Das unterirdische Lübeck, in: Der Wagen 1951, S. 63-78.

Pieper (1946)
Hans Pieper, Lübeck. Städtebauliche Studien zum Wiederaufbau einer historischen deutschen Stadt, Hamburg 1946.

Renn (2021)
Lisa Renn, HL 266 – Alfstraße 8-18, 1. April 2021 - 31. Mai 2021, Grabungsbericht in den Akten des Bereichs Archäologie und Denkmalpflege.

Schneider (2019)
Manfred Schneider (Hrsg.), Ausgrabungen im Lübecker Gründungsviertel I: Die Siedlungsgeschichte, Lübeck 2019.

Schreiber (1987)
Albrecht Schreiber, Zwischen Hakenkreuz und Holstentor, Lübeck 1987.

Schulz (2015)
Matthias Schulz, Geschichte – Der Ausbruch des Vulkans Tambora vor 200 Jahren brachte Hunger, Tod – und sozialen Fortschritt, in: Der Spiegel 15, 2015, S. 116-117.

Stimmann (1990)
Hans Stimmann, Pläne auf Trümmern – 40 Jahre Wiederaufbauplanung 1949-1989, in: Der Wagen 1990, S. 15-32.

Währen (1990)
Max Währen, Brot und Gebäck in keltischen Brandgräbern und römischen Aschengruben – Identifizierung von Brot- und Gebäckfunden aus dem Gräberfeld von Wederath-Belginum, in: Trierer Zeitschrift 1990, 53, S. 195-224.

Währen (1996)
Max Währen, Vorgeschichtliche Brotreste aus der nördlichen Lüneburger Heide, in: Harburger Jahrbuch 19, 1996, S. 11-38.

Wilde (1999)
Lutz Wilde, Bomber gegen Lübeck. Eine Dokumentation der Zerstörungen in Lübecks Altstadt beim Luftangriff im März 1942, Lübeck 1999.

Zimmermann (2016)
Jan Zimmermann (Hrsg.), Karl Braune, Lübeck und Travemünde. Fotografien 1930-1945, Hamburg 2016.

Anschrift der Autorin:
Doris Mührenberg M.A.
Bereich Archäologie und Denkmalpflege der Hansestadt Lübeck, Abt. Archäologie
Meesenring 8
23566 Lübeck
E-Mail: doris.muehrenberg@luebeck.de

Abb. 1: Das Ausmaß der Zerstörung in der Palmsonntagnacht 1942 um St. Marien ist auf diesem Luftbild eindrucksvoll zu erkennen, aus: Wilde (1999): 26, Abb. 22.

Abb. 2: Die Neubauten zwischen Alfstraße und Mengstraße bestehen aus einer traufständigen Riegelbebauung, die keinerlei historische Struktur aufnimmt, aus: Zimmermann (2016): 188.

Abb. 3: Besteckfragmente aus der Kellerverfüllung des zerstörten Hauses Alfstraße 18 (Foto: Bereich Archäologie und Denkmalpflege der HL).

Abb. 4: Der Wasserkessel aus dem Kriegsschutt (Foto: Bereich Archäologie und Denkmalpflege der HL).

Abb. 5: Die Schellackplatten sind durch die Hitze zu einem Turm zusammengebacken. Links das Fragment der Schellackplatte mit Beethovens Mondscheinsonate (Foto: Bereich Archäologie und Denkmalpflege der HL).

Abb. 6: Unter zahlreichen Porzellanscherben aus der Kellerverfüllung fanden sich auch diese Teile eines Services mit Herzchendekor (Foto: Bereich Archäologie und Denkmalpflege der HL).

Abb. 7: Die Torte aus der Schicksalsnacht 1942: Man erkennt das Spritzdekor und den Krokantrand ebenso wie die Pappe (unten rechts), auf der die Torte stand. Im hinteren Bereich liegen noch die Reste des Wachstuchs auf der Torte, dadurch wird das Spritzdekor auf dieser Hälfte verdeckt (Foto: Bereich Archäologie und Denkmalpflege der HL).

Abb. 8: Das Haus Alfstraße 18 ist das zweite Haus von rechts, man erkennt die Rustizierungen im Erdgeschossbereich der Fassade, ein weiteres klassizistisch überformtes Gebäude und ein Haus mit einem markanten Rundbogenportal und einem Treppengiebel folgen nach Westen (Foto: Frank-Timo Lange).

Abb. 9: Die zerstörte obere Alfstraße, linkerhand auch das Haus Nr. 18, diesmal geht der Blick von Westen nach Osten: Man erkennt zunächst das Rundbogenportal des Hauses Nr. 22, dann folgen die Fassaden von Nummer 20 und Nummer 18, die beide noch größtenteils stehen geblieben sind, aus: Albrecht (2008): 77.

Abb. 10: Ehepaar Dagmar und Johann Hitze (Foto: Frank-Timo Lange).

Jahresbericht der Abteilung Denkmalpflege der Hansestadt Lübeck 2021/22

Amtschronik

Für den Zeitraum der Jahre 2021 und 2022 kann lediglich über eine personelle Veränderung berichtet werden: Im Januar 2021 wurde die Nachbesetzung der Inventarisationsstelle durch Frau Dr. des. Seemann vollzogen, die durch die in den Ruhestand verabschiedete langjährige Stelleninhaberin Frau Dr. Möhlenkamp zum Jahresende 2020 frei geworden war. Nach dieser nun abgeschlossenen Personalie gab es im weiteren Verlauf des Jahres 2021 keine weiteren, berichtenswerten Veränderungen. Anfang 2022 hat die langjährige Leiterin der Abteilung, Frau Dr. Hunecke, bekannt gegeben, dass sie im kommenden Jahr 2023 im Zuge der Altersteilzeit vorzeitig aus dem aktiven Dienst ausscheiden und mit sofortiger Wirkung von ihrer Position als Abteilungsleiterin zurücktreten wird. Aufgrund dieser Ankündigung wurde von städtischer Seite ein Leitungswechsel veranlasst und Herr Wojtkiewicz hat die Position von Frau Dr. Hunecke am 1. März 2022 übernommen. Der Wechsel bedeutet nach dreißigjähriger Sach- und Führungstätigkeit für den ursprünglichen Aufgabenbereich von Frau Dr. Hunecke zugleich eine Zeitenwende, da sie die letzte verbliebene Vertreterin einer Generation Denkmalpfleger:innen ist, die die Belange des Denkmalschutzes über Jahrzehnte mit aller Vehemenz und großem Engagement für die Stadt und im Land Schleswig-Holstein vertreten hat. Daher möchten wir ihr hiermit unsere große Anerkennung aussprechen: „Liebe Frau Dr. Hunecke, vielen Dank für Ihr Engagement und Ihren unermüdlichen Einsatz. Wir zollen Ihnen den größten Respekt dafür, dass Sie die Belange des Denkmalschutzes über all die Jahre durch dick und dünn geführt haben."

Gleichzeitig ist es eine große Bereicherung, dass Frau Dr. Hunecke uns noch für das Jahr 2022 erhalten bleibt und uns mit Rat und Tat zur Seite steht. Der bevorstehende Weggang fällt zusammen mit weiteren wesentlichen Veränderungen, die mit dem Umbau der Amtsgeschäfte auf ein digitales System und dem Umzug in ein anderes Dienstgebäude einhergehen werden.

Publikationen, Teilnahme an Wettbewerben und Vorträgen:

Frau Dr. Imgard Hunecke:

- an den Amtsleiter:innensitzungen der Vereinigung der Denkmalfachämter in den Ländern (= VDL)

Frau Ulrike Köhn:

- Ausrichtung des Herbsttreffens der VDL-Arbeitsgruppe Denkmale der Industrie und Technik in Lübeck, 2021
- Teilnahme an den Treffen der VDL/Arbeitsgruppe Denkmale der Industrie und Technik

Frau Dr. des. Eva Seemann:
- Teilnahme an den Treffen der VDL/Arbeitsgruppe Inventarisation

Herr Gisbert Knipscheer:
- Teilnahme an den Treffen der VDL/Arbeitsgruppe Grundsatzfragen der praktischen Denkmalpflege
- Teilnahme am Workshop „Energie & Bau/Masterplan Klimaschutz“ der Hansestadt Lübeck, 2021

Herr Fabian Just:
- Teilnahme an den Treffen der VDL/Arbeitsgruppe Städtebauliche Denkmalpflege

Herr Christoph Wojtkiewicz:
- Teilnahme an den Treffen der VDL/Arbeitsgruppe Städtebauliche Denkmalpflege
- Vortrag und Führung im Rahmen des Treffens des Verbandes der Landesarchäologen der Bundesrepublik Deutschland in Lübeck im Rahmen der Travefahrt und Begehung Travemündes, 2021
- Teilnahme an der Amtsleiter:innensitzung der VDL 2022

Dendrochronologie

Nachdem die Einrichtung eines Labors und Probenarchivs der Dendrochronologie bei der Stiftung Schleswig-Holsteinische Landesmuseen Schloss Gottorf gescheitert ist, laufen derzeit konkrete Bemühungen, diese Aufgabe, in Kooperation mit dem Deutschen Archäologischen Institut und der Technischen Hochschule Lübeck, in Lübeck neu zu verorten.

Tag des offenen Denkmals 2021

Nachdem der Tag des offenen Denkmals pandemiebedingt in den Jahren 2020 und 2021 nur reduziert stattfinden konnte, freuen wir uns nun auf einen normalen Ablauf im September 2022.

Denkmalschutz

Im Jahr 2021 und 2022 (Stand Mai 2022) wurden insgesamt 115 Objekte auf ihre Denkmalwertigkeit untersucht, davon sind 37 Objekte in die Liste der Kulturdenkmale der HL eingetragen worden. Nach aktuellem Stand umfasst der Denkmalbestand der Hansestadt Lübeck damit 1875 Kulturdenkmale von insgesamt 2023 zu betreuenden Einzelobjekten (hier sind die Objekte der Sachgesamtheiten und Mehrheit von Baulichen Anlagen einzeln gewertet), die in Gebäudegruppen als Denkmale von besonderem Wert ausgewiesen wurden.

Einige Eintragungsbeispiele:

Drei Objekte der späten 1920er/frühen 1930er Jahre:

Die Architektur der 1920er Jahre zeichnet sich durch den Einfluss verschiedener gestalterischer Strömungen, wie beispielsweise des traditionellen Heimatstils, des Neuen Bauens und des Expressionismus, aus. Bauliche Merkmale sind Flachdächer, die Ausbreitung der Gebäude in die Fläche und die damit verdeutlichte Horizontalität sowie die bewusst reduzierte Verwendung von Baudetails. Die Objekte sind oftmals durch kubische Baukörper, liegende Fensterformate, sich ergänzende Vor- und Rücksprünge sowie konkave und konvexe Elemente gekennzeichnet. Im Lübecker Stadtgebiet wurden 2021 zwei Villen (Einfamilienhäuser) und eine Siedlung dieser Zeit in die Denkmalliste eingetragen. Sie alle sind als schlichte Sichtbacksteinbauten errichtet, wodurch die Verbindung zur Region und die Umsetzung zeitgemäßer Bau- und Gestaltungsformen mit traditionellen Materialien als Charakteristikum des Neuen Bauens veranschaulicht werden. Darüber hinaus sind sie durch ihre Kubatur mit Flachdach inmitten der umgebenden Bebauung, die in erster Linie aus Einfamilienhäusern mit Satteldächern im Heimatstil besteht, hervorgehoben und prägen den Straßenraum.

Die Villa *Achterdeck 23-27* in Travemünde wurde nach Plänen des Lübecker Architekten Carl von Ladiges 1929/30 errichtet und ist eines der letzten Beispiele der Architektur der späten 1920er Jahre in Lübeck-Travemünde. Sie zeigt eine spannungsvolle Kombination von kubischem Baukörper mit markant überstehendem Flachdach und halbrundem Vorbau sowie die effektvolle Durchdringung horizontaler und vertikaler Gestaltungselemente an der Straßenfassade.

Das Einfamilienhaus *Torneiweg 6* in St. Gertrud entstand 1927 nach Plänen des Architekten Wilhelm Bräck in Zusammenarbeit mit dem renommierten Gartenarchitekten Harry Maasz. Der zweigeschossige kubische Bau ist durch einen allseitig zurückversetzten Dachgeschossaufbau und sich ergänzende Vor- und Rücksprünge gekennzeichnet, durch die in der Summe ein harmonisch konzipiertes Gebäude von gestalterischer Qualität in der Formensprache der 1920er Jahre entstanden ist.

Die *Siedlung Triftstraße 64-103* wurde 1930/31 nach Entwürfen Wilhelm Karl Emil Schürers realisiert und steht am Übergang des Neuen Bauens zu einer Architektur, die zur rückwärtsgewandten traditionalistischen Formensprache der 1930er Jahre tendiert. Trotz diverser Veränderungen an den einzelnen Gebäuden ist die Siedlung in ihrer Gesamtheit ein herausragendes straßenraumprägendes Dokument des Neuen Bauens und der Wohnungsfürsorge (beispielsweise vertreten durch die Gemeinnützige Siedlungsbaugenossenschaft eGmbH), die sich in Lübeck bereits im Mittelalter etablierte. (Abb. 1)

Mehrheit von baulichen Anlagen „Bootshäuser an der Wakenitz“:

Ende des 19. Jahrhunderts erstellte Wasserbaudirektor Peter Rehder die Pläne für den damals modernsten Binnenschifffahrtskanal, der 1900 als El-

Abb. 1: Gartenseitige Ansicht eines Hauses der Siedlung Triftstraße aus der Entstehungszeit.

be-Trave-Kanal eröffnet wurde und seit 1936 als Elbe-Lübeck-Kanal fortbesteht. Im Rahmen dieser Baumaßnahme wurde der als Unterbrechung des Wakenitz-Abflusses dienende Falkendamm angelegt und der Grundwasserstand gesenkt, sodass die Falkenhalbinsel trockengelegt und baureif gemacht werden konnte. Die am Westufer der Wakenitz aufgereihten Gebäude/-anlagen der Wassersportclubs prägen – zusammen mit der Flussbadeanstalt nahe dem Schulgarten – den zur Stadtsilhouette gehörigen Wasserbereich bzw. die Uferkante in erheblichem Maße. Gekennzeichnet sind die Gebäude durch die prägende Holzstülpschalung der Fassaden, die Dachformen und insbesondere ihre einheitliche Funktion als Vereinshäuser und Bootsschuppen. Trotz zahlreicher Anbauten und Ergänzungen sowie Veränderungen an und in den Gebäuden sind die Kernbauten des frühen 20. Jahrhunderts weitestgehend erhalten. Die Bootshäuser dokumentieren den aufkommenden Stellenwert des Wassersports, der noch im ausgehenden 19. Jahrhundert dem wohlhabenden Bürgertum vorbehalten war und durch die Etablierung der Travemünder Woche im Jahr 1889 als weltweit zweitgrößter Segelregatta-Veranstaltung den Einzug in die breite Bevölkerung fand. Der Denkmalwert ergibt sich aus der Objektgruppe, die entlang der Wakenitz um 1900 angeordnet wurde. Sie ist nun als Mehrheit von baulichen Anlagen erfasst.

Wohn- und Geschäftshaus Clemensstr. 8-10:

Bereits Mitte des 18. Jahrhunderts ist in der Clemensstr. 8 ein Krughaus mit dem Namen „Goldener Engel" belegt, das ab 1772 als „Weißer Engel" weitergeführt wurde. Vermutlich diente das Gebäude als literarisches Vorbild für den Handlungsort in Heinrich Manns Roman „Professor Unrat". Nachdem die St. Klemens-Kirche, ein Filialbau der Seefahrer-Kirche St. Jakobi, 1899 abgebrochen worden ist, begann man mit der Neubebauung des bis 1927 Clemenstwiete genannten Straßenzuges zwischen Böttcherstraße und An der Untertrave. Es entstanden bis 1910 insgesamt 15 neue Gebäude, die größtenteils für die explizite Nutzung als Bordell realisiert wurden. In den repräsentativen Gastronomieräumen des Erdgeschosses sind qualitätsvolle wandfeste Ausstattungselemente sowie Wand- und Deckenmalereien der Entstehungszeit erhalten. Das Gebäude, das vor der Novellierung des Denkmalschutzgesetzes 2015 als sog. „Einfaches Denkmal" kategorisiert war, wurde nun aufgrund des besonderen städtebaulichen, geschichtlichen und künstlerischen Werts in die Denkmalliste eingetragen.

Doppelwohnhaus Mecklenburger Landstr. 86/88 (Priwall):

Nachdem der Priwall vor 1900 überwiegend an mecklenburgische Bauern verpachtet und als Weideland genutzt worden ist, setzte im 19. Jahrhundert die allmähliche Bebauung ein. Mit der Einrichtung der Badeanstalt im Jahr 1846 und den ab 1884 stattfindenden Pferderennen wurde der Priwall für die Bevölkerung immer attraktiver. 1909 wurde der erste Bebauungsplan durch Baudirektor Baltzer verabschiedet, und der Erwerb von Grundstücken durch private Eigentümer setzte ein. Das 1911 entstandene Doppelwohnhaus in der Mecklenburger Landstraße ist demnach eines der ersten Sommerhäuser nach Vorgaben des Bebauungsplanes auf dem Priwall. Es wurde in der für das frühe 20. Jahrhundert charakteristischen Formensprache der Heimatschutzarchitektur mit Mansardwalmdach und sprossierten Kastenfenstern mit Holzläden errichtet, wodurch es sich zusammen mit den benachbarten Sommerhäusern dieser Bauzeit von der mittlerweile heterogen bebauten Straße abhebt. Als gut überliefertes Dokument der dem Bebauungsplan gemäßen Erstbebauung und der daran anschließenden Erschließung des Priwalls zu Wohnzwecken ist das Gebäude von besonderem Wert. (Abb. 2)

Kirchliche Denkmalpflege

Das Kirchenschiff der *St. Jakobikirche* ist geprägt durch zwei Arten von Gestühl. Während seitlich um die Pfeiler herum gruppiert noch das historische Kastengestühl des 17. Jh.s mit Schnitzereien und dem wertvollen Befund der Einblattholzschnitte erhalten ist, wurde in den 1960er Jahren der Mittelteil mit schlichten, dunkel gefassten Holzbänken auf niedrigen Podesten ausgestattet. Die Kirchengemeinde wünschte sich für die Gestaltung der Gottesdienste und anderer Veranstaltungen im Kirchenraum eine größere Flexibilität der „Bestuhlung" und so entstand in Zusammenarbeit mit einem Lübecker Architek-

Abb. 2: Straßenansicht des Doppelwohnhauses Mecklenburger Landstr. 86/88.

turbüro die nun realisierte Aufstellungsform mit beweglichen Kurzbänken auf einem neuen, barrierearmen Podest. Hierbei konnten die vorhandenen Bänke wiederverwendet werden, indem diese zu Zweiersitzen zerteilt und farblich neu gefasst wurden. Hierdurch ist sowohl die bekannte Aufstellung als Langbank je Reihe als auch die variable freie Aufstellung der kurzen Teilbänke für unterschiedliche Veranstaltungsformate möglich. Besonders herausfordernd war dabei die allen Bedingungen gerecht werdende Anpassung des Podestes an das historische Kastengestühl und die zurückhaltende Gestaltung der neuen Formation.

Die am Westteil des südlichen Seitenschiffs gelegene *St. Annen-* oder *Briefkapelle* von *St. Marien*, die laut Inschrift 1310 baulich errichtet wurde, weist seit vielen Jahren erhebliche Schäden an den Wänden des Innenraums auf. Die hier bestehenden Salzausblühungen führen dazu, dass die St. Mariengemeinde die seit vielen Jahren gebräuchlichen Nutzungen als Winterkirche und für diverse einzelne Veranstaltungen zukünftig einstellt bzw. auf die Sommermonate beschränkt. Im Zuge der Planung zur Sanierung und Neugestaltung des gesamten Innenraums der Kirche wurden nun mehrere Voruntersuchungen des baulichen Bestandes und der in der Kapelle befindlichen Ausstattungen durchgeführt. Hierzu wurden Fachleute für Steinrestaurierung, Wandmalerei, Glas, Klimatechnik usw. hinzugezogen. Zusätzlich wurden Aufträge zur intensiven Archivrecherche der Baugeschichte erteilt. Die Ergebnisse wurden den bislang Beteiligten zur Verfügung gestellt und sollen in ein Konzept der extensiven, substanzschonenden Nutzung und Erhaltung der wertvollen Kapelle einfließen. Aus Sicht der kirchlichen und staatlichen Denkmalpflege wird die Einbindung eines externen, umfassenden Fachbeirats sowohl zu allen Themen der Sanierung von Dach und Fach als auch zur Neugestaltung mittels Wettbewerbsdurchführungen eindringlich empfohlen.

Im oberen Wandbereich an der Südseite des Kirchenschiffs des *Doms* befinden sich zwei Blindfensterflächen, die mit Wandmalereien geschmückt sind. Diese zeigen Darstellungen der Legende zum Dombau (Hirsch mit Jäger). Durch die Zerstörungen des Doms im Zweiten Weltkrieg wurden diese Wandmalereien erheblich beschädigt. Dies ist dokumentiert durch historische Bildaufnahmen. Die Fragmente der Darstellungen wurden restauratorisch gerettet, wobei erhebliche Verluste durch Kriegseinwirkung und in den nachfolgenden Jahren bis zum Wiederaufbau der Kirche zu konstatieren waren. Im Zuge von Wartungsarbeiten sind im Frühjahr 2022 nun wiederum Sicherungsarbeiten an diesen Flächen durchgeführt worden. Der stark dezimierte Bestand der Darstellungen wurde dabei von allen Beteiligten insgesamt aufgrund der geschichtlichen Einwirkungen als unwiederbringlicher Verlust eingestuft/bewertet. (Abb. 3)

Im Zuge der geplanten Innenraumsanierung in *St. Johannes in Kücknitz* wurde bei der Befunderhebung eine Deckenmalerei freigelegt. Bei dieser Kirche handelt es sich um einen Backsteinbau von 1910 nach Entwurf des Architekten

Abb. 3: Restauratorischer Befund zweier Wandmalereien an der Südseite des Kirchenschiffs im Dom.

Carl Mühlenpfordt. Diese schon zu Beginn der städtebaulichen Entwicklung von Kücknitz an markanter Stelle errichtete Kirche ist baulich verbunden mit der zeitgleich errichteten Schule; zusammen bilden sie den Ortskern.

Das Kirchenschiff wurde 1966 durch den Architekten Otto Siebert verlängert und im Inneren im Jahr 1971 durch den Architekten Fritz Timmermann erheblich umgestaltet. Diese bis heute erhaltene, mit zahlreichen Ergänzungen versehene Gestaltung soll auf Wunsch der Kirchengemeinde erneuert werden. Hierzu fand im Jahr 2016 ein Architektenwettbewerb statt, aus dem der Entwurf des Büros Riemann Gesellschaft von Architekten, Lübeck, als Gewinner hervorging. Die Kirchengemeinde verfolgt seither das Ziel, die Finanzierung zur Realisierung dieses Entwurfes sicherzustellen. Eine Förderung durch Mittel des Bundes (BKM) sowie zahlreiche Spenden sind bereits in Aussicht gestellt.

Im Zuge der Maßnahmenvorbereitung wurden – ergänzend zur Erstbefundung möglicher historischer Innenraumausmalungen im Jahr 2016 – nun nochmals restauratorische Untersuchungen in größerem Umfang durchgeführt. Diese ergaben überraschend umfangreiche Erkenntnisse über die frühere Gestaltung von Kirchenschiffsdecke, Empore und Balkenkonstruktionen. Unter der heute sichtbaren Weißfassung der Kirchendecke sowie auf monochrom braun gefassten Balken sind zahlreiche, farblich und ornamental korrespondierende Bemalungen gefunden worden, die in großen Schwüngen aus hellem und dunklerem Ocker, Rot und Braun bestehen. Die restauratorische Analyse legt nahe, dass diese Fassung – die eindeutig nur im ältesten Teil der Kirche nachzuweisen ist – gut freilegbar ist.

Die Sichtbarmachung dieser Raumfassung ist der Kirchengemeinde zusammen mit allen Beteiligten ein wichtiger Bestandteil der Gesamtmaßnahme: Er dokumentiert sowohl den architektonischen Gestaltungswillen Carl Mühlenpfordts als auch seine Wertschätzung der Familien der im damaligen Hochofenwerk beschäftigten Arbeiter, für die der Stadtteil Kücknitz angelegt worden ist.

Abb. 4: Restauratorischer Befund einer Deckenmalerei in St. Johannis, Kücknitz.

Der südlich der *St. Jürgen-Kapelle, Ratzeburger Allee 23,* auf dem Friedhof stehende hölzerne Glockenstuhl wurde im Frühjahr 2022 aufgrund von Witterungsschäden an den Fußpunkten handwerklich instand gesetzt.

Das aus dem letzten Viertel des 17. Jh.s stammende Leichenhaus der *St. Jürgen-Kapelle* auf demselben Grundstück mit charakteristischen Stufengiebeln weist seit Längerem erhebliche Schäden auf. Da das Gebäude keine Nutzung hat, wurden bislang keine umfassenden Planungen zur Renovierung des Gebäudes erstellt. Bauunterhaltungsmaßnahmen waren in den zurückliegenden Jahren z. B. auf die Instandhaltung der historischen Fenster beschränkt. Aufgrund von notwendigen Verkehrssicherungsmaßnahmen müssen nun kurzfristig die beiden Stufengiebel saniert werden. Im Zuge dieser Maßnahme ist beabsichtigt, auch das verunstaltende Tor an der Südseite zu entfernen. Die historische Öffnungsgröße ist anhand von baulichen Befunden nachweisbar.

Profane Denkmalpflege

Innenstadt

Bei der Sanierung der alten Turnhalle des Johanneums in *Bei St. Johannis 1-3* wurden beim Rückbau einer jüngeren Holzvertäfelung an der innenliegenden Giebelwand nach Freilegung und restauratorischen Befunderhebung sowohl die originale Raumfarbigkeit als auch Teile der ursprünglichen Ausmalung von 1903-1905 nachgewiesen. Die erhobenen Befunde bilden eine hervorragende Grundlage für die Wiederherstellung eines wesentlichen Teils der hochwertigen, bauzeitlichen Gestaltung.

An den Objekten *Kolk 14-18* (Figurentheater) und *Kolk 20-22* (Theaterfigurenmuseum) wurde im Rahmen der nun beginnenden Umbauarbeiten eine umfängliche Grundlagenermittlung mittels einer Baualterskartierung aller Gebäudebestandteile aus dem Mittelalter bis in die Neuzeit durchgeführt. Die ausführliche Erfassung der beiden Gebäude dient als Grundlage für die Detailabstimmungen der Sanierungs- und Umbauarbeiten.

Das Gebäude in der *Fischergrube 41* ist ein anschauliches Beispiel für den problematischen Umgang mit dem historischen Bestand der gem. Denkmalschutzgesetz generell zu Recht nicht als Kulturdenkmal von besonderem Wert klassifizierten Objekte in der Pufferzone der Welterbestätte. Anlass der im Folgenden beschriebenen genaueren Prüfung war eine Anfrage eines Architekten, der das Haus im Auftrag der Bauherrenschaft sanieren soll. Bei einer ersten Begehung war zunächst festgestellt worden, dass es sich nach den vorliegenden Sachkenntnissen nicht um ein Kulturdenkmal von besonderem Wert handelt. Aufgrund des Gebäudebestandes in diesem Abschnitt der Fischergrube gab es aber einen Anfangsverdacht, dass das Objekt mittelalterliche Strukturen beinhalten könnte. Nach einer ersten restauratorisch-bauforscherischen minimalinvasiven Untersuchung ausgewählter Wand- und Deckenabschnitte wurde der Nachweis geführt, dass die mittelalterlichen Brandwandstrukturen mit Farbfassungen und Resten von Malereien sowie eine zweit- oder drittverwendete bemalte Holzbohlendecke erhalten geblieben waren. Diese ist in Teilen freigelegt worden. Im Nachgang wurde das Objekt dann einer erneuten inventarisatorischen Prüfung unterzogen und die freigelegten Bestandteile als Denkmal von besonderem Wert in die Liste überführt. Der Vorgang weist insofern auf einen problematischen denkmalfachlichen Umgang hin, weil die betreffenden Objekte aufgrund ihrer Lage in der Pufferzone bislang nicht als substantieller, baulicher Bestandteil der Welterbestätte gelten und es daher keinen detaillierten Kenntnisstand ihrer Baugeschichte geben kann.

Abb. 5: Befund in der Brandwand des Seitenflügels des Hauses Fischergrube 41.

Vorstädte

Nach mehrjähriger Sanierung ist die Nordfassade des *Ostflügels des Hauptbahnhofs* fertiggestellt worden. Die Instandsetzung beinhaltete Arbeiten an den Sandsteingesimsen und an weiteren historischen Fassadenteilen inklusive der überlieferten Fenster und Tore sowie einer modernen Fassadenergänzung. Zudem wurde im Dachgeschoss und im darunterliegenden zweiten Obergeschoss eine Hausschwammsanierung durchgeführt. Nach Abschluss der in enger Abstimmung mit der Abteilung Denkmalpflege durchgeführten Maßnahme erfolgen seit April 2022 Instandsetzungsarbeiten an der Südfassade.

Am „jungen Denkmal“ Seniorenzentrum Traveblick, einem Bau aus den Jahren 1960/61 in der *Falkenstraße 60*, ist Anfang 2022 die energetische Sanierung mit dem Austausch der Fensterelemente nach bauzeitlichem Vorbild und auf Grundlage einer restauratorischen Befunduntersuchung und Analyse der historischen Konstruktion durchgeführt worden.

Auf Grund der räumlichen Begrenztheit und den überkommenen Anforderungen an das Standesamt der Hansestadt Lübeck wurde die Lindesche Villa *Ratze-*

burger Allee 16 zunächst bauforscherisch und restauratorisch befundet. Dies dient als vorbereitende Maßnahme einer Gesamtsanierung und Neuorganisation des Standesamtes am Standort, wobei der vorhandene Anbau aus den 1960er Jahren zurückgebaut und in größerem Umfang an gleicher Stelle neu errichtet werden soll. Nach Fertigstellung des Neubaus können die bis dahin in der Lindeschen Villa vorgehaltenen Verwaltungsräume freigezogen und das ehemalige Sommerhaus anschließend umfänglich für Trauungen genutzt werden. Dafür sollen die Innenräume ihre ursprüngliche Gestaltung zurückerhalten.

Abb. 6: Deckenmalerei mit Befunden auf der Wandfläche in einem der Verwaltungsräume der Lindeschen Villa.

Nach einer erfolgreich durchgeführten Sanierung und dem technischen Umbau des historischen Projektors der Sternkammer in der St.-Jürgen-Schule im *Mönkhofer Weg 95* können die Räumlichkeiten nun wieder gut in den laufenden Schulbetrieb integriert werden. Sie vermitteln den Schülern nun einen umfänglichen Einblick in die Astronomie. Dabei ist sich die Abt. Denkmalpflege 2018 der herausragenden, technischen Bedeutung der historischen Sternkammer und deren einzigartigen Projektortechnik von 1931 eher zufällig, durch eine Anfrage der Schulleitung, wieder bewusst geworden. In der Folge konkretisierte sich das Vorhaben, die Sternkammer teils zu modernisieren und damit als pädagogisches Lehrmittel zu reaktivieren. Ergänzend zur historischen Projektionstechnik sollte durch einen modernen Videoprojektor eine digitale 360 mal 180 Grad-Wiedergabe im sogenannten Fulldome-Video-Format ermöglicht werden. Nach weitgehenden Vorarbeiten erfolgte im zweiten Halbjahr 2021 der eigentliche Umbau. Um einerseits den historischen Projektor in seiner vollen Funktionsfähigkeit zu erhalten sowie andererseits den ursprünglichen Raumeindruck zu bewahren, entstand eine außergewöhnliche Wechselmechanik, die es nun im Schulbetrieb ermöglicht, durch händisches Drehen eines Rades beliebig zwischen altem und neuem Projektor umzuschwenken.

Abb. 7: Umgebauter Projektor in der Sternkammer der St.-Jürgen-Schule.

Bei der Seemannsschule auf dem Priwall in der *Wiekstraße 3a* wurden umfängliche Instandsetzungsarbeiten an der Südfassade durchgeführt. Wesentlicher Bestandteil der Maßnahme war eine allgemeine Risssanierung der Fassade und eine Ertüchtigung der Fensterstürze, bei der sowohl defekte Fugen ausgekratzt und erneuert als auch schadhafte Ziegel ausgetauscht und Trägerprofile nach Freilegung entrostet wurden.

Abbildungsnachweis
Abb. 1-7: HL, Abteilung Denkmalpflege.

Anschrift des Autorenteams:
Bereich Archäologie und Denkmalpflege der Hansestadt Lübeck, Abt. Denkmalpflege
Königstraße 21
23552 Lübeck
E-Mail: denkmalpflege@luebeck.de

Besprechungen und Hinweise

Allgemeines, Hanse

Björn Fredlund und Christina Dalhede, Privat Konstmarknad 1650-1750. Konstsamlingar hos Göteborgsbor och Göteborgskonstnärer. Stockholm: Skara stiftshistoriska sällskap 2022, 488 S., zahlr. Abb., ISBN 9789186681586. – Viele Jahre hindurch gehörte die Wirtschaftshistorikerin Christina Dalhede, Associate Professor an der Universität Göteborg, Abteilung für Wirtschaftsgeschichte, Arbeitsgruppe für vorindustrielle Forschungen, zu den eifrigen Benutzern des Archivs der Hansestadt Lübeck und sichtete Lübecker Quellen des 17. und 18. Jahrhunderts, die bis dahin noch nicht im Zentrum des Interesses gestanden hatten, unterlag diese Epoche doch in Lübeck dem Vorurteil, damals habe an der Trave eine Zeit der „Ödnis" (Ahasver v. Brandt) geherrscht und die Stadt habe im Dornröschenschlaf dahingedämmert. Hier nun legt Dalhede gemeinsam mit dem vor Erscheinen des Buches verstorbenen Direktor des Göteborger Kunstmuseums ein beeindruckendes Sammelwerk vor, das die Kunstschaffenden und ihre Förderer in den Blick nimmt, und zwar in einer Zeit, in der Göteborg als Dreh- und Angelpunkt des Handels einen wirtschaftlichen Aufschwung nahm, was sich nicht zum wenigsten in den engen Handels-, ja auch Familienbeziehungen zu Lübeck und Hamburg sowie Norddeutschland äußerte. Akribisch und unter vielen Aspekten wenden sich die beiden Verf. in dem umfangreichen (zahlreiche Anlagen, Tabellen usw.) und ansprechend bebilderten Band ihrem Stoff zu, in dessen Zentrum der Künstler Johan II. Ross (1695-1773), Exponent einer verzweigten Malerdynastie, steht. Er ist nicht nur Maler, insbesondere Kirchenmaler, sondern auch Funktionär in der Malergilde in Stockholm und Göteborg und zudem ein geschickter Kaufmann. Aus seiner Werkstatt geht auch eine Reihe tüchtiger Gesellen hervor. Man lernt nicht nur die Kulturszene Göteborgs mit ihren kunstinteressierten Kaufleuten kennen, sondern man begreift auch, wie unbedingt wichtig archivisches Quellenstudium – hier der Unterlagen der Malergilde und Aufzeichnungen der Zollbehörden, Eigentumsinventare 1663-1705 usw. – ist. Dies sind die Forschungsgefilde Dalhedes, die souverän in dieser wirtschafts- und sozialgeschichtlichen Überlieferung zu Hause ist und mehrfach Lübeckbezüge nachweisen und manche Richtigstellungen vornehmen kann. Von den 107 erhaltenen Inventaren Göteborger Bürger führen 48 insgesamt 612 gesammelte Kunstgegenstände auf. Kunst, und z. B. auch Musikinstrumente (ein Spinett aus Lübeck, mehrere Clavichorde aus Hamburg), gehörten zur Fracht, die aus dem Ausland, also auch aus Lübeck, nach Göteborg gelangte. Die dortigen Bürger und Kaufleute glänzten in der Anlage von Kunstsammlungen, und unter ihnen ragte besonders Johan Ross hervor, dessen Malerwerkstatt übrigens heute noch zu besichtigen ist! Dort sind 113 Bilder und 700 Kupferplatten noch vorhanden, dazu eine Büchersammlung mit 71 Bänden. Mit dieser vielseitigen „Anthologie" ist den Autoren ein anschauliches kulturgeschichtliches Bild gelungen und zugleich der Beweis, wie aussagekräftig „langweiliges" Verwaltungsschriftgut, aber auch prosopographische Überlieferung sein kann. Hier wird Lübeck mehr am Rande erwähnt, aber man sollte überlegen, ob nicht manche Fragestellungen auch für die Kulturgeschichte der Travestadt weiterführend sein könnten. Hier sind sie beispielhaft in vorbildlicher Form für das schwedische Glacis und den nordischen Handelspartner der Travestadt präsentiert.

Lübeck — Graßmann

Hansische Geschichtsblätter – Hanseatic History Review 139, 2021, 435 S., ISSN 0073-0327. – Im vergangenen Jahr hatte die hansische Geschichtsforschung den Tod zweier wichtiger Kollegen zu betrauern, die beide auch als Schriftleiter die Hansischen Geschichtsblätter und als Vorstandsmitglieder den herausgebenden Verein jahrzehntelang begleitet haben: des Osteuropahistorikers Hugo Weczerka (1930-2021), der lange Jahre am Marburger Herder Institut wirkte und sich vor allem durch das Kartenwerk der „Hansischen Handelsstraßen" einen Namen gemacht hat, und des sicher bedeutendsten deutschen Hanseforschers der letzten Jahre, Rolf Hammel-Kiesow (1949-2021), der sich nicht nur um die Breitenwirkung und Vermittlung hansischer Forschungsergebnisse, etwa durch die Gründung des Europäischen Hansemuseums, sondern auch um den Nachwuchs stets mit großem Verve verdient gemacht hat. Beiden Forscherpersönlichkeiten sind kollegiale Nachrufe gewidmet, die den diesjährigen Band der Geschichtsblätter eröffnen. Sodann folgen ein Aufsatzteil mit acht Forschungsbeiträgen und die wie gewohnt umfassende Hansische Umschau, der Rezensionsteil, der ähnlich wie in der hiesigen Zeitschrift systematisch gegliedert und ein Informationsinstrument von kaum zu überschätzender Dichte und Abdeckung ist. – Den Aufsatzteil eröffnen vier Beiträge der zunächst leider nur in reduzierter und digitaler Form im Juni 2021 nachgeholten Jubiläumstagung zum Stralsunder Frieden. *Oliver Auge* und *Carsten Jahnke* setzen sich mit dem adeligen Umfeld des Krieges und insbesondere der Friedensverhandlungen auf norddeutscher respektive dänischer Seite auseinander. Dabei kann ersterer zeigen, wie die norddeutschen Fürsten tatsächlich von den Hansestädten bei den Verhandlungen ausgebootet wurden, und letzterer, wie sich das später rächen sollte, weil bei den Verhandlungen um die Königswahl 1375 die Allianzen fehlten. – *Kilian Baur* und *Philipp Höhn* plädieren in ihren Beiträgen aus je unterschiedlicher Perspektive für eine Neubewertung des Stralsunder Friedens. Bauer rückt ihn in die Nähe zeitgenössischer Landfrieden und warnt vor einer Überbetonung vermeintlich moderner Elemente im Vertragswerke sowie vor dem Vergleich mit neuzeitlichen Friedenswerken. Höhn betont in Rückgriff auf Konrad Fritze und Klaus Schreiner, aber auch seine eigene jüngst erschienene Dissertation (Kaufleute in Konflikt. Rechtspluralismus, Kredit und Gewalt im spätmittelalterlichen Lübeck, Frankfurt 2021; vgl. die Besprechung in dieser Zeitschrift) die Normalität von Konflikten im mittelalterlichen Bewusstsein und die Andersartigkeit der Vorstellungen von *vrede* gegenüber modernen Friedenskonzepten. Ob es dagegen spezifisch mittelalterlich ist, dass bei diplomatischen Verträgen „deren Bruch bereits mit eingepreist gewesen sei" (128), wie Höhn im Anschluss an Georg Jostkleigrewe konstatiert, könnte man sicher noch diskutieren. Es würde aber so oder so das überzeugende Grundargument des Verf. nicht torpedieren. – Im Anschluss an die Tagungsbeiträge befasst sich *Jana Schmalfuß* mit den Autonomiegraden landständischer Hansestädte und liefert eine sehr überzeugende Analyse des Verhältnisses der Stadt Rostock zur Hanse einerseits und zu ihrem Landesherrn andererseits. Etwas normativ begründet scheint dem Rezensenten lediglich der Problemeinstieg, obwohl die Verf. gerade gegen allzu normative Kategorisierungen, welche Privilegienbündel überhaupt Hansefähigkeit ermöglichten, anzuschreiben sucht. Denn natürlich ist das Konglomerat von Ansprüchen, Verbriefungen, In-Aussicht-Stellungen und nicht zuletzt ad-hoc-Handlungen, das das Verhältnis zwischen Stadt und Stadtherrn vielerorts prägte, kaum zu erklären durch eine „hansische Check-Liste" (145), die ja mit gutem Grund niemand (mehr?) sucht oder zu finden hofft. Und natürlich hat dieses Verhältnis eine Dynamik in der Zeit, und zwar nicht in statischen Autonomiepaketen, sondern eben in jedem einzelnen, kleinen Detail, das zu dieser Gesamtheit beiträgt, genau so, wie es Schmalfuß auch ganz richtig beschreibt. Insofern scheint aber auch das Anschreiben gegen die Greifswalder Schule mitunter etwas als ein Schattenfechten. Das soll nicht in Abrede stellen, dass hier mit großer Akribie und sauberen Analysen die Rostocker Situation dargestellt wird – für sich schon eine (sehr!) lesenswerte Leistung. Auch die Situierung im hansischen Kontext leuchtet absolut ein. Nur so furchtbar „paradox" möchte sie mir eben nicht erscheinen. – *Christian Ashauer*, *Bart Holtermann* und *Jan Siegemund* fassen die Ergebnisse des Nachwuchsworkshops der Hannoveraner Pfingsttagung von 2019 zusammen, der sich mit den „kleinen Städten in der Hanse" befasst hatte. Die drei Autoren geben einen konzisen Forschungsüberblick und umreißen überzeugend die Problematik von Sichtbarkeit (in der Forschung) und Forschungspotenzial (in den Archiven). Exemplarisch fokussiert wird dann auf Westfalen, weiter vertieft am Beispiel der Stadt Bocholt. Das liegt erst einmal nahe, weil sich das Problem der klein(er)en Städte in Westfalen tatsächlich besonders eindrücklich stellt. Allerdings setzt gerade hier und gerade bei den klein(er)en Städten, ebenso wie in Bocholt, die einschlägige Überlieferung oft sehr spät ein, was ein Problem der Vergleichbarkeit erzeugen könnte, auch wenn man nicht gleich mit einer Sonderfall-Behauptung herumwedeln möchte. Insofern wäre hier noch viel zu tun. Der Beitrag liefert dafür ein gutes Trittbrett und hoffentlich manche Anregung. – Die Herausforderungen der Kommunikation über Sprachgrenzen hinweg sind schon immer ein zentrales Thema der Hanseforschung gewesen. Ein spannendes Schlaglicht wirft ein lateinischer Brief, der an der Jahreswende 1470/71 aus Polozk in Riga eintraf (ed. Liv-, est- und kurländisches Urkundenbuch 12, S. 424, Nr. 765), den *Sergey Ivanov* eingehend diskutiert. Darin bittet der Statthalter von Polozk um Verzeihung, dass man den letzten Brief aus Riga noch nicht gelesen habe, und darum, zukünftig nur auf Russisch oder Latein (*in lingua Ruthenica sive in Latino*) zu schreiben, weil man nicht immer Zugriff auf Deutsche habe, um ihn übersetzen zu lassen (*quia non semper circas nos habemus Theutonos*). Der eigentlich nur sehr kurze Brief ist ein eindrückliches Zeugnis für die Sprachsituation vor Ort in dieser Zeit. Er ist es umso mehr, als auch einige Schlesier (*aliqui ... Slasythe*) erwähnt werden, auf die man regelmäßig zurückgreife, die aber ebenfalls die Sprache der Rigaer Schreiben nicht vollständig (*pleanrie*) verstünden. Ivanov kontextualisiert dieses spannende Schlaglicht nicht nur im größeren Kontext von Deutsch- und Lateinkenntnissen im spätmittelalterlichen Russland, sondern auch im zeithistorischen Kontext, als der Einfluss oberdeutscher Kaufleute gegenüber den Niederdeutschen stetig zunahm. – Der abschließende Beitrag dieses Jahresbandes thematisiert eine der großen und bislang nicht geklärten Fragen der tradierten hansischen Niedergangsgeschichte: den Rückgang des Ostseeherings. Denn nach der allgemeinen Blüte der Heringsfischerei im Öresund und vor Schonen, die wesentlich zum hansischen Handel beigetragen hatte, kam diese um 1580 schlagartig zu einem Ende und verlagerte sich im Wesentlichen in die Nordsee und liefen die Holländer den Hansen und ihren Handelspartnern den Rang ab. Trotzdem ließen die Hansen sich ihre Privilegien in Schonen bekanntlich noch bis in das späte 17. Jahrhundert hinein immer wieder verlängern, bestand also offenbar eine gewisse Hoffnung, die Sundfischerei wieder in Gang zu bringen. Der Beitrag von *Oliver Lehmann*, *Jörn O. Schmidt* und *Rüdiger Voss* bringt nun Indizien bei, dass der Einbruch der Heringsfischerei vor Schonen und im Sund durch eine Überfischung des Bestandes verursacht worden sein könnte. Das muss natürlich mit einer Reihe von Annahmen und Analogien, vor allem aber massiven Überlieferungslücken arbeiten, die zu Verzerrungen führen können, weshalb die Autoren zu Recht und vorsichtig von Indizien sprechen. Interessant ist aber vor allem, dass sie den Einbruch der Heringspopulation nicht als Ursache, sondern lediglich als Auslöser der schonischen Fischereikrise sehen. Diese war, sowohl mit Blick auf die Population, mehr aber noch mit Blick auf die (menschlichen) Produktions- und Dispersionskräfte, einfach nicht resistent genug gegenüber einem solchen Einbruch und der neuen Konkurrenz von der Nordsee. Deshalb kam die Fischerei auch nicht so schnell wieder auf die Beine, selbst nachdem sich der Heringsbestand wieder einigermaßen erholt hatte.

Mannheim Kümper

Rudolf Holbach und Stephan Selzer (Hrsg.), Alles im Fluss. Menschen, Waren, Häfen auf den Wasserwegen vom Rhein bis zur Weichsel (Hansische Studien 29), Wismar: callidus 2020, 259 S., ISBN 978-3-940677-18-1. – Der angezeigte Sammelband dokumentiert den wissenschaftlichen Ertrag der 133. Pfingsttagung des Hansischen Geschichtsvereins, die im Juni 2017 in Duisburg abgehalten wurde. Der Tagungsort veranlasste die Veranstalter, sich eines in der Hansegeschichte seit langem vernachlässigten Themas anzunehmen. In der Tat hatte die einschlägige Forschung, wie *Rudolf Holbach* in seiner aufschlussreichen wie luziden Einführung zeigt, grundsätzlich den Seehandel im Fokus, während Flüsse mit der Ausnahme des Rheins und kleinere Wasserläufe bisher nur am Rande wahrgenommen wurden. Hingegen nutzt der vorliegende Band die reichhaltigen Untersuchungen zum (hansischen) Rheinhandel im Spätmittelalter als Ausgangspunkt (*Franz Irsigler, Friedrich Pfeiffer* und *Rudolf A. A. Bosch*), um die vergleichende Perspektive einerseits auf die maßgeblichen Flüsse des Hanseraums wie Weser, Elbe, Oder sowie Weichsel (*Ulrich Weidinger, Ortwin Pelc, Sascha Bütow* und *Robert Domżał*) zu lenken und andererseits einen Seitenblick auf die kleineren Flüsse und Zuflüsse zu werfen, wobei sich die Verkehrsgeografie im Städtedreieck Hamburg-Lübeck-Lüneburg (*Niels Petersen*) bzw. die Kurzbiografie der im Hochharz entspringenden Oker (*Henning Steinführer*) als gut gewählte Fallbeispiele eignen. – Welch ein breites Deutungsspektrum die erweiterte Sicht auf den hansischen Handel mit sich bringt, sei mit dem Blick auf das Kerngebiet der Hanse anhand eines Beispiels gezeigt. Während Pelc in seiner Abhandlung politische und wirtschaftliche Einflüsse auf den Elbhandel untersucht und eine enge Verknüpfung von See- und Fluss- sowie Landverkehr für Städte wie Hamburg feststellt (116), wird im Beitrag Petersens weniger auf die Komplementarität der Wasserwege zu den Landstraßen abgehoben, sondern auf ihre Optionalität hingewiesen, was mit größeren Transportkapazitäten und höherer Sicherheit der Ladung einherging (165, 182). – Eine punktuelle Ergebnissicherung der facettenreichen Darstellung bietet in der Schlussbetrachtung *Stephan Selzer*, der darauf aufmerksam macht, dass der „Flussverkehr im Mittelalter zumeist Abschnittsverkehr [war], der unterschiedliche Erfahrungen barg“ (239), und daran das Plädoyer anknüpft, dass die Atlanten zu den hansischen Handelsstraßen zukünftig auch die Kreuzungen von Wasser- und Landwegen verstärkt beachten sollten. Angesichts der beeindruckenden thematischen Bandbreite, die der Sammelband dem Leser bietet und die an die heuristische Stärke des totalgeschichtlichen Ansatzes glauben lässt, möchte der Rez. auch den umweltgeschichtlichen Aspekt auf die Wunschliste setzen. Denn dieser Faktor, der in seiner Auswirkung auf den hansischen Handel im Binnenland nicht unterschätzt werden darf, kommt im vorgestellten Band etwas zu kurz.

Mainz Iwanov

Rudolf Holbach und Jürgen Sarnowsky (Hrsg.), Märkte, Messen und Waren im hansischen Handel (Hansische Studien 30), Wismar: callidus 2021, 263 S., ISBN 978-3-940677-08-2. – In diesem Werk werden die Vorträge des 135. Pfingsttreffens des Hansischen Geschichtsvereins, das im Juni 2019 in Hannover stattfand, veröffentlicht. Zugleich handelt es sich um eine Festschrift für Franz Irsigler zum 80. Geburtstag, mit der der Hansische Geschichtsverein den Jubilar ehrt, der seit den 1970er Jahren, also mithin seit einem halben Jahrhundert, grundlegende Studien zur Geschichte des Fernhandels, der Messen und nicht zuletzt der Hanse vorgelegt hat. Seitens seiner akademischen Schüler erschien aus diesem Anlass ebenfalls eine Festschrift (Spätlese. Aufsätze aus den ersten beiden Jahrzehnten des 21. Jahrhunderts, hrsg. von Embach, Eriskat, Fleck u. a., Trier 2021), Zeugnis der Bedeutung des Geehrten für die Geschichtswissenschaft. – Mehr als eine übliche Einleitung bietet *Rudolf Holbach*, der in einer Tour d´horizon sowohl das akademische Werk des Jubilars als auch die historiographischen Bemühungen und überdies Beobachtungen zum norddeutschen Markt- und Messewesen (mit der modernen Hannover Messe als Bezugspunkt) zusammenführt (1-32, mit umfassendem Literaturverzeichnis, 19-32). – Die Organisation der durch den Heringsfang bedingten saisonalen Schonenmärkte wird akribisch von *Carsten Jahnke* untersucht (32-66) im Hinblick auf die Handlungsspielräume der angereisten Kaufleute aus der Fremde, wozu ihm vor allem Privilegien und andere rechtliche Überlieferungen seit dem 12. Jahrhundert dienen.

Tatsächlich wurden ihnen von den dänischen Königen bedeutende Freiräume gewährt, was dazu führte, dass bis zu vielleicht 100 000 Personen anwesend gewesen sein können (49). – *Volker Henn* widmet sich den Jahrmärkten in den östlichen Niederlanden, d.h. Gelderns und Overijssels, und kann ein regelrechtes System mehrerer Märkte ermitteln, das im Laufe eines Jahres, beginnend Mitte Februar und endend Mitte November, dafür sorgte, dass es fast durchgehend in einer der vier großen Marktstädte Zwolle, Kampen, Deventer und Zutphen eine Gelegenheit zum Geschäftsabschluss und Warenumschlag gab (67-96). – Neben der Einleitung legt *Rudolf Holbach* auch eine umfassende Studie zur Wirtschaftsgeschichte Ostfrieslands im Spätmittelalter vor (97-127). Zu beachten ist die methodische Ausrichtung, nämlich eine landesgeschichtliche Betrachtung einer ganzen Region, im Spätmittelalter zwar weitgehend städtefrei, aber sehr wohl über Märkte verfügend und als Verkehrs- und Transitregion (Küstenschifffahrt, über die Ems mit Westfalen verbunden) und als landwirtschaftliches Ergänzungsgebiet vielfältig mit den Handelszentren wie Bremen, Münster, Amsterdam und, etwas weiter entfernt, Köln verbunden und daher keinesfalls als rückständig zu werten. Der Titel des Aufsatzes ist einem Bonmot Hartmann Schedels von 1493 entlehnt: „Das Vermögen der Friesen liegt im Vieh". – Gleichsam einen Blick in die Werkstatt bietet *Stephan Selzer*, der die Auswertung der thüringisch-sächsischen Geleitsrechnungen des 16. Jahrhunderts im Hinblick auf den Nord-Süd-Verkehr und die Einbindung des hansischen und des oberdeutschen Wirtschaftsraums vorstellt (129-159). Gegenstand sind die außerordentlich umfangreichen Geleitsrechnungen, die im Thüringischen Hauptstaatsarchiv in Weimar überliefert sind, und die bisher von Manfred Straube in mehreren Studien für die Wirtschaftsgeschichte herangezogen wurden, nun aber mit etwas anderer Fragestellung personen- und kulturgeschichtlich erschlossen werden sollen, eine Mammutaufgabe für ein künftiges akademisches Großprojekt. – Eine der wichtigsten Warengruppen des mittelalterlichen Handels bildeten die verschiedenen Tuchsorten. Dass auch die Hansestädte als Gewerbestädte mit einer mehr oder minder umfangreichen Tuchproduktion zu verstehen sind, zeigt *Angela Huang* (157-185). Zum einen macht sie dies an den einfachen Tuchen, dem grauen bzw. dem Graulaken, einer einfachen Qualität, die wohl in einer jeden Stadt hergestellt wurde (auch Lübeck, 161), und den Export höherwertiger norddeutscher Leinwand nach London deutlich. – Dem Nord-Süd-Problem an die Seite zu stellen ist der Aufsatz von *Jürgen Sarnowsky*, der dem Vertrieb von Südwaren wie Rosinen, Feigen, Datteln, Pfeffer, Ingwer, Safran, Weine, Seife, Alaun u. a., in Preußen nachgeht (187-201). Hervorgehoben sei, dass sie nicht nur in den Haushalten des Adels, nicht zuletzt des Landesherrn, der höheren Geistlichkeit und der vermögenden Stadtbürger, sondern auch in Krügen auf dem Land nachzuweisen sind (190: Pfefferabgabe eines Krugwirts an Komtur 1384). – Ebenfalls Preußen sowie dessen Nachbarländern gewidmet ist die Studie von *Cezary Kardasz* über den Holzexport aus Danzig im 15. Jahrhundert, worin sich auch wichtige Betrachtungen zur Warenkunde finden (203-228, mit großer Tabelle, 215-225). Qualitätsholz war ein gefragtes, wertvolles Gut, das in den Fernhandel ging. – *Niels Petersen* stellt die digitalisierten und im Internet unter www.viabundus.eu publizierten bzw. aufbereiteten Karten des bekannten Atlas' der Hansischen Handelsstraßen von Bruns/Weczerka vor (229-252), woran er weiterführende und konzeptionelle Überlegungen zur Erforschung des Landverkehrs knüpft, für dessen stärkere Erforschung er plädiert. – Dass Lübeck immer wieder angesprochen wird, versteht sich von selbst. Zum Glück gibt es ein Register, das auch die Orte erschließt, so dass sich die entsprechenden Passagen schnell finden lassen. Mehr als nur eine allgemeine Erwähnung sind die wenn auch knappen Beobachtungen zum preußischen Holz als Handelsware in den Lübecker Pfundzollbüchern 1492-96 bei Cezary Kardasz (209, 212). Zusammenfassend lässt sich festhalten, dass der Band in der hansischen Handelsgeschichte seinen Platz gewiss behalten wird.

Kiel — von Seggern

Detlef Lehnert und Volker Stalmann, Johannes Stelling. 1877-1933. Sozialdemokrat in Opposition und Regierung: Hamburg – Lübeck – Schwerin – Berlin (Historische Demokratieforschung 19), Berlin: Metropol 2021, 394 S., ISBN 978-3-86331-567-2. – In drei chronologischen Abschnitten (bis 1919: Von Hamburg nach Lübeck und Weimar; 1919-1924: Stellings politisches Wirken in Mecklenburg-Schwerin; 1924-1933: Stelling im Reichstag, SPD-Vorstand, „Reichsbanner" und als SA-Mordopfer der „Köpenicker Blutwoche") schildern die Autoren in den von ihnen verantworteten Kapiteln (Lehnert: Teil 1, Stalmann: Teile 2 und 3) die wechselvolle Biographie des herausragenden SPD-Politikers, Gewerkschafters und Zeitungsredakteurs Johannes Stelling. Dieser Name ist in Lübeck noch immer ein Begriff, so nachhaltig waren seine 1919 endende Tätigkeit für den „Lübecker Volksboten" seit 1901 und in der Bürgerschaft seit 1907 sowie sein Engagement als Ortsvorsitzender der Handels- und Transportarbeiter-Gewerkschaft. – Die Jahre bis zur Umsiedlung nach Lübeck verbrachte Stelling in seiner Geburtsstadt Hamburg, wo er vermutlich schon 1895, nach dem Abschluss einer Ausbildung zum Handlungsgehilfen, sowohl in die Gewerkschaft als auch in die SPD eingetreten ist. Klare Aussagen zu diesem auf nur fünf Seiten skizzierten Teil seiner Vita waren wegen der dürftigen Quellenlage schwierig. Diese wirkt sich insgesamt auf die Tiefe dieser politischen Biographie aus, da Selbstzeugnisse nur in Einzelfällen erhalten sind, wie die Autoren am Rande bemerken (33). Dass zudem die schriftliche Überlieferung der Lübecker Gewerkschaften und des lokalen SPD-Kreisverbandes aus dem fraglichen Zeitraum während des Nationalsozialismus vernichtet worden ist, sei hier ergänzt. Somit wird die politische Entwicklung Stellings in seiner „Lübecker Zeit" bis zu seiner Wahl in die Weimarer Nationalversammlung nahezu vollständig anhand der online zur Verfügung stehenden digitalisierten Ausgaben des „Volksboten" nachgezeichnet, mit unzähligen Zitaten und Quellenangaben im Text. Hierdurch entsteht vor allem ein detailliertes Bild der Lübecker Sozialdemokratie von 1901 bis zum Beginn der Weimarer Republik, sowohl hinsichtlich ihres Einsatzes für die Belange der Arbeiterschaft in der Freien und Hansestadt, als auch bezüglich ihrer Position zur Reichspolitik. – Einen Blick in die Geschichte des benachbarten, ebenfalls zum 1914 gebildeten SPD-Bezirk Mecklenburg-Lübeck gehörenden Mecklenburg-Schwerin gewährt zugleich der folgende Abschnitt: er schildert Stellings Wechsel von der Opposition in Regierungsverantwortung, seine Wahl zum Innenminister am 30. Juli 1919 sowie seine Leistung als Ministerpräsident seit 1921. – Nach der Abwahl der SPD bei den Landtagswahlen am 17. Februar 1924 und dem anschließenden Verlust seines Reichstagsmandats wechselte Stelling von Schwerin nach Berlin, wo er schnell Fuß fasste. Nachdem seine seit 1920 bestehende Mitgliedschaft im Parteivorstand während der „Mecklenburger Zeit" geruht hatte, wurde er nun zu einem von fünf Parteisekretären wiedergewählt und erhielt Ende 1924, nach Zuordnung zu einem anderen Wahlkreis, erneut ein Reichstagsmandat. Zudem engagierte er sich in der politischen Organisation des im selben Jahr gegründeten „Reichsbanners Schwarz-Rot-Gold", war 1928-1932 Gauvorsitzender des Bezirks Berlin-Brandenburg. Seine unbeugsame und unerschrockene Haltung gegenüber der NSDAP und ihren Anhängern machten ihn früh zum Ziel politischer Hetze: er war eines der ersten von insgesamt etwa 23 Todesopfern der „Köpenicker Blutwoche" vom 21.-26. Juni 1933. Die Rekonstruktion von Verhaftung, Folter und Ermordung Stellings am 21./22. Juni sowie die Beschreibung der Bergung seines Leichnams am 1. Juli 1933 beenden den Blick auf „Johannes Stelling – Ein Leben für das Volk". So lautet der Titel eines auf dem Cover abgebildeten Auszugs aus dem „Neuen Vorwärts" vom 16. Juli 1933, das außerdem zwei Porträts des Sozialdemokraten zeigt, dessen Verdienste nicht nur um die Belange der Lübecker Arbeiterbewegung in dieser Veröffentlichung erstmals umfassend gewürdigt werden.

Lübeck Kruse

Ivette Nuckel (Hrsg.), Faule Müßiggänger und „rechte" Arme. Armen- und Bettelordnungen Bremens, Lübecks, Lüneburgs und Oldenburgs des 16. und 17. Jahrhunderts, Kiel: Solivagus 2021, 359 S., ISBN 978-3-943025-41-5. – Nuckel hat sich das lobenswerte Ziel gesetzt, Dokumente zur Regulierung von Armut und Bettelei für vier niederdeutsche Städte aus dem 16. und 17. Jahrhundert zur Verfügung zu stellen. Dabei denkt sie auch an interessierte Leser, die des Mittelniederdeutschen nicht ohne weiteres mächtig sind, und bietet mit Unterstützung von Svenja Stoß zugleich eine eher freie hochdeutsche Übersetzung an. So werden insgesamt zehn Bremer, 20 Lübecker, 15 Lüneburger und zwei Oldenburger Dokumente präsentiert. Ihnen sind jeweils ein kurzes Regest, Angaben zum Liegeort, die Signatur und Bemerkungen zu Besonderheiten vorangestellt. Es handelt sich dabei keineswegs um reine Verordnungen und Erlasse, sondern auch um Testamente oder eine Korrespondenz zwischen den Städten Bremen, Hamburg, Lübeck und Frankfurt am Main über den Umgang mit Bettlern von 1675. – Zu Lübeck werden Verordnungen für die Pracher- und Armenvögte sowie zum Umgang mit Bettlern aus dem Zeitraum 1527 bis 1651 gedruckt. Dabei verwundert es, dass die wichtige und in der Forschung durchaus bekannte Lübecker Armenordnung von 1601 nicht mit aufgenommen wurde (Druck in den neuen Lübeckischen Blättern 1842, S. 314f., 323, 331f.). Vorsichtig muss der Leser mit der Datierung einzelner Dokumente sein, da die Herausgeberin wohl nicht intensiv auf deren Inhalt eingegangen ist. Wenn sie einleitend (14) drei Lüneburger Verordnungen „um 1500" datiert und sie als „die ältesten uns bekannten Armen- und Bettelordnungen" bezeichnet, so trifft dieses nicht zu, da sie sich inhaltlich auf die Reformation beziehen, u. a. auf aufzulösende Klöster, die Reformation in Hamburg und die Braunschweiger Kirchenordnung Bugenhagens von 1528. Hier hätte es zudem der Erwähnung der jeweiligen Kirchenordnungen in den Städten bedurft, die ja maßgeblich auch das Armenwesen regelten. – Die Herausgeberin fragt auch (11), „warum die niederdeutschen Städte erst seit dem 16. Jahrhundert Armen- und Bettelordnungen erließen". Tatsächlich ist in der breiten Forschung zur historischen Armut seit den 1970er Jahren der Begriff der „Sozialdisziplinierung" eingeführt, der u. a. die zunehmende Reglementierung sozialer Gruppen, insbesondere Armer und Bettler, im 16. und 17. Jahrhundert beschreibt, als sich die Sozialfürsorge von der christlich-karitativen Aufgabe des Mittelalters zunehmend in eine kommunale wandelte. Dies wird auch in den Inhalten der hier gedruckten Dokumente deutlich, die sich mit der Zeit von Unterstützungsmaßnahmen für unverschuldet Verarmte zu Abwehrmaßnahmen gegen auswärtige Bettler wandeln. – Im Verzeichnis weiterführender Literatur fehlen die einschlägigen Untersuchungen zu den hier behandelten Städten. So scheint sich die Herausgeberin kaum in den historischen Hintergrund der hier wiedergegebenen Dokumente eingearbeitet zu haben und liefert mithin nur eine durchaus nützliche Materialsammlung für das städtische Armenwesen in Norddeutschland.

Hamburg Pelc

Ortwin Pelc (Hrsg.), Kriegsleiden in Norddeutschland vom Mittelalter bis zum Ersten Weltkrieg (Studien zur Wirtschafts- und Sozialgeschichte Schleswig-Holsteins 57), Stuttgart: Franz Steiner 2021, 345 S., ISBN 978-3-515-12956-5. – Leid durch Kriege gab es zu allen Zeiten, doch die bisherige Forschung konzentriert sich vor allem auf die eigentliche Militärgeschichte, auf militärische Strategie und Taktik, Militärorganisation und -institutionen, Standorte, Schlachtenverläufe. Die negativen Auswirkungen des Krieges dagegen wurden bisher meistens nur am Rande berücksichtigt. Hier füllt der Arbeitskreis für Wirtschafts- und Sozialgeschichte Schleswig-Holsteins diese Lücke mit dem Ergebnis eines langjährigen Projekts, indem er in 16 Aufsätzen die Folgen kriegerischer Auseinandersetzungen auf demographischem, sozialem, mentalem und wirtschaftlichem Gebiet ausbreitet, und zwar in einem Durchgang von der Vorgeschichte, über das Mittelalter und die folgenden Jahrhunderte bis zum Ersten Weltkrieg. Aus höchst unterschiedlicher Sicht wird das Thema betrachtet. Denn die Entwicklung der Kriegsführung und Politik hat in vielerlei Hinsicht Einfluss auf ihre Begleitumstände. Dabei ist die Quellenlage uneinheitlich und vielfach musste Neuland betreten werden. Es entsteht ein sehr anschauliches und vielseitiges Bild. – Unter dem Titel „Kriegsleiden in Vorgeschichte und Mittelalter in archäologisch-historischer Sicht" (13-35) prüft *Ralf Wiechmann* die Möglichkeiten der Schlachtfeldarchäologie, indem er, kurz die Varusschlacht bei Kalkriese erwähnend, ausführlicher über das vorgeschichtliche Massengrab im mecklenburgischen Tollensetal einerseits und andererseits über das Schlachtfeld bei Hemmingstedt von 1500 (am Beispiel des Massengrabs bei Epenwohrden) berichtet. Die Knochen- und Waffenfunde kann man zwar beschreiben, jedoch bleiben Aussagen über die konkreten Auswirkungen der Kriegshandlungen nur hypothetisch. – *Günther Bock* prüft „Raub und Brand in den Dörfern des Hamburger Domkapitels. Ein Wirtschaftskrieg des Hamburger Rates im September 1343" (37-71) und wertet dabei als Hauptquelle das Schadensregister des Hamburger Domkapitels aus, eine singuläre Überlieferung von 1342/1343. Hat man bisher den Blick auf das Fehdewesen ritterlicher Protagonisten gerichtet, so geht es hier um die Opfer und die Folgen der räuberischen Handlungen an den Bauern der Kapitelsdörfer durch den Hamburger Rat und die Bürger. – *Stephan Selzer* untersucht akribisch die Quellen und ihre Aussagekraft und Verlässlichkeit zum Thema „Das Leiden der Krieger. Individualität und Gefangenschaft in Quellen spätmittelalterlicher Hansestädte" (73-93). Können, so fragt er, Chroniken unkritisch als Quellen für diese Fragestellung genutzt werden? Sind nicht eher Selbstzeugnisse, Verwaltungsschriftgut wie Rechnungen, Soldverträge, Musterungs- und Schadenslisten oder auch das Material juristischer und religiöser Bewältigungsversuche von Kriegsgefangenschaft die bessere Unterlage für die Überprüfung der Situation aus der Opferperspektive? Hier werden z. B. Urfehdeurkunden (auch lübeckische) erwähnt. – „‚Mit ziemblich blütig Koppen'. Gewaltsame Widerstandsformen der Bevölkerung in Schleswig-Holstein als Reaktion auf Kriegsleiden 1625-1660" (95-107) stellt *Jörg Rathjen* vor und lässt den bäuerlichen Widerstand in diesem „martialischen Jahrhundert" (95) zu Wort kommen, nämlich die (heute würde man sagen) Selbsthilfegruppen der Bauern, Freischärler, sog. Schnapphahngruppen, in denen sich der bäuerliche Widerstand formierte. – Mit „‚Dahero dieße vnsere arme Stadt fast gantz lehr und wüste worden'. Wittstock im Dreißigjährigen Krieg" (109-126) skizziert *Antje Zeiger* die existenzvernichtenden Kriegsfolgen für eine kleine Stadt. – *Stefan Kroll* beschreibt „Kriegsleiden der Bevölkerung in Schwedisch-Pommern 1711-1715" (127-144) für Stralsund und Stettin sowie kleinere Gemeinwesen. – Aufgrund von Tagebucheintragungen erfasst *Nils Jörn* das Geschehen (Vom Sparta des Nordens zu einer unbefestigten Stadt in Mecklenburg. Wismar in Krieg und Krise zwischen 1716 und 1813, 145-158). – „Die Belastungen der Zivilbevölkerung bei der Belagerung der Festung Glückstadt im Dezember 1813 und 1814" (159-174) registriert *Klaus-Joachim Lorenzen-Schmidt* in ähnlicher Weise aufgrund privater Aufzeichnungen der Bevölkerung und zeigt (hier stand bisher nur militärisches Interesse im Vordergrund) die Bedrückung sowie die Belastung der Umlandbewohner zwischen Elbe, Krückau und Stör. Dabei setzt er sich zugleich auch mit der Definition des Begriffs „Kriegsleiden" auseinander. – Das umfassende Thema der Vertreibungen infolge von Kriegen steuert der Beitrag von *Antjekathrin Graßmann* bei (Kriegsleiden durch Vertreibung. Die „Ausstoßung" der Hamburger 1813/1814 durch die Franzosen, 175-192). Die französische Besatzungsmacht unter Marschall Davout vertrieb ca. 26.000 alte und kranke Menschen aus der Festung Hamburg. Neben Altona nahm Lübeck den größten Teil der Unglücklichen auf und rüstete sie mit Obdach, Nahrung, ärztlicher Versorgung und Zehrgeld (im Fall der Weiterreise) aus. Die reiche schriftliche Überlieferung im Archiv der Hansestadt Lübeck ergibt ein bis ins Einzelne gehendes Bild dieser Krisenbewältigung. – *Sylvina Zander* kann aufgrund sehr instruktiver Oldesloer

Quellen zum Thema „‚Edeldenkende Offiziere und schamloseste Raubsucht'. Der Kosakenwinter 1813-1814 in Oldesloe" (193-202) berichten. Erst der Kieler Friede im Januar 1814 setzte dem Krieg zwischen Dänemark und Schweden, der eine 57.000 Mann starke Armee aus Schweden, Preußen und Russen in die ausgepowerten Herzogtümer geschwemmt hatte, ein Ende. – Die publizistische Wahrnehmung der Explosion des dänischen Linienschiffs „Christian VIII." am Strand vor der Eckernförder Süderschanze verbirgt sich hinter dem Titel des Aufsatzes von *Detlev Kraack* (Nach dem Gefecht. Ein Strandspaziergang in Eckernförde am 7. April 1849, 203-216), der das Seegefecht vor Eckernförde, eines der bemerkenswerten Ereignisse der schleswig-holsteinischen Erhebung, zum Thema hat. Der Vergleich zeitgenössischer Berichte und ihrer unterschiedlichen Interpretationen steht hier im Mittelpunkt. – In das eigentliche Schlachtengetümmel entführt *Gerd Stolz* den Leser, indem er "Freiwillige Verwundetenpflege im dänisch-deutschen Krieg 1864" (217-228) ausführlich schildert, wobei der Einsatz freiwilliger weiblicher Pflegekräfte, z. B. der Diakonissen und Ordensschwestern, damals eine neue Errungenschaft darstellte. – Wie sehr auch indirekte Folgen von Kriegen eine Reaktion hervorrufen können, ist das bisher kaum beachtete Thema von *Ortwin Pelc* (Kriegsleiden in Hamburg 1870/71, 229-255), wobei es um die Kriegseinwirkungen auf die Familien der Soldaten, die Verwundeten, den Umgang mit Kriegsgefangenen, die Einquartierungen sowie den Einfluss der Kriegshandlungen auf die Wirtschaft geht. Nicht zuletzt wird auch die mentale Auswirkung des Krieges berücksichtigt, die anfängliche Kriegsbegeisterung, aber auch die Gestaltung von Festakten, Errichtung von Denkmälern, die romanhafte Verklärung des Krieges, Bildung von Kriegervereinen. All dieses sind Folgen des Krieges, die sich abseits vom eigentlichen Kriegsgeschehen entwickeln, aber dazu gehören, und das in einer weit vom Krieg entfernten Großstadt. – Auch im Beitrag von *Olaf Matthes* (Kriegsgefangene des Ersten Weltkriegs in Hamburg, 257-294) geht es um eine konkrete Folge des Krieges. M. kann feststellen, dass zwischen 2500 und 3000 Kriegsgefangene als Arbeitskräfte jährlich in Hamburg eingesetzt worden sind: 800-900 im Landgebiet, sonst in der Industrie, besonders im Hafen. Aber genaue Zahlen der Kriegsgefangenen (sowie ihre Herkunftsländer, hauptsächlich wohl Russland) lassen sich wegen Quellenmangels nicht mehr erschließen. Was wussten die Hamburger übrigens selbst über die Kriegsgefangenen? Erwähnt wird ihr „neugieriges Interesse" (292). Fragen müssen offen bleiben: z. B. Wie viele Arbeitskommandos und -lager gab es? Welche Hilfslieferungen an die Gefangenen? Welche Rolle spielte das junge Internationale Rote Kreuz? Wie geschah die Durchführung ihres Rücktransports? Ihrer Toten? 430 wurden in Hamburg begraben. – Auch ein sehr wesentliches Kapitel wird nicht aus dem Blick verloren: *Martin Rackwitz*, Vom Hungerkrawall zur Revolution. Wirtschaftlicher und politischer Massenprotest in Kiel von 1916 bis 1918 (295-305), dessen Ergebnis der Verf. treffend zusammenfasst. „Hunger an der Heimatfront insbesondere unter den einfachen Leuten [wurde] zur Achillesferse des Deutschen Reiches", denn neben „der Forderung nach besserer Versorgung mit Lebensmitteln rückten seit 1917 immer mehr Forderungen nach politischer Gleichberechtigung und der bedingungslosen Aufnahme von Friedensverhandlungen in den Mittelpunkt der protestierenden Kieler Arbeiter" (305). – Den Abschluss macht ein etwas ausgefallenes, mehr prosopographisches Thema von *Axel Attula* („‚Gott hat sein Volk auch unter den Feldgrauen'. Mecklenburgs Feldgeistliche im Weltkrieg 1914-1918", 307-326), das besonders eindrucksvoll ist durch den Originalton der von Geistlichen erstatteten Berichte und umfangreiches Fotomaterial. – Ein Orts- und Personenregister schließt den Band ab. Fazit: Ein sehr interessanter, ausgewogener Band, der ein zeitloses Kapitel der Geschichte behandelt, das bisher nicht derart vielseitig und gründlich bearbeitet wurde und das auch für die Lübeckische Geschichtsforschung mancherlei Anstöße geben kann. Man würde sich mehr derart anregende Beiträge wünschen.

Lübeck Graßmann

Manfred Schneider (Hrsg.), Lübecker Kolloquium zur Stadtarchäologie im Hanseraum XI. Archäologie im Hier und Jetzt, Lübeck: Schmidt-Römhild 2021, 467 S., zahlr. Abb., ISBN 978-3-7950-5258-4. – Im Jahr 2019 fand in Lübeck das internationale Kolloquium zur Stadtarchäologie im Hanseraum statt, welches sich die Aufgabe gesetzt hatte, die Erhaltung, Erlebbarkeit und Öffentlichkeitswirkung archäologischer Strukturen im Stadtbild umfassend zu diskutieren. Wie auch schon in den Jahren zuvor erschien nun im Nachgang der Sammelband mit Kolloquiumsbeiträgen von Stadtarchäologen aus 13 europäischen Ländern (deren Städte mehr oder weniger zum Hanseraum dazugezählt werden können). Ein „Highlight" sind dabei definitiv die erstmals in der Buchreihe in Farbe gedruckten Abbildungen. Ein Kostenaufwand, der sich vor allem im Hinblick auf die vielen und sehr anschaulichen Fotos und (3D-)Abbildungen gelohnt hat. – Auch dieser Band der Reihe liefert wieder einmal zusammengefasst Einblicke in ein wichtiges Thema, das gleichzeitig brandaktuell ist und kontrovers in der Archäologie diskutiert wird. In den Beiträgen wird deutlich, dass sowohl unterschiedliche Herangehensweisen als auch Präsentationsarten für archäologische Denkmäler in den Städten genutzt werden, um Grabungsergebnisse für die Bürger:innen sichtbar zu machen. Das Spektrum reicht von einfachen Informationstafeln, über Strukturen, die unter Glas in das Stadtbild mit eingebunden werden, bis hin zu modernster Computertechnik, die den Grabungskontext visualisieren sollen. Hinter den Vorhaben steht oftmals ein nicht unerheblicher Zeit- und Kostenaufwand. Das erklärte Ziel der Städte und Kommunen ist dabei, den Bürger:innen einen verständlichen Zugang zur Archäologie zu ermöglichen und bestenfalls Geschichte erlebbar darzustellen. In diversen Beiträgen wird angemerkt und anhand von Beispielen gezeigt, dass die Präsentation von Denkmälern und Artefakten oftmals nur für ein kurzfristiges öffentliches Interesse sorgt und kein nachhaltiges Verständnis des archäologischen Beitrages zur modernen Gesellschaft erzeugt. In einigen Aufsätzen wird diesbezüglich angeregt, die Entwicklung von (archäologischen) Mechanismen voranzubringen, mit dem Ziel, wirtschaftliche und soziale Themen in die zukünftige Öffentlichkeitsarbeit stärker mit einzubeziehen. – Insgesamt liefert das Buch einen hervorragenden Überblick in deutscher und englischer Sprache zur Thematik und gibt unterschiedliche Denkanstöße für zukünftige Projekte und Diskussionen. Die Idee, Archäolog:innen aus dem europäischen Raum an einen Tisch zu holen und das Thema der Öffentlichkeitswirkung von archäologischen Kulturdenkmälern in den Städten zu debattieren, ist zu begrüßen. Sowohl die Tagungen als auch die sich anschließenden Sammelbände sind für die Vergleichbarkeit und Grundlagenermittlung innerhalb der Hansestädte unabdingbar, was diese schöne Publikation wunderbar belegt.

Lübeck Dubisch

Evelien Timpener und Helge Wittmann (Hrsg.), Reichsstadt und Gewalt (Studien zur Reichsstadtgeschichte 8), Petersberg: Michael Imhof 2021, 303 S., ISBN 978-3-7319-1099-2. – „Reichsstadt" ist bekanntlich eine heikle Zuschreibung, denn so statisch und eindeutig, wie sie suggerieren mag, waren die Rechtsverhältnisse in den Kommunen des vormodernen Reiches in den seltensten Fällen. Dass eine Stadt überhaupt nach Eigenständigkeit strebte, war kein Naturgesetz; dass solche Ansprüche gegebenenfalls von Kaiser und Reich approbiert oder gar von den fürstlichen Nachbarn anerkannt wurden, schon gar nicht. Der Status einer Kommune wurde immer wieder neu ausgehandelt, rechtlich, politisch, symbolisch, und dabei waren situative Faktoren taktisch und strategisch ausschlaggebend, nicht retrospektive Ordnungsfiktionen oder die Geltungsansprüche des heutigen Stadtmarketings. Einem „Arbeitskreis für Reichsstadtgeschichte" mag man nun einerseits vorwerfen, dass er schon im Namen Gefahr läuft, diese Fluidität der Rechtsverhältnisse zu verdecken. Andererseits bietet er die einzigartige Chance, eben diese Dynamik in exemplarischen Probebohrungen zu erforschen. – Die Freiheit einer

Kommune von äußerer Herrschaft bemaß sich ganz zentral an der Frage, inwieweit sie selbst darüber bestimmen konnte, welche Formen von „Gewalt" in ihren Mauern und in ihrem Umfeld anerkannt waren. Marktrechte, Militär, Gerichtsbarkeit, politische Selbstbestimmung und Kontrolle über das Umland: in all diesen Fragen wurde die ihrerseits fluide Unterscheidung von *potestas* (legitimer herrschaftlicher Gewalt) und *violentia* (illegitimer, verletzender Gewalt) ausgehandelt. Der Titel des vorliegenden Bandes „Reichstadt und Gewalt" markiert also das zentrale Problem der Reichsstadt-Forschung überhaupt, indem er zwei relationale und dynamische Kategorien zusammenbringt. Insofern könnte es hier eben nicht, wie im Band mehrmals kritisch angedeutet, letztlich ebenso um „Stadt und Gewalt" gehen, sondern durchaus um eine spezifische Engführung, die aus der Erforschung gerade der Gewaltverhältnisse auch neue Rückschlüsse auf die Spezifika des Reichsstadt-Status zu ermöglichen verspräche. – Diese Engführung freilich wird in der ansonsten konzisen Einleitung von *Evelien Timpener* und dem ebenso gedankenreichen Schlusskommentar von *Felicitas Schmieder* nicht expliziert und folglich auch längst nicht in allen vorliegenden Beiträgen erfüllt. Auch jene aber, die die titelgebende Forschungsfrage eher anekdotisch verstehen, tragen doch mit ihren Ergebnissen zu einer konkreteren Beantwortung bei. Die für einen Sammelband typische Blütenlese hat also auf den zweiten Blick mehr systematische Kohärenz, als man zunächst vermuten könnte. – Nach jahrzehntelanger Arbeit im Bereich der Kriminalitätsgeschichte kann *Gerd Schwerhoff* am Beispiel Kölns im 16. Jahrhundert die methodischen Probleme einer Erforschung (reichs-)städtischer Gewalt luzide benennen. *Michael Rothmann* am Beispiel Frankfurt am Mains im 14. Jahrhundert und *Horst Carl* an jenem des frühneuzeitlichen Biberachs zeigen, dass städtische Unruhen eben nicht durch exzessive physische Gewalt geprägt waren, sondern durch symbolische, vielfach auch ritualisierte Transgressionen und durch Aushandlung. Ähnliches gilt für Konflikte innerhalb der Nürnberger Oberschicht, so *Christopher Folkens*. Hingegen liest *David Schnur* Urfehden aus Schwäbisch Gmünd wohl etwas unkritisch als Quellen für manifeste Konflikte zwischen Ratsobrigkeit und Bevölkerung. Wenn die Ratskanzlei Gefangenen in ihre Friedensschwüre Umsturzpläne hineinredigierte, heißt das nicht unbedingt, dass diese solche auch wirklich gehegt hätten. In all diesen Fällen von interner Gewalt war jedenfalls immer der überwölbende Konsens der Stadtgesellschaft tangiert, und ebenso der Anspruch, die eigenen Probleme auch selbst zu lösen. – Ganz im Zeichen des *material turn* wendet sich *Gabriel Zeilinger* der Gewalt gegen „Dinge" zu. Diese erweisen sich in erster Linie als symbolische Kristallisationspunkte von Rechtsansprüchen, etwa der Augsburger „Stadtpir" als Zeichen der städtischen Autonomie auf dem zur Domimmunität gehörenden Fronhof. Eine ähnliche Konkurrenz von (erz-)bischöflichen und städtischen Ansprüchen auf *potestas* ist in Bremen zu beobachten, wo der ehemalige Stadtherr und seine Rechtsnachfolger bis 1802 an der Hoheit über die Gerichtsvogtei festhielten, was in der Praxis, wie *Konrad Elmshäuser* nachzeichnet, zu allerlei diplomatischen Kompromissen führte. – Ebenso ist das besondere Verhältnis der jeweiligen Stadt zum Reich immer mitzudenken, wo es um Gewalt gegen die jüdische Bevölkerung ging, wie *Sophia Schmitt* am Beispiel Regensburgs zeigt. Die dortige jüdische Gemeinde antichambrierte geschickt am Kaiserhof, so dass Friedrich III. die Gelegenheit ergriff, mit seinen Regensburger „Kammerknechten" auch die eigenen Jurisdiktionsansprüche vor Ort zu schützen. – Auch bei militärischer Gewalt nach Außen konnte der spezifische Status als Reichsstadt direkt auf dem Prüfstand stehen, so *Henrike Bolte* für Dortmunds Fehden gegen die Grafen von Mark im 14. Jahrhundert. Spezifisch nordalpin war der Milizcharakter des städtischen Militärs, wie *Regula Schmid* an Schweizer Beispielen zeigt. Entsprechend musste die Wehrhaftigkeit der politisch autonomen Stadt in Form von Turnieren, Schützenfesten und Fechtschulen performativ vorgeführt werden. Ausgerechnet der Status als Reichsstadt mag so der Versportlichung von Waffenübungen

Vorschub geleistet haben, folgt man *Christian Jaser*. – Im Siebenjährigen Krieg schließlich konnte der Status als Reichsstand eine Stadt in besondere Nöte bringen, so *Marian Füssel*: Einerseits war man zur Heerfolge für die glücklose Reichsarmee verpflichtet, andererseits sympathisierten viele Bürger mit den Preußen. Und die durchziehenden Heere der mit den Habsburgern verbündeten Mächte nahmen in aller Regel wenig Rücksicht auf die Reichsstädte, wenn es um Einquartierung und Fourage ging. – Das Verhältnis von Reichsstadt und Gewalt ist also mit dem vorliegenden Tagungsband längst nicht ausgeforscht. Doch die gedanklichen Schneisen sind geschlagen, erste Bausteine liegen auf dem Tisch. Nimmt man „Gewalt" als Gegenstand von Aushandlungsprozessen ernst, dann könnte auch ein neuer Blick auf die Dynamiken städtischer Autonomisierung bis hin zur Reichsunmittelbarkeit möglich werden. Ein vielversprechender Anfang ist gemacht.

Frankfurt am Main Rohmann

Ad van der Zee, De Wendische Oorlog. Holland, Amsterdam en de Hanze in de vijtiende eeuw (= Middeleeuws Studies en Bronnen 169), Hilversum: Verloren 2018, 255 S., ISBN 978-9087047139. – Eigentlicher Gegenstand dieser Untersuchung, einer deutlich erweiterten, 1990 an der Amsterdamer Universität angefertigten „doctoraalscriptie" (der deutschen Magisterarbeit an die Seite zu stellen), ist die Fehdeführung zur See, wie sie 1438-1441 zwischen den Städten der Grafschaft Holland-Zeeland und den wendischen Hansestädten praktiziert wurde. Der Sache nach gehört sie damit zu einem Themenfeld, zu dem in den vergangenen Jahren Dieter Seiferts Studie zum Verhältnis zwischen Holland und der Hanse im Spätmittelalter („Kompagnons und Konkurrenten", 1992) und Andreas Kammlers Dissertation „Up Eventur. Untersuchungen zur Kaperschifffahrt 1471-1512" (2004) mit unterschiedlicher Schwerpunktsetzung beigetragen haben. Auch der Rezensent hat zur Kommunikation zwischen Holland und den wendischen Hansestädten geforscht (in: Landesgeschichte als multidisziplinäre Wissenschaft. FS Franz Irsigler zum 60. Geb., hrsg. Ebeling, Henn, Holbach u. a., 2001, S. 325-346). – Im Laufe von nunmehr über 30 Jahren hat der Verf. seine Arbeit ausgeweitet, was man der Anlage des Werks durchaus anmerkt. So finden sich Weiterungen zu Randthemen wie der Ausbreitung des Städtewesens im hochmittelalterlichen Landesausbau, überhaupt die holländische Landesgeschichte vom 10. Jahrhundert an oder die Ostkolonisation und das Wesen der Hanse, die vom eigentlichen Gegenstand wegführen. In einem großen Bogen werden eine ganze Reihe von Fragen behandelt wie die Schifffahrt allgemein, der Schiffbau, der, wenn man so will, maritimen Prägung der holländischen Gesellschaft, sodann geht es um die Handelsgeschichte sowie um die Konfliktbeilegung auf diplomatischem Weg, nicht zuletzt um die Kriegsführung, daneben um die Rolle des Landesherrn, die alle zu den Rahmen- und Randbereichen des eigentlichen Themas gehören. Das geht sogar so weit, dass sich am Ende als 19. Kapitel eine Betrachtung über das Nachleben der Hanse in den heutigen Hansestädten findet, durchaus nicht ohne Interesse, aber an dieser Stelle vom eigentlichen Thema weit entfernt. Im Kapitel 13, das der Vorgeschichte der Fehde und den „Likedeelers" gilt (diese Betrachtung dient dem Verf. zur Ermittlung der damaligen Praxis der Fehdeführung zur See), den Vitalienbrüdern, die ab 1400 als Söldner im Dienst des holländischen Grafen standen, zu dieser Zeit Herzog Albrecht von Bayern-Straubing, findet sich die Abbildung einer Flasche des Störtebeker-Bieres (145), um die Vergegenwärtigung der Vitalienbrüder zu verdeutlichen. – Die Darstellung hört auf mit zwei Absätzen unter der Überschrift „Maar van de Wendische Oorlog geen spoor ..." (Aber vom Wendischen Krieg keine Spur ..., 236f.). Sichtlich ging es dem Verf. darum, die mehr oder minder latenten Spuren des Spätmittelalters in der Gegenwart aufzudecken. Dieses erklärt vielleicht auch den äußerst sparsamen Umgang mit Belegen, auch wenn die Arbeit durchaus auf Archivmaterial beruht und das Literaturverzeichnis eine

Vertrautheit mit dem Forschungsstand verrät. Dennoch handelt es sich nicht um eine geschichtswissenschaftliche Tiefenbohrung, sondern um eine allgemeine Betrachtung zur Gegenwart spätmittelalterlicher Gegebenheiten in der heutigen Gesellschaft. – Von daher wundert es nicht, dass der eigentliche Gegenstand an den Rand gedrängt wird. Die Fehde wird in den Kapiteln 13-16 behandelt, die der direkten Vorgeschichte, der entscheidenden Tagfahrt zu Deventer zwischen holländischen und wendischen Abgeordneten 24. Juli - 2. Aug. 1437, sodann den ersten beiden und anschließend den letzten beiden Kriegsjahren gelten. Bezeichnend ist, dass erst in Kap. 15 (zu den ersten beiden Fehdejahren) thematisiert wird, dass es Ziel der Auseinandersetzung war, Schadensersatz für die Verluste zu erhalten, die die Holländer während der dänisch-wendischen Fehde der Jahre 1426-1435 erlitten hatten (179). Auch erst an dieser Stelle wird thematisiert, dass es sich eigentlich um eine Fehde handelte (diesen Begriff bevorzugt auch Dieter Seifert in seiner genannten Studie), nicht um einen Krieg. – Leider, so muss man sagen, vermag der Verf. auf diese Weise keine neuen tiefergehenden Einsichten über das Verhältnis zwischen Holland und der Hanse bzw. den wendischen Hansestädten zu gewinnen. Nur gelegentlich werden Ergebnisse eigener Archivrecherchen in den Text eingeflochten (z. B. Auszüge aus Rechnungen der gräflichen Rechenkammer, 187, Anm. 5, auch 188, Anm. 1). Der Rezensent hatte bei dem Titel eigentlich eine (möglichst) tiefgründige Studie zur Fehdepraxis erwartet, die aus dem in holländischen Archiven reichlich vorhandenen Rechnungs- und sonstigem Material hätte schöpfen können. Eine solche bleibt noch zu schreiben.

Kiel von Seggern

Lübeck

1846-2021. 175 Jahre Maschinenbau in Lübeck – Menschen und Maschinen, hrsg. vom Verein für Familienforschung e.V. Lübeck (Lübecker Beiträge zur Familien- und Wappenkunde 71), Lübeck 2021, 478 S., ISSN 2366-1240. – Im Jahre 1846 wurde die Firma Kollmann und Schetelig Maschinenfabrik und Eisengießerei gegründet, der Vorgänger der Lübecker Maschinenbau AG (= LMG). Das 175jährige Gründungsjubiläum eines der bedeutendsten Industriewerke Lübecks hat eine genauere Betrachtung ganz sicherlich verdient. Mit der fast 500 Seiten umfassenden Veröffentlichung soll die Erinnerung an ein bemerkenswertes Kapitel Lübecker Firmengeschichte erhalten bleiben. Dazu hat der Verein für Familienforschung in akribischer Fleißarbeit viele Quellen aufbereitet und eine breitgefächerte Denkschrift erstellt. – Auf den ersten 250 Seiten dokumentiert *Gerhard Huß* chronologisch die Entwicklung des Werkes. Vielfach sind Ausschnitte aus Quellen (neben handschriftlichen Dokumenten auch Zeitungen, Verordnungen, Pläne und Abbildungen) in den laufenden Text integriert. Bedauerlicherweise sind die Quellenangaben häufig unzureichend. Beginnend mit den 1950er Jahren illustrieren hauptsächlich Fotografien aus der vielfältigen Produktpalette, u. a. die zahlreichen Spezialschiffe, und aus der Produktion die Unternehmensgeschichte. Diese beginnt sogar schon im Jahr 1837 mit Erteilung einer Konzession für den Maschinenbauer Carl Martin Ludwig Schetelig. Bahnbrechende Veränderungen, wie die Gründung der Lübecker Maschinenbau AG 1873, der Zusammenschluss mit der Orenstein & Koppel AG im Jahr 1950 und die Übernahme durch den Krupp-Konzern 1993, aber auch die Versuche, das Werk zu erhalten, und der Niedergang der LMG in den 2000ern finden Betrachtung. – In einem zweiten Abschnitt bietet *G. Huß* in alphabetischer Reihenfolge zahlreiche Biografien früherer Inhaber, Vorstände und Mitarbeiter in sehr unterschiedlichem Umfang. Nachfolgend widmet sich *Frank Bolzmann* in einem Beitrag dem Prozess des Amtes der Tischlerzunft gegen C. M. L. Schetelig in den Jahren 1846 bis 1850. Ein weiteres Kapitel enthält den Nachdruck eines Aufsatzes von *Ludwig Rasper* zum Werk Lübeck der

Orenstein-Koppel und Lübecker Maschinenbau AG von 1965. Dem folgt die Wiedergabe eines Fotoalbums von 1952, das für den damaligen Direktor Josef Schiml erstellt wurde und v.a. Werksaufnahmen zeigt. Beide Nachdrucke sind nicht kommentiert. Ein anschließender Beitrag reißt das Thema Zwangsarbeit in den LMG in den Jahren 1939 bis 1945 an. In der Chronik wird diese spannungsgeladene Zeit, in welcher der Betrieb ein wichtiger Munitionsproduzent war, leider wenig reflektiert. Das den Abschluss bildende recht ausführliche Register, erstellt von *Hans-Ulrich Born*, enthält ein Namens-, Orts-, Sach- und Spezialregister betreffend Schiffe, Bagger, Reeder und Auftraggeber, wodurch die Nutzbarkeit vorliegender Schrift vereinfacht wird. Mit diesem Band versucht der Verein für Familienforschung das Maschinenbau-Werk, welches Lübeck und seine Menschen in verschiedenster Weise geprägt hat, vor dem Vergessen zu bewahren. Mehr als nur erahnen kann die Leserschaft die enge persönliche Verbundenheit einiger Autoren mit „ihrer LMG“.

Lübeck Letz

Oliver Auge, Der Frieden von Perleberg vom 23. August 1420 – Anlass, Inhalt, Konsequenzen. Mit einer Edition der Vertragsurkunden, in: Zeitschrift der Gesellschaft für Schleswig-Holsteinische Geschichte 146, 2021, S. 100-141, ISSN 0072-4254. – Mit dem Frieden von Perleberg gewannen die Städte Lübeck und Hamburg 1420 die Stadt Bergedorf dauerhaft für sich und regierten sie gemeinsam bis 1867, als Lübeck seine Hoheitsrechte an Hamburg verkaufte. Noch heute ist Bergedorf ein Hamburger Stadtteil und Bezirk (der die Vierlande einschließt und flächenmäßig der größte, einwohnermäßig der kleinste der sieben Bezirke ist), der sich gleichwohl ein eigenes Identitätsbewusstsein bewahrt hat, auch nach 600 Jahren. Der Frieden von Perleberg hat also wahrlich Geschichte gemacht für Bergedorf, Hamburg, Lübeck und das Lauenburgische, weshalb es sich daran zu erinnern lohnt. A. ist es außerdem wichtig, die darüber hinaus gehende überregionale Dimension, v.a. im Abschnitt „Anlass“, ausführlich aufzuzeigen. – 1415 erhielt der Nürnberger Burggraf Friedrich, aus dem Haus Hohenzollern, die Mark Brandenburg von König Sigismund zu erblichem Lehen. Schnell kam es zu gewaltsamen Konflikten mit märkischen Vasallen und mit benachbarten Fürsten. Gegen Markgraf Friedrich I. von Brandenburg bildete sich ein Bündnis zwischen den Herzögen von Pommern-Stettin, dem Herzog von Pommern-Wolgast, den Herzögen von Mecklenburg, dem Herzog von Braunschweig-Lüneburg, dem Herzog von Schleswig und Grafen von Holstein sowie dem Herzog Erich V. von Sachsen-Lauenburg. Letzterer erhoffte sich dadurch wohl eine bessere Position in der anstehenden Neuverleihung der sächsischen Kurwürde. – Die Städte Lübeck und Hamburg erkannten in dieser Konfliktsituation eine günstige Gelegenheit, gegen Sachsen-Lauenburg vorzugehen und verbündeten sich im Frühjahr 1420 untereinander und mit Friedrich I. von Brandenburg. Für Hamburg ging es darum, Land entlang der Elbe, Zugriff auf die Holzbestände des Sachsenwaldes und den Elbübergang bei Eßlingen (heute Zollenspieker) mit einer lukrativen Fähre zu gewinnen und seine handelsstrategische Position gegenüber Lüneburg zu verbessern. Lübeck befand sich bereits seit fast zwei Jahrzehnten im Streit mit den Sachsen-Lauenburgern, weil Herzog Erich IV. im Jahr 1401 Schloss, Stadt und Vogtei Bergedorf, die 1370 Lübeck verpfändet worden waren, der Hansestadt gewaltsam und unrechtmäßig entrissen hatte und seit 1409 ein militärischer und juristischer Konflikt um den Lübecker Pfandbesitz Mölln im Gange war. – Am 7./8. Juli 1420 erklärten Lübeck bzw. Hamburg Erich V. und seinen vier Brüdern formgerecht die Fehde. Ab dem 11. Juli eroberte ein starkes Heer unter der Führung der beiden Bürgermeister Jordan Pleskow und Hein Hoyer zunächst Bergedorf, dann die Riepenburg in den Vierlanden. Der Vormarsch in Richtung Ratzeburg und Lauenburg wurde gestoppt durch die Vereinbarung eines Waffenstillstands und eines umfassenden Friedenskongresses zu Perleberg unter Vermittlung des Herzogs von Braunschweig-Lüneburg. Die im Grenzbereich zwischen Brandenburg und Mecklenburg gelegene Hansestadt Perleberg bot sich als Ort der Zusammenkunft der verschiedenen städtischen und fürstlichen Konfliktparteien ab dem 18. August 1420 an. – Im Abschnitt „Inhalt“ belegt A. durch einen Vergleich zwischen dem von Lübeck und Hamburg vorgelegten Vertragsentwurf mit dem letztlich abgeschlossenen Friedensvertrag, dass die beiden Hansestädte das Ergebnis zwar nicht diktieren, ihre Forderungen aber angesichts des gründlich vorbereiteten und beinahe vollständigen militärischen Erfolgs weitgehend durchsetzen konnten. Zwischen Friedrich I. von Brandenburg und seinen fürstlichen Kontrahenten wurden Vereinbarungen zu weiteren Schritten bis zu einem Schiedsspruch im folgenden Jahr sowie einem dreijährigen Waffenstillstand getroffen. – Deren „Auswirkungen“ beschreibt A. im gleichnamigen Abschnitt jedoch als eher gering, denn zwischen einigen Konfliktparteien zogen sich die Auseinandersetzungen noch bis 1442 hin. Hingegen sei die Machtdemonstration der Hansestädte so durchschlagend gewesen, „dass sich für lange Zeit keine weiteren Streitpunkte und Konflikte mit den Herzögen [von Sachsen-Lauenburg] mehr ergaben“ (122). – Im „Anhang“ liefert A. unter Mitwirkung von *Frederieke M. Schnack* eine synoptische Edition von fünf überlieferten Vertragstexten aus dem unmittelbaren Entstehungskontext (spätere, u. a. im AHL erhaltene Vidimus sind nicht berücksichtigt). Dabei erschließt sich dem Rez. nicht, warum als Basistext nicht der des von allen fünf herzöglichen Brüdern ausgestellten und besiegelten und somit abschließenden und verbindlichsten Exemplars gewählt wurde, sondern eine von drei Brüdern ausgestellte vertragliche Zwischenstufe. – Insgesamt fördert A. mit diesem Beitrag zwar keine wesentlichen neuen Erkenntnisse zu Tage, bietet aber eine sehr willkommene konzise Darstellung der Ereignisse sowie der Quellen- und Forschungslage.

Lübeck Kuhn

Natalija Ganina, Albrecht Cordes und Jan Lokers (Hrsg.), Der Bardewiksche Codex des Lübischen Rechts von 1294. Band 1: Faksimile und Erläuterungen; Band 2: Edition, Textanalyse, Entstehung und Hintergründe, Oppenheim: Nünnerich-Asmus 2021, Bd. 1: 376 S., ISBN 978-3-96176-166-1; Bd. 2: 511 S., ISBN 978-3-96176-170-8. – Im Jahr 1294 ließ der wohlhabende lübeckische Tuchhändler und Ratsherr Albrecht von Bardewik seiner Heimatstadt einen neuen Rechtskodex anfertigen. Daraus wurde die luxuriöseste Handschrift des Lübischen Rechts aller Zeiten. Der 99 Blatt starke Band mit den Maßen von durchschnittlich 320 × 230 mm beinhaltet neben dem Lübischen Recht (256 Artikel) ein Register und einige kleinere Zusätze aus dem 14. Jahrhundert. – Wie bei manch anderen berühmten Handschriften, so ist das Los des Bardewikschen Codex kompliziert gewesen, seinen jetzigen Status könnte man aber für gewissermaßen kurios halten. Als 1946 ein beachtlicher Teil der Bestände aus Lübeck, aber auch von mehreren anderen deutschen Archiven und Bibliotheken als Kriegsbeute in die Sowjetunion gebracht wurde, verschwanden auch die Spuren des Bardewikschen Codex. Im September 1975 wurde im Heimatmuseum der Stadt Jurjewetz an der Wolga ein deutschsprachiges Manuskript aufgenommen, das in das 17. Jahrhundert datiert wurde. Nachrichten von dieser Handschrift erreichten die Kunsthistorikerin und Konservatorin des Moskauer Staatlichen Instituts für Restaurierung Inna Mokretsova (†). Im Sommer 2014 reisten Mokretsova und die Germanistikprofessorin der Moskauer Universität Natalija Ganina nach Jurjewetz, um die Handschrift genauer zu untersuchen, erkannten darin den für verloren gehaltenen Bardewikschen Codex und teilten den sensationellen Fund ihren deutschen Kollegen mit. Im Jahr 2016 begann die gemeinsame Arbeit deutscher und russischer Wissenschaftler zur Erforschung des Codex und 2021 erschienen als Ergebnis dieser Zusammenarbeit, herausgegeben vom Verein für Lübeckische Geschichte, zwei Bände, die den Bardewikschen Codex als Faksimile, Edition und Übersetzung sowie wissenschaftliche Artikel zum Lübischen Recht enthalten. Die Veröffentlichung fasst die bisherige Forschung zum Bardewikschen Codex zusammen und fügt bemerkenswerte neue Erkenntnisse und Sichtweisen zum Lübischen Recht und zu dessen Handschriften hinzu, angefangen mit kodikologischen und paläografischen Beschreibungen des Bardewikschen Codex und anderer bedeutenderen Handschriften des Lübischen Rechts bis zum historischen Kontext in Lübeck zur Zeit von Albrecht von Bardewik. – Den Begrüßungsworten des ersten Bandes folgt eine Übersicht zur Geschichte und Kulturgeschichte der Stadt Jurjewetz von *Jelena Silkina*, der Direktorin der dortigen Museen. Danach wird das interdisziplinäre deutsch-russische Kooperationsprojekt zur Erforschung des Bardewikschen Codex vorgestellt (von *Natalija Ganina*, *Albrecht Cordes* und *Jan Lokers*), eine Übersicht der Geschichte des Lübischen Rechts im Ostseeraum bis 1350 gegeben (von *Albrecht Cordes*), von der Wiederentdeckung des Bardewikschen Codex in Jurjewetz (von *Natalija Ganina*) und vom Schicksal der Lübecker Archivalien nach 1945 (von *Antjekathrin Graßmann*) berichtet. Es folgen das Faksimile des Codex mit Edition und Übersetzung als Paralleltext. Am Ende des Bandes finden sich ein Glossar und Karten zur Verbreitung des Lübischen Rechts. – Das Konzept der Edition des Codex wurde im Wesentlichen von Nigel F. Palmer (†), Professor emeritus für deutsche Sprache und Literatur des Mittelalters der Universität Oxford, entworfen, gestützt auf die Transkription von Natalija Ganina aus dem Jahr 2016. Bei der Edition war das Bestreben, den Text so originalnah als möglich wiederzugeben. Unterschieden sind alle Schreiber und man hat versucht, den Zeitpunkt der Niederschrift der Texte möglichst genau zu datieren. Die Erstfassung der Übersetzung des Codex wurde von Dorothea Heinig angefertigt, und durch eine terminologische Bearbeitung von Albrecht Cordes vollendet. Die Zusatztexte zum Codex (u. a. Hopfen- und Salzordnung, Ratswahlordnung, Ratseid, Aufzeichnungen eines Lübecker Unbekannten über Ereignisse von 1316-1320) wurden von Natalija Ganina und Nigel F. Palmer übersetzt. Hierbei wurde eine möglichst genaue Wiedergabe der Verhältnisse und Anschauungen des 13. Jahrhunderts angestrebt. Unter anderem mussten neuhochdeutsche Entsprechungen zu juristischen Termini des 13. Jahrhunderts gefunden werden, die inhaltlich adäquat, aber gleichzeitig dem Leser leicht verständlich und sprachlich natürlich sein sollten. Im Ergebnis ist ein nicht nur korrekter, sondern auch bemerkenswert flüssig zu lesender Text entstanden. Die Bearbeiter haben dennoch konstatiert, dass eine sowohl unter sprachlichen, juristischen und historischen Aspekten ideale Übersetzung trotz aller Anstrengungen unerreichbar bleibe. Der Charakter des Lübischen Rechts und das Milieu des 13. Jahrhunderts unterscheiden sich viel zu sehr von der heutigen Rechtstradition und Lebensweise. – Am Anfang des zweiten Bandes, der im Kern die wissenschaftlichen Begleitartikel versammelt, findet der Leser nochmals die Edition und Übersetzung des Codex. Damit ist der zweite Band unabhängig vom ersten benutzbar. Als Anhang ist u. a. eine Konkordanz der Artikel des Bardewikschen Codex mit den sieben wichtigsten niederdeutschen Codizes des Lübischen Rechts und der Druckausgabe aus dem Jahr 1586 hinzugefügt. Die Verfasser der verschiedenen Beiträge haben zwangsläufig in mehreren Fällen dieselben allgemeinen Informationen zum Codex geboten und auch oft dieselben handschriftlichen Quellen benutzen müssen. In solchen Fällen wäre eine vereinheitlichte Wiedergabe der Archivsignaturen wünschenswert gewesen. – Die Beiträge des zweiten Bandes sind in fünf thematische Teile gegliedert. Der erste ist der äußeren Gestalt des Bardewikschen Codex gewidmet. Er beinhaltet die Beschreibung der Handschrift durch *Natalija Ganina*, eine gründliche paläografische Analyse von *Nigel F. Palmer*, eine Übersicht des Buchschmucks von *Judith H. Oliver*, zwei Artikel von *Inna Mokretsova* über die Initialen bzw. die Konservierung des Codex und *Irina F. Kadikovas* Abhandlung über die Farbstoffe der Initialen und des Buchschmucks. Die paläografische und kodikologische Analyse der verschiedenen Codizes des 13.-14. Jahrhunderts hat eine besondere Bedeutung hinsichtlich der Geschichte der Entstehung, Verbreitung und Benutzung dieser Handschriften. Obwohl die äußeren Merkmale der Codizes schon in den Arbeiten der Forscher des 19. Jahrhunderts beschrieben sind, hat man diesem Aspekt ein so großes inhaltliches Gewicht bei der Behandlung des Lübischen Rechts bisher nicht beigemessen: die Autoren haben keinen einzigen Schriftzug und kein einziges Dekorelement außer Acht gelassen. Gerade die Erforschung der äußeren Merkmale erlaubt es besser als bisher, sowohl die Einzigartigkeit des Bardewikschen Codex als auch die Bedeutung der Produktion des Lübecker Kanzleiskriptoriums für die anderen Städte des Lübischen Rechst zu verstehen. Besonders deutlich wird das in der vorbildlichen vergleichenden Handschriftenanalyse von Nigel F. Palmer. – Den zweiten Teil des Bandes bildet die Abhandlung von *Friedel Helga Roolfs* über die frühlübische Schriftsprache. Wesentlich auf die Arbeiten von Agathe Lasch, Gustav Korlén, Natalija Ganina u. a. sich stützend, stellt Roolfs die frühen schriftlichen Formen des Niederdeutschen vor und konzentriert sich dabei in erster Linie auf spezifische Merkmale der Sprache des Bardewikschen Codex innerhalb des frühen Mittelniederdeutschen. – Der dritte Teil besteht aus einem Aufsatz von *Albrecht Cordes* über das Recht des Bardewikschen Codex. Cordes behandelt die Reihenfolge und den Inhalt der Artikel des Codex und analysiert kurz ihre Terminologie. Im einführenden Teil des Beitrags wird auch der Einfluss des Lübischen Rechts in der Neuzeit vorgestellt. Cordes evaluiert sowohl frühere als auch gegenwärtige Forschungen zum Lübischen Recht und macht unter anderem auf einige methodologische Schwächen und Lücken aufmerksam. Ein gründlicher rechtsgeschichtlicher Kommentar aus der Feder von Cordes ist mittlerweile (2022) als dritter Band der Ausgabe erschienen. – Der vierte Teil ist den Entstehungsumständen des Codex gewidmet: *Jan Lokers* schreibt über Albrecht von Bardewik und Lübeck zu dessen Zeit und beleuchtet dabei das gewachsene Selbstbewusstseins des Lübecker Rats und der Bürgerschaft am Ende des 13. Jahrhunderts sowie die Rolle Albrecht von Bardewiks bei der Beauftragung des Rechtscodex, aber auch bei der Einführung des Urkunden-Kopiars des Lübecker Rats (1298) als politischer Versuch, die Autorität des Rats und die Leistungsfähigkeit der Verwaltung zu steigern und dadurch die Unabhängigkeit der Stadt zu sichern. *Natalija Ganina* konzentriert sich auf die zu den Zusatztexten des Codex gehörende anonyme Beschreibung von Ereignissen, die zwischen 1316 und 1320 in Lübeck stattfanden. *Jürgen Wolf* behandelt zunächst die Arbeit der Lübecker Ratskanzlei in den Jahren 1250-1350, insbesondere aber Rechtskodizes, die in Lübeck entstanden sind, darunter diejenigen, die den Tochterstädten Lübecks zugesendet worden sind. Wolf geht dabei von der Annahme aus, dass die schriftliche Verwaltung sowohl der Herrscher als auch der Städte östlich der Elbe bis zum 13. Jahrhundert noch in den Kinderschuhen steckte und die erforderlichen Schriftstücke bei Geistlichen in Auftrag gegeben wurden. Laut Wolf setzte in Lübeck eine Veränderung der Lage in den 1250er Jahren ein, als der Anteil der schriftlichen Verwaltung sich erhöhte und ein eigenes Kanzleiskriptorium des Rats entstand. Der zweite Beitrag von *Jürgen Wolf* ist eine Zusammenfassung seiner früheren Forschungen zu den Codizes des Lübischen Rechts; unter anderem versucht der Verf., in den Handschriften Züge zu finden, die man eigentümlich für die Lübecker Ratskanzlei halten könnte und analysiert Gründe, die im ersten Viertel des 14. Jahrhunderts zum Niedergang der Ratskanzlei führten: eine Rolle bei diesem Rückschlag spielte der Tod Albrecht von Bardewiks, der die Kanzlei mit fester Hand geleitet hatte, insbesondere aber die Hungersnot des Jahres 1315 und die damit einhergegangene wirtschaftliche Rezession. – Als im 19. Jahrhundert ein wissenschaftliches Interesse an den mittelalterlichen Codizes des Lübischen Rechts entstand, hatte das nicht nur eine geschichtliche, sondern auch praktische Bedeutung. Bei der Deutung des in mehreren Regionen noch geltenden Rechts mussten zur Klärung des ursprünglichen Sinns manchmal mittelalterliche Handschriften herangezogen werden. Gerade für diesen Zweck unternahm Johann Friedrich Hach (1769-1851), Mitglied des Lübecker Senats und späterer Richter am Oberappellationsgericht, die Untersuchung des Lübischen Rechts und eine Edition des Bardewikschen Codex. Seine mit einer gründlichen Einführung ausgestattete Edition erschien im Jahre 1839, womit auch die Geschichte der wissenschaftlichen Behandlung des Bardewikschen Codex begann. Diese Arbeit fand weiten Widerhall. So veröffentlichte Friedrich Georg von Bunge schon bald nach dem Erscheinen von Hachs Ausgabe und vielleicht zum Teil nach deren Vorbild die Editionen der Codizes von Reval (Tallinn) aus den Jahren 1257 und 1282 (Die Quellen des Revaler Stadtrechts, 1. Lieferung, Dorpat, 1842). So ist der fünfte Teil des Bandes der Erforschung und der Editionsgeschichte des Lübischen Rechts gewidmet. Das Leben und Wirken von Johann Friedrich Hach wird auf eine schöne poetisch-patriotische Art von *Antjekathrin Graßmann* geschildert, indem ein Licht auf die bürgerliche Atmosphäre Lübecks zu Zeiten von Hach geworfen wird. So wie mehrere seiner Zeitgenossen beschäftigte auch Hach sich mit seiner Forschungs- und Editionsarbeit in seinen Nebenstunden. Der wissenschaftliche Werdegang von Ferdinand Frensdorff (1833-1931) wird mit äußerster Faktendichte von *Alexander Krey* beschrieben, wobei auch Einblicke in die akademische deutsche Geschichtswissenschaft in der zweiten Hälfte des 19. und am Anfang des 20. Jahrhunderts geboten werden. Anders als Hach vertrat der Göttinger Professor Ferdinand Frensdorff unter den Forschern des Lübischen Rechts die Generation der akademischen Rechtshistoriker. Sein vielfältiger wissenschaftlicher Beitrag hat aber nach Kreys Einschätzung weniger Bekanntheit und Anerkennung erfahren, als er verdient hätte. Die von Frensdorff in großem Stil angelegte Edition des Lübischen Rechts, die viele Quellen umfassen sollte, blieb unvollendet. – Mit dem Erscheinen der Neuausgabe des Bardewikschen Codex sind mehrere Lücken bei der Erforschung des Lübischen Rechts geschlossen und stillschweigend auch Weichen für künftige Forschungsrichtungen gestellt worden, sowohl hinsichtlich der äußeren Form als auch der juristischen und gesellschaftlichen Bedeutung des darin enthaltenen Rechts. Die Veröffentlichung ist ein unumgängliches Handbuch für jeden, der sich mit mittelalterlichen deutschen Rechtstexten, aber auch mit niederdeutschen Quellen im weitesten Sinne befasst.

Tallinn Kala

Annegret Möhlenkamp und Uwe Albrecht (Hrsg.), Wand- und Deckenmalerei im Lübecker Bürgerhaus zwischen 1300 und 1800. Ein Streifzug durch das unsichtbare Weltkulturerbe, Petersberg: Michael Imhof 2021, 200 S., zahlr. Abb., ISBN 978-3-7319-1130-2. – Der für eine breitere Öffentlichkeit bestimmte, reich und qualitätsvoll bebilderte und durchaus stadtbummeltaugliche Band fußt in seiner repräsentativen Auswahl auf dem mehr als 1.600 Malschichten in 400 Altstadthäusern aus dem Zeitraum von 1300 bis 1800 umfassenden Bestand Lübecker Wand- und Deckenmalereien. Zugute kommen dem im Herbst 2021 erschienenen schmucken Buch verschiedene vorausgehende Arbeiten: das stattliche, im Jahr 1993 von Manfred Eickhölter und Rolf Hammel-Kiesow als vierter Band der wissenschaftlichen Reihe „Häuser und Höfe in Lübeck" herausgegebene Werk „Ausstattungen Lübecker Wohnhäuser"; das in den Jahren 2005-2008 von der Deutschen Forschungsgemeinschaft geförderte Projekt „Ortsfeste Raumdekoration in Lübecker Wohnhäusern zwischen 1300 und 1800. Studien zu Dekorum und Erhaltung"; sowie die im Internet verfügbare Datenbank „Lübecker Wandmalerei". Der Tatsache, dass alle fünf Verf. des hier vorgestellten Bandes an den über viele Jahre hin geleisteten Vorhaben aktiv mitgewirkt haben und so aus erster Hand über intime Kenntnisse der behandelten Gegenstände verfügen, verdankt das Buch auch seine glücklich getroffene Auswahl von Beispielen und den leicht und spielerisch gebundenen Strauß kleiner ebenso übersichtlicher wie aspektreicher Einblicke in die Grundlagen und Voraussetzungen zum besseren Verständnis der Besonderheiten Lübecker Wandmalereien über den Zeitraum eines halben Jahrtausends hin. – Gleich im ersten, „Stadt und Haus" überschriebenen Kapitel konfrontiert *Annegret Möhlenkamp* den Leser mit ihrer reich illustrierten grundlegenden Skizze zur Stadtstruktur, zu den Straßen und Häusern sowie speziell zu den Typen des Lübecker Altstadthauses: dem großen Giebelhaus, dem Traufenhaus, dem kleinen Giebelhaus sowie dem Ganghaus (10-23; vgl. den Hausgrundriss des Erdgeschosses eines typischen Lübecker Bürgerhauses auf S. 200). Wandgemälde finden sich in all diesen Haustypen, ob sie nun groß oder klein sind, über Jahrhunderte hin „überall auf dem Stadthügel" und bei ganz unterschiedlichen sozialen Schichten und Berufsgruppen (22). – Im zweiten, umfassendsten aller Kapitel widmet sich *Annegret Möhlenkamp* der Fragestellung, was wann und wo in der Wand- und Deckenmalerei des Lübecker Bürgerhauses zu sehen war und noch heute wahrzunehmen ist. In fünf Epochen gegliedert, beschreibt sie hier charakteristische Themen und Motive figürlicher Malerei und Ornamente, wie sie in der Diele, der Dornse, dem Obergeschoss und den Seitenflügeln des Bürgerhauses zu finden sind (24-55). – Im dritten Kapitel präsentiert *Antje Heling-Grewolls* katalogartig eine zeitlich gegliederte, fein differenzierende und einprägsam illustrierte Übersicht von Ornamenten und Dekorformen, die in den Bürgerhäusern in charakteristischen Variationen begegnen (57-73). Hiermit markiert sie einen zentralen Aspekt des Buches, der bei früheren Forschungen vernachlässigt worden ist. Auf diese Weise erhält der Betrachter vor Ort ein hervorragendes Hilfsmittel, das es ihm erlaubt, die Malereien zeitlich exakt einzuordnen; denn die Ornamente folgen nur kurzlebigen modischen Trends. – Tabellenartig und auf einen Blick erfassbar, finden sich Antje Heling-Grewolls Muster auch auf der praktischen ausklappbaren Falttafel des vorderen Covers, die Annegret Möhlenkamp zusammengestellt hat. Diese Tafel bedeutet nicht zuletzt aufgrund ihrer Praxisrelevanz einen wissenschaftlichen Gewinn, wie er in dieser Form noch nirgendwo existiert und deshalb nicht hoch genug einzuschätzen ist. Von ihm werden nicht nur Denkmalpfleger und Restauratoren profitieren, sondern auch Hausbesitzer und interessierte Betrachter. – Im vierten Kapitel skizziert *Antje Heling-Grewolls* „Bildthemen", die sie nach ihrer Herkunft im Alten und Neuen Testament sowie nach Heiligenfiguren ordnet und ferner in kleinen Untergruppen unter so heterogenen Stichworten wie „Allegorien", „literarische Themen", „Embleme", „Wappen", „Porträts" und „Landschaftsdarstellungen" subsumiert (74-83). – Im fünften Kapitel widmet sich die langjährige Lübecker Denkmalpflegerin *Annegret Möhlenkamp* mit dem Thema „Erhalten und Bewahren" der eher alltagspraktisch orientierten physikalischen Sicherung der Wandmalerei, also Fragen, die den Praktiker und den vorübergehend für das Kulturdenkmal verantwortlichen Eigner und Mieter betreffen und gewiss auch den sensiblen Betrachter umtreiben (84-91). – Auf andere Weise nachdenklich stimmt das sechste Kapitel „Entdeckte Schätze – verlorene und erhaltene Malereien. Lübecker Kulturgeschichte in Bildern" (92-105). Hier lässt das Verfasserduo *Uwe Albrecht* und *Annegret Möhlenkamp* die Fotos und die Bildunterschriften weitgehend für sich selbst sprechen. – Mit dem siebten Kapitel, das das Spezifikum der „Farben an Lübecker Wänden und Decken" erhellt, wendet sich *Antje Heling-Grewolls*, chronologisch geordnet, einem weiteren, dem Betrachter sogleich ins Auge springenden und für die Wandmalereien und ihr Verständnis substantiellen Aspekt zu (106-123). – Nur scheinbar aus dem Rahmen der bisher behandelten Themen fällt das dem „Andenken an Rolf Hammel-Kiesow" gewidmete Kapitel „Historische Auftraggeber Lübecker Wand- und Deckenmalereien" heraus (132-139). Hier wirft der Kulturwissenschaftler *Manfred Eickhölter* auf der Grundlage der 1.800 in der Datenbank erfassten Lübecker Bürger einen Blick auf die Berufe, das Vermögen und die soziale Stellung der Auftraggeber der Wandmalereien und beschreibt die Lage ihrer Grundstücke in der Stadt, um hieran anschließend eine Reihe einflussreicher Persönlichkeiten zu porträtieren und zuletzt in einem knappen Überblick die Malereien in Lübecker Häusern und die Geschichte der

Stadt zu skizzieren. – Im neunten Kapitel („Mauresken und ihre Auftraggeber in Lübeck um 1600" [141-151]) beschäftigt sich *Manfred Eickhölter* mit der Maureske, einem einzelnen, besonders fragilen zierlichen Ornament und seiner Verbreitung. Wider sein Erwarten entpuppt sich das nur scheinbar hervorstechende Element ursprünglich islamischer Herkunft aber keineswegs als seltenes Exportgut des Spanienhandels. Vielmehr konnte man es seinerzeit in ganz Europa querbeet bei allen sozialen Schichten antreffen; in Lübeck vornehmlich in Häusern von Handwerkern. – Im zehnten, „Der ‚Garten' im Haus der steinernen Stadt" überschriebenen Kapitel (153-165) zeigt *Britta Reimann* zumal in den Seitenflügeln der Häuser begegnende Wandgemälde des Typus Wurzel Jesse und unterscheidet darüber hinaus zwischen kraftvollen phantastischen und die Natur nachbildenden Formen. – Im elften und letzten Kapitel (166-195) nimmt uns *Manfred Eickhölter* mit auf einen lehr- und unterhaltsamen Stadtspaziergang, um zwölf Altstadthäuser und als krönenden Abschluss das St. Annen-Museum anzulaufen und die dort sichtbaren Wand- und Deckenmalereien mühelos *in situ* anzusehen. Hier geht es ausschließlich um Häuser, deren Betreiber, Bewohner, Eigner oder Mieter tagsüber Zugang gewähren. Vom Museum abgesehen handelt es sich dabei meist um Restaurants oder Geschäfte, die ohne weitere Anmeldung zugänglich sind. Launig und kenntnisreich führt uns der Cicerone in die einzelnen Häuser, deren Malereien er beschreibt, erklärt und bebildert und um atmosphärische Fotos der Räume ergänzt. Er vergisst auch nicht, die Öffnungszeiten zu notieren, flicht manches Detail über Besonderheiten der Destination hinzu und gibt dem Besucher auch schon mal den einen oder anderen Tipp. Einen besonderen Pluspunkt geben wir Manfred Eickhölter dafür, dass er bei jeder Station mit einem Querverweis vermerkt, wenn hier anzutreffende Bildmotive und Ornamente andernorts in einem der vorausgehenden Kapitel des Buches behandelt werden und wo sie in der Datenbank der Lübecker Wandmalereien zu finden sind. – Der Benutzer wird auch für das Glossar, das Fachbegriffe knapp erklärt, dankbar sein. Wir wünschten uns vielleicht noch ein Gesamtregister, das den Interessenten schnell darüber informiert, wo überall in dem Buch welche Häuser mit Wandmalereien, Auftraggeber und Künstler, Ornamente, Themen und Motive behandelt werden. Dies wäre umso nützlicher, weil nicht wenige Objekte mehrfach und unter verschiedenen Gesichtspunkten zur Sprache kommen. – Der schmucke Band eignet sich sowohl für die Lektüre auf dem gemütlichen heimischen Sofa als auch für Streifzüge in der Stadt, auf denen der Leser *en passant* über Wandmalereien hinaus viele weitere nützliche Informationen erhält.

Lübeck — Vogeler und Freytag

Dietlinde Munzel-Everling, Die Jurisprudentia Germanorum picturata des Johann Carl Heinrich Dreyer – eine frühe rechtsikonographische Sammlung, in: Eszter Cs. Herger u.a. (Hrsg.), Festschrift Gernot Kocher zum 80. Geburtstag. Für den Interpreten der Bildsprache (Grazer rechtswissenschaftliche Studien 69), Graz: Leykam 2022, S. 284-301, ISBN 978-3-7011-0471-0. – Einen wesentlichen und bisher übersehenen Aspekt in der Würdigung des Lübecker Juristen Johann Carl Heinrich Dreyer (1723-1802) bietet der vorliegende Festschriftartikel, der sich einem rechtsikonographischen Thema sehr kundig widmet. Auf ihn soll hier recht nachdrücklich hingewiesen werden. Denn es wird wieder einmal deutlich, dass man sich Dreyer gründlicher zuwenden sollte. Leider ist sein Nachlass zerstreut und gelangte sowohl an das Archiv als auch an die Stadtbibliothek Lübeck und andere Institutionen in Deutschland. Dreyer, geboren in Waren/Mecklenburg, wurde Professor an der Kieler Universität, begab sich dann in den Dienst der freien Reichsstadt Lübeck als 3., dann 1. Syndikus und Dompropst. Die zehn Jahre seines Lebens von 1753-1763 widmete er der Ordnung und Verzeichnung des umfangreichen alten Senatsarchivs, eindeutig ein Ruhmesblatt seiner Tätigkeit für die Lübeckische Geschichte, während seine wissenschaftliche Eitelkeit sonst teilweise seinen Ruhm verdunkelte, da er vor Fälschungen nicht zurückschreckte und Quellen verschenkte. Im vorliegenden Fall kommt es nun aber zu einer Ehrenrettung auf dem Gebiet der Rechtsikonographie. Und so gewinnt eine bemerkenswerte Gelehrtenpersönlichkeit doch an Kontur, umso mehr als auch sonst Fälschungen durch jene Koryphäen der Wissenschaft „nicht ungewöhnlich" (286) waren, wie die Verf. erwähnt. Die Handschrift in der SUB Göttingen widmet sich dem Spezialgebiet der Rechtsgeschichte, der Ikonographik, das eine wesentliche Ergänzung zur „trockenen Juristerei" beisteuert. Die Handschrift, welche die Verf. ein Bilder-Notizbuch nennt, weist auf fast 400 Seiten eingeklebte, kolorierte Bilder, Pausen, Zeichnungen und eine kleine Broschüre über die Guillotine von 1793 auf, weiter auch Ausschnitte von Originalen, und dies alles mit Anmerkungen und Literaturangaben. Fünfzig Jahre lang hat Dreyer diese Kladde ergänzt und Illustrationen zum Germanischen Recht, Rolanden, dem Sachsenspiegel, Siegeln, phantasievollen Darstellungen der germanischen Königswahl und der Krönung Kaiser Leopolds I. 1658 gesammelt. Allerdings „erfand" er auch Quellen. Einen bemerkenswerten Lübeck-Bezug stellt überdies eine Zeichnung des Lübecker Vogtdings (294f.) dar, auf der man auch die sog. Eideskapelle erkennen kann. In gewisser Weise nahm Dreyer schon früh die Gedanken der „Erinnerung des Mittelalters" von Recht, Sprache, Volkskunde vorweg, die erst in der Zeit der Romantik aufkommen sollten. Unterschätze man also nicht diesen leidenschaftlichen Sammler, der unermüdlich und fleißig, gebildet und wissbegierig, von Eitelkeit zwar angetrieben sich schon auf den Weg einer systematisch betriebenen Rechtswissenschaft begab, in einer Zeit, in der nur einfache Mittel dazu zur Verfügung standen. Erst von Karl v. Amiras Bildersammlung zu Anfang des 20. Jahrhunderts wurden diese Gedankengänge in moderner Weise aufgegriffen.

Lübeck Graßmann

Valentin Portnykh u. a. (Hrsg.), Mittelalterliche Handschriften und Urkunden aus deutschen Beständen in der Bibliothek der Staatlichen Universität Tomsk/Srednevekovye rukopisi i dokumenty iz nemeckich sobranij v biblioteke Tomskogo gosudarstvennogo universiteta (Archiv der Hansestadt Lübeck, Findbücher und Inventare 11), Lübeck: Schmidt-Römhild 2021, 248 S., ISBN 978-3-7950-7126-4. – In der Chemie wie im Leben heißt es, sich ergebende Zeitfenster zu nutzen, um die bestmöglichen Ergebnisse zu erzielen. Das gleiche gilt auch, und in besonderem Maße, für die Forschung, denn *tempora in horas commutantur*. Dieses kann als Motto dienen, wenn man sich das von Valentin Portnykh herausgegebene Inventar der „Mittelalterlichen Handschriften und Urkunden aus deutschen Beständen in der Bibliothek der Staatlichen Universität Tomsk" ansieht. – Die Lübecker Archivalien waren ja, wie bekannt, 1942 in ein Salzbergwerk nach Bernburg ausgelagert worden, wo sie zuerst von amerikanischen Soldaten geplündert wurden, ehe sie von der sowjetischen Armee übernommen worden waren. Sie wurden, wie die Bestände aus umliegenden Auslagerungsstätten, nach dem Krieg in die Azeta-Werke in Berlin-Lichtenberg gebracht, und am 1. August 1946 im Büchertransport № 176/8037 nach St. Petersburg verbracht, von wo aus ein Teil weiter nach Moskau ins Archiv der Alten Akten weitergereicht wurde. Im Gegensatz zu den nach Amerika verschleppten Dokumenten ist der Verbleib der meisten in die Sowjetunion verbrachten Archivalien relativ gut dokumentiert, weshalb Michail Gorbatschow und andere Staatslenker auch einen großen Teil der Dokumente seit Ende der 1980er Jahre wieder an die Bundesrepublik zurückgeben konnten. Allerdings waren zu Sowjetzeiten einige, scheinbar wahllos zusammengestellte Dokumente als Geschenke an sowjetische Universitätsbibliotheken gelangt, so auch an die Bibliothek der sibirischen Universität Tomsk. Diese hatte 1980 zum 100jährigen Bestehen der Universität vom Innenministerium eine Zugladung fremdsprachlichen Bibliotheks- und Archivgutes als Geschenk erhalten. Nach der neueren Gesetzgebung der russischen Republik sollen diese Kulturgüter in Russland verbleiben und können nicht restituiert werden. – Valentin Portnykh, Dozent in Nowosibirsk, Valeria Esipova, Leiterin der Forschungsabteilung der Universitätsbibliothek Tomsk und andere haben die Tauwetterperiode vor dem 24. Februar 2022 genutzt, um mit einem Forschungsteam in Zusammenarbeit mit den Vorkriegslagerstätten diese, nach Tomsk verbrachten Archivalien zu katalogisieren, zu digitalisieren und, soweit dieses noch nicht vor dem Krieg geschehen war, zu veröffentlichen. Zu den Archivalien zählen u. a. eine Sammelhandschrift zum kanonischen Recht, ehem. Domgymnasium Halberstadt, die Urschrift des Lübecker Niederstadtbuches von 1490 bis 1495, das Lübecker Memorialbuch von 1318, eine astronomische Sammelhandschrift aus der Stadtbibliothek in Lübeck, ein Abstractum-Glossar aus dem 15. Jh. und ein Fragment von Gottfried von Straßburgs Tristan aus dem 13. Jh. aus Hamburg, einige wenige Urkunden sowie eine größere, aus Lübeck stammende, Anzahl von Pfundzollquittungen aus den Jahren 1368 bis 1370. – Das deutsch-russische Inventar beschreibt in systematischer Weise die einzelnen Handschriften, deren Aufbau, physische Beschaffenheit, Siegel, Herkunft und gibt Auskunft über mögliche Veröffentlichungen. Bei den Pfundzollquittungen wird desweiteren der Inhalt jeder einzelnen Quittung kurz zusammengefasst. Daher ist dieser Band mehr als ein nur reines Hilfsmittel. Abgeschlossen wird er mit einigen Bildern, die u. a. die (Vorkriegs-)Besitzstempel und wichtige Seiten der Archivalien abbilden. – Auch wenn wir wahrscheinlich in absehbarer Zeit keine Gelegenheit haben werden, diese in Sibirien lagernden Archivalien direkt in Augenschein zu nehmen, so sind sie durch dieses Inventar und die Digitalisierung der Forschung wesentlich näher gerückt. Sie und ihr Lagerort sind jetzt erfasst und öffentlich gemacht. Jetzt heißt es, auf das nächste Tauwetter zu warten. Bis dahin aber haben wir schon einmal wesentliche Grundlagen an die Hand bekommen. *Tempora in horas commutantur.*

Kopenhagen Jahnke

Henrik Thoenneßen, Scharfrichter und Abdecker in der Reichs- und Hansestadt Lübeck in der Frühen Neuzeit. Eine Berufsgruppe zwischen „Unehrlichkeit" und ausgeprägter Berufsehre (Veröffentlichungen zur Geschichte der Hansestadt Lübeck, hrsg. vom Archiv der Hansestadt, Reihe B 56), Lübeck: Schmidt-Römhild 2021, 168 S., 5 Abb., ISBN 978-3-7950-0498-9. – In fünf Kapiteln stellt der Verf. in seiner 2018 in Hamburg bei Jutta Nowosadtko und Franklin Kopitzsch verteidigten Dissertation eine wichtige Berufsgruppe in der frühmodernen Stadt Lübeck vor, die bisher hier nie systematisch erforscht worden war, als Randgruppe aber schon seit Jahren in der Diskussion steht. Verf. nähert sich den Scharfrichtern vom Gesichtspunkt der Unehrlichkeit her. Ihn interessiert berechtigterweise, dass „einige Menschen und ganze Berufsgruppen … von Geburt an als unehrlich" galten und „eingeschränkte Bürgerrechte" besaßen, „ohne sich je einen gesellschaftlichen oder rechtlichen Fehltritt geleistet zu haben." Er will vor allem wissen, „wie sich die Unehrlichkeit bestimmter Berufe … konkret auf das Leben der Betroffenen ausgewirkt hat." (11) Um dies zu analysieren, blickt der Verf. auf berufliche Tätigkeiten, soziale und wirtschaftliche Kontakte, den Wohnort und alle dazugehörigen Aspekte des Lebens von Scharfrichtern und Abdeckern in Lübeck. Zunächst wird der Forschungsstand skizziert, indem der Verf. die vorliegenden Arbeiten in zwei große Gruppen gliedert. Die eine stellt den Scharfrichter als Außenseiter der Gesellschaft dar, nimmt zumeist die Perspektive der Zünfte bzw. der „ehrlichen Gesellschaft" ein, die andere folgt der Perspektive der Scharfrichter und versucht, deren Lebenswelt darzustellen. Im norddeutschen Raum gab es bisher nur wenig systematische Forschung zu Henkern und Abdeckern, die Verf. kurz vorstellt, bevor er daraus seine Frage nach der Lebensrealität der Betroffenen entwickelt. Auf der Basis von Besoldungsakten, Kirchenbüchern, Gerichtsprotokollen, Bewerbungsschreiben, die sich in Lübeck seit dem 16. Jahrhundert finden, will er die Selbstwahrnehmung dieser Berufsgruppe als auch ihre

Interaktion mit Berufsgenossen und der restlichen Bevölkerung darstellen. – In seinem ersten inhaltlichen Kapitel blickt der Verf. auf die Anfänge des Scharfrichterberufes in Lübeck, die im 14. Jahrhundert offenbar werden. Er benennt den Strafvollzug, die Vollstreckung von Todes-, Ehren- und Körperstrafen sowie die Tätigkeit als Mediziner als Arbeitsbereiche des Lübecker Scharfrichters. Im zweiten Kapitel widmet er sich der Abdeckerei, stellt die Verbindung zwischen ihr und dem Scharfrichteramt dar, geht am Beispiel der Halbmeisterei von Nusse auf verpachtete Abdeckereien ein, stellt Streitigkeiten um die Abdeckerei ebenso dar wie die Versuche des Selbstabdeckens entgegen dem Abdeckerprivileg und stellt die Abdecker kurz als Hundefänger und Totengräber vor, bevor er das Ende der privilegierten Abdeckerei und die Entwicklung hin zur Tierverwertungsanstalt im 19. Jahrhundert schildert. – Verdienstvoll ist das Kapitel zur wirtschaftlichen Situation der Lübecker Scharfrichter, in der Verf. die Zusammensetzung des Grundgehalts darstellt und die permanente Bitte um Gehaltserhöhungen schildert. Er listet die Einnahmen des Amtes aus Strafvollzug, Gerichtswesen und Nebentätigkeiten auf, wertet Testamente von Amtsinhabern auf deren Vermögen hin aus und schätzt ihre wirtschaftliche Gesamtsituation kurz ein. Am umfangreichsten und für die konkreten Lübecker Zusammenhänge sicher am wichtigsten ist das Kapitel zur Stellung von Scharfrichtern und Abdeckern in der Lübecker Gesellschaft, in der er untersucht, ob sie zu einer unehrlichen Berufsgruppe zu zählen sind, Wohn- und Arbeitsort sowie die Kleidung der Abdecker darstellt. Ihre sozialen Kontakte diskutiert er anhand der Heiratsverbindungen und übernommener Patenschaften innerhalb der Stadtgesellschaft. Das alles geschieht auf belastbarer Quellengrundlage, der Verf. kennt und beherrscht sein Material. – Ein umfangreicher Anhang listet, neben ausführlichen Verzeichnissen für Quellen und Literatur, auch die namentlich bekannten Scharfrichter und ihre Knechte aus Lübeck sowie die Scharfrichterknechte und Abdecker in Nusse zwischen 1364 und 1855 auf. Mehr als nur illustrativ sind die bildlichen Darstellungen des Lübecker Galgens und einer Hinrichtung daran, der Fronerei am Schrangen und des Lübecker Marktplatzes mit der Schandsäule, so dass sich das Gelesene besser verorten und tatsächlich verstehen lässt. – Insgesamt liegt hier eine verdienstvolle Darstellung vor, die mit vielen Vorurteilen aufräumt und auf einer soliden Quellenbasis den Alltag und die soziale Stellung dieser wichtigen Berufsgruppe darstellt. Flüssig geschrieben, nachvollziehbar argumentiert und gut strukturiert wird diese Arbeit einen belastbaren Ausgangspunkt für alle weiteren Forschungen sowohl zu diesem Berufszweig in Lübeck und im Hanseraum als auch zur Diskussion um „Unehrlichkeit“ im Mittelalter und Früher Neuzeit bilden: Was darf man von einer Dissertation mehr erhoffen?

Wismar Jörn

Arne Voigtmann, Dankwartsgrube 38: eine frühneuzeitliche Töpferei für Irdenware und Ofenkeramik in der Hansestadt Lübeck (Lübecker Schriften zur Archäologie und Kulturgeschichte 35), Rahden: Marie Leidorf 2021, 388 S., zahlr. Abb., ISBN 978-3-86757-435-8. – Im Jahr 2021 erschien eine weitere umfassende Monographie der Abteilung Archäologie der Hansestadt Lübeck zum Thema der neuzeitlichen Keramikproduktion. V. befasst sich in der Abhandlung, die auf seiner Dissertation fußt, mit den Befunden und Funden der frühneuzeitlichen Töpferei (spätes 16. bis frühes 18. Jh.), die auf dem Grundstück Dankwartsgrube 38 in den Jahren 1993-95 ergraben wurde. Für die mittelalterliche Sach- und Alltagskultur spielt die Erforschung der neuzeitlichen Keramik eine übergeordnete Rolle, da es sich um die mit Abstand häufigste Fundgattung handelt, die bei Stadtkerngrabungen im europäischen Raum zu Tage kommt. Der Wert neuzeitlicher Keramik für die Archäologie und Stadtgeschichte wird jedoch bisher unterschätzt. Umso mehr ist zu begrüßen und mit großem Lob verbunden, dass sich der Verf. in jahrelanger Arbeit mit der Auswertung des Töpfereikomplexes auseinandergesetzt hat. – Die Publikation gliedert sich übersichtlich in elf Kapitel, bei denen der Schwerpunkt auf der historischen Einordnung des Grundstücks, der Befund- und Baugeschichte sowie dem Fundmaterial liegt. Sehr zu begrüßen ist dabei der interdisziplinäre Ansatz, die Schriftquellen mit in die archäologische Forschung einzubeziehen. Durch diese Herangehensweise wird das Töpferamt im frühneuzeitlichen Lübeck gesondert beleuchtet und der Befundkomplex des Töpferhauses in den historischen Kontext sinnvoll eingebunden. – Mit Blick auf die noch junge Forschung neuzeitlicher Keramik in Lübeck liegt der Fokus der Arbeit auf der Untersuchung der unterschiedlichen Warenarten, der Gefäßformen, den Verzierungen und der Entwicklung des Produktionsspektrums. Dabei rücken vor allem die im Boden verbliebenen Fehlbrände der Töpferei in den Mittelpunkt und können auf Grundlage der Auswertung des Verf. Auskunft darüber liefern, welche Keramik vom 16. bis 18. Jahrhundert in Lübeck im Alltag Verwendung fand und welche Keramik die Lübecker vor Ort produziert haben. Diverse Farbfotos im Hauptteil, die Literaturübersicht, Tabellen, Tafeln sowie der Fund- und Befundkatalog runden die Publikation ab. – Es bleibt zu wünschen, dass die vorliegende Veröffentlichung eine erste wichtige Grundlage für die weitere Forschung zur neuzeitlichen Keramik und Alltagskultur in Lübeck und darüber hinaus bildet. Eine schöne Arbeit und ein lesenswertes Buch, dem lediglich eine englischsprachige kurze Zusammenfassung für das internationale Fachpublikum fehlt.

Lübeck　　　　　　　　　　　　　　　　　　　　　　　　　　　　　　Dubisch

Jan Zimmermann (Hrsg.), Hans Kripgans. Das Auge der Lübecker Nachrichten. Fotografien 1960-1969, Hamburg: Junius Verlag 2021, 240 S., zahlr. Abb., ISBN 978-3-96060-542-3. – 25 Jahre arbeitete der gebürtige Lübecker Hans Kripgans als Fotograf der „Lübecker Nachrichten". Ein fulltime job, den Kripgans oftmals an sieben Tagen in der Woche ausfüllte. Wirken und Werk dieses umtriebigen Pressefotografen versammelt der in Lübeck ansässige (Foto-)Historiker Jan Zimmermann in einer auf vier Bände angelegten Abfolge von Veröffentlichungen, deren zweiten Band er nun mit dem Schwerpunkt auf den Jahren zwischen 1960 bis 1969 vorlegt. – Der biografischen Skizze zum Hausfotografen der größten Tageszeitung Lübecks folgt ein historischer Überblick des durch Kripgans' Schwarz-Weiß-Fotografien dokumentierten Jahrzehnts. Sollten zentrale Themen aus dem komplexen Schaffen dieses vielbeschäftigten Bildlieferanten hervorgehoben werden, so ließen sich der Wohnungsbau, die lokale Verkehrspolitik sowie die Veränderung des Stadtbildes, aber auch Freizeitbereiche wie Sport und Musik benennen. Die Politik bleibt nicht vor dem Holstentor, das bemerkenswert selten ins Bild gerät; häufiger erfasste das Objektiv des Fotografen das politische Personal der 1960er Jahre, das zu besonderen Anlässen wie Wahlkampftourneen oder Staatsbesuchen an die Trave kam. – Wie sehr die politische Situation nach Kriegsende und Befreiung den Alltag der Lübecker prägte, führen Kripgans' Fotografien vom Februar und März 1960 vor Augen. Die Existenz zweier deutscher Staaten drängte die Stadt kartografisch an die Peripherie und machte sie zur Grenzstadt. Die Öffnung des nördlichsten Grenzübergangs zur DDR im Stadtteil Schlutup im März 1960 sowie die Abfahrt des heute erklärungsbedürftigen „Interzonenzugs" wurden von Kripgans dokumentiert. Wie sehr die Zunahme des motorisierten Individualverkehrs die Bildreportage bestimmte, verdeutlichen Kripgans' Fotografien von Automobilen, dem notwendigen Straßenbau und dem sich daher zwangsläufig verändernden Stadtbild Lübecks. So präsentiert er nicht nur ein „sportliches" Fiat-Cabriolet, eine Gebrauchtwagenmesse (mit einem Goggomobil), schnittige Amphicars (deren Fahrer bei Probefahrten ihre Hüte aufbehielten), die notwendige Infrastruktur, erfasst in auffällig gestalteten, sich deutlich voneinander abhebenden Tankstellen. Auch die wachsende Bedeutung des Lübecker Hafens für den Export von in Deutschland hergestellten Automobilen (VW-Käfer oder Bullis, Ford Taunus) nach Skandinavien gerät in das Blickfeld des Fotografen. Neue Begriffe schlichen sich in die Alltagssprache, nun gab es Schulverkehrswagen oder Wagenpflegehallen. Gegen die Verstopfung der Stadt, den Parkplatzhunger ihrer Bewohner, schienen moderne Hochgaragen, also Parkhäuser, ein probates Mittel zu sein. Gehstraßen wurden geschaffen, womit vom Autoverkehr befreite Fußgängerzonen gemeint waren. Selbst ein unschuldiges Wort wie Zebrastreifen erfährt eine ungemeine Bedeutung, wenn die „Lübecker Nachrichten" das Foto einer noch nicht durch Ampeln regulierten Straßenkreuzung zeigen und der Mehrheit der Fußgänger bescheinigen, „dass sie noch nicht genug Verständnis für ein sinnvolles Fließen des Verkehrs hat." Kein Wunder, dass dieses nicht einsichtsvolle Fußvolk die zukünftigen, mehrspurigen Straßen entweder über Brücken oder in Tunneln queren musste. Den Bau der Stadtautobahn, von Umgehungsstraßen, den Bau von Brücken, wie die Herrenbrücke, die im August 1964 als größte Klappbrücke ihrer Art in Europa eröffnet wurde, all dies hielt Kripgans für seine Zeitgenossen fest. – Und noch mehr: Die neudeutsch formulierte City-Bildung Lübecks wurde selbstverständlich von Kripgans im Bild erfasst. Zu ihr zählen die Eröffnung des Bekleidungshauses Anny Friede, die Erweiterung des Karstadt-Kaufhauses (mit Selbstbedienungsladen und 60 Meter langem Kühltruhen-Bereich), Bank- und Versicherungsgebäude, genauso wie das Postcafé und Mikrowellen-Restaurant (!) am Bahnhof, das neue Postgebäude mit einem eigens errichteten Briefkasten für Autofahrer, aber auch das im Dezember 1961 eingeweihte Stadtarchiv, dessen Direktor bei der Ansicht von Kartenmaterial lässig eine Zigarette in der Linken hält. Kripgans dokumentiert nicht nur diese Veränderung des Stadtbildes, sondern auch die Stadterweiterung, während der aus Vorstädten „Satellitenstädte" werden. Kripgans Fotos zeigen dies am Beispiel von Moisling, dem Hochhausbau in Karlshof und dem neuentstehenden Stadtteil Buntekuh. – Jenseits solcher eher sachlichen Themenfelder kann es nicht verwundern, dass den sportbegeisterten Kripgans sportliche Ereignisse sehr faszinierten. Da Hamburg für die „Lübecker Nachrichten" zum Umland zählte, war Kripgans fotografischer Zeuge des 2:1 des HSV gegen den FC Barcelona, in dem „Uns Uwe" Seeler den Führungstreffer erzielte. Welch ein Ereignis, das nur noch vom Auftritt der deutschen Nationalmannschaft gegen Brasilien übertroffen wurde, trat Brasilien doch mit Pelé an, der das Siegtor im Volksparkstadion erzielte. Doch auch anderen Bereichen des sozialen Lebens der aufstrebenden Großstadt Lübeck galt Kripgans' Aufmerksamkeit, ob es nun die Lebenssituation von Kindern im Elendsviertel Am Finkenberg, das Spiel der Kinder in den Straßen und Gängen der Altstadt, eine Bademodenschau, eine Präsentation des Kürschnerhandwerks oder die Beseitigung des Wohlstandsmülls ist, als noch Ascheimer benutzt wurden, bevor sie zu Mülltonnen mutierten. – Dass Lübeck auch als Kulisse und Filmstadt fungierte, belegen Fotografien von Hans Kripgans, die sowohl die Verfilmung von Thomas Manns „Tonio Kröger" wie Dreharbeiten des Kinderbuches „Heidi" und Jürgen Rolands Krimi-Serie zum Lübecker Taxi-Mord erfassen. So gerieten auch Schauspielerinnen und Schauspieler wie Nadja Tiller, Theo Lingen und Curd Jürgens in den Sucher von Kripgans' Kamera. – Dass sich die Jugend- und Protestkultur seit Mitte der 60er Jahre veränderte, wurde vom Fotoreporter der „Lübecker Nachrichten" durchaus wahrgenommen. Als 1964 Deutschlands führende Beat-Band „The Lords" erstmals in Lübeck gastierte, vermerkte der Kripgans' Foto begleitende Text der Redaktion ausdrücklich die Haarlänge, die von der Gruppe „als besonderes Zeichen von Männlichkeit" betont wurde. Heutige Betrachter werden die wohlgekleideten, gut frisierten Band-Mitglieder wie deren nicht minder braves, geradezu wohlgesittetes Publikum eher mit Staunen betrachten. Junge Frauen im Kostüm oder Rock, junge Männer im Anzug und mit Krawatte. Dass andere Formen jugendlichen Auftretens von einer kleinbürgerlichen Bevölkerung mit Worten wie „Gammler" oder „Rocker" belegt wurden, verwundert nicht. Doch Kripgans nahm nicht nur die musikalische Abgrenzung Jugendlicher auf, sondern auch ihr erwachendes politisches Bewusstsein, das sich in Demonstrationen auf der Straße manifestierte, in einem Schweige-Gedenkmarsch nach der Ermordung von Martin Luther King, in Protesten gegen den Axel-Springer-Verlag anlässlich des Attentats auf den Studentenführer Rudi Dutschke, in Sit-Ins gegen die Notstandsgesetze oder gegen Wahlkampfveranstaltungen der rechtsextremen NPD. – Kripgans wäre ein schlechter Bildreporter, hätte er nicht auch die diversen Auftritte bundespolitischer Prominenz in Lübeck im Bild festgehalten, zu ihnen zählten Kanzler Konrad Adenauer, Ludwig Erhard, Kurt Georg Kiesinger, Bundespräsident Heinrich Lübke, Bundesverkehrsminister Hans-Christoph Seebohm oder Bundesfinanzminister Franz-Josef Strauß. Selbstverständlich nahm er auch den gebürtigen Lübecker Willy Brandt bei seinen Wahlkampfauftritten 1965 wie auch 1969 auf, als SPD und FDP eine sozialliberale Koalition bildeten und Brandt erster sozialdemokratischer Bundeskanzler wurde. Aber auch Staatsbesuche wie jener des britischen Prinz Philipp im Juni 1966 oder des iranisches Kaisers Schah Reza Pahlavi im Juni 1967 dokumentierte Kripgans mit seinen Fotos. – So ist dieser großformatige Fotoband, der im Aufbau der Chronologie des behandelten Jahrzehnts folgt und die präsentierten Fotografien mit Zitaten aus den „Lübecker Nachrichten" begleitet, nicht nur eine Hommage an einen rührigen Fotografen, sondern ein facettenreiches Fotoalbum zur (Sozial-)Geschichte der Stadt Lübeck.

Hamburg — Weinke

Weitere Lübeck-Literatur

(zusammengestellt von Stefan Funk und Dominik Kuhn)

Andresen, Henning, Bischöfliche Burgen im Norden: die Beispiele Lübeck und Ratzeburg, in: Jahrbuch für Regionalgeschichte 39, 2021, S. 37-66.

Bastek, Alexander (Hrsg.), 100 Jahre Nordische Woche, 100 Jahre Museum Behnhaus, Petersberg 2021, 317 S., zahlr. Abb. [Ausstellungskatalog].

Bengs, Carsten, Aus Lübeck in alle Welt. Krane, Radlader & Schiffe, Brilon 2021, 181 S., zahlr. Abb.

Brandt, Lars-Kristian, Die Fährhäfen in Lübeck und Travemünde. Geschichte, Gegenwart, Zukunft (Oceaneum Spezial), Bremen 2021, 192 S., zahlr. Abb.

Fähser, Lutz, Das Lübecker Konzept der „naturnahen Waldnutzung". Ökonomie durch Ökologie, in: Der Holzweg. Wald im Widerstreit der Interessen, hrsg. von Hans Dieter Knapp, Siegfried Klaus und Lutz Fähser, München 2021, S. 333-352.

Fechner, Rolf, Die Entwicklung des Seebades Travemünde. Eine Zeitreise in Bildern, Norderstedt 2021, 167 S., überw. Abb.

Finke, Manfred, Gibt es eine Retro-Moderne? Zeit für eine Zwischenbilanz in Lübecks „Gründungsviertel", in: Bauwelt 2021, Heft 8, S. 42-47.

Fischer, Regina M., Die „Engelsburg" im Töpferweg in Lübeck – …vom Bunker zum Kraftwerk, Berlin 2021, 68 S., Abb.

Freche, Julian, Vom Staat zur Stadt – Lübeck und Preußen im 19. und 20. Jahrhundert, in: Pflichthochzeit mit Pickelhaube. Die Inkorporation Schleswig-Holsteins in Preußen 1866/67, hrsg. Oliver Auge und Caroline E. Weber (Kieler Werkstücke 57), Berlin 2020, S. 207-222.

Frühsorge, Lars, Sonja Riehn und Michael Schütte (Hrsg.), Völkerschau-Objekte. Beiträge der Tagung vom 27. bis 20.10.2020 in Lübeck, Lübeck 2021, 186 S., Abb.

Frühsorge, Lars u. a. (Hrsg.), Sex und Vorurteil. Begleitheft zur Ausstellung der Völkerkundesammlung der Hansestadt Lübeck, Lübeck 2021, 74 S., Abb.

Göckede, Regina und Anette Hüsch (Hrsg.), Zauber der Wirklichkeit. Der Maler Albert Aereboe, Kiel 2021, 184 S., überw. Abb. [Ausstellungskatalog].

Hansestadt Lübeck, Bereich Archäologie und Denkmalpflege (Hrsg.), Archäologie in Lübeck 2020, Rahden/Westf. 2021, 157 S., zahlr. Abb.

Heisel, Joachim, Tradition und Modernität. Reformarchitektur in Lübeck, Darmstadt 2021, 195 S., Abb.

Hillgruber, Stefan, Und sonst? Lübecker Kindheits- und Jugenderinnerungen, Groß Niendorf 2021, 248 S., Abb.

Lange, Eckhard, Lübeck ausgeplaudert, Berlin 2021, 260 S.

Leonhardt, Horst, Die Lübecker Kaufmannsfamilie Würger kauft 1667 das Dorf Strukdorf, in: Heimatkundliches Jahrbuch für den Kreis Segeberg 67, 2021, S. 34-52, Abb.

Lerchenmüller, Franz, Fast alles über Lübeck – Geschichte und Geschichten: Ein charmantes Sammelsurium, Bad Malente 2021, 139 S., Abb.

Lerchenmüller, Franz, Fast alles über Travemünde – Geschichte und Geschichten: Ein charmantes Sammelsurium, Bad Malente 2021, 126 S., Abb.

Lüttke, Ragnar Harald, Kochen ohne Verballhornung. Das verschollene Kochbuch des Lübecker Druckermeisters Johann Balhorn aus dem Jahr 1570, Lübeck 2021, 136 S., Abb.

Martens, Helga, Lübecker Wohnhäuser. Städtische Besiedlung seit der Industrialisierung, Lübeck 2021, 180 S., zahlr. Abb.

Mende, Bernard, Moisling (Lübeck in Luftbildern 12), Norderstedt 2021, [96] S., überw. Abb.

Meyer-Rebentisch, Karen, Lübeck, Hamburg 2021, 224 S., überw. Abb.

Museumsschiff Viermaster „Passat". Travemündes maritimes Wahrzeichen (Schiffe, Menschen, Schicksale 323), Berlin 2020, 46 S., zahlr. Abb.

Querfurth, Gustav, Auf den Spuren von 29 Generationen im Dom zu Lübeck. Entdeckungen, Historie, Geschichten und Beobachtungen im Universum Dom zu Lübeck, Lübeck 2021, 144 S., zahlr. Abb.

Radbruch, Thomas, An der Kante – das Brodtener Ufer, Lübeck 2021, 161 S., überw. Abb.

Rathmer, Christian, Vergessene Männer, verschwiegene Verfolgung. Abschlussbericht zur Vorstudie für die Erforschung des Schicksals von Homosexuellen in Lübeck in der NS-Zeit, in: Informationen zur Schleswig-Holsteinischen Zeitgeschichte 60, 2020, S. 176-183.

Rathmer, Christian, Zeit des Erinnerns in Lübeck – 2020 ohne Publikum, in: Informationen zur Schleswig-Holsteinischen Zeitgeschichte 60, 2020, S. 222-227.

Rieger, Dirk, Von der Latrine ins Labor. Lübeck auf Mikroebene, in: Archäologie in Deutschland 4, 2021, S. 28-31, Abb.

Steiger, Christian, Motorlegenden – Cars and Crimes. Von Bonnie & Clyde bis Rosemarie Nitribitt, Stuttgart 2021, 256 [darin, S. 134-151: der Taximord in Lübeck von 1962].

Steiger, Johann Anselm, Augsburger Interim und Bildmedien. Zwei Beispiele aus Lübeck und Celle im religionspolitischen und medienhistorischen Kontext, in: Wahrheit – Geschwindigkeit – Pluralität. Chancen und Herausforderungen durch den Buchdruck im Zeitalter der Reformation, hrsg. Jan Martin Lies, Göttingen 2021, S. 39-64.

Täube, Dagmar (Hrsg.), Lucas Cranach der Ältere und Hans Kemmer. Meistermaler zwischen Renaissance und Reformation, München 2021, 304 S., zahlr. Abb. [Ausstellungskatalog].

Welle, Torsten, Martin Levin und Knut Sturm, Erfahrungen aus den Stadtwäldern Lübeck und Göttingen. Korrekturen der bisherigen Ansichten zum Waldwachstum, in: Der Holzweg. Wald im Widerstreit der Interessen, hrsg. von Hans Dieter Knapp, Siegfried Klaus und Lutz Fähser, München 2021, S. 353-368.

Zelinsky, Volker, Die Lübecker Porzellanfabrik Chr. Carstens KG, 1930-1933. Porzellangalanterien und Porzellanfiguren im Art Deco, Hamburg 2020, 82 S., zahlr. Abb.

Lübeckische Blätter 186, 2021

A. Graßmann, Der Verein für Lübeckische Geschichte und Altertumskunde – 200 Jahre jung! (5-10). – S. Olschner, Peek & Cloppenburg in Lübeck. Über die Genese eines Geschäftshauses (13-23). – D. Mührenberg, Vor 25 Jahren. Die Brandkatastrophe in der Lübecker Hafenstraße (23-25). – R. Ernst, Die Viermastbark „Passat". Der letzte „Grain-Racer" (32-33). – B. Fabian, Lübecks Altstadt 2022. Überlegungen zu Coronas Auswirkungen auf Handel und Mobilität (41-44). – H. Wißkirchen, Zur Aktualität von Thomas Manns Roman Doktor Faustus (48-53). – M. Eickhölter, Ein Ausflug nach Bad Schwartau. Damals und heute (54-57). – J. Kähler, Plattgewalzt? Der Weg von Erika Mann, Dorothea Schlözer und Erich Mühsam ins Populäre (62-64). – K. Lubowski, Schätze der Stadtbibliothek (65-66). – A. März, Turmgeschichte (76-77). – R. Ernst, Der Getreidespeicher „Die Eiche" an der Untertrave. Ein Beitrag zur Geschichte von Baustruktur und Nutzung (84-85). – A. Peters-Hirt (u. a.), Markt 1. Das Kaufhaus des Architekten Christoph Ingenhoven. Meinungen und Urteile (94-97). – H. Scheffler, 150 Jahre Bismarck-Stammtisch in der Schiffergesellschaft (99-101). – K. Lubowski, Sammeln, sichten, ausstellen. Der lange Weg zu einem Völkerkundemuseum in Lübeck (110-114). – J. Zimmermann, Kriegsende 1945. Fluchtpunkt Lübeck (129-133). – K. Bendle, Vier architektonische Teilthemen – eine Zukunftshoffnung? Ein Kaufhaus am Rathausmarkt (144-147). – M. Finke, Licht, Luft und Sonne. Vom Kaufmanns- übers Gründer- zum Gründungsviertel (158-162). – H. Scheffler, Geheimnisvolle Medebek. Eine Wanderung mit dem Verein „Natur und Heimat" (181-183). – K. Lubowski, Die Restaurierung des Gavnø-Retabels (196-199). – K. Siegfried, Archäologische Grabungen im Kolk (226-229). – K. Lubowski, Geschichtserlebnisraum Roter Hahn (249-251). – K. Lubowski, „nordisch modern". Ein komplexes Kapitel Lübecker Kulturgeschichte im Behnhaus (254-256). – F. Heiden (u. a.), Rede anlässlich der Verlegung der „Stolperschwelle" vor dem alten Turmgebäude der Uni Lübeck (282-283). – M. Eickhölter, Ein Gemälde von Hans Kemmer in einem Bürgerhaus am Klingenberg (288-291). – K. Lubowski, Lübecks In-Porträtist. Hans Kemmer (304-305). – K. Brenneke, Ein etwas ungewohnter Rückblick auf die 50er Jahre [Fußball] (308-309). – I. Vesely, Es ist kein Verlass auf die Erinnerung? Rückblick auf 10 Jahre Jugendbauhütte Lübeck (338-342). – C.-P. Lorenzen, 63. Nordische Filmtage Lübeck (351-355). – K. Lubowski, Freiwillige Rückgabe von Kunstgegenständen aus Afrika (360-361).

Schleswig-Holstein und Nachbargebiete

Oliver Auge, Schleswig-Holstein und die Welt. Globale Bezüge einer Regionalgeschichte, Kiel/Hamburg: Wachholtz 2021, 247 S., ISBN 978-3-529-05060-2. – Bei Schleswig-Holstein, dem „Land zwischen den Meeren", ist es eigentlich nicht verwunderlich, dass es vielfältige Außenbeziehungen hatte und von außen beeinflusst wurde. Erstmals werden nun in einem Buch diese großräumigen Bezüge genauer in Augenschein genommen, sowie kompakt und gut lesbar am Beispiel unterschiedlicher Schwerpunktthemen untersucht. Anhand von Karten und Reiseberichten geht A. eingangs von dem sich wandelnden Wissen über die Welt und über Schleswig-Holstein aus. Das beginnt mit der Bischofsgeschichte Adams von Bremen im 11. und der Chronik Arnolds von Lübeck im 12. Jahrhundert und setzt sich mit den Beschreibungen Heinrich Rantzaus, Adam Olearius' und Carsten Niebuhrs sowie den Karten des 15. bis 18. Jahrhunderts fort. Die Migrationsgeschichte Schleswig-Holsteins lässt sich seit dem Frühmittelalter fassen; bis in die unmittelbare Gegenwart wanderten Menschen auch aus fernen Ländern in das Land ein oder es gab Bewohner, die es als Auswanderer verließen. Der Handel der Küstenstädte war mit der Hanse schon im Mittelalter europaweit verflochten, in der Neuzeit dehnten Handelshäuser aus dem Land ihre Geschäftsbeziehungen bis nach Westindien aus; zugleich förderten Kanalbauten die binnenländische und überregionale Verkehrsinfrastruktur. In politischer Hinsicht war das Land einerseits dynastisch-familiär weitläufig verbunden, andererseits auch durch Konflikte und Eroberungen, sei es unter den Expansionszielen Waldemars II. zu Beginn des 13. oder unter den preußischen im 19. Jahrhundert. Friedlicher verliefen dagegen Weltreisen und wissenschaftliche Expeditionen unter schleswig-holsteinischer Beteiligung rund um die Welt. – Die vielfältige Hof- und Residenzkultur beruhte auf weiträumigen Kontakten des Adels und der Herrschenden und ist ohne modische oder architektonische Einflüsse aus den europäischen Fürstenzentren bis hin zu Wissensaustausch nicht zuletzt durch gegenseitige Besuche und Reisen nicht denkbar. Sie spiegeln sich bis heute in Schlössern, Gutshäusern und Sammlungen wider. Das kirchliche Leben insbesondere des Mittelalters ist selbstverständlich europaweit vernetzt gewesen, sowohl durch die zentrale Instanz des Papstes in Rom als auch durch die verschiedenen Ordenszentren. Eine bedauerliche Aktualität hat dagegen die Pandemiegeschichte des Landes, denn globale Seuchen machten zu keiner Zeit an den Grenzen halt, sei es die Pest seit dem 14. Jahrhundert, die Cholera im 19. Jahrhundert, die Spanische Grippe nach dem Ersten Weltkrieg oder das Covid-Virus in den letzten Jahren. Erfreulicher sind dagegen Großereignisse wie die Kieler Woche und die Olympischen Spiele, die weltweit Besucher anzogen und Aufmerksamkeit erregten. A. stellt seinen Betrachtungen anregende Überlegungen zur globalen Perspektive der Regionalgeschichte voraus und macht auch mit seinen zahlreichen Beispielen deutlich, wie eng im Grunde Fragestellungen der Globalgeschichte sowie der Regionalgeschichte beieinanderliegen, da sie beide den Raum in den Blick nehmen und es eine Vielzahl von regionalen historischen Entwicklungen mit globalen Bezügen gab und gibt.

Hamburg Pelc

Christof Beyer u. a. (Hrsg.), Wissenschaftliche Untersuchung der Praxis der Medikamentenversuche in schleswig-holsteinischen Einrichtungen der Behindertenhilfe sowie in den Erwachsenen-, Kinder- und Jugendpsychiatrien in den Jahren 1949 bis 1975. Abschlussbericht im Auftrag des Schleswig-Holsteinischen Ministeriums für Soziales, Gesundheit, Jugend und Familie, 210 S., ISBN 978-3-9823428-0-1. – Als vor etwas über zwei Jahren die Corona-Pandemie die Agenda übernahm, wurde uns allen bewusst, wie wichtig die schnelle und gleichzeitig sichere Entwicklung von Medikamenten für unser aller Gesundheit ist. Der Sommer 2020 war geprägt von Erprobungen der Impfstoffe, der Erfolg galt als Schlüssel zur Überwindung der Situation. Wer sich damals überhaupt fragte, wie solche Erprobungen durchgeführt würden, ging wahrscheinlich davon aus, dass dies innerhalb einer Personengruppe geschähe, die hierfür ihr Einverständnis gegeben hatte. Man mag fast nicht glauben, dass dies noch gar nicht so lange der Standard ist. Tatsache ist: noch vor 50 Jahren wurden Medikamente auch in Schleswig-Holstein in großer Zahl an Personen ausprobiert, die weder eine entsprechende Indikation aufwiesen noch vorher um Erlaubnis gefragt wurden. In sehr vielen Fällen hätten sie diese auch gar nicht geben können, denn wir sprechen von Personen, die in Einrichtungen der Behindertenhilfe oder der Psychiatrie lebten. Was uns heute empört, war damals für die meisten Fachleute und Angehörigen nicht der Rede oder Nachfrage wert: „Kopf in den Nacken und rein damit" (101). – Der historiographische Forschungsbericht von *Christof Beyer*, *Cornelius Borck*, *Jonathan Holst*, *Gabriele Lingelbach*, ergänzt durch eine ausführliche Darstellung der rechtlichen Rahmenbedingungen von *Sebastian Graf von Kielmannsegg*, untersucht penibel und detailreich eine Facette unseres Sozialsystems, die erst in den vergangenen zehn Jahren in den Fokus zumindest einer interessierten Öffentlichkeit gelangt ist. Im Zentrum steht die Frage, wie es möglich war, dass alle mitmachten: gab es keine Aufsicht von Seiten der Behörden? Welche Rolle spielte die Ärzteschaft? Wieso waren die betreuenden Fachkräfte, die täglich in Kontakt mit den Versuchspersonen waren, kooperativ? Welche Rolle spielten die strukturellen Rahmenbedingungen wie Personalmangel, Unterfinanzierung oder Baulichkeiten? – All dies vor dem Hintergrund einer in den ersten Jahrzehnten der Bundesrepublik rechtlich weitgehend ungeregelten Erprobung und Zulassung von Medikamenten. Erst 1976 verabschiedete der Bundestag das Arzneimittelgesetz (AMG), das klinische Prüfungen mit den Forderungen nach individuellem Nutzen und informierter Einwilligung des Probanden versah. Die sich hieraus ergebenden erhöhten Anforderungen an therapeutische Wirksamkeitsprüfungen bei erkrankten und möglicherweise nicht einwilligungsfähigen Personen werden in der Studie ausführlich analysiert. – Für die Zeit bis zur Fassung des AMG galt jedoch: anything goes. Dabei gab es bereits seit dem Jahr 1900 recht eindeutige rechtliche Regelungen bezüglich der Zustimmung von betroffenen Personen zu medizinischen Experimenten, zur Aufklärung möglicher Folgen sowie zum Ausschluss minderjähriger und nicht geschäftsfähiger Personen von solchen Versuchen. Diese Kodifizierung galt zumindest für Preußen, sie erfolgte aus gutem Grund, da zuvor Forschungen an Menschen ohne diese Maßnahmen durchgeführt worden waren. Allerdings handelte es sich nicht um eine gesetzliche Regelung, sondern um eine Verwaltungsvorschrift, und auch spätere Anweisungen von 1931 bzw. 1947 hatten in letzter Konsequenz keine rechtliche Bindung. Ein weiterer Anlauf wurde 1964 mit der sog. „Deklaration von Helsinki" des Weltärztebundes genommen, jedoch auch dieser war letztlich rechtlich nicht bindend. – Daneben galten das Straf- und Zivilrecht, konkretisiert im Allgemeinen Arztrecht. Hier ging es allerdings im Wesentlichen um Aufklärungspflichten und Einwilligungserfordernisse bei Heilbehandlungen, medizinische Forschung fand nur sehr selten Beachtung. Ein weiterer Schwachpunkt im untersuchten Zeitraum war das Fehlen rechtlicher Vorgaben für die Abgabe von neuen Arzneimitteln an klinische Einrichtungen zu Forschungszwecken; hier begann der Dokumentationszwang erst mit der Markteinführung. Dennoch kommt die Untersuchung zu dem eindeutigen Schluss: „Trotz des Fehlens einer speziellen gesetzlichen Regelung fand medizinische Forschung am Menschen […] nicht im rechtsfreien Raum statt." (60) – Eindrucksvoll werden die Verhältnisse in den Einrichtungen der Psychiatrie und Behindertenhilfe insgesamt und im Einzelnen dargestellt. Den Hintergrund bilden die eklatanten baulichen Mängel, begleitet von Personalmangel und Überbelegung. Dies gilt für den gesamten Untersuchungszeitraum und, wie wir erfahren, noch weit darüber hinaus. Für die Landeskrankenhäuser (LKH) Schleswig, Heiligenhafen und Neustadt, die Psychiatrie und

Nervenklinik der Universität Kiel und der psychiatrischen Abteilung des damals noch Städtischen Krankenhauses Ost Lübeck (später Med. Akademie Lübeck) sowie die Diakonischen Einrichtungen Rickling und Kropp ergaben die Auswertungen von Patientenakten, Dokumentationen und Protokollen eine Fülle an Medikamentenerprobungen und missbräuchlichen Medikamentengaben, die in zahlreichen Fällen nicht nur einem ungeheuren Mangel an ethischem Bewusstsein, sondern auch Hilflosigkeit angesichts der dramatischen Zustände auf den Stationen geschuldet sind. Besonders deutlich zeigt sich dies am Beispiel der Kinder- und Jugendpsychiatrie Schleswig-Hesterberg. Diese Einrichtung hat die umfangreichste Medikamentenliste von allen. Die Aufstellung unterscheidet zwischen Medikamentenerprobungen *vor* und Anwendungsbeobachtungen *nach* Markteinführung. Für die Abteilung Hesterberg ist die zweite Liste wesentlich länger, was auf den hohen Bedarf an Beruhigungsmitteln im oft unerträglichen Klinikalltag hinweist. Die Medikamentenlisten bestehen im Wesentlichen aus Neuroleptika und Antidepressiva. Sedierung ging vor Heilung. – Die Studie lässt keinen Zweifel an der Verwerflichkeit der Verfahren, auch wenn eindrücklich auf die unhaltbaren rechtlichen und strukturellen Rahmenbedingungen verwiesen wird. – Parallel zu dieser Untersuchung befassten sich einige der Autoren dankenswerterweise mit dem Thema Leid und Unrecht bei der Unterbringung von Kindern und Jugendlichen in den entsprechenden Einrichtungen des Landes (Christof Beyer u. a., Wissenschaftliche Untersuchung zu Formen von Leid und Unrecht bei der Unterbringung von Kindern und Jugendlichen in schleswig-holsteinischen Einrichtungen der Behindertenhilfe und der Kinder- und Jugendpsychiatrie in den Jahren 1949 bis 1990. Abschlussbericht, Lübeck 2022), so dass in dieser Kombination inzwischen für diesen Personenkreis umfangreiches Studienmaterial vorliegt. Hiermit wird das im Grunde skandalös zu nennende Forschungsdesiderat allmählich abgeräumt. Darauf haben wir lange gewartet!

Lübeck　　Häckermann

Bremisches Jahrbuch 100, 2021, 374 S., ISSN 0341-9622. – Im selben Jahr wie der 100. Band der ZLG, dessen Herausgabe mit dem 200jährigen Jubiläum des Vereins für Lübeckische Geschichte zusammenfiel, ist auch die 100. Ausgabe des seit 1863 bestehenden Bremischen Jahrbuchs erschienen. Die herausgebende Institution, das Staatsarchiv Bremen, konnte dabei zugleich auf eine 800jährige Tradition zurückblicken, die sich an die 1221 erstmals als archivischer Verwahrungsort erwähnte Schatz- und Urkundentrese des Bremer Rats in der Stadtkirche Unser Lieben Frauen knüpft. Diese diente, wie *Konrad Elmshäuser* in seinem Geleitwort ausführt, bis 1909, als das Staatsarchiv ein eigenes Gebäude erhielt, ihrem ursprünglichen Bestimmungszweck. Wenige Jahre später hätte sich ein solcher Vorgang in Lübeck wiederholen können, wenn sich nicht die Bürgerschaft dem von Johannes Kretzschmar, dem damaligen Leiter des Staatsarchivs Lübeck, favorisierten Projekt eines modernen Archivzweckbaus 1914 verweigert hätte. Inzwischen hat das Staatsarchiv Bremen, das 1968 ein bemerkenswertes, heute unter Denkmalschutz stehendes Archivgebäude beziehen konnte, die Zusage für einen neuen Erweiterungsbau des Magazins erhalten. – Das zweifache Jubiläum nimmt der Herausgeber zum Anlass, mehreren Beiträgen zu archivischen Themen und zum Archivgebäude Raum zu geben. So beschreibt und erläutert zunächst *Eva Determann* „Curt Wittenbechers Bilderfries“ (15-34), welcher den Lesesaal des jetzigen Archivgebäudes schmückt und welcher eine sich von Bremerhaven bis Bremen hinziehende und somit Landesgeschichte versinnbildlichende Stadtlandschaft darstellt. *Alfred Löhr* unterzieht das Siegel des Bremer Erzbischofs Hartwig II. von 1185/1206 einer überwiegend kunstgeschichtlich orientierten Bewertung (35-39). Es folgen Überlegungen von *Manuel Kamenzin* zur Datierung der Bremer Bilderhandschrift der Sächsischen Weltchronik, welche in der Staats- und Universitätsbibliothek Bremen verwahrt wird (40-52). Dem in dem Vorgängerband vorgestellten Siegeltypar, welches die Darstellung einer „Judensau" enthält (Besprechung in Bd. 99 der ZLG, S. 790), gehen *Andreas Lehnertz* und *Markus Wenniger* in einer akribischen Untersuchung erneut nach, wobei sie zu dem einige Fragen zur Einordnung offen lassenden Ergebnis kommen, dass es sich um das Siegel eines Christen handelt und auf eine frühere Zeit als bisher angenommen zu datieren ist (52-78). Über den Nachlass des langjährigen Bremer Domorganisten und als Komponisten kürzlich wiederentdeckten Carl Martin Reinthaler berichtet *Arne Langer*. Das in Erfurt verwahrte Schriftgut, namentlich sein kompositorisches Werk, soll im Rahmen eines DFG-Programms demnächst an der Universität Bremen wissenschaftlich erschlossen werden (112-119). Fragen der modernen archivischen Praxis werden in drei weiteren Beiträgen angeschnitten: Während *Bettina Schleier* „Zum Quellenwert der Aktenüberlieferung von Polizei und Ordnungsbehörden in Bremen im 20. Jahrhundert" referiert (248-269) und *Britta Nimz* die vielfältigen „Sammlungen im Staatsarchiv Bremen als Quellen zur zeitgeschichtlichen Forschung" beleuchtet (270-301), weist *Jörn Brinkhus* unter dem Titel „Privatunternehmen im Fokus der archivischen Überlieferungsbildung" auf die Bedeutung firmengeschichtlichen Schriftguts, namentlich aus der maritimen Wirtschaft hin (302-322). – Einen weiteren Schwerpunkt bilden drei biographische Beiträge. Dem aus einer ratsfähigen Bremer Familie stammenden Seeräuber Johann Hollemann und der Piraterie auf Weser, Elbe und Nordsee geht *Ulrich Weidinger* nach (79-111). Dem aus Bremen gebürtigen Historiker Dietrich Schäfer (1845-1929), der zu den Pionieren der Hanseforschung zählt, aber wegen seiner Instrumentalisierung der Geschichtswissenschaft für politische Zwecke umstritten ist, widmet *Hans Kloft* ein kritisch-ausgewogenes, einfühlsames Kurzporträt (120-137). Als Teil einer vor dem Abschluss stehenden Biografie des Dichters und Architekten Rudolf Alexander Schröder (1878-1962) lotet *Thomas Elsmann* dessen Beziehungen zu dem Bremer Bürgermeister der Nachkriegszeit, Wilhelm Kaisen, aus (180-213). Beide Ikonen der Hansestadt fanden trotz unterschiedlicher Sozialisation und politischer Überzeugung zu gegenseitiger Achtung und einem wachsenden Vertrauensverhältnis auf der Basis wertkonservativer Vorstellungen. – Unter dem Titel „Fotografie als Frauenberuf" begibt sich *Karin Walter* in Bremen auf eine Spurensuche, bei der sie auf eine ganze Reihe teils inzwischen bekannter, aber in der Mehrzahl bisher unbekannter Personen stößt (insgesamt 55), von denen allerdings nur wenige Arbeiten überliefert sind (161-179). – Das gegenwärtig virulente Thema „Spanische Grippe 1918" ging auch an Bremen nicht vorbei. *Hartmut Müller* kann mit ähnlichen Ergebnissen über den Verlauf der beiden Wellen der Epidemie wie die andernorts, u. a. in Hamburg, erschienenen diesbezüglichen Beiträge aufwarten (136-160). – Die neueste Zeit ist durch *Bernhard Springfeld* vertreten, der eine Bilanz der Kampfmittelbeseitigung in Bremen von 1940 bis heute zieht (214-247).

Lübeck Bickelmann

Uwe Danker (Hrsg.), Geteilte Verstrickung. Elitenkontinuitäten in Schleswig-Holstein, 2 Bde., Husum: Husum Druck- und Verlagsgesellschaft 2021, 1174 S., [ohne ISBN]. – Seit mehr als einer Dekade stellen Bund und Länder Gelder bereit, um die Geschichte der eigenen Behörden und Institutionen während des Nationalsozialismus und der Nachkriegszeit aufarbeiten zu lassen (zu den Untersuchungen bis 2016: Christian Mentel und Niels Weise, Die zentralen Deutschen Behörden und der Nationalsozialismus. Stand und Perspektiven der Forschung, München/Potsdam 2016). Das Bild, das diese Forschungen bisher ergeben haben, ist im gesamten Bundesgebiet und behördenübergreifend nahezu identisch: Die überwiegende Zahl der Staatsbediensteten des Hitler-Regimes war in NS-Gliederungen organisiert und hat das System mitgetragen, viele haben durch aktives Tun oder auch durch Unterlassen Schuld auf sich geladen, wobei die Schuld in der Nachkriegszeit eben meist nicht strafrechtlich festgestellt worden ist. Den allergrößten Teil der

Bediensteten sprachen die Spruchkammern im Entnazifizierungsverfahren vom Vorwurf der Beteiligung frei und stuften sie als entlastet (Kategorie V) ein. Bei manch einem ging das schneller, bei anderen dauerte es etwas. Am Ergebnis änderte es letztendlich nichts. Diese Personen wurden überwiegend wieder in den Staatsdienst aufgenommen oder sie hatten, seit 1951 die sogenannte 131er-Regelung erlassen worden war, zumindest eine Wartestellung. Tatsächlich wurden aber auch Personen wieder in den Dienst gestellt, die nicht ordentlich „entbräunt" worden waren, wie es zeitgenössisch hieß. Man begründete das damals zumeist damit, dass diese Fachleute unverzichtbar waren. Nach den Untersuchungen der letzten Jahre scheint aber vielmehr eine Gemengelage aus Vetternwirtschaft, dem Augen verschließen vor den Schatten der Vergangenheit und, soweit ehemals Verfolgte an den Entlastungen und Wiedereinstellungen beteiligt waren, wohl auch einem falsch verstandenen Corpsgeist für die massenhafte Wiedereinstellung von Personen mit zum Teil höchstproblematischer Vergangenheit ursächlich gewesen zu sein. Soweit zum Erkenntnisstand, der sich auch in der vorliegenden Untersuchung bestätigt sieht. – Nun aber zu jenen Punkten, an denen die Untersuchung sich von anderen mit ähnlichem Themenzuschnitt abhebt: Zunächst einmal ist der Untersuchungsgegenstand außergewöhnlich breit. Untersucht werden laut des Titels personelle und ideologische „Elitenkontinuitäten in Schleswig-Holstein" vom Nationalsozialismus bis in die 1960er Jahre. Das ist in diesem Umfang natürlich nicht zu leisten und deswegen folgen Untersuchungen zu ganz unterschiedlichen Teilaspekten, die zusammengenommen ein Bild dieser Elitenkontinuitäten ergeben sollen. So wird die Vergangenheitsbewältigung, wie sie sich in politischen Diskussionen der Nachkriegszeit zeigte, untersucht (310-416). Flankierend dazu folgen sprachwissenschaftliche Untersuchungen eben jener Diskussionen (417-518), hinzu treten Untersuchungen zur Kommunalpolitik (520-636), zu medizinischen Sachverständigen des Sozialgerichts (753-796), zur landwirtschaftlichen Siedlungspolitik (797-821), zu den Handlungsräumen von Frauen (822-860), zu Einzelpersonen (861-941) und nicht zuletzt auch zu Juristen, genauer gesagt zu leitenden Staatsanwälten (637-752). – Grundlage der Untersuchungen bilden zu weiten Teilen statistische Erhebungen. Dieser Ansatz ist interessant, birgt aber ein paar Stolpersteine. Zum einen ist es wichtig, die erhobenen Daten in berichtenswerte und weniger berichtenswerte Informationen zu scheiden und die Einordnung auch zu erläutern. So erschließt sich beispielsweise nicht direkt, weshalb der Zeitpunkt, ab welchem die untersuchten Akteure in Schleswig-Holstein lebten, für den Untersuchungsgegenstand „von besonderer Bedeutung" (56) sein soll. Sind Ergebnisse nicht aussagekräftig oder liegen sie auf der Hand, können sie getrost weggelassen werden, zumal das vorliegende Werk mit annähernd 1200 Seiten sowieso schon sehr umfangreich ist. Zum Kürzungspotential soll ein Beispiel genügen: Im Text zu den Anklägern mit Vergangenheit (637-669) findet sich der Hinweis, dass keiner der während der NS-Zeit Leitenden Staatsanwälte der „politischen Generation Drittes Reich" (Geburtsjahr zwischen 1918 und 1930) angehört habe (646). Man möchte beinahe fragen: wie sollten sie auch? Die Generation Drittes Reich war bis Kriegsende höchstens 27 Jahre alt. Selbst mit Notabitur und Schmalspurstudium waren die Kandidaten nach ihrem mehrjährigen Referendariat mindestens Mitte zwanzig ehe sie anfingen zu arbeiten. Die Voraussetzungen, die ein Staatsanwalt mitzubringen hatte, bevor er befördert wurde, waren hoch. Zwei Jahre Arbeitserfahrung genügten dafür auch in Kriegszeiten nicht. – Wo an einigen Stellen unnötige Informationen geliefert werden, wäre an anderen Stellen ein Mehr hilfreich gewesen. So ließe sich das spezifisch Schleswig-Holsteinische besser herausarbeiten, wenn den Untersuchungsergebnissen zumindest ab und an Erhebungen aus anderen Bundesländern gegenübergestellt worden wären. Auch ließe sich, um ein weiteres Beispiel anzuführen, die Dauer einer Wartezeit bis zur Wiederverwendung besser mit dem Wissen einordnen, ob überhaupt freie Stellen zur Verfügung standen und welche Voraussetzungen die Konkurrenz mitbrachte. – Leider nicht weitergeführt wird die an verschiedenen

Stellen erwähnte Tatsache (etwa 665), dass während der NS-Zeit Verfolgte und damit unbelastetes Personal in der Nachkriegszeit bei der Stellenvergabe nicht zum Zuge kam. Dafür Gründe aufzudecken, wäre ein äußerst spannendes Unterfangen. Das Narrativ vom zwar belasteten, aber unersetzlichen Fachpersonal ließe sich jedenfalls dann nicht aufrechterhalten, wenn Institutionen anderer Bundesländer, Personallücken mit weniger belasteten Personen auffüllen konnten, was zumindest in hier nicht untersuchten Bereichen erwiesenermaßen geschehen ist (am Beispiel von Juraprofessoren etwa Sarah A. Bachmann, Schlaglichter auf 100 Jahre Rechtswissenschaft an der Universität Hamburg, in: 100 Jahre Universität Hamburg, Bd. 3, hrsg. von Nicolaysen/Krause/Zimmermann, Göttingen 2022, S. 362-643, insb. 516f.). – Der letzte und zugleich größte Stolperstein liegt aber in der statistischen Datenerhebung selbst, insbesondere weil dabei (wie Herausgeber Uwe Danker selbst zugesteht) „keine sozialwissenschaftlichen Standards erfüllt" (56) wurden. Denn die Untersuchungszahlen für einzelne Gruppen sind zum Teil sehr klein, etwa wenn Handlungsräume von Frauen anhand einer Gruppe von vierzehn Personen dargestellt werden (823). – Es soll nicht in Abrede gestellt werden, dass man sich auch aus der Untersuchung kleiner Gruppen Muster erschließen kann. Aber sind diese Ergebnisse wirklich „belastbar" (56)? Anders formuliert, wie kann man ausschließen, dass außergewöhnliche Einzelfälle nicht ein unverhältnismäßiges Gewicht bekommen und die Ausnahme versehentlich zur Regel erklärt wird? Wie erkennt man bei so geringen Vergleichszahlen die Ausnahme überhaupt als eine solche? Schlüssige Antworten fehlen hier. Die Sozialwissenschaften haben, wie gesagt, mit sehr kleinen Untersuchungsgruppen ihre Probleme, weshalb ihre Texte regelhaft Passagen zur kritischen Masse bei der Datenerhebung enthalten. Und auch in vielen Beiträgen der vorliegenden Untersuchung finden sich ausdrückliche Hinweise, dass „[a]ngesichts der geringen Gruppengröße (…) statistische Schlussfolgerungen mit besonderer Vorsicht zu formulieren" sind (hier etwa 652). – Bei all der Kritik: Der gruppenbiografische Ansatz ist interessant und insbesondere an den Stellen, an denen exemplarisch Lebensbilder vorgestellt werden, gut und geradezu kurzweilig zu lesen (auch wenn nicht immer klar ist, nach welchen Parametern die Auswahl der Beispielsfälle erfolgte). Schön ist auch der breite Ansatz, denn der Nationalsozialismus war ebenso wie seine Folgen in der Nachkriegszeit eben kein auf bestimmte Gruppen oder Örtlichkeiten beschränktes Phänomen, sondern ein alles durchdringendes. Insofern sind Untersuchungen in dieser Breite bei allen damit einhergehenden Schwierigkeiten eine gute Möglichkeit Realitäten abzubilden, denen durch den meist sehr verengten Fokus von Einzeluntersuchungen bislang zu wenig Aufmerksamkeit zuteilwurde.

Hamburg Bachmann

Demokratische Geschichte. Jahrbuch für Schleswig-Holstein 31, 2021, 368 S., zahlr. Abb., ISSN 0932-1632. – Elf Beiträge versammelt dieser neueste, lange erwartete Band, der wegen der Corona-Pandemie erst mit einem Jahr Verspätung fertig gestellt werden konnte. Das Themenspektrum ist wieder breit gefächert. Ausgangspunkt ist ein Text von *Rolf Schulte* über die Hexenverfolgung auf der Insel Fehmarn (9-31). Die 1941 von einem Heimatforscher genannte Zahl von 150 Prozessen lässt sich heute anhand von Archivalien nicht bestätigen, hiernach kam es zwischen 1580 und 1650 zu Verfahren gegen immerhin 114 Personen. Schulte benennt und erläutert die Tätigkeit von „Hexenkommissaren" und „Vetterschaften" als Ursachen für dieses vergleichsweise hohe Prozessaufkommen auf der vom Festland isolierten Insel. – Einen Sprung ins 19. und 20. Jahrhundert macht *Anne Frühauf* mit ihrer straffen und ansprechend illustrierten Darstellung des Industriezeitalters in den heutigen Hamburger Stadtteilen Altona und Ottensen unter den Schlagworten „Entwicklung, Umbruch, letzte Zeugen" (33-75). – *Dirk Stegmann* schildert in „Emil Possehl und seine alldeutschen Senatskollegen in Lübeck. Ein Beitrag zum völkischen Nationalismus vor 1918" (77-103) die außen- und innenpolitische Zielsetzung, wachsende Einflussnahme und „Kriegstreiberei“ des 1891 gegründeten Alldeutschen Verbandes und seiner 1896 gebildeten Lübecker Ortsgruppe. Neben deren prominentestem Mitglied Johann Martin Andreas Neumann gehörten ihr 1918 weitere sieben Senatoren an, darunter seit 1911 offiziell auch Emil Possehl (eine in der Literatur ungeprüft verbreitete Behauptung, er sei bereits Gründungsmitglied gewesen, konnte anhand von Quellen nicht bestätigt werden). Er engagierte sich seitdem u. a. im 1912 von Alldeutschen initiierten Deutschen Wehrverein und unterstützte die Deutsche Vaterlandspartei, gehörte mit drei weiteren alldeutschen Senatoren zu den Unterzeichnern der Gründungskurkunde des am 30. September 1917 in Lübeck gebildeten, außerordentlich mitgliederstarken Landesvereins. Eine weitere, bisher wenig beachtete Facette Emil Possehls wird hiermit neu beleuchtet und bewertet. – *Jens Flemming* analysiert in seinem Beitrag „Konservatismus in der Diaspora“ Inhalt und Wirkung der ab 1912 erschienenen Zeitschrift „Nord-West“, dem Parteiorgan der Deutsch- und Freikonservativen in Schleswig-Holstein (105-131). – *Jan Kurz* und *Frank Omland* untersuchen das „konservative Milieu in den Elbgemeinden und den Aufstieg der NSDAP am Ende der Weimarer Republik“ (133-158). – In der zweiten Hälfte des Bandes werden verschiedene Aspekte der Nachkriegszeit in Schleswig-Holstein thematisiert. *Gerd Riehm,* Sohn eines verfolgten Kommunisten, schildert den Umgang mit Opfern des Nationalsozialismus innerhalb der Familie, die gescheiterte staatliche „Wiedergutmachung“ sowie das noch immer lückenhafte öffentliche Gedenken aus eigener Erfahrung („Auf Euch Schweine aus Altona haben wir gewartet!“ Der Bericht von zwei Gefangenen des Transports vom 11./12. August 1933 aus Altona ins Konzentrationslager Esterwegen [159-186]). – Den Versuch des Wiederaufbaus eines demokratischen Bildungswesens im nördlichsten Bundesland bewerten die folgenden drei Beiträge. *Uwe Danker*, *Marie-Theres Marx*, *Melanie Oertel*, *Jan Waitzmann* und *Leah Zeidler* befassen sich unter der Leitfrage „Lehrkräfte für die Demokratie?“ mit Gründung, Personal und Programm der Pädagogischen Hochschule Flensburg vor 75 Jahren (187-236). – *Willy Schultz* analysiert das 1946 anlässlich einer Tagung in Meldorf gehaltene Referat von Ernst Voigt, Studienrat an der Oberschule Marne, zum Thema „Staatsbürgerliche Erziehung und Geschichtsunterricht im neuen Staat“ im Kontext des demokratischen Wiederaufbaus des Schulwesens in Dithmarschen (237-260). – *Jonathan Hahn* schließlich beschäftigt sich mit der „Entnazifizierung der Kieler Lehrkräfte an höheren Schulen. Zwischen demokratischem Neuanfang und ‚Renazifizierung‘“ (261-296). – *Marie-Theres Marx* bietet mit ihrem Beitrag über einen 1956 öffentlich bekanntgewordenen Fall von Kindesvernachlässigung im Säuglings- und Kleinkinderheim „Fröhliche Kinderstube“ in Bahrenhof/Kreis Segeberg zugleich wichtige Einblicke in „Handlungsspielräume privater Kinderheime der 1950er Jahre in Schleswig-Holstein“ (297-319). – *Uwe Danker* liefert abschließend unter dem Titel „Geteilte Verstrickung. Die Resultate der Schleusenöffnung für 131er am Beispiel schleswig-holsteinischer Funktionseliten der 1950er und 1960er Jahre“ (321-363) eine Zusammenfassung und Erklärung von Methodik und Ergebnissen der Analyse von 482 Biografien, die im Rahmen der von der Landesregierung in Auftrag gegebenen und 2021 abgeschlossenen Studie „Geteilte Verstrickung. Elitekontinuität in Schleswig-Holstein“ erarbeitet worden sind (siehe die Rezension hierzu in diesem ZLG-Band).

Lübeck Kruse

Adolf E. Hofmeister und Jan van de Kamp (Bearb.), Das Denkbuch des Bremer Bürgermeisters Daniel von Büren des Älteren. 1490-1525, In Verbindung mit der Historischen Gesellschaft Bremen hrsg. vom Staatsarchiv Bremen, Bremen: Edition Falkenberg 2021, 400 S., ISBN 978-3-95494-235-0. – 2021 erschien die 400 Seiten starke Edition des Denkbuches eines der bedeutendsten Bürgermeister Bremens zur Zeit der Reformation, Daniel von Büren (*1460 † 1541). Dass die beiden Bearbeiter, Jan van de

Kamp und Adolf E. Hofmeister, hiermit einen längst überfälligen Druck lieferten, wird beim Studium des Vorwortes und der umfassenden Einleitung (7-58) mehr als deutlich. Das Denkbuch Daniel von Bürens, während des Zweiten Weltkriegs ausgelagert und erst 1987 in die Bundesrepublik zurückgekehrt, ist heute teilweise in einem schlechten Zustand und passagenweise nicht mehr lesbar. Umso erstaunlicher, dass es trotz seines hohen Stellenwertes für die Bremer Geschichtsforschung erst jetzt umfassend historisch-kritisch aufgearbeitet wurde, wofür den Bearbeitern Dank gebührt. Für die Transkription des Quellentextes konnte glücklicherweise auf mehrere Abschriften des 18. Jahrhunderts zurückgegriffen werden, die zumindest auszugsweise bereits in die „Quellen zur Reformationsgeschichte" aufgenommen wurden. Eingangs besonders gelungen sind die profunden quellenkritischen Beobachtungen und die zahlreichen Abbildungen des Denkbuches und dessen Abschriften (11-23), die die Dringlichkeit und den Wert der nunmehr geleisteten Aufarbeitung unterstreichen. Auf den nachfolgenden Seiten widmen sich die Bearbeiter dem Erzeuger der hier edierten Quelle, dem Ratsherrn und Bürgermeister Daniel von Büren (24-31). Dieser stammte aus einer kaufmännisch-ratsherrlich geprägten Familie und bekleidete von 1500-1538 einen der vier Bürgermeisterposten Bremens. Als Förderer der Reformation und gewissenhafter Verteidiger der Bremischen Rechte gegenüber dem Erzbischof nahm er in einer besonders wechselvollen Zeit die Geschicke der Hansestadt in die Hand. Die beiden Autoren skizzieren nicht nur dessen Herkunft und Studienjahre in Rostock (um 1477), sondern ebenso seine Tätigkeiten als Bauherr der Kirche Unser Lieben Frauen in Bremen (1486), seine ihm als Ratsherr obliegenden Verantwortlichkeiten für Marstall (1489) und Weinkeller (1491) sowie die Aufgaben als Kämmerer (1488/89 u. 1498/99). Anschließend wird seine Rolle als Bürgermeister (ab 1500) und Repräsentant der Stadt Bremen hervorgehoben. Diese präzise und kurzweilige Umschau des Lebens und Wirkens Daniel von Bürens bietet dem Lesenden gleich zu Beginn eine plastische Charakteristik des Verfassers. Die hier gelieferten Hintergrundinformationen zur Person bereiten eine solide Basis, um die Inhalte des Denkbuchs besser einordnen zu können. Letztlich dokumentierte von Büren überwiegend seine Tätigkeiten als Ratsherr und Bürgermeister, als Schiedsrichter und Teil des Richterkollegiums sowie seine diplomatischen Missionen ausführlich und stets unter Bezugnahme seiner damaligen Ämter. Es kann hier also bereits eine Beschäftigung des Lesenden mit den Inhalten des Denkbuches stattfinden, bevor die Themenschwerpunkte der Quelle überhaupt erläutert werden. Dies ist den Bearbeitern in angenehmer und interessanter Weise geglückt. Ebenso informativ liest sich der „Versuch einer Gattungszuordnung" des Denkbuches und die Herleitung von Verbindungslinien zwischen diesem und anderen Bremischen Quellen wie dem Ratsdenkelbuch (32-36). Dass dies angesichts enthaltener „aktueller" historischer Ereignisse, „privater Notizen" und Erläuterungen älterer Ereignisse chronikalischen Charakters ein schwieriges Unterfangen ist, dürfte der Lesende nicht bezweifeln. So berührt das Denkbuch von Bürens nicht nur Bremische Reformationsgeschichte, sondern auch die Gründung des Deutschordens, Rechtsgeschäfte Bremer Bürger oder Warenpreise von Getreide, Tuchen und Fisch. Eine „bunte Mischung", die eine exakte Einordnung der Quelle schwerlich zulässt. Nichtsdestotrotz schaffen die beiden Autoren es, sich auf die wesentlichen Aspekte zu fokussieren und das Büren'sche Denkbuch in den Kanon anderer wichtiger Amtsbücher des Bremer Rates einzugliedern, gleichwohl die stets persönliche Note Daniel von Bürens aus dem Denkbuch eine besondere Form ratsherrlichen Selbstzeugnisses macht. Die beiden Autoren stellen die Besonderheit des Schriftstücks und deren umfangreichen inhaltlichen Schatz so lesefreundlich dar, dass der „Hauptdarsteller", der eigentliche Quellentext, für kurze Zeit in den Hintergrund tritt. Den viele Bereiche der Bremischen Geschichte berührenden Inhalt des Denkbuchs präsentieren sie ebenso gebündelt und übersichtlich in Themenbereiche unterteilt (37-48). Dies dürfte dem Forschenden die Suche nach bestimmten, themenbasierten Informationen enorm erleichtern. Der neugierige Leser erfährt in diesem Abschnitt nicht nur das Wichtigste über Regierung und Verwaltung der Stadt und ihre externen Verhältnisse zu anderen Städten und Ländern, sondern auch über Rechtsprechung und Gerichtsbarkeit in jener Zeit, Bremens Handel und Gewerbe sowie zusätzlich diejenigen Details der jeweiligen Themengebiete, die von Büren als notizwürdig empfunden hatte. Nicht zuletzt nimmt der Aspekt „Religion und Reformation" einen wichtigen Platz in der Inhaltszusammenfassung ein. Auch wird der Status Bremens als offiziell abhängig vom Erzstift, jedoch weitestgehend unabhängig in seiner bürgerlichen Selbstverwaltung noch einmal besonders gut herausgearbeitet. Hilfreich ist die kurzweilige, regesthafte Übersicht der verschiedenen inhaltlichen Schwerpunkte insbesondere, da diese zugleich mit den dazugehörigen Textstellen aus dem Originaltext versehen ist und so eine mögliche Suche nach bestimmten Textabschnitten im Denkbuch ungemein verkürzt. Die Darstellung des erschöpfenden Inhalts gelingt den Autoren auf sehr unterhaltsame Weise, sodass der „Sprung" in den nachfolgenden Quellentext nahtlos anschließen kann. Die Wiedergabe des auf mittelniederdeutsch verfassten Originaltextes mit seinen lateinischen Einstreuungen und dessen ebenfalls von den Autoren bearbeiteten Anhängen (59-359) zeichnet sich durch Klarheit und Übersichtlichkeit aus, vor allem in Bezug auf das „Zurechtfinden" innerhalb der eingangs nicht immer chronologisch niedergeschriebenen Inhalte. Die am Seitenrand eingefügten Datumsangaben erleichtern eine sofortige zeitliche Einordnung einzelner Eintragungen und die Fußnoten bieten neben textkritischen auch sachliche Erläuterungen der Bearbeiter sowie Randnotizen von Bürens. Auf diese Weise „führen" die Bearbeiter den Lesenden „gut gerüstet" durch die von ihnen selbst in zehn Abschnitte geteilten Aufzeichnungen Daniel von Bürens, die sich in ihrer Reihenfolge jedoch ans Originaldokument anlehnen (Abschnitt 3-10 chronologisch). Bei Unklarheiten ist es dem Lesenden jederzeit möglich, die ausführlichen editorischen Anmerkungen und das Abkürzungsverzeichnis zu konsultieren, die von den beiden Autoren wohlweislich vor den Quellentext platziert wurden (49-58). Am Ende findet sich ein überaus reichhaltiges Register von Orts- und Personennamen, das ebenfalls die gezielte Suche nach Informationen im Quellentext erleichtert (360-398). Der Band schließt mit einem Abbildungsverzeichnis (399f.). Zusammenfassend lässt sich festhalten, dass Jan van de Kamp und Adolf E. Hofmeister eine Edition hervorgebracht haben, die aus Sicht sowohl der Forschung als auch interessierter Laien keine Wünsche offenlässt. Die mühevolle Kleinarbeit und jahrelange Beschäftigung mit Daniel von Bürens außergewöhnlichem Werk flossen nur allzu offensichtlich in diese für die Forschung wichtige, vielschichtige und durchdachte Ausgabe. Letztlich stellt nicht nur das Denkbuch per se ein äußerst wertvolles Stück historischer Aufzeichnung dar; auch seine minutiös aufbereitete Edition kann als wertvoller Beitrag für die Erforschung Bremer und hansischer Stadtgeschichte am Übergang vom späten Mittelalter in die frühe Neuzeit gewertet werden.

Lübeck Behm

Ortwin Pelc, William Lindley (1808-1900). Ingenieur und Stadtplaner. Eine Biographie (Hamburgische Lebensbilder 26), Göttingen: Wallstein 2021, 192 S., ISBN 978-3-8353-3969-9.– Mit einigem Erstaunen nimmt man immer zur Kenntnis, dass die Eisenbahnverbindung Hamburg-Lübeck, eigentlich ein uralter Verkehrsweg, längst überfällig gewesen ist, aber erst 1865 eingeweiht werden konnte. Denn schon eine Generation früher hätte sie entstehen können, und vielleicht hätte Lübeck damit einen schnelleren Anschluss an die moderne Entwicklung gefunden. Recht unbekannt ist, dass eine solche Verbindung schon 1833/34 geplant und vermessen worden ist. Hierüber berichtet u. a. dieser sehr eingehende Band der Reihe „Hamburgische Lebensbilder", der Lebenslauf und Lebensleistung des Ingenieurs Lindley gewidmet ist. Als Sohn eines Mathematikers,

Landvermessers und Kaufmanns schlug der gebürtige Londoner die Laufbahn eines Ingenieurs ein, der von 1828 bis 1860 die Modernisierung Hamburgs, der damals drittgrößten Stadt Deutschlands, mit Erfindungsreichtum, Weitblick und Durchsetzungskraft vollzogen hat. So wurde die Elbestadt zum Vorbild für viele andere europäische Städte, für die Lindley auf diese Weise die negativen Folgen des rasanten Wachstums großer Gemeinwesen mildern konnte. Zu nennen sind für Hamburg die Eisenbahnverbindungen Hamburg-Bergedorf, sodann deren Fortführung bis Berlin 1846, Harburg-Hannover und Hamburg-Cuxhaven. Für die effektive Planung für den Wiederaufbau Hamburgs nach dem großen Brand 1842 zeichnet Lindley als technischer Consulent verantwortlich, ebenso für eine moderne Trinkwasserversorgung (1848), die Abwasserbeseitigung, d. h. ein Sielsystem mit Schwemmkanalisierung (1843), und die Einrichtung einer Wasch- und Badeanstalt am Schweinemarkt (1855). Die Hafenanlagen hatte Lindley ebenso im Blick wie die Flächenauslegung im Hamburger Umland (u. a. Hammerbrook, St. Georg, der Uhlenhorst und Mundsburg, sowie St. Pauli und Harvestehude). Neben dem Wirken für Hamburg als attachierter Ingenieur hat Lindley auch in London gearbeitet und zog sich 1860 ganz an die Themse zurück. Er wurde zu einem gefragten Fachmann und Berater für die schnell wachsenden Groß- und Industriestädte Europas, ließ er sich bei seinen Planungen doch auch durch sozialreformerische Überlegung leiten, um die Lebensverhältnisse vieler Stadtbewohner zu verbessern. So sind einschlägige Projekte des herausragenden englischen Ingenieurs für Frankfurt am Main, Budapest, Warschau, St. Petersburg und kleinere Städte Europas bekannt und z.T. noch *in situ* vorhanden. Dem kundigen Verf. gelingt es, sowohl die Bauvorhaben treffend und anschaulich zu schildern (gut gewählte Abbildungen!), aber auch den Menschen Lindley zu charakterisieren, der sich mit einer Hamburgerin verheiratete. Seine drei Söhne setzten das (auch kaufmännisch orientierte) Geschäft des Vaters erfolgreich fort. Die Form des „Lebensbildes“ – seit etwa 30 Jahren erscheinen die bibliophilen Bände der Reihe – kommt der Darstellung, die zugleich alle wissenschaftlichen Ansprüche erfüllt (Anmerkungen, Literaturverzeichnis und Register), zugute. Wer weiß, vielleicht hätte auch die Freie und Hansestadt Lübeck auf ihre Weise (wenn auch sechsmal so klein wie Hamburg) eine schwungvollere Entwicklung auf dem Gebiet der Verkehrspolitik, der Frischwassergewinnung und -entsorgung mit Beratung durch den englischen Praktiker genommen. So blieb die Travestadt durch die Umklammerung Dänemarks verkehrspolitisch gelähmt.

Lübeck Graßmann

Arnd Reitemeier (Hrsg.), Klosterlandschaft Niedersachsen, Bielefeld: Verlag für Regionalgeschichte 2021, 607 S., zahlr. Abb. u. Karten, ISBN 978-3-7395-1263-1. – Nicht nur die Anzahl der Niederlassungen in Niedersachsen stellt in Norddeutschland eine Besonderheit dar, sondern auch die bis heute bestehende Prägung des Raumes durch die ehemaligen und teils noch immer aktiven Konvente. 2012 erschien mit dem vierbändigen Niedersächsischen Klosterbuch ein wichtiges Handbuch, das mit Artikeln zu den über 360 geistlichen Einrichtungen in Niedersachsen und Bremen einen weiteren großen Flecken der Ordensgeschichte systematisch beleuchtete, ein Meilenstein für die Niedersächsische Geschichtsforschung. Freilich stellt der von Arnd Reitemeier herausgegebene, 22 Aufsätze umfassende Sammelband die Erkenntnisse und Forschungsanstöße, die das niedersächsische Grundsatzwerk zu leisten gedachte, nicht nur auf den Prüfstand, sondern geht über eine Revision bereits geschriebener Worte hinaus. Die nun verschriftlichten Beiträge einer Tagung im Februar 2020 mit dem Titel „Klöster und Klosterlandschaft(en) in Niedersachsen“ thematisieren den Begriff Klosterlandschaft, das Klosterbuch sowie den aktuellen Stand der Forschung rund um die geistlichen Niederlassungen in Niedersachsen. – In seiner Einführung geht *Arnd Reitemeier* auf die genannten Punkte ein, zieht ein Fazit der Tagungsergebnisse und gibt damit der Leserschaft einen Überblick zum Aufbau des vorliegenden Bandes. Danach beschäftigt sich *Hedwig Röckelein* eingehend mit dem in den letzten Jahren fast schon inflationär genutzten Begriff der Klosterlandschaft und legt so die methodische Basis für eine gewinnbringende Auseinandersetzung mit den Begrifflichkeiten aus geschichtswissenschaftlicher Perspektive. Dass der Begriff der Klosterlandschaft sich natürlicherweise nicht auf einen bereits mittelalterlichen räumlichen Zusammenhang der Klöster beziehen kann, ist dabei an jeder Stelle des Bandes deutlich. Grenzen des Landschaftsbegriffs zeigen sich indes zum Beispiel bei den archäologischen Ansätzen von *Markus C. Blaich*, der für die Archäologie den alternativen Begriff der klösterlichen Landschaften vorschlägt. Das große Erkenntnispotenzial des gewählten interdisziplinären Ansatzes zeigt sich nicht nur hier, sondern etwa auch in dem Beitrag von *Thorsten Albrecht*, der die Forschungslücken der Kunst- und Baugeschichte sowie der Archäologie beleuchtet. Albrecht verweist zugleich auf das derzeit geringe Interesse der kunsthistorischen, bauhistorischen und archäologischen Forschung an den niedersächsischen Klöstern. Während *Hans-Georg Aschoff* einen Überblick zu den Ordenslandschaften und Zugehörigkeiten der Niederlassungen liefert, gehen andere Autoren auf spezifische Forschungsbereiche ein. *Jörg Bölling* nimmt Wallfahrten und Reliquien im Kontext der Niedersächsischen Klöster in den Blick, ein wichtiger Aspekt mittelalterlicher Frömmigkeit, der nicht unerheblich sowohl für das geistliche als auch das wirtschaftliche Leben der Stifts- und Klosterbewohner war. *Katharina Ulrike Mersch* beschäftigt sich mit der Bildung niedersächsischer Geistlicher und dem Verhältnis zwischen Gelehrsamkeit und monastischem Leben. *Thomas Hayes* und *Kerstin Schnabels* jeweilige Beiträge knüpfen gleichsam an das Thema der Bildung an und gehen ihrerseits auf die Bibliotheksbestände der Klöster und Stifte ein. Während Haye die intellektuellen Diskurse der erhaltenen Bestände beleuchtet, erarbeitet Schnabel einen Überblick über das niedersächsische klösterliche Buchwesen insbesondere im 15. Jahrhundert. Nach diesem Teil des Bandes, der vornehmlich einleitende und geistes- und bildungshistorische Inhalte hat, folgt mit *Gudrun Glebas* Aufsatz eine wirtschaftshistorische Perspektive anhand von Wirtschaftsbüchern. Darauf folgen die Beiträge von *Thomas Vogtherr*, *Wolfgang Petke* und *Christian Hoffmann*, die insbesondere die sozialen Zusammenhänge innerhalb und außerhalb der Klöster und Stifte sowohl im Mittelalter als auch in der frühen Neuzeit nachzeichnen, wobei vor allem die Rolle des Adels hervorgehoben wird. Die weiteren Beiträge des Bandes sind thematisch breit gefächert. *Wolfgang Brandis* beschäftigt sich mit der Rolle der Pröpste in Frauenklöstern und geht quellennah auf zahlreiche niedersächsische Beispiele ein. *Helmut Flachenecker* spürt für das gesamte Mittelalter den Beziehungen zwischen Klöstern und Bischöfen nach, einem breiten Themenfeld, das Flachenecker aus verschiedenen Perspektiven betrachtet und diskutiert. Ein hingegen erst in jüngerer Zeit vermehrt berücksichtigtes Forschungsfeld sind die mittelalterlichen Beginenkonvente, die *Karsten Igel* in seinem Beitrag in den Fokus stellt. *Gudrun Pischke* wiederum untersucht die landesherrliche Klosterpolitik im Zusammenhang des Landesausbaus in den welfischen Herrschaftsbereichen Niedersachsens bis in die frühe Neuzeit. In *Gabriel Zeilingers* Aufsatz wird die ökonomisch wichtige Rolle der Stadthöfe als Schnittstelle zwischen Stadt und auswärtigen Klöstern diskutiert. Auch *Werner Rösener*, *Henning Steinführer* und *Gerald Schwedler* setzen in ihren jeweiligen Beiträgen eher wirtschaftshistorische Schwerpunkte. Rösener beschäftigt sich mit den zisterziensischen Konversen und Lohnarbeitern, Steinführer geht auf die Wirtschaft der Bettelorden ein und Schwedler beleuchtet anhand des konkreten Beispiels des „Registrum structurariorum Ecclessie Sancti Lamberti", einer bisher noch nicht in der Forschung beachteten Rechnungsaufzeichnung aus dem Jahr 1459, das Potential mittelalterlicher Rechnungsschriftlichkeit. Den inhaltlichen Abschluss des Bandes bildet der Beitrag von *Hans Otte*, der einen Einblick in die Zeit der Auflösung der Klöster und Stifte in Niedersachsen sowie deren Nachleben gibt. Mit dem

Autorenverzeichnis schließt der Band ab, wohingegen ein Register, das sicherlich den Band in der Handhabung weiter abgerundet hätte, leider fehlt. – Zehn Jahre nach der Erstveröffentlichung des Niedersächsischen Klosterbuches folgt mit dem vorliegenden Band eine wesentliche Ergänzung, die neben den vier Bänden in den Regalen Platz finden sollte. Denn das Werk geht einen eleganten Weg, der in interdisziplinärer Art und Weise grundsätzliche Beiträge neuester Forschung für Interessierte der niedersächsischen Geschichte bereit hält, aber insbesondere auch für den Vergleich mit anderen Regionen einen sehr wichtigen Beitrag leistet. Der ‚rote Faden' zum Landschaftsbegriff, natürlicherweise in Bezug auf die Klosterlandschaft, und zum Klosterbuch bleibt stets erhalten. Einzig die Ritterorden, die einen nicht unwesentlichen Teil des geistlichen Lebens im Mittelalter ausmachten, sind in dem Band unterrepräsentiert. Das soll aber die Leistungen des umfangreichen und reich bebilderten Bandes, der sowohl Überblicke als auch Einzeluntersuchungen zu einer Vielfalt an Themen bietet, nicht schmälern.

Kiel Harlaß

Sarah Schmidt, Archivarbeit im Wandel. Das Beispiel des preußischen Staatsarchivs in Schleswig-Holstein 1870-1947 (Veröffentlichungen des Landesarchivs Schleswig-Holstein 121), Hamburg: Hamburg University Press 2021, 480 S., ISBN 978-3-943423-82-2. – Ziel der vorliegenden Veröffentlichung ist es, den Wandel der Archivarbeit anhand des preußischen Staatsarchivs in Schleswig-Holstein für den genannten Zeitraum wissenschaftlich unter Berücksichtigung des politik- und gesellschaftsgeschichtlichen Kontextes zu untersuchen. Im Mittelpunkt stehen die Veränderungen in den Kernaufgaben der Archive. Dazu werden die Bewertungsprozesse von Dokumenten, die Aufbewahrung und die Nutzung der Archivalien erforscht. Ein Schwerpunkt wird auf die Frage gelegt, inwiefern individuelle Einflüsse eine Rolle spielten, wofür die Autorin die beruflichen Laufbahnen einiger Archivare näher betrachtet. Zum Vergleich werden überdies andere preußische Staatsarchive herangezogen. Einführend erläutert S. die Aufgaben und Stellung von Archiven im Allgemeinen und begründet ihre Auswahl für das Staatsarchiv Schleswig. Es bot sich u. a. an, da es keinen Vorgänger für ein staatliches Archiv gab und es erst 1866 zu dessen Einrichtung kam. Einer kurzen, informativen Literatur- und Quellenkritik zum Thema folgt die Vorstellung der Quellenbasis für diese archivgeschichtliche Ausarbeitung. Das umfassende Werk gliedert sich chronologisch in drei Abschnitte, der erste beinhaltet die Vorgeschichte von der Gründung des Staatsarchivs Schleswig bis zum Ende des Deutschen Kaiserreiches, der zweite befasst sich mit dem Staatsarchiv Kiel während der Weimarer Zeit und der dritte Teil beschäftigt sich mit den Ereignissen in der NS-Zeit. – Der ausführlich dargelegte Gründungsprozess des Staatsarchivs begann mit den deutschen Einigungskriegen 1864 und 1866 und der Schaffung der preußischen Provinz Schleswig-Holstein 1867. Als Datum der Gründung des Staatsarchivs in Schleswig wurde der 1. Januar 1870 mit der Übernahme des ersten Personals festgesetzt. Detailliert und schlüssig werden das Verhältnis zu den dänischen Archiven und die jahrelangen Verhandlungen zwischen Preußen und Dänemark um eine klare Aufteilung zwischen dänischen und schleswig-holsteinischen Archivalien nach den Einigungskriegen beleuchtet. Im Fokus der Untersuchungen zum Personal standen vor allem die wissenschaftlichen Archivare, allen voran Georg Hille (1841-1911), der das Staatsarchiv Schleswig aufbaute und von 1871 bis 1911 leitete. Er prägte es ganz entscheidend in einer stabilen Phase des Aufbaus und der Etablierung und legte seinen Schwerpunkt vorrangig auf die Ordnung des Archivs und den Nutzen für die Verwaltung. Seine lange Dienstzeit war eher untypisch, denn die preußischen Archivbeamten mussten mit häufigen Versetzungen rechnen, noch dazu bei eher dürftiger Besoldung. Die Autorin arbeitet anhand des Werdeganges der Schleswiger Archivare die Wechselwirkungen zwischen Archivaren und ihrer Arbeitsstätte äußerst fesselnd und lebendig heraus. Nachfolgend untersucht sie die Entwicklung der Rolle der Archive als Behörde für die Verwaltung einerseits und als Forschungsstätte andererseits. Denn während Archive lange Zeit eher im Geheimen wirkten, öffneten sie sich im 19. Jahrhundert. Das Interesse an Geschichte im Bildungsbürgertum stieg, die Geschichtsvereine entwickelten sich und die Benutzung von archivischen Quellen gewann an Bedeutung. Das führte zu einem Anstieg der Nutzerzahlen und einer neuen Ausrichtung in der Archivarbeit. Das Staatsarchiv Schleswig gehörte jedoch noch Ende des 19. Jh. zu den am wenigsten benutzten Archiven der preußischen Archivverwaltung. Die Gründe waren vielfältig. Der Anfangsbestand bot wenig Anreiz für die historische Forschung, wissenschaftliche Institutionen und Universitäten gab es hier kaum und Schleswig war nur eine kleine Stadt mit ca. 13.000 Einwohnern. In diesem Zusammenhang wird daneben der Frage nachgegangen, inwieweit sich Archivare der wissenschaftlichen Forschung widmen sollten. Dieser Konflikt, bis heute in der Diskussion, bestimmte auch im 20. Jh. die Archive. Die Nutzung betreffend eher wenig erfolgreich, war das Staatsarchiv Schleswig im Archivfachlichen ein Vorreiter, denn Hille ordnete die Unterlagen schon von Anfang an nach dem bis heute gültigen Provenienzprinzip (Herkunftsprinzip), welches erst 1896 für alle preußischen Staatsarchive zur Regel wurde. Einher ging damit die Frage nach den Kassations- bzw. Bewertungsgrundsätzen. In einem Vortrag auf dem Deutschen Archivtag 1901 formulierte Hille aus seinen Erfahrungen (schon 1874 hatte er ein Bewertungsmuster aufgestellt) generelle Bewertungsgrundsätze und gilt damit als Begründer der diesbezüglichen Diskussion. – Die Aktivitäten des preußischen Archivwesens in der Weimarer Zeit waren bestimmt durch die Folgen des Versailler Vertrages. Dazu gehörte die Organisation weiterer deutsch-dänischer Archivalienaustausche. Die äußerst langwierigen Verhandlungen zogen sich viele Jahre hin, ehe 1933 ein grundlegendes Abkommen unterzeichnet wurde. Die Umsetzung ging zügig vonstatten und mit dem erhaltenen, bedeutenden Material sah sich das Staatsarchiv auf eine neue Grundlage gestellt. Nicht nur das, es erfüllte sich der langgehegte Wunsch nach einem Umzug nach Kiel. Dieser war neben Platzmangel in einer räumlichen Annäherung an wissenschaftliche Einrichtungen und die schon 1833 gegründete Schleswig-Holsteinische Geschichtsgesellschaft begründet. 1922/23 konnte das Staatsarchiv das ehemalige Sanitätsdepot der Marine beziehen. Die Nutzung stieg in den kommenden Jahren zwar langsam, doch stetig an. Die Archivare wurden vor weitere vielseitige Herausforderungen gestellt: u. a. Probleme bei der Unterbringung der Archivalien, die Ordnung der Bestände, viele Neuzugänge. Das führte schlussendlich dazu, dass nicht einmal zehn Jahre nach Umzug kaum noch Platz für weitere Übernahmen war und ältere Pläne für einen Neubau aufgegriffen wurden. Die durch den Umzug erhoffte Annäherung an die Geschichtsgesellschaft erfolgte hauptsächlich durch einen Wechsel im Archivpersonal, sie blieb aber ambivalent, wie S. unter Betrachtung der Kompetenzrangeleien bei der Bearbeitung der Urkundenbücher aufzeigt. Ein weiterer Berührungspunkt zur Gesellschaft war die Betreuung der nichtstaatlichen Archive. Für diese wurde ein Netz ehrenamtlicher Archivpfleger eingerichtet, betreut durch das Staatsarchiv. – Während der Zeit des Nationalsozialismus stieg die Nutzung des Archivs stark an, begründet vor allem durch das neue Forschungsgebiet der Sippenkunde und damit einhergehend der Erstellung von Ariernachweisen. Dem wurde durch Personalaufstockungen Rechnung getragen. Aufmerksam und kritisch setzt sich die Verf. mit dem Wirken des damaligen Leiters des Staatsarchivs, Ernst Gottfried Hoffmann (1898-1978), auseinander, welcher sich u. a. äußerst engagiert der Sippenforschung widmete. Sie weist zudem schlüssig nach, dass die NS-Ideologie nicht nur die Nutzung des Archivgutes beeinflusste, sondern auch die Bewertung von Unterlagen ob ihrer Archivwürdigkeit. Die Aktivitäten im Archiv in den Jahren nach 1934 waren gekennzeichnet von den Vorbereitungen für einen Krieg, nach Kriegsbeginn lag der Fokus der Arbeit hauptsächlich auf der Umsetzung von Sicherungsmaßnahmen. Schon früh verlagerte das Staatsarchiv große Mengen Schriftgutes, u. a. in das Bergwerk Mariaglück bei Celle. Bis Kriegsende konnten fast 95 Prozent der Bestände außerhalb Kiels gesichert werden. Zum Kriegsalltag gehörten Bombardierungen und Personalmangel. Aufgrund der daraus resultierenden schwierigen Personal- und Platzsituation beschloss die preußische Archivverwaltung, die Vernichtung von Behördenschriftgut zu erleichtern und erstellte 1944 dazu eine Kassationsrichtlinie. Geprägt war die NS-Zeit ferner durch diverse Kompetenzstreitigkeiten, v. a. mit den Archiven der NSDAP, wo relevantes Material aufzubewahren sei. Ein negativer Höhepunkt der Kriegsauswirkungen fand sich schlussendlich mit einer neuen Aufgabe für die Archivare: Sie sollten belastende Dokumente vernichten und wurden damit ein weiteres Mal von der NS-Herrschaft instrumentalisiert. Ergänzend dazu setzt sich die Autorin mit der unrühmlichen Rolle der Archivare bei der Sicherung und Auswertung ausländischen Archivgutes auseinander, mit besonderem Blick auf Dänemark. – In die Analyse einbezogen wurde die unmittelbare Nachkriegszeit, da sie noch bestimmt war von durch die Nazi-Herrschaft bedingten Ereignissen. Nach Kriegsende fiel die preußische Archivverwaltung weg, eine gesamtdeutsche einheitliche Lösung für eine Archivverwaltung wurde nicht angestrebt. Auf einer ersten Tagung der Archivleiter 1946 in Bünde konnte zumindest ein Beirat gewählt werden, der einige Wochen später die Vereinigung Deutscher Archivare gründen sollte. In Schleswig-Holstein wurde das Staatsarchiv dem Amt für Schulen und Erwachsenenbildung (später Kulturbereich) zugeordnet und 1947 in Landesarchiv umbenannt. Ein Jahr darauf erhielt es mit Runderlass des Innenministeriums die Aufsicht über die kommunalen Archive. Ein großes Thema dieser Zeit war die Entnazifizierung der Archivare. Gründlich und kritisch erforscht S. diesen Prozess anhand der schleswig-holsteinischen Archivare. Der Fall des ehemaligen Archivdirektors Hoffmann, der trotz seines Engagements für das NS-Regime ab 1949 in Kategorie V eingestuft wurde, zeigt beispielhaft auf, dass die Entnazifizierung in Deutschland nicht erfolgreich umgesetzt worden ist. Ein weiteres, nicht weniger komplexes Problem der Nachkriegszeit betraf die Rückführung der Archivalien aus den Auslagerungsstätten. Erst 1946, mit der Sicherung eines ehemaligen Lazarettgebäudes der Marine in Kiel als Verwahrungsort, konnten die langwierigen und mühevollen Rückholaktionen, erschwert durch fehlendes Personal, starten. Da man dort schnell an räumliche Grenzen stieß, wurden dem Archiv Räumlichkeiten in Schloss Gottdorf zur Verfügung gestellt, die bei weitem nicht den Anforderungen an ein Archiv entsprachen. Die fehlende finanzielle Unterstützung durch die Landesverwaltung und die damit einhergehende schier endlose Suche nach Räumlichkeiten zeigt, wie wenig Wertschätzung Archivalien und das Schleswig-Holsteinische Archiv über lange Zeit erfuhren. Erst 1991 hat das Landesarchiv von Schleswig-Holstein mit dem archivspezifischen Innenausbau des Prinzenpalais in Schleswig eine würdige Unterkunft gefunden. – Die Studie schließt mit einem Quellen- und Literaturverzeichnis, Kurzbiografien der wissenschaftlichen Archivare des Staatsarchivs und einem Register, bestehend aus Orts- und Personenverzeichnis. Sie zeigt in ganz hervorragender Weise, wie historische Ereignisse ein staatliches Archiv beeinflussen können und das Archiv seinerseits Einfluss auf das politische und gesellschaftliche Geschehen nehmen kann. Ausgehend vom Schleswig-Holsteinischen Staatsarchiv werden zudem die Entwicklung der preußischen Archivverwaltung betrachtet sowie die Verflechtungen von deutschen mit ausländischen Archiven. Die Schrift legt dar, vor welche Probleme die Archivare in der Vergangenheit gestellt waren. Diese lassen durchaus Vergleiche zu den heutigen zu. Vollkommen gerechtfertigt ist die Kritik der Autorin an der mangelnden Aufarbeitung der Archivgeschichte in Preußen. So hofft Rez., dass dieser Band des Landesarchivs Schleswig-Holstein ein Anreiz ist für weitere Forschungsarbeiten zur Archivgeschichte. Dem Landesarchiv und S. ist zu dieser ausnehmend gelungenen Veröffentlichung, bei der es sich um die Doktorarbeit der Autorin handelt, zu gratulieren und ihr eine weite Verbreitung zu wünschen. Bei aller Wissenschaftlichkeit entstand eine lebendige, fesselnde und kritische Archivgeschichte. Mindestens für Archivar:innen, insbesondere für die schleswig-holsteinischen, ist dieses Buch ein „Must-have".

Lübeck Letz

Sylvina Zander, Bad Oldesloe in der Zeit der Weimarer Republik und des Nationalsozialismus (1918-1945), Kiel/Hamburg: Wachholtz 2021, 643 S., ISBN 978-3-529-05062-6. – Gefördert mit Mitteln der Stadt Bad Oldesloe und versehen mit einem Grußwort des Bürgermeisters erschien im letzten Jahr das *opus magnum* der ehemaligen Oldesloer Stadtarchivarin Sylvina Zander. Ein großes Werk ist es nicht nur wegen der über 3.600 Fußnoten mit genauen Quellennachweisen und wegen des beeindruckenden Umfangs von annähernd 650 Seiten. Sondern auch, weil es Mut voraussetzt, als Allein-Autorin sich einer so großen Aufgabe zu stellen, bei der es gilt, das umfangreiche Quellenmaterial zu bewältigen und die schier unüberschaubare Menge der aktuellen zeithistorischen Forschungsliteratur zu berücksichtigen. Einmal ganz abgesehen von der Ausdauer, die nötig ist, um eine solche Darstellung abzuschließen. – Um es vorwegzunehmen: Der Mut und die Ausdauer wurden vollkommen belohnt. Die Stadt Bad Oldesloe verfügt mit der Arbeit der Verf. erstmalig über eine hervorragende, aus den Quellen gearbeitete monographische Aufarbeitung ihrer jüngeren Geschichte, die zum Standardwerk der Stadt- und Regionalgeschichte werden wird. Trotz gezielter Vernichtung von bestimmten Aktengruppen (u. a. Partei-, Polizei- und Gerichtsakten) und eines Mangels an Quellen zur Arbeiterbewegung (zu den Vereinen und Verbänden gab es eine gute Grundlage) um die Geschichte Oldesloes von 1918 bis 1945 umfassend darzustellen und zu analysieren. Vor allem die Akten im Stadtarchiv Bad Oldesloe und die Auswertung des „Oldesloer Landboten" machten es möglich, die Weimarer Zeit auf rund 200 Seiten und die des Nationalsozialismus auf rund 320 Seiten in vielen Facetten dazustellen. Dabei werden die lokalen Entwicklungen und Besonderheiten stets eingebettet in den allgemeinen Rahmen und in aktuelle zeitgeschichtliche Forschungsfragen („Volksgemeinschaft", Radikalisierung im Krieg etc.). – Städte wie Lübeck, Kiel und auch Bad Oldesloe spielten bei Durchsetzung und Etablierung der NS-Herrschaft eine zentrale Rolle, waren wichtige Standorte bedeutender Unternehmen, kulturelle Mittelpunkte, bevorzugte Bühne nationalsozialistischer Propagandaveranstaltungen und stellten nicht zuletzt bei Organisation und konkreter Durchführung der Verfolgungsmaßnahmen einen bisher vielfach unterschätzten Faktor für die NS-Machthaber dar. Es ist der Vorzug der Lokalgeschichte, diese Bedingungen als „nahes Geschehen" untersuchen und nachzeichnen zu können. Das wird auch in dieser Arbeit spürbar. – Bei der Behandlung der verschiedenen Themen werden durchaus Schwerpunkte erkennbar. Besonderen Wert hat die Verf. auf die Frage gelegt, welche Milieus es in der kleinen Stadt gab. Hierzu untersucht sie detailliert die Entwicklung der örtlichen Verbände und Vereine sowie die Rolle der Kirche. Einmal mehr geht es dabei um die Kernfrage „Wie konnte es dazu kommen"? Was machte die Menschen in den unterschiedlichen Schichten und Milieus empfänglich dafür, nach 1933 fast bedingungslos einer menschenverachtenden Ideologie zu folgen? Die Milieuforschung hat dazu in den letzten Jahren wichtige Beiträge geliefert. Für Lübeck liegt eine beispielgebende Monografie vor (Julian Freche, Milieus in Lübeck während der Weimarer Republik (1919-1933), Kiel 2019). Ein erkennbarer Fokus liegt auch auf der Geschichte der NSDAP, während die der Arbeiterparteien (SPD, KPD) in kürzeren Abschnitten behandelt werden. – Eine besondere Rolle für die Zeit des Nationalsozialismus spielte der Mitte Januar 1932 ins Amt gekommene Oldesloer Bürgermeister Julius Franz Wilhelm Kieling, der nach der Machtübertragung im Amt bleiben konnte. Er war einer der „Fachmänner", die sich in der Folgezeit taktisch geschickt verhielten, dabei keine „in der Wolle gefärbten“, fanatischen Nationalsozialisten waren, und doch mit ihrem Tun die Diktatur nach Kräften stützten und am Laufen hielten. Die Verf. schildert ihn als eine „schwer einzuschätzende Persönlichkeit“ dieser Funktionselite. Kieling changierte zwischen willfähriger Anpassung und Unterstützung des NS-Staates vor Ort, nutzte aber aufgrund seiner herausgehobenen Position Handlungsspielräume, indem er zum Beispiel Verfolgte wie die halbjüdischen Geschwister Moll nach ihrer Evakuierung aus dem zerbombten Hamburg im eigenen Haus aufnahm. – Relativ knapp im Vergleich zu anderen Themen wird die (Verfolgungs-)Geschichte der Juden in Oldesloe erzählt. Das erklärt und rechtfertigt sich aber dadurch, dass die Autorin diesen zentralen Aspekt der jüngeren Stadtgeschichte an anderer Stelle (Sylvina Zander, „Ich bin an diesem Ort geboren“. Die Geschichte der Oldesloer Juden, Kiel/Hamburg 2016) dargestellt hat. – Bei allem Lob sollen kritische Anmerkungen nicht völlig ausgespart bleiben. Dass es nur wenig Abbildungen gibt, ist ein Punkt, der der Vorliebe des Rez. für das Illustrative geschuldet sein mag. Die Gliederung und der Gang der Darstellung unterhalb der großen Kapitel sind nicht immer leicht nachvollziehbar, da ein stark analytischer, dadurch etwas sprunghaft wirkender Zugang gewählt wurde. So ist es nicht leicht zu verstehen, wenn Einzelthemen, wie die Inflation 1923, in einem Teil auf allgemeiner, das heißt Reichsebene dargestellt werden, um sie dann in einem späteren, lokalgeschichtlichen Abschnitt („Die Bad Oldesloer Stadtpolitik“) erneut aufzugreifen. Man verliert sich an einigen Stellen in den Themen und Einzelabschnitten, so dass beim Nicht-Historiker der Wunsch nach einer Chronologie oder nach Zusammenfassung in Themenblöcken (Parteien, NSDAP, Wirtschaft, Kultur, Alltag, Verfolgung etc.) aufkommen könnte, um den Zusammenhang nicht zu verlieren. – Bei den Tabellen zu den Wahlergebnissen in der Weimarer Zeit (z. B. S. 46) hätte man sich eine bessere Übersichtlichkeit der Wähleranteile gewünscht, z. B. durch die Angabe von Prozentzahlen statt der Stimmenzahl. Die Analyse und Einordnung der lokalen Ergebnisse ist manchmal recht knapp. Worauf gingen die zum Teil sehr unterschiedlichen Stimmen-Ergebnisse einzelner Parteien in den vier Oldesloer Stimmbezirken zurück, war dies ein Resultat des Größenzuschnitts der Wahlbezirke oder der Einfluss bestimmter prägender Sozialmilieus in diesen Bezirken? So erwähnt Verf. (85), dass die SPD bei der Landtagswahl in Preußen im 3. und 4. Bezirk mehr Stimmen als die NSDAP erhielt, ohne dass, zumindest nicht an dieser Stelle, eine nähere Erklärung folgt. – Wenig bekannt dürfte sein, dass der Angriff der Royal Air Force auf Oldesloe am 24. April 1945, also kurz vor Kriegsende, deutlich mehr Opfer forderte (über 700 Tote) als der in Lübeck (302). In beiden Orten haben sich die Angriffe tief in das kollektive Gedächtnis eingeprägt. Der Band schließt mit einer kurzen Darstellung des Kriegsendes am 2. Mai 1945 durch kampflose Übergabe an britische Einheiten. Im Anhang findet sich ein sehr nützliches Personenregister. Für Lübeck ist eine vergleichbare monographische Behandlung der Zeitspanne von Weimar bis zum Kalten Krieg sehr wünschenswert.

Lübeck Lokers

Gunnar B. Zimmermann und Franklin Kopitzsch (Hrsg.), Die Verfassung der Freien und Hansestadt Hamburg von 1921, Hamburg: Landeszentrale für politische Bildung 2021, 48 S., ISBN 978-3-946246-46-6. – Ein schmales Heft für ein Geschichtszeugnis von sehr großer und wirkmächtiger Bedeutung: Die Verfassung der hanseatischen Schwesterstadt Hamburg vom 7. Januar 1921, die die erste (nach heutigen Maßstäben) demokratische Verfassung der Stadt war. Der kommentierte, vom Verein für Hamburgische Geschichte und der Landeszentrale für politische Bildung Hamburg geförderte Neudruck erinnert an das 100-jährige Jubiläum der Ausfertigung des Verfassungstextes. Dieser war mit „wegweisenden Erneuerungsimpulsen“ gespickt, wie die Bearbeiter herausstellen, und schaffte die politische Grundlage des demokratischen Stadtstaates bis 1933. In Zeiten, in denen heute die demokratischen und pluralistischen Grundlagen unserer Gesellschaft von vielen Seiten nicht nur angezweifelt, sondern offen diffamiert und in Frage gestellt werden, ist eine solche Würdigung mehr als nur eine bloße Dokumentation, sondern eigentlich schon ein politisches Statement. Schlimm genug, möchte man meinen. – Die beiden Bearbeiter beschränken sich in ihrer Würdigung nicht auf die bloße Wiedergabe des Verfassungstextes, sondern erläutern und kommentieren sein Zustandekommen und seine Bedeutung in einem Vorwort und einer Einführung ausführlich. Beigegeben sind auch drei Bürgerschaftsreden aus der Zeit der Ratifizierung. Verfassungstexte sind zwangsläufig in einer nüchternen, manchmal auch schwer greifbaren Sprache abgefasst. Ganz im Sinne einer Aufklärung über den Wert solcher normativen Texte werden die wesentlichen Fortschritte der Verfassung gegenüber den vordemokratischen Verhältnissen herausgehoben und verständlich kommentiert. Da Verfassungstheorie und Verfassungswirklichkeit häufig zwei verschiedene Paar Schuhe sind, gehen die Autoren auch auf letzteres ein. – 1920 stimmten nur SPD und die Deutsche Demokratische Partei (DDP) für die Annahme der neuen Verfassung, während Teile der bürgerlichen Eliten der Stadt und die radikalen Kräfte am linken und rechten Rand des politischen Spektrums sie ablehnten. Diese grundsätzliche Ablehnung demokratischer Strukturen änderte sich bis 1933 nicht, nicht nur in Hamburg. Das war eine schwere Bürde für den demokratischen Staat, unter der er letztendlich in die Knie gehen sollte. – Die Schrift gibt Anlass, an Lübecks Verfassung vom 23. Mai 1920 (online verfügbar unter: www.verfassungen.de/sh/luebeck/verf20-i.htm) zu erinnern, die den gleichen Rang wie die Hamburger Verfassung (und dazu noch früher) für sich beanspruchen kann. Mit ihr ging nun erstmalig die Staatsgewalt vom Volke aus, nach dem am 11. Dezember 1918 bereits das allgemeine und gleiche Wahlrecht für Männer und Frauen eingeführt worden war. Beides zusammen waren die markantesten und tiefsten Einschnitte in der Lübecker Verfassungstradition. 2020 wurde leider versäumt, an diese großartige Verfassungstradition zu erinnern. Die Schrift der beiden Bearbeiter ist ein hervorragendes Beispiel gelungener Erinnerungskultur.

Lübeck Lokers

Verfasserregister

Jahresbericht 2021[1]

Das Jahr 2021 war wie 2020 ein in vielerlei Hinsicht besonderes und ein ungewöhnliches Vereinsjahr. Das 200-jährige Bestehen des VLGA fiel in eine Zeit schwieriger gesamtgesellschaftlicher Rahmenbedingungen. Wegen der Corona-Pandemie mussten einige der angekündigten Vortragsveranstaltungen ausfallen, andere fanden in anderem Rahmen statt als ursprünglich geplant. Immerhin war es möglich, während der „Corona-Verschnaufpause" am 30. September 2021 die Jahresmitgliederversammlungen für die Vereinsjahre 2019 und 2020 nachzuholen und die fälligen Vorstandswahlen durchzuführen.

Auf dieser Doppel-Mitgliederversammlung, an der wegen geltender Corona-Sicherheits- und Hygieneregeln nur eine begrenzte Zahl an angemeldeten Mitgliedern teilnehmen konnte, waren 37 Mitglieder anwesend. Den anschließenden Vortrag von Frau Dr. Hunecke und Herrn Dipl.-Ing. Wojtkiewicz über „Junge Denkmale in Lübeck" verfolgten 42 Personen. Die Geschäftsberichte für die Jahre 2019 und 2020 wurden verlesen. Der Vorsitzende ehrte die zwischenzeitlich verstorbenen Mitglieder des VLGA. Die seit dem Tod von Prof. Hammel-Kiesow (in der Satzung des VLGA nicht vorgesehene) vakante Position des stellvertretenden Vereinsvorsitzenden hat Herr Dr. Kuhn, stellvertretender Leiter des Archivs, übernommen.

Die fälligen Vorstandswahlen konnten auf dieser nachgeholten Mitgliederversammlung durchgeführt werden. Geheime Wahlen wurden nicht gewünscht, die Anwesenden stimmten für die Wahl per Akklamation. Die dreijährige Amtszeit von Herrn Dr. Bastek, Herrn Prof. Dr. Gläser, Herrn Dr. Hundt, Frau Dr. Hunecke, Herrn Dr. Kuhn und Herrn Wegner war im Geschäftsjahr 2020 abgelaufen. Sie alle hatten sich im Vorfeld bereit erklärt, erneut für den Vorstand zu kandidieren. Die Mitgliederversammlung wählte die Genannten durch Handzeichen einstimmig (bei Enthaltung der Kandidaten) erneut in den Vorstand. Alle anwesenden wiedergewählten Vorstandsmitglieder nahmen die Wahl an.

Für das Geschäftsjahr 2021 stand die Wiederwahl von Herrn Dr. Lokers und Frau Dr. Kruse an. Die Mitgliederversammlung wählte die Genannten durch Handzeichen einstimmig (bei Enthaltung der Kandidaten) erneut in den Vorstand. Herr Dr. Lokers und Frau Dr. Kruse nahmen die Wahl an. Die dreijährige Amtszeit des Kassenprüfers Herrn Loeper war gleichfalls abgelaufen. Auch ihn wählte die Mitgliederversammlung einstimmig durch Handzeichen und bestätigte ihn im Amt des Kassenprüfers. Neu in den Vorstand gewählt wurde auf Vorschlag von Herrn Dr. Lokers und nach kurzer Vorstellung Frau Stefanie Edler, die seit dem 1.1.2021 als Fachangestellte für Medien und Informationsdienste im Archiv der Hansestadt Lübeck tätig ist. Frau Edler übernimmt sukzessive die Aufgaben der Schatzmeisterin von Frau Letz. Die Mitgliederversammlung wählte die Genannte durch Handzeichen einstimmig in den Vorstand.

Der Vorstand ist an zwei Terminen des Vorjahres zusammengetreten, und zwar am 24.3.2021 und am 12.8.2021. Allen Vorstandsmitgliedern ist zu danken für ihre Mitarbeit zum Wohle des Vereins!

---

1 Verlesen auf der Sitzung des Vorstands am 21. März 2022 und auf der Jahres-Mitgliederversammlung am 12. Mai 2022.

Anzuzeigen ist ein Wechsel in der Geschäftsstelle des VLGA. Von Frau Birgit Graack, die viele Jahre die Geschäftsstelle des VLGA geführt hat, sind die Geschäfte Ende des Berichtsjahres an Frau Carmen Rave übergeben worden. Frau Rave hat sich bereits sehr gut und engagiert in diese Aufgabe eingearbeitet, unter anderem eine Schulung für die Vereinsverwaltungssoftware absolviert. Der Vereinsvorsitzende hat Frau Graack verabschiedet und ihr mit einem kleinen Präsent herzlich für ihre langjährige Tätigkeit für den Verein gedankt.

Die Mitgliederzahl des Vereins beträgt Stand Ende 2021: 355 Personen. Allgemein zu erwähnen ist, dass sich aufgrund der neuen Vereinssoftware in der Statistik der Mitgliederbewegung gewisse Abweichungen zu Zahlen aus den Vorjahren ergeben, die sich nachträglich nicht mehr „heilen" lassen. Wir stehen hier aber jetzt künftig auf festerem Fundament. Daraus ergibt sich: Es traten im vergangenen Jahr 18 Personen ein, Austritte gab es insgesamt zwölf, darunter sind sechs Todesfälle gerechnet. Wir haben also im vergangenen Jahr ein Plus an Mitgliedern von sechs Personen gehabt. Das ist angesichts der schwierigen Rahmenbedingungen, die dem Vereinsleben sehr enge Grenzen gesetzt haben, eine sehr zufriedenstellende Entwicklung, aber dennoch kein Ruhekissen. In den kommenden Jahren müssen wir die Werbung für den Verein fortsetzen. Meine Bitte an Vereinsmitglieder und Vorstand ist, diese Werbung wo immer möglich mit in die Hand zu nehmen. Ich danke Ihnen allen, dass Sie dem Verein die Treue gehalten haben!

Die Corona-Situation trübte vor allem das lange geplante Vortragsprogramm im Jubiläumsjahr. Nur ein Vortrag konnte wie vorgesehen im Audienzsaal des Rathauses stattfinden, bei einem mussten wir in Räumlichkeiten der Gemeinnützigen ausweichen (dafür ist derselben an dieser Stelle noch einmal sehr zu danken). Alle anderen Vorträge wurden im Archiv aufgezeichnet und online gestellt. Aufzeichnung, Schnitt und online-Stellung hat ein Dienstleister übernommen; ob der VLGA eine eigene Lösung findet (Archivpersonal) ist noch in der Klärung. Die Resonanz auf diese neue Präsentationsform war recht positiv, das sieht man an den „Klicks", die Vorträge wurden Stand Dezember 2021 rund 3.000 Mal aufgerufen.

Zum Vortragsprogramm im Einzelnen:

21. Januar	Doris Mührenberg M.A.: Anfänge und Höhepunkte der Lübecker Archäologie in den letzten 200 Jahren
18. Februar	Dr. Alexander Bastek: Getragen von Liebe zur Vaterstadt und ihrer Kunst: Der Erwerb des Behn'schen Hauses vor 100 Jahren
22. April	Dr. Michael Hundt: Alles Geschichte! 200 Jahre Verein für Lübeckische Geschichte und Altertumskunde
20. Mai	Ann-Mailin Behm M.A.: „Eine üppige Magenbelastung" – Lübeck und sein Marzipan
17. Juni	Eike Daniel Loeper M.A.: Die „Stunde Null" – Kriegsende und Neuanfang in Lübeck 1945/46 Das für den August geplante große Jubiläums-Sommerfest musste abgesagt werden. Die folgenden Veranstaltungen konnten in Präsenz stattfinden:

30. September	Dr. Irmgard Hunecke und Christoph Wojtkiewicz: Junge Denkmale in Lübeck von der Nachkriegszeit bis heute (Vortrag im Anschluss an die Jahresmitgliederversammlung)
21. Oktober	Dr. Birte Lipinski: 10 Jahre „Sohn der Stadt“. Thomas Manns Besuche in Lübeck 1921 bis 1931 (Vortrag im Audienzsaal des Rathauses)
29./30. Oktober	Tag der Landesgeschichte in Lübeck aus Anlass des 200-jährigen Bestehens des VLGA (im Rathaus, Große Börse). Mit einem Grußwort des Bürgermeisters und Festvortrag von Bundesminister a.D. Björn Engholm. Der Gesamtverein der deutschen Altertumsvereine ehrte auf dieser Veranstaltung Frau Prof. Graßmann für ihre vielfältigen Verdienste um die Stadt- und Regionalgeschichte. Prof. Treml vom Gesamtverein überreichte ihr die Karl-Lamprecht-Medaille des Gesamtvereins mit den Worten: „Dabei gilt der Erforschung des Regionalen und Lokalen zwar ihr Augenmerk, aber stets hat sie zugleich den umfassenden historischen Kontext im Auge. Sie ist damit eine überzeugende Vertreterin moderner Regional- und Landesgeschichte, quellenorientiert und wissenschaftsversiert, aber zugleich nahe an Land und Leuten.“
18. November	Dr. Jan Lokers: Duell und Zweikampf in Lübeck (Vortrag im Gartensaal der Gemeinnützigen)
2. Dezember	Buchvorstellung mit Empfang im Großen Saal der Gemeinnützigen: Der „Bardewiksche Codex“ des Lübischen Rechts von 1294
4. Dezember	Festakt 200 Jahre Verein für Lübeckische Geschichte und Altertumskunde im Großen Saal der „Gemeinnützigen“ im Beisein von Bürgermeister Jan Lindenau und Kultursenatorin Monika Frank

Das Jubiläumsjahr des Vereins klang mit den beiden zuletzt genannten, gut besuchten Veranstaltungen aus. Das am 2. Dezember im Großen Saal der Gemeinnützigen vorgestellte zweibändige Editionswerk des Bardewikschen Codex, das maßgeblich auch vom Verein gefördert wurde und neben der ZLG 100 sozusagen die Festgabe für den VLGA darstellt, fand über Lübeck hinaus große Aufmerksamkeit. In den beiden Bänden lässt sich die äußere und inhaltliche Pracht des Originals hautnah erleben. Das Werk war binnen kurzem ausverkauft. Ein dritter Band mit dem rechtsgeschichtlichen Kontext wird 2022 erscheinen. Angesichts der jüngsten weltgeschichtlichen Ereignisse, dem russischen Angriffskrieg auf die Ukraine, können wir uns glücklich schätzen, dass das Werk vorliegt, war doch dafür der enge und gute Kontakt mit russischen Forschern und Forscherinnen unabdingbar. Das Original des Codex, einst zu den Beständen des Lübecker Archivs gehörend, liegt seit 1945 in Russland. Der VLGA hat durch diese Publikation viel Aufmerksamkeit und Würdigung erfahren, vor allem aber ist dadurch eine bleibende bibliophile Erinnerung an das Vereinsjubiläum geschaffen.

Am 4. Dezember fand ebenfalls in der Gemeinnützigen der Festakt zum 200-jährigen Bestehen des VLGA statt. Es war ein würdiger Abschluss des Jubiläumsjahres, der viel Anklang fand. Hier ist dem Team des Archivs sehr zu danken, das engagiert diese Feierlichkeit mit vorbereitet und zum Gelingen beigetragen hat, namentlich Frau Rave, Frau Müller, Frau Edler, Frau Kruse, Frau Letz, Frau Hagemann und Frau Stubenrauch.

Die Ministerin für Bildung, Wissenschaft und Kultur des Landes Schleswig-Holstein Karin Prien und der Bürgermeister der Hansestadt Lübeck Jan Lindenau überbrachten freundliche Grußworte, die das hervorragende Wirken des Vereins für Kultur und Tradition der Stadt hervorhoben. „Am Anfang war die Gemeinnützige" war der Titel des Festvortrags von Prof. Gerhard Ahrens.

Auf dieser Veranstaltung wurde auch der Jubiläumsband der Zeitschrift für Lübeckische Geschichte präsentiert, der Ihnen allen vorliegt. Der 100. Band, Jahrgang 2020/2021, ist wie der Bardewiksche Codex eine dem Jubiläum in jeder Hinsicht angemessene Veröffentlichung. Sein Inhalt wurde auf der Festveranstaltung exemplarisch in Kurz-Vorträgen vorgestellt, moderiert von Herrn Dr. Kuhn; drei der Autoren – Dr. Dirk Rieger / Dr. Ortwin Pelc / Prof. Harm von Seggern – gaben kurzweilige Einblicke in ihre Beiträge zum Jubiläumsband.

Die redaktionelle Bearbeitung dieses Jubiläumsbandes mit seinen 816 Seiten, seiner besonderen Aufmachung, 19 Beiträgen unterschiedlichster Themenstellungen, Nachrufen, Berichten und Besprechungen war ein Kraftakt für das kleine Team des Archivs, das durch Dienstgeschäfte ohnehin stark in Anspruch genommen ist. Manuskripte einzuwerben, zu begutachten, mehrmals Korrektur zu lesen und in die Buchform zu gießen hat viel Kraft gefordert. Mein Dank gilt hier insbesondere Frau Dr. Kruse, die sich in großartiger Weise um diesen Band verdient gemacht hat. Herr Dr. Kuhn hat den umfangreichen Besprechungsteil betreut und Frau Letz sich um das gekümmert, ohne dass die ganze Arbeit keine Basis gehabt hätte: das liebe Geld.

Zudem hatten wir sogenannte Redaktions-Paten, die mitgelesen und mitredigiert haben (Herr Ahrens, Frau Behm, Herr Eickhölter, Herr Freytag und Frau Graßmann).

Dank gebührt auch dem Bereich Archäologie der Hansestadt Lübeck. Die ausführlichen Jahresberichte der Archäologie können aus Platzgründen künftig nicht mehr in der Zeitschrift für Lübeckische Geschichte abgedruckt werden, sondern erscheinen als eigenständige Veröffentlichung. Für Mitglieder unseres Vereins ist dieser reich bebilderte Sonderbericht kostenfrei und dürfte Ende letzten Jahres allen Vereinsmitgliedern zugegangen sein. Ausgewählte „Highlights" der archäologischen Forschung werden aber weiterhin in der ZLG erscheinen.

Wenn nicht alles trügt, dürfen wir darauf bauen, dass der Verein eine gute Zukunft hat. Das liegt vor allem an seinen treuen Mitgliedern und daher darf ich mit einem herzlichen Dank an Sie alle schließen!

Lübeck, den 18. März 2022 Dr. Jan Lokers